Grundkenntnisse Tourismus

Eine Einführung in Theorie, Markt und Politik

Berner Studien

zum Tourismus   Heft 61

Grundkenntnisse Tourismus

Eine Einführung in Theorie, Markt und Politik

Monika Bandi Tanner
Hansruedi Müller

Das vorliegende Buch ist eine erweiterte und aktualisierte Fassung der in dieser Schriftenreihe unter ähnlichen Titeln in vierzehn Auflagen erschienenen Grundlagen zu Freizeit und Tourismus (Berner Studien zu Freizeit und Tourismus Heft 22, Heft 28 und Heft 41). Vorarbeiten leisteten Jost Krippendorf, Bernhard Kramer, Therese Lehmann Friedli und viele Assistenten und Assistentinnen der Uni Bern.

Bern 2024

INHALTSVERZEICHNIS

I FREIZEIT UND TOURISMUS IM GESAMTGESELLSCHAFTLICHEN ZUSAMMENHANG — 9

1 Entwicklung von Freizeit und Reisen — 10
1.1 Arbeit und Freizeit vor dem Industriezeitalter — 10
1.2 Reisen in der vorindustriellen Zeit — 12
1.3 Freizeitrahmenbedingungen im modernen Leben — 13
1.4 Entwicklung des modernen (Alpen-)Tourismus — 17

2 Neuzeitliches Lebensmodell — 19
2.1 Modellerklärungen — 19
2.2 Das System im Ungleichgewicht — 20
2.3 Systemelement ‹Arbeit› — 23
2.4 Systemelement ‹Wohnen› — 30

3 Spezifische Aspekte der Freizeit — 35
3.1 Freizeitbegriff — 35
3.2 Freizeitmarkt — 42

II DAS SYSTEM TOURISMUS — 47

4 Erscheinungsformen des Tourismus — 48
4.1 Tourismusbegriff im Wandel — 48
4.2 Touristische Erscheinungsformen — 50
4.3 Entwicklung der Tourismusforschung — 56

5 Erklärungsansätze und vernetzte Effekte des Tourismus — 63
5.1 Systemtheoretischer Ansatz — 63
5.2 Das touristische Strukturmodell — 66
5.3 Das touristische Raummodell — 70
5.4 Das touristische Zeitmodell — 72
5.5 Das dynamische Tourismusmodell — 73
5.6 Chancen der touristischen Entwicklung — 79
5.7 Gefahren der touristischen Entwicklung — 89
5.8 Saldo von Chancen und Gefahren — 94

6	**Touristische Nachfrage**	**98**
6.1	Erklärungsansätze des Reisens	100
6.2	Touristische Grundbedürfnisse	107
6.3	Einflussfaktoren auf die touristische Nachfrage	109
6.4	Reisemotive und Reiseerwartungen	119
6.5	Touristisches Verhalten	123
6.6	Touristische Zielgruppen und Modellierung der Nachfrage	132
6.7	Kennziffern zur touristischen Nachfrage	138
7	**Touristisches Angebot**	**145**
7.1	Beschaffenheit des touristischen Angebotes	145
7.2	Elemente des touristischen Angebotes	146
7.3	Touristische Destination	154
7.4	Destinationsmanagement	157
7.5	Touristische Betriebe	165
7.6	Marktformen	177
7.7	Digitalisierung	181
7.8	Qualitätsmanagement	195
7.9	Erlebnis-Setting	212
7.10	Nachhaltigkeits-Management – Unternehmensverantwortung	218
7.11	Ortsansässige Bevölkerung	228
7.12	Tourismusrecht	233
8	**Touristische Mittler**	**236**
8.1	Verkaufswege (Distribution)	236
8.2	Touristische Mittler und ihre Player	237
8.3	Bedeutung der touristischen Mittler	242

III TOURISMUSPOLITIK 245

9	**Schweizerische Tourismuspolitik**	**246**
9.1	Legitimation und Entwicklung der Tourismuspolitik	246
9.3	Träger der Tourismuspolitik	264
9.4	Instrumente der Tourismuspolitik	280
10	**Internationale Tourismuspolitik**	**290**
10.1	Gouvernementale Organisationen	290
10.2	Nicht-Gouvernementale Organisationen	292

IV TOURISMUSPERSPEKTIVEN 295

11 Tourismusperspektiven 296
11.1 Prognosemethoden 296
11.2 Sich verändernde Rahmenbedingungen 302
11.3 Herausforderungen durch veränderte Rahmenbedingungen 304
11.4 Veränderungen im Reiseverhalten 311

12 Tourismusentwicklung 314
12.1 Tourismuskritik 314
12.2 Sanfter Tourismus und qualitatives Wachstum 316
12.3 Nachhaltige touristische Entwicklung 317
12.4 Politische Commitments für eine nachhaltige touristische Entwicklung 321
12.5 Entwicklungsstrategien im Schweizer Tourismus 335
12.6 Forderungen an eine nachhaltige touristische Entwicklung 336
12.7 Um-Handeln als Herausforderung 341

13 Perspektiven 343
13.1 Zeitvisionen: Zeitknappheit versus Zeitgewinn 343
13.2 Die Utopie der Langsamkeit 244

V ANHANG 345

14 Anhang 346
14.1 Berechnung der touristischen Wertschöpfung 346
14.2 Tourismus und Klimawandel 355
14.3 Hilfsblätter für Erlebnis-Setting (vgl. Kap. 7.9) 372

Literaturverzeichnis 378

Stichwortverzeichnis 396

Berner Studien zum Tourismus 402

I FREIZEIT UND TOURISMUS IM GESAMTGESELLSCHAFTLICHEN ZUSAMMENHANG

*«Tourismus ist
die populärste Form von Glück.»*

Hans Magnus Enzensberger

ZUM INHALT

Freizeit und Tourismus sind nicht eine Welt für sich, die eigenen Gesetzen gehorcht. Sie sind vielmehr Folgeerscheinungen und zugleich Bestandteil einer modernen Gesellschaft. Im ersten Teil des vorliegenden Buches versuchen wir deshalb, das Thema Freizeit und Reisen in den gesamtgesellschaftlichen Entwicklungszusammenhang zu stellen:

Kapitel 1
gibt einen kurzen Abriss zur Geschichte von Freizeit und Reisen.

Kapitel 2
beschreibt ein Lebensmodell, das die Bereiche Arbeit, Wohnen, Freizeit und Reisen in einen gesamtgesellschaftlichen Zusammenhang stellt.

Kapitel 3
befasst sich mit spezifischen Aspekten der Freizeit: Freizeitbegriff, Freizeittheorie und Freizeitmarkt.

1 Entwicklung von Freizeit und Reisen

1.1 Arbeit und Freizeit vor dem Industriezeitalter

Von der Antike bis ins Mittelalter gab es jährlich zwischen 150 und 200 Feiertage, an welchen die Arbeit mehrheitlich ruhte. Dies ergab eine jährliche Arbeitszeit von rund 2300 Stunden. Rein quantitativ betrachtet können die Arbeitszeiten der vorindustriellen Zeit also mit jenen von heute verglichen werden. Dieser Vergleich sagt aber nichts aus über die damals herrschenden Lebensverhältnisse und auch nichts über die gesellschaftliche Verteilung von Arbeit und Freizeit.

Bis zur Reformationszeit kennzeichneten zwei Merkmale das Verhältnis aller Kulturen zu Arbeit und Musse:
- Arbeit bzw. arbeiten zu müssen war individuell wie gesellschaftlich mit negativen Vorstellungen verbunden. Bei den Hebräern hatte die Arbeit die Bedeutung einer Strafe, in der Antike war sie den Bediensteten auferlegt und im Mittelalter war sie mit Begriffen wie ‹Mühsal› und ‹Plag› verbunden (Tokarski 1979, S. 18/19).
- Eine kleine Minderheit, die herrschende Klasse der Wohlhabenden, war von der körperlichen Arbeit befreit. Ihr war es vorbehalten, die Musse zu pflegen (griechische Antike: ‹schole› = Musse, ‹a-scholia› = Arbeit. Römisches Recht: ‹otium› = Musse, ‹neg otium› = Arbeit als Zeit der Nicht-Musse). Zu den Aufgaben der herrschenden Klasse zählten im Sinne der Nicht-Musse die Organisation von Produktion, Handel und Handwerk, die Kriegsführung und Kolonialisierung. Musse bedeutete andererseits die Übernahme eines öffentlichen Amtes sowie die private Ruhe (Prahl 1977, S. 36f.).

Das Recht auf Musse, verstanden als Chance zu kreativer Tätigkeit, zu persönlicher Entfaltung und gesellschaftlicher Anerkennung wurde also in der vorindustriellen Zeit von einer kleinen Minderheit in Beschlag genommen. Obwohl damals die Mehrheit der Bevölkerung insgesamt kaum länger der Arbeit nachging, als wir es heute tun, war die freie Verfügbarkeit über längere Zeiträume für die meisten Menschen unbekannt. Der Unfreiheit während der Arbeitszeit folgte die weitgehende inhaltliche Festlegung der arbeitsfreien Zeit mit Kultur, Spiel, Fest und Feier.

1. Entwicklung von Freizeit und Reisen

Im ‹Dunklen Zeitalter›, wie die Zeit zwischen dem Ende des Römischen Reiches (4./5. Jh. n. Chr.) und dem Hochmittelalter (12./13. Jh.) genannt wird, war es vor allem der Herrschaftsanspruch der Kirche, der das Verhältnis von Arbeit, Musse und Zeitverwendung prägte. ‹Ora et labora›, also ‹Bete und Arbeite›, hiess die klerikale Parole, die im 13. Jahrhundert in der hohen Zahl von 90 bis 115 Feiertagen, neben den 52 Sonntagen, zum Ausdruck kam (Prahl 1977, S. 39).

In dieser Zeit tauchte auch der Begriff ‹frey zeyt› auf (Prahl 1977, S. 39): Während den Marktzeiten wurden die zum Markt Reisenden vor Störungen und Angriffen dadurch geschützt, dass Verstösse gegen den Marktfrieden doppelt bestraft wurden. ‹Frey zeyt› bedeutete also Frieden auf Zeit. Neben dem Friedenselement klingt aber bereits der neue Freiheitsbegriff an, der später zur emanzipativen Bestimmung der Freizeit werden sollte: Freizeit als Zeit der Freiheit.

Mit der aufkommenden Reformation verbreitete sich dann zunehmend die Auffassung, dass Arbeit der menschlichen Verwirklichung vor Gott diene. Die vom Kalvinismus geförderte protestantische Berufsethik mit ihren Grundprinzipien Fleiss, Arbeitswille, Leistung, Ordnung und Disziplin rückte die Arbeit ins eigentliche Lebenszentrum. Demgegenüber wurde Musse nunmehr als ‹Trägheit› verstanden und erlitt einen grossen Prestigeverlust (Mäder 1990, S. 15).

Die Erfindung der mechanischen Räderuhr ermöglichte zugleich eine Verfeinerung und bessere Kontrolle der Zeiteinteilung. Gleichzeitig kam es durch die Ausweitung vom Handwerks- zum Manufakturbetrieb zur Trennung von Arbeits- und Wohnstätte und damit zu einer Auflösung traditioneller Haus- und Produktionsgemeinschaften. Der vor allem vor Festaktivitäten gemeinsam verbrachte Feierabend verlagerte sich einerseits in einen kleinen, privaten und andererseits in einen anonymen, öffentlichen Bereich (Mäder 1990, S. 15f.).

Erst im Zeitalter der Aufklärung und im Zuge des aufstrebenden Bürgertums wurde dem Menschen eine gewisse Mündigkeit – insbesondere auch im Umgang mit der Zeit – zugesprochen. So forderte zum Beispiel Kant in seiner 1784 erschienenen Schrift ‹Was ist Aufklärung›, dass neben dem Bereich des Berufs ein Bereich der ‹uneingeschränkten Freiheit› für den kritischen ‹öffentlichen Gebrauch der Vernunft› zu schaffen sei. In der Folge wurden diesem Bereich die Kunst, die Bildung, die freie Geselligkeit, aber auch der Luxus, der Genuss, der Müssiggang, das Spiel u. a. m. zugewiesen. Gleichzeitig entstanden die ersten Kaffeehäuser, Salons, Gesellschaften und Vereine, die diese Prinzipien zu verwirklichen suchten.

1.2   Reisen in der vorindustriellen Zeit

Die Geschichte des Reisens (vgl. hierzu Loeschburg 1977) ist eng mit der Geschichte des Handels verknüpft. Die ersten Reisenden in der vorchristlichen Zeit waren Händler und Kundfahrer, die zu Land und zu Wasser Güter und Schätze mit anderen Menschen ausserhalb ihres engen Lebenskreises austauschten. Ein regsamer Reiseverkehr entwickelte sich erstmals im Römischen Reich, als ein weitgreifendes und vielverzweigtes Strassennetz von der Nordsee bis zur Sahara gebaut wurde. Während die Griechen noch vornehmlich zu sportlichen Wettkämpfen (Olympische Spiele), zu mystischen Festen oder auf Pilgertouren nach Delphi reisten, entwickelte sich im Alten Rom ein umfangreicher Tourismus. Neben die Handels-, Entdecker- und Kriegsmotive trat mehr und mehr auch der gesundheitsmotivierte private Reiseverkehr. Eine kleine, obere Gesellschaftsschicht reiste über weite Strecken zu Fuss, zu Pferd, in Sänften oder im eigenen Wagen mitsamt ihren Bediensteten zu Thermen und eleganten Luxusbädern oder zu den heute noch beeindruckenden Baudenkmälern und Tempeln der alten Griechen. An bekannten Routen soll es schon damals Meilensteine, Wegweiser und Herbergen für die Reisenden gegeben haben.

Mit dem Niedergang des Römischen Imperiums versiegten auch die damaligen Reiseströme, bis das Christentum das religiöse Reisemotiv neu belebte. Den Kreuzzügen folgten die Pilgerreisen zu den heiligen Stätten der Heimat, dann nach Rom und Lourdes, und später wurde das Heilige Land zum begehrtesten Reiseziel (Rieger 1982, S, 19). Nach Fuss (1960, S. 12) sollen die Pilgerreisen im späten Mittelalter dermassen zugenommen haben, dass die Einschiffungshäfen in Italien und Frankreich von Pilgern geradezu überflutet waren.

Renaissance und Aufklärung führten zu einer Auflösung der streng religiös legitimierten Reisemotive des Mittelalters. Es entwickelten sich zunehmend Einzelmotive, die sich verselbständigten und aus sich selbst heraus die Reisetätigkeit rechtfertigten. Besonders das Bildungsmotiv, das sich mit dem aufkommenden Individualismus verband, trat in den Vordergrund, gefolgt vom Entdecker-, Gesundheits- und Kurmotiv. Als Frühform des Tourismus können die Bildungsreisen durch Europa der jungen Adeligen des 17. und 18. Jahrhunderts betrachtet werden. Sie waren Bestandteil des Erziehungsprogrammes der herrschenden Klasse. Die übliche Route dieser ‹Grand Tour› ging von Grossbritannien aus nach Frankreich mit einem längeren Aufenthalt in Paris. Ein Jahr wurde üblicherweise in Italien verbracht mit Aufenthalten in Genua, Mailand, Florenz, Venedig und Rom. Die Rückreise verlief über die Schweiz, Deutschland und die Niederlande.

Mit der Herausbildung des freien Bürgertums, dem Fortschritt auf wissenschaftlich-technischem Gebiet und der einsetzenden Industrialisierung Europas reisten zunehmend auch wohlhabende Kaufleute, Politiker, Naturforscher, Dichter, Maler und Musiker. Noch stand zwar die Bildung im Vordergrund, doch das Vergnügen gewann rasch an Bedeutung, wenngleich das Reisen im 18. und auch noch im 19. Jahrhundert mit grossen Beschwerlichkeiten verbunden war.

Gemeinsam war all diesen Reisenden, dass sie zu einer Minderheit gehörten, die den Rang eines Standes innerhalb der Gesellschaft innehatte. Die Bevölkerungsmehrheit der arbeitenden Klasse blieb aber vom Reisen ausgeschlossen. Wie hätte sie auch jene Rechtfertigung für das Reisen erbringen können, wenn ihr all jene Werte wie Bildung, Kultur, Künste und Wissenschaft abgesprochen wurden, mit denen die Standesgesellschaft ihre Reisen rechtfertigte. Selbst Krankheiten und Heilbedürftigkeiten konnten keine Reiserechtfertigung abgeben, da hierfür Geld und Zeit fehlten (Rieger 1982, S. 20/21).

1.3 Freizeitrahmenbedingungen im modernen Leben

Mit der aufkommenden Industrialisierung wurde die Arbeit und damit auch die Arbeitszeit immer stärker dem Takt der Maschinen unterworfen. In der ersten Hälfte des 19. Jahrhunderts waren in den Fabriken tägliche Arbeitszeiten von 16 bis 18 Stunden für Männer und 14 Stunden für Frauen und Kinder (inklusive Sonntagsarbeit) die Regel. Bei diesen enormen Arbeitspensen blieb der Masse der Industriebeschäftigten kaum Zeit für die Nahrungsaufnahme und den notwendigen Schlaf. Maloche war in den Augen der herrschenden Klasse das einzig wahre Mittel gegen den Müssiggang, der als ‹aller Laster Anfang› bezeichnet wurde. Freizeit für die Arbeiterschaft war ein Fremdwort.

Unter dem Druck gewerkschaftlicher Organisierung, aber auch aufgrund der wirtschaftlichen Ineffizienz von übermüdeten Arbeitskräften sowie wegen des von Seiten des Militärs beklagten schlechten Gesundheitszustands der Soldaten begannen die unmenschlichen Arbeitszeiten im Verlaufe der zweiten Hälfte des 19. Jahrhunderts zu sinken. In Deutschland halbierte sich die Arbeitszeit zwischen 1860 und 1930 von 90 auf 45 Wochenstunden. In der Schweiz sank die wöchentliche Arbeitszeit bis zum 1. Weltkrieg auf 60 Stunden. Vor allem als Ergebnis des Generalstreiks von 1918 wurden die 48-Stundenwoche sowie der Anspruch auf eine Ferienwoche gesetzlich verankert.

Der Zugewinn an erwerbsarbeitsfreier Zeit kam damals neben erholungsorientierten Beschäftigungen vor allem auch dem Bereich der Bildung und dem politischen Engagement zu. Nach dem 1. Weltkrieg zeichnete sich dann eine Entpolitisierung der Freizeit ab, verbunden mit vermehrtem Konsum (Mäder 1990, S. 18). Zur Individualisierung und Kommerzialisierung der Freizeit breiter Bevölkerungsschichten kam es aber erst nach dem 2. Weltkrieg.

Auch die gestiegene Lebenserwartung, der materielle Wohlstand und die fortschreitende Trennung von Wohn- und Arbeitsort haben dazu beigetragen, dass sich Freizeit im 20. Jahrhundert zu einer eigenständigen Grösse entwickeln konnte. Die Freizeitrahmenbedingungen haben bezüglich Lebenserwartung, Arbeitszeit, Wohlstand, Verstädterung, Trennung von Wohn- und Arbeitsort sowie Motorisierung seit Mitte des letzten Jahrhunderts (vgl. Abb. 1) grosse Veränderungen erfahren.

1.3.1 Arbeitszeit

Die wöchentliche und jährliche Arbeitszeit wurde seit 1850 in etwa halbiert, wobei das Gros der Arbeitszeitreduktion bis 1920 realisiert wurde. War für die Phase bis 1920 die starke Reduktion der wöchentlichen Arbeitszeit kennzeichnend, so waren es nach 1920 vor allem der Ausbau des jährlichen Ferienanspruchs und die Einführung des freien Samstags. In neuster Zeit tendiert auch der Freitagnachmittag immer mehr arbeitsfrei zu werden. 2019 betrug in der Schweiz die tatsächliche wöchentliche bezahlte Arbeitszeit bei den Männern 36,7 Stunden und bei den Frauen 26,2 Stunden (BFS 2020a).

1. Entwicklung von Freizeit und Reisen

Abbildung 1 Entwicklung von Freizeitrahmenbedingungen in der Schweiz

Lebenserwartung eines Einjährigen	Arbeitszeit Tatsächliche Jahres- arbeitszeit	Wohlstand Jahreseinkommen (Vollzeiterwerb)
1850: 40 Jahre	1850: 4'500 h	1850: CHF 6'000
1920: 60 Jahre	1920: 2'450 h	1920: CHF 10'000
1950: 69 Jahre	1950: 2'250 h	1950: CHF 20'000
1990: 77 Jahre	1991: 1'871 h	1991: CHF 57'500
2000: 79 Jahre	2000: 1'856 h	2000: CHF 67'500
2008: 81 Jahre	2007: 1'792 h	2008: CHF 72'612
2024: 84 Jahre	2022: 1'631 h	2018: CHF 78'456
(BFS 1989, S. 32/ 1992, S. 39/1997, S. 48/ 2001, S. 597/2010, S. 49/ 2020b, S. 32/ BFS 2023d)	(Bis 1950 Schätzungen/ab 1991 BFS: AVOL – Jahresarbeits- zeit für erwerbstätige Männer im Durchschnitt/BFS 2023c)	(Bis 1950 Schätzungen/ ab 1991 BFS: SAKE – jährliches Brutto-Erwerbs- einkommen Median)

Freizeit und Tourismus

Verstädterung Anteil städt. an ständiger Wohnbevölkerung	Arbeits-/Wohnort Anteil Pendler an Erwerbsbevölkerung	Motorisierung Anzahl PW pro 1000 Einwohner
1920: 35%	1910: 9%	1920: 2
1950: 43%	1950: 17%	1950: 26
1970: 58%	1970: 31%	1990: 439
1990: 69%	1980: 40%	2000: 492
2000: 68%	1990: 52%	2007: 521
2010: 74%	2000: 58%	2023: 540
2019: 85%	2022: 80%	
(BFS 1996, S. 36/ 1997, S. 29/2010, S. 26/ 2020c)	(Bis 1950 Schätzungen BFS/ ab 1960 BFS: Pendlerverkehr – neue Definition der Agglomera- tionen, S. 3/BFS 2020c/ BFS 2024b)	(Bis 1950 Schätzungen BFS/ ab 1980 BFS, Statistisches Jahrbuch der Schweiz 2010, S. 36/248/ 2018: BFS, 2020c/ BFS 2024a)

Quelle: Eigene Darstellung

1.3.2 Arbeitsort

Mit fortschreitender Industrialisierung rückten Wohnort und Arbeitsstätte für immer mehr Menschen auseinander. Waren es 1920 erst rund 10% der Schweizer Erwerbstätigen, für die der Wohn- und Arbeitsort auseinanderfiel, so erhöhte sich dieser Anteil bis 2022 kontinuierlich auf 71%. Während 1980 9% des Arbeitswegs zu Fuss, mit dem Fahrrad oder dem Mofa zum Arbeitsort zurückgelegt wurden (ARE 2000, S. 2), waren es 2022 nur noch 18% (BFS 2024b). Der Anteil des Arbeitsweges, der mit dem motorisierten Individualverkehr zurückgelegt wurde, erhöhte sich zwischen 1980 und 2022 von 44% auf 52% (BFS 2024b). Insbesondere mit dem Bau von neuen Hochgeschwindigkeitslinien auf der Schiene verlängern sich die Pendlerdistanzen kontinuierlich.

1.3.3 Wohlstand

Die Realeinkommen haben sich seit 1850 vervielfacht. Vor allem in der Phase nach dem 2. Weltkrieg stiegen die Einkommen stark an. Das durchschnittliche Haushaltseinkommen wächst aber auch durch die Zunahme der Doppelverdiener, das durchschnittliche Pro-Kopf-Einkommen durch die kleiner werdenden Haushalte. Statistische Zahlen der OECD belegen, dass das real verfügbare Einkommen in den 17 OECD-Ländern zwischen 1985 und 2016 um durchschnittlich 40% gesteigert wurde, für die obersten 10% gar um 62% und auch für die untersten 10% um 20%. Das Einkommen der untersten 10% stagniert aber seit 2007 (OECD 2019).

1.3.4 Lebenserwartung

Die Lebenserwartung hat sich seit 1850 rund verdoppelt und nimmt weiter kontinuierlich zu. Damit wurde der Lebensabend zunehmend von der Erwerbsarbeit befreit. Als Folge dieser Entwicklung gleichen sich die Zeitanteile für Erwerbsarbeit und Freizeit (ohne Zeit für Schlafen, Essen, Hygiene, Besorgungen, soziale Verpflichtungen) gegen Ende dieses Jahrhunderts immer mehr an. Heute wendet eine erwerbstätige Person pro Jahr rund 2200 Stunden für Arbeit und Arbeitsweg auf (1950: ca. 2800 Stunden). Mehr oder weniger frei verfügen kann sie über ca. 2200 Stunden pro Jahr (1950: ca. 1500 Stunden).

1.4 Entwicklung des modernen (Alpen-)Tourismus

Als eigentliche Wiege des modernen Tourismus mit seinem Erholungs- und Erlebnischarakter gilt die Zeit des 18. Jahrhunderts. Naturwissenschaftler wie Albrecht von Haller oder Jean-Jacques Rousseau entdeckten und beschrieben die Alpen als Naturphänomen. Dem rousseauschen Ruf ‹Zurück zur Natur› folgte eine ständig wachsende Zahl von Reisenden, unter ihnen bekannte Schriftsteller wie Byron, Ruskin oder Goethe, aber auch zahlreiche Engländer als Entdecker des Alpinismus.

Erst mit dem Ausbau des Eisenbahnnetzes ab Mitte des 19. Jahrhunderts wurden aber die technischen Voraussetzungen für den Transport einer grösseren Zahl von Reisenden geschaffen. Mit dem Bau der grossen Alpenbahnen Gotthard (1882), Simplon (1906) und Lötschberg (1913) erlebten der Alpentourismus und vor allem die schweizerische Hotellerie eine Blütezeit, die aber durch die Wirren des 1. Weltkrieges jäh beendet wurde. Obwohl die Zahl der Reisenden bis zum 2. Weltkrieg wieder kontinuierlich anstieg, waren es erst die wirtschaftlichen Boomjahre der Nachkriegszeit, die in den Industrieländern zur Freizeitmobilität der Massen führten.

Hauptsächliche Faktoren (auch Boomfaktoren genannt), die das massenhafte Reisen erst möglich gemacht und ausgelöst haben, sind:
- Der wachsende Wohlstand in Form zunehmender Einkommen und damit auch die Erhöhung der frei verfügbaren Einkommensanteile.
- Die zunehmende Verstädterung und der damit verbundene Verlust von Natur und sozialen Netzwerken sowie die fortschreitende Reglementierung, Funktionalisierung und Technisierung der Alltagswelt.
- Der zunehmende Stress am Arbeitsplatz sowie die Banalisierung der Erwerbsarbeit.
- Die Abnahme der Erwerbsarbeitszeit resp. die Zunahme der Freizeit vor allem in Form von längeren Wochenenden, längeren Ferien, Teilzeitarbeit, späteren Eintritten ins Erwerbsleben und Frühpensionierungen.
- Die Perfektionierung und Verbilligung der Verkehrssysteme, die explosionsartige Motorisierung und die damit verbundene private Mobilität.

Zu den Antriebsmotoren des heutigen Tourismus zählt auch das mit Reisen verbundene soziale Ansehen: In den Ferien zu verreisen gehört zur Lebensform unserer Zivilisation, die Beteiligung möglichst breiter Volksschichten am Tourismus ist zu einem sozialpolitischen Anliegen geworden. Erholung und Ferien werden vielfach mit Tourismus gleichgesetzt. In den Ferien wegzufahren gilt als selbstverständliches Verhalten. Das (Ver-)Reisen hat sich damit quasi zu einer ‹sozialen Norm› entwickelt.

In seinem umfassenden Buch zum ‹Jahrhundert des Tourismus› beschreibt Schneider (2001, S. 5) den Durchbruch von der elitären Einzelreise zum Massentourismus – oder richtiger zur Reise für jedermann – durch die Erfindung der Pauschalreise. Dem Reisenden wird ein Paket mit allen nur erdenklichen Leistungen angeboten. Und an diesem komplexen Produkt arbeiten Millionen von Menschen tagtäglich.

Heller (1990, S. 100) fasste einst die touristische Entwicklung wie folgt zusammen: «Das Reisen war ursprünglich eine Tat der Gottsuchenden und Handelstreibenden, später der Eroberer, noch später der Bildungshungrigen und ganz spät eine der Touristen. Man begreift, es kam jeweils Schlimmeres nach. Das Wesen einer Reise war das Erfahren des so genannten anderen, denn im Grunde liegt das Wunderbare nicht in dem verborgen, was wir gemeinsam haben, sondern in dem, was uns voneinander unterscheidet».

2 Neuzeitliches Lebensmodell

Nach dem kurzen historischen Abriss zu Freizeit und Reisen wird in diesem Kapitel ein neuzeitliches Lebensmodell dargelegt, das die Lebensbereiche Arbeit, Wohnen, Freizeit und Reisen im Gesamtzusammenhang darzustellen versucht.

2.1 Modellerklärungen

Die schematische Darstellung (vgl. Abb. 2) gibt eine Art Gesamtsystem unserer westlichen Gesellschaft wieder. Im Innern ist der ‹Kreislauf der Wiederherstellung des Menschen in der modernen Gesellschaft› skizziert, den der Berner Tourismusprofessor Krippendorf in ‹Die Ferienmenschen› (1984, S. 24f.) ausführlich beschrieben hat. Der Zirkel dieser Pendelbewegung zwischen Alltag und Gegenalltag setzt beim Menschen und seinen dreigeteilten Lebensbereichen Arbeit, Wohnen und Freizeit an.

Von Zeit zu Zeit erfährt dieser Alltag eine Öffnung nach aussen: Der moderne Mensch verbringt rund einen Drittel seiner Freizeit als mobile Freizeit auf Reisen. Dieser Ausflug in den Gegenalltag ist durch besondere Beeinflussungen, Motive und Erwartungen gekennzeichnet. Die Reiseziele bilden den Gegenpol zur Alltagswelt. Sie stellen den Gegenalltag dar. Interessant sind hier besonders das Verhalten und Erleben der reisenden Menschen, die Situation der bereisten Menschen und ihrer Umwelt, die Begegnung zwischen den Reisenden untereinander sowie mit den Bereisten. Diese Begegnung kann positive oder negative Folgen und Rückwirkungen auf Land und Leute der bereisten Gebiete sowie auf die Alltagssituation der Reisenden haben.

Das Gefüge Arbeit-Wohnen-Freizeit-Reisen ist in einen grösseren Rahmen eingebettet und wird von da aus gestaltet und beeinflusst. Hier lassen sich vier grosse Kraftfelder unterscheiden, die untereinander wiederum durch ein vielfältiges Netz von Wechselwirkungen verknüpft sind:
- *Sozio-kulturelles Subsystem*: Gesellschaft und ihre Werthaltungen
- *Ökonomisches Subsystem*: Wirtschaft und ihre Strukturen
- *Ökologisches Subsystem*: Natürliche Umwelt und ihre Ressourcen
- *Politisches Subsystem*: Staat und seine Politik

In ihrer Gesamtheit stellen diese Teilsysteme gewissermassen das Bühnenbild dar, in welchem sich unser Leben abspielt. Die Abbildung bringt zum

Ausdruck, welches die allgemeine Entwicklungsrichtung oder der Trend in diesen vier Teilbereichen in den letzten Jahrzehnten gewesen ist:

In unserer *Gesellschaft* sind die Werte des ‹Seins› von den Werten des ‹Habens› verdrängt worden: Besitz, Eigentum, Vermögen, Konsum, Egoismus stehen vor Gemeinsamkeit, Toleranz, Genügsamkeit, Sinn, Bescheidenheit, Ehrlichkeit.

Die *Wirtschaft* ist gekennzeichnet durch eine sich verstärkende Konzentrationsbewegung, ein Überhandnehmen von globalisierten Grossbetrieben und Konzernen mit immer mehr Wirtschaftsmacht auf Kosten der Selbständigkeit von Klein- und Mittelbetrieben. Weitere Merkmale im ökonomischen Bereich sind die immer stärkere Arbeitsteilung und Spezialisierung sowie die digitale Transformation.

Die *Umwelt* wird behandelt und genutzt, als ob die Ressourcen unversiegbar und unendlich wären. Wissenschaft und Technik finden immer wieder neue Mittel, um die Grenzen der Belastbarkeit des Ökosystems hinauszuschieben. Negative Nebenwirkungen des Wirtschaftswachstums wie Luft- und Wasserverschmutzung, Bodenbelastung, Emmission von Klimagasen wie CO_2 oder der Druck auf die Biodiversität usw. werden als beherrschbar und dehnbar angenommen.

Schliesslich gibt es kaum ein Industrieland, in dem trotz Liberalisierungsbestrebungen die staatlichen Einflüsse und in ihrem Gefolge auch die Tendenz zu mehr Zentralismus in der Staatspolitik nicht zugenommen hätten. Der *Staat* wird gezwungen, eine immer kostspieligere Infrastruktur bereitzustellen (Verkehr, Versorgung und Entsorgung) und gleichzeitig Regulierungsmechanismen zu entwickeln. Auch weiten sich die staatlichen Dienstleistungen (Public Service) wie Gesundheitsdienst, Erziehung, Inklusion, Unterstützung von benachteiligten Gruppen, Schutz der bedrohten Umwelt usw. tendenziell aus. Es sind soziale Leistungen, die niemand sonst übernehmen kann.

2.2 Das System im Ungleichgewicht

Mit diesen wenigen Bemerkungen zu den Rahmenbedingungen unseres Lebens ist bereits Wichtiges angetönt, was in der Grafik nicht zum Ausdruck kommt: So harmonisch, wie es das Schaubild illustriert, funktioniert das System nicht. Im Unterschied zur Abbildung 2 haben in Wirklichkeit nicht alle Elemente das gleiche Gewicht. Die Bereiche sind nicht gleichwertig, die Spiesse nicht gleich lang. Einzelne Pole und Teilbereiche überwiegen auf Kosten anderer.

2. Neuzeitliches Lebensmodell

Die Werthaltungen der Menschen, die Verwendung der Ressourcen und die Politik des Staates sind in den Sog der Wirtschafts- und Wohlstandsentwicklung der Nachkriegsjahre geraten. Damit einher geht eine ‹Ökonomisierung› aller Lebensbereiche (Arbeit, Wohnen, Freizeit und Reisen). Das wirtschaftliche Wachstum stellt denn auch den eigentlichen Motor dieses neuzeitlichen Systems dar, das uns insbesondere in den vergangenen Jahrzehnten Arbeit und Wohlstand für viele beschert hat.

Abbildung 2 Neuzeitliches Lebensmodell

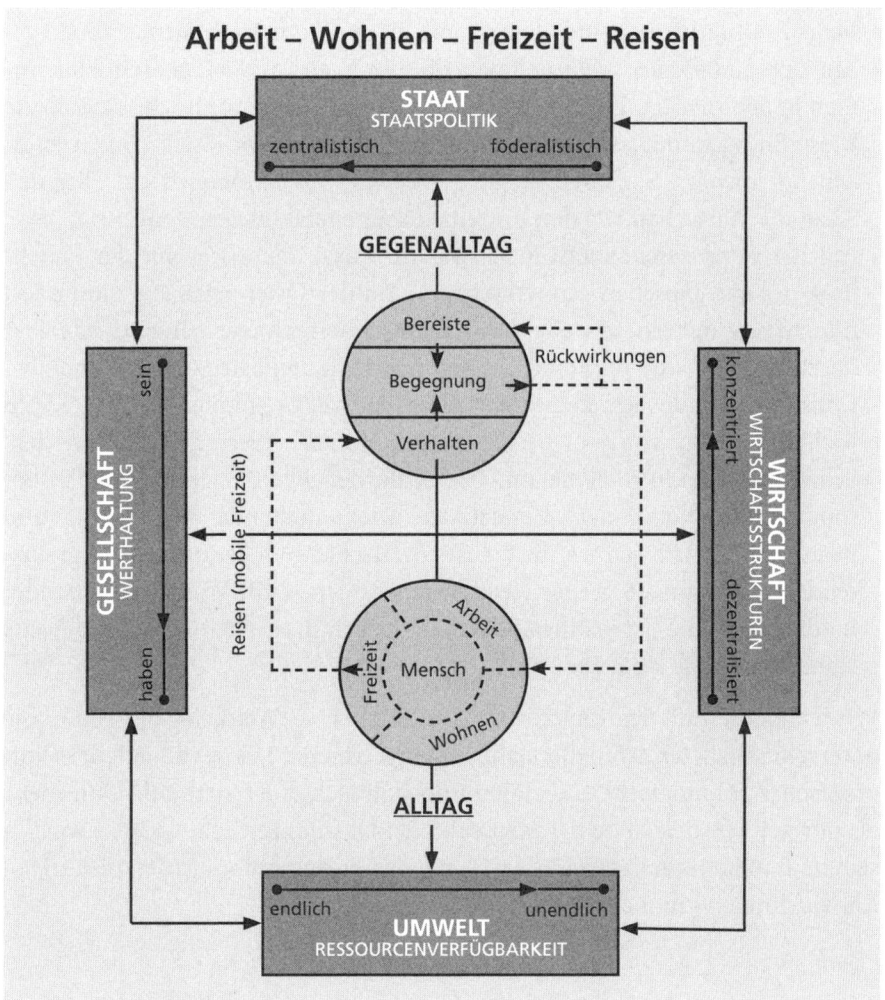

Quelle: Krippendorf 1984, S. 29

Seit Mitte der 70er-Jahre mehren sich aber die Anzeichen dafür, dass der ökonomische Wachstumskreislauf «mehr Produktion schafft mehr Arbeit – mehr Arbeit schafft mehr Einkommen – mehr Einkommen ermöglicht mehr Konsum – mehr Konsum erfordert mehr Produktion – mehr Produktion schafft mehr Arbeit – usw.» zunehmend ins Stocken gerät und damit auch das wirtschaftliche System in seinen Grundfesten erschüttert:

- Neue *Technologien und neu die Digitalisierung* machen einen immer grösseren Ausstoss an Gütern und Dienstleistungen mit gleichem oder sogar noch geringerem Einsatz an menschlicher Arbeitskraft möglich. Mehr Produktion bedeutet damit nicht mehr automatisch mehr Arbeit.
- Auf der *Einkommensseite* nehmen die für Konsum verfügbaren Einkommen in den meisten Industrieländern in jüngster Zeit nur noch schwach zu. Diese Entwicklung ist vor allem eine Folge wachsender Kosten im Gesundheits-, Umwelt-, Sozial-, Energie-, Verkehrs-, Wohnbereich etc., die den Staat, die Wirtschaft wie den Einzelnen immer stärker belasten.
- Auf der *Konsumseite* kann man zwar im Zusammenhang mit der Errichtung des europäischen Binnenmarktes und der Osterweiterung zumindest mittelfristig mit einem weiteren Konsumschub rechnen. Dieser dürfte aber durch stagnierende Einkommen, den relativ hohen Sättigungsgrad bei den Konsumgütern des täglichen Bedarfs und den fortschreitenden Wertewandel in Richtung Abkehr von der Überbetonung materieller Werte gedämpft werden.
- Schwerwiegende Probleme und Herausforderungen zeichnen sich insbesondere im *ökologischen* Bereich ab. Die anhaltende Ausbeutung und Belastung der Umwelt zugunsten des Wirtschaftswachstums zeigen gravierende Folgen auf die Lebensgrundlagen Boden, Luft, Wasser, Klima oder Biodiversität, die bereits heute spürbar, aber in ihrer zukünftigen Tragweite kaum ermessbar sind.

Wir haben die Entwicklungen vor allem seit dem 2. Weltkrieg bis weit in die unterschiedlichsten Grenzbereiche hineingetrieben. Die verschiedenen ökonomischen, ökologischen, sozialen und politischen Krisenherde sind mehr als nur zeitlich befristete Schwächeanfälle: Das neuzeitliche System wird in seinen Fundamenten erschüttert. Und die Fortschreibung der bisherigen Entwicklungen gibt kaum Anlass zu Hoffnung.

2.3 Systemelement ‹Arbeit›

2.3.1 Arbeitsbegriff

Umgangssprachlich wird heute unter dem Begriff *Arbeit* in erster Linie Erwerbsarbeit verstanden. Diese Verengung des Arbeitsbegriffes auf den gegen Entgelt geleisteten Teil der Arbeit geht auf die Industrialisierung zurück, als sich die gewerblich-betrieblich organisierte und gegen Lohn geleistete Arbeit absonderte und zum eigentlichen Zentrum der materiellen Existenz wurde. Mit dieser Entmischung der Tätigkeit in Erwerbsarbeit und andere, unentgeltlich geleistete Tätigkeiten entstand erst der so genannte ‹Arbeitstag› bzw. die ‹Arbeitszeit› im heutigen Sinn (Rinderspacher 1987, S. 48).

Als Gegenpol zu der durch Erwerbsarbeit gebundenen Zeit entwickelte sich der sogenannte Bereich der Freizeit, der aber keinesfalls mit Nicht-Arbeit gleichzusetzen ist. Der Begriff ‹Arbeit› umfasst:
- *Erwerbsarbeit*: gegen Entgelt geleistete Arbeit
- *Subsistenzarbeit*: im Sinne von Körperpflege, Versorgung des Haushalts und der Angehörigen, Kinderbetreuung, Einkauf, Garten, Aus- und Weiterbildung, etc.
- *Sozialarbeit*: im Sinne von unbezahlter sozialer, politischer und kultureller Arbeit, die über die Existenzsicherung für sich und seine Angehörigen hinausgeht.

Arbeit beinhaltet demnach alle zweckgerichteten menschlichen Tätigkeiten, unabhängig davon, ob diese ökonomisch bewertet, innerhalb oder ausserhalb der formellen (beruflichen) Arbeitszeit vollbracht werden.

In diesem Zusammenhang unterscheidet man etwa auch zwischen formeller Arbeit (ökonomisch bewertete und erfasste Erwerbsarbeit) und informeller Arbeit (ökonomisch nicht erfasste Arbeit mit oder ohne Entgelt, z. B. Schwarzarbeit, Eigenarbeit etc.). Ammann (2001, S. 30) hat die folgende schematische Übersicht über Begriffe, ihre inneren Zusammenhänge und ihre hierarchische Ordnung erstellt:

Abbildung 3 Zeit – Arbeit – Freiwilligenarbeit

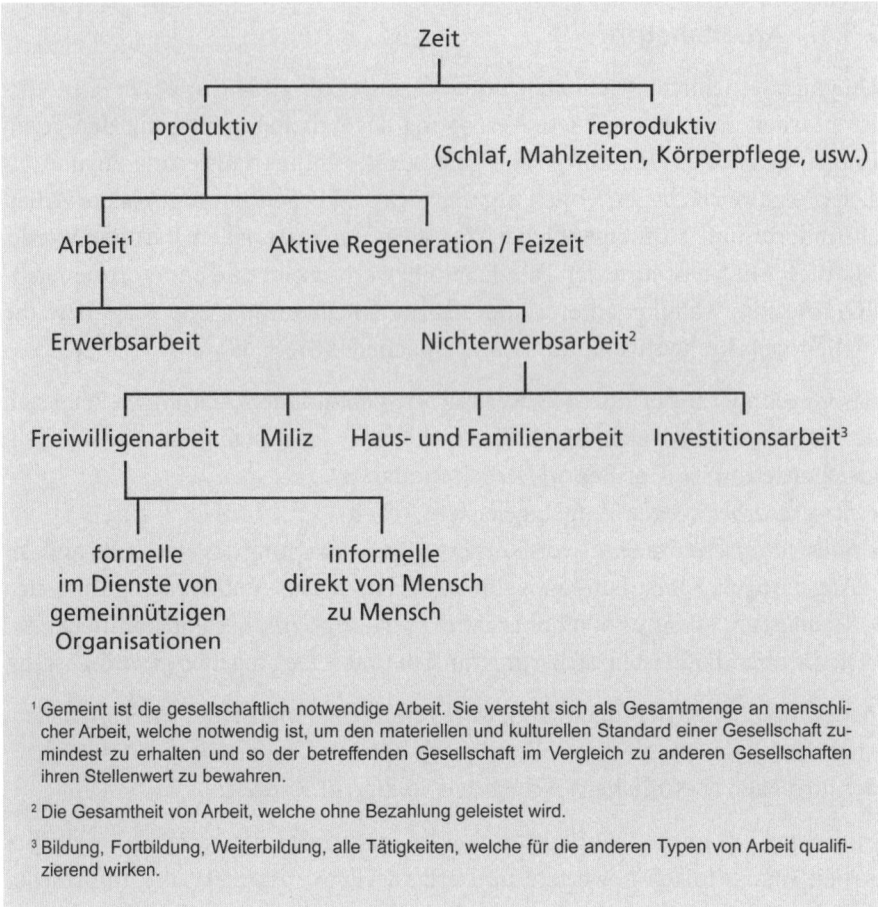

Quelle: Ammann 2001, S. 30

Gemäss Schätzungen dürfte der ökonomische Wert aller informell geleisteten Tätigkeiten (Nichterwerbsarbeiten) jenen der formellen Erwerbsarbeit, der im Bruttosozialprodukt einer Volkswirtschaft zum Ausdruck kommt, übersteigen. Tendenziell nimmt er jedoch ab.

Zu den grundlegenden Funktionen der Arbeit gehören:
- *Existenzsicherung*: Materiell-ökonomischer Aspekt
- *Verwirklichung menschlicher Anlagen und Fähigkeiten*: Biologischer Aspekt

2. Neuzeitliches Lebensmodell

- *Lebenssinngebung und Lebenserfüllung:* Ideell-psychologischer Aspekt
- *Dienst an der Gemeinschaft:* Ethischer Aspekt

Weibel (2019, S. 193f) hat den Sinn, den Wert und die Transformation der Arbeit in seinem Buch «Warum wir arbeiten» in zwölf Thesen zusammengefasst:

1. «Arbeit ist eine zutiefst menschliche Angelegenheit. Arbeit stiftet Sinn und prägt die Identität.
2. Seit Beginn der Zivilisation hat sich die Arbeit in Wellenbewegungen entwickelt – mit einem Trend zu immer menschengerechteren Formen.
3. Die Geschichte der Arbeit ist die Geschichte der kapitalistischen Marktwirtschaft. Sie ist geprägt von wiederkehrenden Krisen und schöpferischer Zerstörung – immer wieder begleitet von sozialen Verwerfungen.
4. Es ist unwahrscheinlich, dass die digitale Transformation zu einer Reduktion der Arbeit führt.
5. Eine ungezügelte Marktwirtschaft ist masslos. Gegengewichte bilden der regulierende Staat und die Gewerkschaften. Sie dürfen im Kampf gegen die immer noch bestehenden und sich sogar noch vermehrenden prekären Arbeitsverhältnisse nicht nachlassen.
6. Der Staat muss das Bildungssystem und die sozialen Netze den Anforderungen der Zukunft anpassen.
7. Die Marktwirtschaft hat ein enormes Innovationspotenzial. Ohne technische Innovationen lassen sich die gewaltigen Herausforderungen der Zukunft, namentlich der Bewältigung des Klimawandels, nicht meistern.
8. Die Herausforderungen der Zukunft können nur mit motivierten, kreativen und anpassungsfähigen Mitarbeitenden gemeistert werden. Immer mehr Unternehmen sind sich dessen bewusst und arbeiten an einer inspirierenden Unternehmenskultur.
9. Kreative Menschen verfügen über Zuversicht, solides Basiswissen, unstillbare Neugier und die Fähigkeit und Bereitschaft, lebenslang zu lernen.
10. Mitarbeitende erwarten eine sinnstiftende Arbeit, Wertschätzung, hohe Autonomie und einen lebensgerechten Rhythmus.
11. Ob Arbeit als Bereicherung oder als Übel angesehen wird, hängt von der Einstellung ab. Einstellungen lassen sich verändern.
12. Das Konzept des Ruhestandes hat sich überlebt. Zumindest die ‹jungen Alten› sollen tätig bleiben.»

2.3.2 Zusammenhang von Arbeit und Freizeit

Zum Verhältnis von Arbeit und Freizeit existieren zahlreiche wissenschaftstheoretische Auffassungen und Beiträge. Im Sinne eines Gliederungsversuches lassen sich grob drei Denkrichtungen unterscheiden:

Arbeitspolarer Erklärungsansatz

Diese Erklärungsrichtung geht davon aus, dass die (Erwerbs-)Arbeit im Lebenszentrum des Menschen steht und alle anderen Bereiche durch sie dominiert werden. Demnach befindet sich auch die Freizeit unter dem Primat der Arbeit. Die Ansätze dieser Erklärungsrichtung lassen sich auf folgende zwei polare Hypothesen zum Verhältnis von Arbeit und Freizeit reduzieren: (vgl. hierzu auch Tokarski 1979, S. 3f.)

- *Kontrast- oder Kompensationshypothese:* Die (Erwerbs-)Arbeit wirkt im konträren Sinn auf die Interessen, das Verhalten und Erleben in der Freizeit, d.h. der Einzelne versucht in seiner Freizeit das zu kompensieren, was in seiner Arbeit zu kurz kommt.
- *Kongruenz- oder Generalisationsthese:* Die während der Erwerbsarbeit erworbenen Verhaltensmuster werden auf die Freizeit übertragen, d.h. der Einzelne vermag seine ‹Arbeitshaut› nicht abzustreifen und verhält sich in seiner Freizeit kongruent dazu.

Betrachtet man die empirischen Belege zu diesen beiden Erklärungshypothesen, so schneidet die Kongruenz- oder Generalisationsthese eher besser ab, wenn auch die Kontrast- oder Kompensationsthese viel öfter diskutiert wird. In ihrer Absolutheit dürfte keine der beiden Thesen zutreffen. Aufgrund neuerer Erkenntnisse ist vielmehr davon auszugehen, dass ein und dieselbe Person von Fall zu Fall unterschiedliche Verhaltensweisen an den Tag legen kann, was auch auf den Zusammenhang von Arbeit und Freizeit zutreffen dürfte. Zudem wirken neben der (Erwerbs-)Arbeit noch zahlreiche andere Faktoren (vgl. auch Kapitel 3.2) auf die Freizeit ein, so dass eine monokausale Erklärung dieses Zusammenhanges in der Realität keinen Bestand haben könnte.

Freizeitpolarer Erklärungsansatz

Im Zentrum dieser Erklärungsrichtung steht die Grundauffassung, dass die (Erwerbs-)Arbeit mit ihrem stark arbeitsteiligen und fremdbestimmten Charakter der menschlichen Selbstentfaltung abträglich ist. Urvater dieser

Denkrichtung ist Karl Marx (1894, S. 873f.), der die Arbeit als ‹Reich der Notwendigkeit› und die freie Zeit als ‹Reich der Freiheit› bezeichnet hat. Zeitgenössische Vertreter sehen in der fortschreitenden Automatisierung und Digitalisierung die Chance einer gewissen Befreiung des Menschen von der Erwerbsarbeit.

Im Unterschied zum arbeitspolaren Erklärungsansatz werden hier der Sinn des Lebens, die Lebensqualität und die Möglichkeiten der Selbstverwirklichung nicht mehr in der (Erwerbs-)Arbeit, sondern im Bereich der Freizeit gesehen. Freizeit wird zum eigentlichen Brennpunkt der Lebensorientierung hochstilisiert, (Erwerbs-)Arbeit zum blossen ‹Brotkorb› degradiert.

Ganzheitlicher Erklärungsansatz

Im Zentrum dieser Erklärungsrichtung steht die Grundauffassung, dass der Dualismus von Arbeit und Freizeit – sowohl arbeits- als auch freizeitpolarer Art – dem menschlichen Grundbedürfnis nach ganzheitlicher Selbstverwirklichung, relativer Unabhängigkeit und durchgehender Lebenssinngebung widerspricht. Dieser Auffassung zufolge ist der Mensch als unteilbares soziales Wesen zu verstehen und nicht als eines, das parzelliert werden kann in ein Arbeits- und ein Freizeitwesen. Im Tourismus spricht man von den ‹Bleisures› als neue Zielgruppe: Personen, die auch auf Geschäftsreisen Business mit Freizeitvergnügen kombinieren.

Die Vertreter dieser Denkrichtung (Krippendorf 1984, Kramer 1990, Precht 2018) plädieren für eine ganzheitlichere Lebensbetrachtung, für eine Neubewertung von Arbeit und Freizeit sowie für entsprechende Humanisierungsbestrebungen in allen Lebensbereichen.

Ausgehend von der zur Verfügung stehenden Zeit hat Wyss (2005, S. 51) die häufig verwendeten Begriffe und Tätigkeiten rund um die Themen Freizeit und Arbeit in einer Übersicht dargestellt:

Abbildung 4 Zeitkategorien: Determinations-, Obligations- und Dispositionszeit

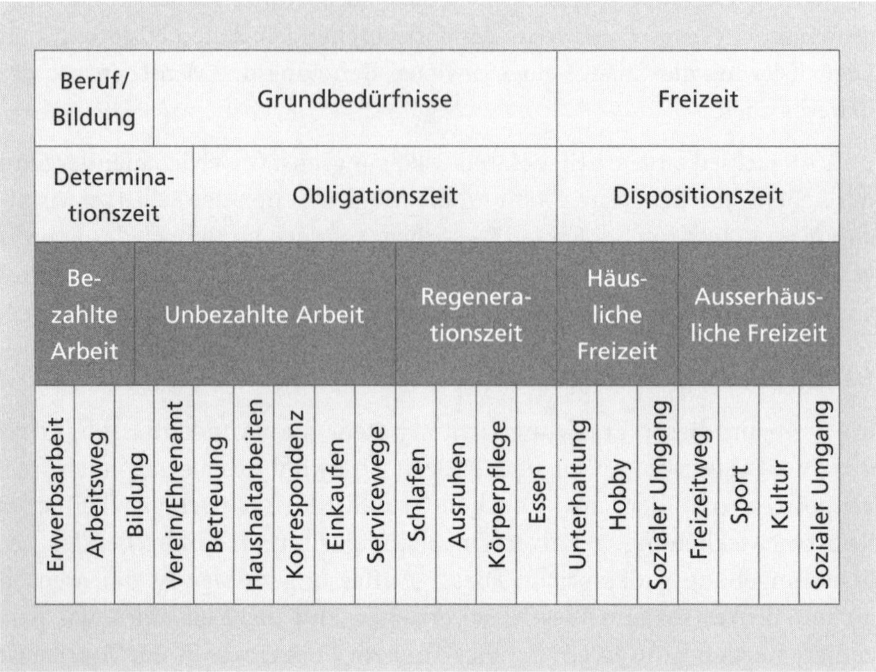

Beruf/Bildung		Grundbedürfnisse					Freizeit		
Determinationszeit		Obligationszeit					Dispositionszeit		
Bezahlte Arbeit	Unbezahlte Arbeit				Regenerationszeit		Häusliche Freizeit	Ausserhäusliche Freizeit	
Erwerbsarbeit / Arbeitsweg	Bildung	Verein/Ehrenamt	Betreuung	Haushaltarbeiten	Korrespondenz	Einkaufen / Servicewege	Schlafen / Ausruhen / Körperpflege / Essen	Unterhaltung / Hobby / Sozialer Umgang	Freizeitweg / Sport / Kultur / Sozialer Umgang

Quelle: Wyss 2005, S. 51

Arbeit und Freizeit: Zwei Werte im Wandel

Zum kulturellen Kern der Industrialisierung gehörte ein ausgeprägtes Arbeitsethos: «Durch und in der Arbeit – die als bezahlte Tätigkeit verstanden wird – zeigt der Mensch seine Verantwortlichkeit und kann sich als menschliches Wesen verwirklichen. Die Arbeit gestattet die Beherrschung der Welt, kennzeichnet den Sieg der Kultur und der Gesellschaft über die Natur und definiert das, was den Menschen ausmacht.» (Lalive d'Epinay 1990, S. 32) In diesem Zusammenhang ist etwa auch die Rede von der Arbeits-Gesellschaft und vom Arbeits-Menschen, der im Gegensatz zum verkommenen Müssiggänger seiner gesellschaftlichen Pflicht zur Arbeit nachkommt.

Seit relativ kurzer Zeit verliert die Arbeit ihren lebensbeherrschenden Anspruch. Mögliche Gründe für dieses zerrinnende Arbeitsethos sind:
- Die allgemeine Verkürzung der (Erwerbs-)Arbeitszeit und die fortschreitende Auflösung uniformer Arbeitszeitmuster.

2. Neuzeitliches Lebensmodell

- Der Rückgang der im Vollzeit-Erwerbsprozess integrierten Bevölkerung: Ein grosser Teil der Bevölkerung sind Teilzeitbeschäftigte, Kinder, Jugendliche, Personen in Ausbildung, Arbeitslose, Pensionierte.
- Die fortschreitende Technisierung, Automatisierung, Digitalisierung und Spezialisierung der (Erwerbs-)Arbeit und der vielfach damit verbundene Beziehungs- und Sinnverlust der Arbeit.
- Die verkürzte Verweildauer in einem Berufsfeld und der damit verbundene Bedeutungsverlust von Arbeitsidentität.
- Eine grosse Anzahl Arbeitsloser (v.a. in Ländern ausserhalb der Schweiz).
- Der systemimmanente Zwang zu Wirtschaftswachstum verbunden mit Belastungen der Lebensgrundlagen und der Frage nach dem Sinn dieser Entwicklung.
- Die rasche Wohlstandszunahme und das damit verbundene Vorrücken von immateriellen Werten wie Autonomie, Eigenständigkeit, Selbstverwirklichung und Entfaltung der eigenen Persönlichkeit.
- etc.

Mehr und mehr breitet sich ein neues Selbstverwirklichungs- und Freizeitethos aus, das nicht zuletzt auch in einer rasch wachsenden Freizeitindustrie zum Ausdruck kommt. Wie verschiedene Untersuchungen zum Wertewandel zeigen, sind die Verfügbarkeit über Zeit und die Freizeitbeschäftigungen zu eigentlichen Hauptwerten im persönlichen Leben vieler Menschen geworden. Damit geht aber keinesfalls eine völlige Entwertung der (Erwerbs-)Arbeit einher: Nur eine Minderheit sieht darin lediglich einen Zwang. Bei der grossen Mehrheit ist eine Auffassung der Multizentriertheit des Lebens anzutreffen, nach der die Arbeit wohl ihren Platz hat, aber den anderen Dingen des Lebens wie Familie, frei gewählten Tätigkeiten, Reisen usw. ebenfalls Raum gewähren soll.

Fasst man die in den westlichen Industrieländern erkennbaren Veränderungen bezüglich der Einstellung zu Arbeit und Freizeit zusammen, so zeichnet sich folgender Prozess ab:

- Die Arbeit verliert zunehmend ihren Mythos. Unverändert aber bleibt der Wunsch nach sinnvoller Selbstverwirklichung – in der Arbeit ebenso wie in der Freizeit.
- Das Leistungsprinzip ist zwar als soziale Norm fragwürdig geworden, nicht aber die Leistung an sich. Vielmehr ist das Bedürfnis gross, selbst etwas zu leisten, was Freude bereitet und Sinn hat.

- Die Freizeit bietet vielen Menschen die Chance zu mehr Selbstbestimmung und zu spass- und sinnorientierten Tätigkeiten. Damit bringt die Freizeit die Menschen auf den Geschmack, selbstbestimmter leben und auch weniger entfremdet arbeiten zu wollen.
- Die Freizeit verändert das individuelle Bewusstsein und bringt das gesellschaftliche Wertesystem – auch in der Arbeitswelt – in Bewegung: Im Sinne einer neuen, ganzheitlichen Lebensethik schlägt die Forderung nach mehr Selbstbestimmung und Entfaltungsmöglichkeiten, nach mehr Lebensqualität und -sinn auf alle Bereiche des Lebens durch.

2.4 Systemelement ‹Wohnen›

2.4.1 Bedeutung des Wohnens

Das Wohnen zählt seit jeher zu den Grundfunktionen menschlichen Daseins. Sei es eine Höhle oder ein Schloss, stets ist der Mensch darauf bedacht, eine Nische zu finden, in die er sich zurückziehen, sich schützen und sich selbst organisieren kann. Wohnen stellt eine zentrale Lebensfunktion dar, bedeutet zugleich schlafen, essen, familiäre und soziale Kontakte pflegen, seine Freizeit gestalten, Haus- und manchmal auch Berufsarbeit erledigen.

Rund zwei Drittel seiner Freizeit verbringt der moderne Mensch in seiner Wohnung oder in ihrer näheren Umgebung. Dem Wohnumfeld kommt heute vor allem in Bezug auf die veränderten Arbeitsbedingungen eine wichtige Entlastungsfunktion als Gegenpol zum oft hektischen, technisierten, fremdbestimmten, kommunikationsarmen Arbeitsalltag zu. Aber auch die Wohnung als Arbeitsplatz wurde mit der zunehmenden Beliebtheit von Homeoffice und Teilzeitarbeit immer wichtiger.

Die Frage nach dem Wohnwert taucht vor allem auch im Rahmen der Diskussion um Stadterneuerung und Lebensqualität auf. Dabei stehen zwei Aspekte des Wohnens im Vordergrund:

Wohnqualität

Unter dem Begriff der ‹Wohnqualität› wird der Versuch verstanden, die Wohnsituation von Menschen mittels objektivierbarer Messgrössen zu erfassen. Dieser Versuch geht auf ein Programm der Organisation für wirtschaftliche Zusammenarbeit und Entwicklung (OECD) zur Erfassung der

Lebensqualität zurück. Die Wohnqualität stellt dabei einen von neun so genannten ‹sozialen Indikatoren› dar und wird oft über folgende Einflussgrössen beschrieben:
- *Der Innenraum:* Zur Verfügung stehender Raum pro Familienmitglied innerhalb der Wohnung
- *Das Komfortniveau:* Ausstattung der Wohnung mit fliessendem Wasser, Dusche/Bad, Toilette
- *Der Aussenraum:* Verfügbarkeit bzw. Erreichbarkeit privater Räume (Balkon, Garten) sowie halböffentlicher und öffentlicher Anlagen (Spielplätze, Grünanlagen)
- *Die ökonomische Erreichbarkeit:* Die für das Wohnen zu erbringende finanzielle Leistung (Mietkosten, Hypothekarzinsen)
- *Die Wohnsicherheit:* Kündigungsschutz, gesetzliche Einsprachemöglichkeiten etc.
- *Die physische Erreichbarkeit:* Erreichbarkeit von Arbeitsplätzen, Kindergärten, Schulen, öffentlichen Diensten, Einkaufsmöglichkeiten etc. mittels verschiedener Verkehrsmittel

Wohnlichkeit

Im Gegensatz zur Wohnqualität ist die ‹Wohnlichkeit› nicht etwas objektiv Messbares, das sich in Quadratmetergrössen von Zimmern, Grünflächenanteilen oder in einer Anzahl von Sport- und Erholungsanlagen ausdrücken lässt. Vielmehr ist die Wohnlichkeit etwas subjektiv Empfundenes. Die Wohnlichkeit einer Stadt, eines Quartiers, einer Strasse, eines Hauses oder einer Wohnung kann durch die vorhandenen Möglichkeiten definiert werden:
- der Selbstentfaltung,
- der Begegnung und Kommunikation mit seinen Mitmenschen,
- der Verwirklichung eigener Vorstellungen und des Einfliessenlassens eigener Ausdrucksfähigkeiten in die Wohnumgebung

Wohnlichkeit ist demnach vor allem dann erreicht, wenn die Bewohner selbst etwas dazu beitragen, selbst etwas verändern können, wenn es Spielraum gibt. Wohnlichkeit wird von den Menschen selbst gemacht.

Wohnqualität und Wohnlichkeit haben mit der zunehmenden Popularität von Homeoffice oder Homeschooling, die durch die Corona-Pandemie stark geschürt wurden, noch einen zusätzlichen Akzent erhalten. Die Bedeutung des Wohnumfeldes als wichtiger Teil der Lebensqualität hat zugenommen.

2.4.2 Entwicklung der Wohnwelt

Der Anteil der in städtischen Gebieten lebenden Bevölkerung nimmt sowohl weltweit als auch in den Industrieländern zu. Die Stadt von gestern mit ihrer Nutzungsvielfalt und Überschaubarkeit ist dabei immer stärker der modernen, vor allem durch die Bedürfnisse der Wirtschaft geprägten Stadt gewichen. Die Arbeitplätze konzentrieren sich heute in den City-Kernen. In den besten Geschäftslagen breiten sich finanz- und ertragsstarke Geschäftszweige wie Banken, Versicherungen, internationale Handelsgesellschaften, Grossverteiler etc. aus. Als Folge dieser Entwicklung steigen die Boden- und Mietpreise und ertragsschwächere Nutzungen, wie z. B. das Wohnen, werden in die Agglomerationen verdrängt. Im Zuge dieses Verdrängungsprozesses entstanden in den letzten Jahrzehnten zahlreiche Grosssiedlungen in Stadtrandgebieten. Oder wer es sich leisten kann, wohnt im eigenen Haus im Umland der Stadt.

Viele der städtischen Wohngebiete können nur einen kleinen Teil der vielseitigen Freizeitbedürfnisse befriedigen. Also verbringt man seine Freizeit dort, wo es Freizeitinfrastrukturen, Natur und freien Raum gibt. Der verbindende Schlüssel zu diesem nach Arbeit, Wohnen und Freizeit dreigeteilten Leben ist die Mobilität. Sie macht diese räumliche Trennung erst möglich. Deshalb hat man dem Verkehr auch fast überall den Vorrang vor allem anderen gegeben und sich seinem dominanten Anspruch gebeugt: Individuelle Mobilität also quasi als Zwang und Notwendigkeit, aber immer stärker auch als individueller Anspruch. Um die unablässig wachsenden Ströme der Pendelnden und Erholenden nicht aufstauen zu lassen, erfährt das Verkehrsnetz einen stetigen Ausbau. Mit der Folge, dass die Wohnqualität von immer mehr Menschen durch den fliessenden und ruhenden Arbeits- und Freizeitverkehr beeinträchtigt wird.

In einer Perspektivstudie hat das Bundesamt für Statistik für die Schweiz berechnet, dass die Bevölkerung der Schweiz von ca. 8,96 Millionen (2023) auf rund 10 Millionen im Jahr 2040 wachsen wird. Um die Konsequenzen auf die raumrelevante Planung ableiten zu können, wurden folgende aktuellen Trends einbezogen (vgl. Hochparterre 3/2021, S. 5):
- Wachstum 1995–2018
  - der Bevölkerung: +20%
  - des Stromverbrauchs: +19%
  - der Anzahl Autos: +43%
  - der gefahrenen Autokilometer: +38%

- Wachstum 2000–2018:
  - Sieglungsfläche: +14%
  - Anzahl Wohnungen: +25%
  - Wohnfläche: +29%
  - Wohnungen mit über 120m2: +53%

Unter der Berücksichtigung der Megatrends wie Globalisierung, Digitalisierung, Individualisierung, Demographie, Migration oder Klimawandel kann die Dynamik der 10-Millionen-Schweiz für vier Raumtypen abgeleitet werden (vgl. Bächtold 2021, S. 10f):
- Grossstädte als Wachstumsmotor unter Einbezug ihrer Agglomerationen
- Blüte der Kleinstädte im Mittelland, u. a. wegen den grossen Baulandreserven
- Erwachen der Voralpen wegen guter Erreichbarkeit und einer neuen Gewichtung der Standortgunst
- Renaissance des Dorfes in den alpinen Räumen als Rückzugsgebiete wegen der abnehmenden Bedeutung von Distanz durch die Digitalisierung.

2.4.3 Zusammenhang zwischen Wohnen und Freizeitmobilität

Wo die Menschen vieles abstösst und weniges bindet, da fahren immer mehr weg aus ihrer alltäglichen Wohnumgebung, um andernorts zu finden, was ihnen hier fehlt. Von einem monokausalen Zusammenhang zwischen Wohnsituation und Freizeitmobilität auszugehen, ist indessen ein zu kurzer Schluss, wie verschiedene Untersuchungen zeigen.

Die Freizeitmobilität wird einerseits stark durch die Bindung an die Wohnung und das Quartier beeinflusst: je höher die Ortsbindung, desto tiefer die Freizeitmobilität. Wichtig für die Ortsbindung scheinen dabei vor allem die Möglichkeiten der aktiven Gestaltung der eigenen Wohnung und Wohnumwelt zu sein. Schlechte Wohnbedingungen verstärken andererseits das Bedürfnis nach ausserhäuslichen Freizeitaktivitäten. Doch Vorsicht: ‹Gute Wohnbedingungen› schränken den Drang, ausserhalb des befriedigenden Wohnbereichs etwas Anderes, Neues zu erleben, nicht automatisch ein.

Vor allem im Zusammenhang mit der zunehmenden Mobilität – gemäss dem Bericht ‹Mobilität und Verkehr› (BFS 2023) lassen sich bereits 54% der heutigen Mobilitätszeit der Freizeit und dem Einkauf zurechnen – hat die Frage der Wohnlichkeit in jüngerer Zeit neue Impulse erhalten:

Durchmischung, Verkehrsberuhigung, Wohnstrassen, Hinterhofsanierungen, Belebung und Begrünung von Aussenräumen, Begegnungszentren, bürgernahe Quartierplanung, neue Wohn- und Siedlungsmodelle sind nur einige Stichworte dazu. Die Wiederherstellung der Wohnlichkeit ist allerdings ein ebenso mühsamer wie langwieriger Prozess, denn städtebauliche Sünden der Vergangenheit lassen sich nicht einfach ausradieren.

Wie weit Verbesserungen des Wohnumfeldes tatsächlich zur Verminderung der Freizeitmobilität beitragen können, erscheint ungewiss. Freizeitmobilität ist nicht nur eine Reaktion auf unbefriedigende Wohnverhältnisse, sondern entspricht auch dem Wunsch nach Abwechslung und sozialen Kontakten.

3 Spezifische Aspekte der Freizeit

3.1 Freizeitbegriff

Kennzeichnend für die wissenschaftliche Freizeitdiskussion ist eine kaum übersehbare Vielzahl voneinander abweichender Freizeitbegriffe. Wir beschränken uns hier auf eine kurze Erklärung der in der sozialwissenschaftlichen Literatur gängigen Systematisierung nach negativen und positiven Freizeitdefinitionen.

3.1.1 Negative / positive Definitionsansätze

In der deutschsprachigen Fachliteratur wird die Vielfalt der Freizeitdefinitionen oft danach systematisiert, ob sie negativ oder positiv formuliert sind: (Giegler 1982, S. 20f.; Mikolaschek 1984, S. 11f.; Tokarski et al. 1985, S. 223f.)

Negative Freizeitdefinitionen gehen vom Primat der (Erwerbs-)Arbeit aus und begreifen Freizeit als eine davon abhängige Restgrösse. Im Vordergrund stehen dabei Definitionsansätze aus der empirischen Sozialforschung, die Freizeit als objektiv messbares Zeitquantum zu bestimmen versuchen. Ausgehend von einem bestimmten Zeitabschnitt (z. B. Tageszeit) werden all jene Zeitkategorien in Abzug gebracht, die durch berufliche oder vergleichbare Tätigkeiten (Hausarbeit, Ausbildung) sowie durch physiologische Notwendigkeiten (Schlafen, Essen, Hygiene) in Anspruch genommen werden. Der danach übrigbleibende Zeitrest wird als ‹Freizeit› oder ‹Freie Zeit› bezeichnet und bleibt inhaltlich offen.

Positive Freizeitdefinitionen betrachten Freizeit als integralen Bestandteil des industriegesellschaftlichen Lebens und stellen bei ihren Bestimmungsversuchen mehr auf inhaltliche als auf formalzeitliche Definitionskriterien ab. Im Vordergrund stehen Definitionsansätze, die Freizeit über den Grad der freien Verfügbarkeit von Zeit (Freizeit als verhaltensbeliebige, selbstbestimmte, ungebundene, wahlfreie Zeit) oder über die Zuordnung von Funktionen (Freizeit als Zeit für Rekreation, Kontemplation, Kompensation, Emanzipation etc.) zu beschreiben versuchen.

Beide Definitionsansätze sind mit Vor- und Nachteilen verbunden. Die negativen Freizeitdefinitionen sind durch ihren engen Bezug zur (Erwerbs-)Arbeit bzw. Arbeitszeit relativ gut operationalisierbar. Ihr grösster Nachteil liegt aber darin, dass sie letztlich nie mehr auszusagen vermögen als das, was Freizeit nicht ist. Diese rein formale Betrachtung von Freizeit als Residuum anderer

Zeitkategorien macht es schwer, gehaltvolle Erkenntnisse über das Gesamtphänomen Freizeit zu gewinnen.

Die positiven Begriffsformulierungen lassen demgegenüber mit ihrem inhaltlichen Ansatz eine offene, vom Dualismus Arbeit-Freizeit losgelöste, eigenständige Freizeitbetrachtung zu. Da die inhaltliche Bestimmung dessen, was Freizeit ist, letztlich aber immer vom subjektiven Erleben des Individuums abhängt, ist Freizeit mit Hilfe der positiven Definitionsansätze auf interindividueller Ebene nicht mehr eindeutig fassbar.

3.1.2 Zum Dualismus Arbeit – Freizeit

Vor allem die negativen Freizeitdefinitionen legen Freizeit als Gegenbegriff zur (Erwerbs-)Arbeit fest. Dabei dominiert ein Arbeitsbegriff, der sich am traditionellen Bild des Vollzeit-Erwerbstätigen, der gegen Entgelt mehr oder weniger fremdbestimmte Arbeit verrichtet, orientiert. Gemessen an der realen sozioökonomischen Situation beinhaltet dieser Dualismus von Arbeit und Freizeit aber drei grundlegende Fehler:

1. Gleichsetzung von Arbeit mit Erwerbsarbeit: Wie im Kapitel 2.3 bereits dargelegt umfasst der Begriff Arbeit alle zweckgerichteten menschlichen Tätigkeiten, ob mit oder ohne Entgelt geleistet. Freizeit als Gegenbegriff zur (Erwerbs-)Arbeit impliziert demgegenüber einen Bereich der Nicht-Arbeit und verkennt damit den ökonomischen und gesellschaftlichen Wert der unentgeltlich erbrachten Tätigkeiten und Leistungen.

2. Gegensätzliche und zugleich belastende Werte: Während (Erwerbs-)Arbeit mehr und mehr mit Werten wie Fremdbestimmung, Zwang und Unfreiheit belegt wird, verspricht der Gegenbegriff Freizeit in seiner modernen Bedeutung Freiheit, Selbstbestimmung und Selbsterfüllung. In der Realität greift dieser Dualismus viel zu kurz. Zum einen kann (Berufs-)Arbeit heute und in Zukunft sehr wohl Spass machen und zur Selbsterfüllung und Lebenssinngebung beitragen. Zum anderen umfasst der Bereich ausserhalb der (Erwerbs-)Arbeit auch zahlreiche Tätigkeiten, die aus der Sicht des Einzelnen wie der Gesellschaft eher Arbeits- als Freizeitcharakter haben.

3. Fehlannahme, dass Freizeit bei verringernder Arbeitszeit automatisch zunehme: Insbesondere die Zeiten für den Arbeitsweg sind im Zuge der fortschreitenden Trennung von Wohn- und Arbeitsort angestiegen. Bedingt durch die veränderten Siedlungsstrukturen sind die Wege, die wir bei der Bewältigung unseres alltäglichen Lebens zurückzulegen haben (Einkaufen, Kontaktpflege, Erholung usw.), länger und damit auch zeitintensiver geworden. Veränderte Formen des Zusammenlebens in Klein- und Kleinsthaushalten und die wachsende Zahl erwerbstätiger Frauen weisen zudem darauf hin, dass Subsistenzarbeit, die sich in der traditionellen Grossfamilie noch zentral erledigen liess, auf immer mehr Menschen verteilt wird. Nicht zuletzt erfordern neue Konsumformen (Selbstbedienung, Do-it-yourself etc.) mehr Eigenleistungen und damit auch mehr Zeit.

3.1.3 Freizeit im Rahmen der Lebensqualitäts-Diskussion

Die Diskussion um den Begriff der ‹Lebensqualität› geht auf die 70er-Jahre zurück und wurde durch den Bericht des Club of Rome (1972) über die ‹Grenzen des Wachstums› initiiert. Aufgrund der sich schon damals abzeichnenden ökologischen Engpässe wurde in Wissenschaft und Politik zunehmend die Frage aufgeworfen, inwieweit Wachstums- und Konsumsteigerugen noch zu einer Erhöhung des menschlichen Wohlbefindens beitragen können. Mit ‹Lebensqualität› soll versucht werden, das Wohlbefinden der Menschen zu erfassen, das über den blossen materiellen Wohlstand hinausgeht. Das menschliche Wohlbefinden hängt dabei sowohl von der Befriedigung materieller als auch immaterieller Bedürfnisse ab, die in ihrer Gesamtheit die Lebensqualität ausmachen. Minimal kann die Lebensqualität somit mit dem materiellen Wohlstand (objektiven Lebensbedingungen) und dem subjektiven Wohlbefinden (subjektiver Zufriedenheit) umschrieben werden.

Der Begriff ‹Lebensqualität› macht deutlich, dass ein Mehr an Produktion, an Gewinn und Konsum noch nicht automatisch ein Mehr an Zufriedenheit, an Entfaltungsmöglichkeiten und Glück für den Einzelnen bedeutet. Neben dem materiellen Wohlergehen gibt es zahlreiche weitere Bedingungen, die für ein erfülltes Dasein von Menschen mitbestimmend sind.

Zur Lebensqualität gehören gemäss einer Expertenkommission zwölf gesellschaftliche Bereiche, u. a. auch die Freizeit (BKF 1991, S. 116f.): (1) Gesundheit, (2) individuelle Entwicklung, (3) Bildung und Erziehung, (4) Qualität des Arbeitslebens, (5) wirtschaftliche Situation, (6) physische Umwelt, (7) soziale Umwelt, (8) soziale Chancen und Partizipation, (9) persönliche Sicherheit, (10) Rechtswesen, (11) politisches System, (12) Zeit und Freizeit.

Zeit und Freizeit seinerseits wird umschrieben als:
- Freiheit bei der Zeitverwendung, Möglichkeiten zur kulturellen Entfaltung
- Bereitschaft zum autonomen Umgang mit der Zeit
- Zeit haben für soziale Kontakte
- Flexible Arbeitszeitregelungen (auch bei nichtentlöhnter Arbeit)
- Arbeitszeitautonomie, Mitwirkung an den Rahmenbedingungen der Zeiteinteilung
- Mut zur Langsamkeit
- Zeit haben für das Sinnvolle, Stressfreiheit

Bezüglich der Freizeit liegt der Wert dieses umfassenden Lebensqualitätsansatzes primär in der neuen Weise der Lebensbetrachtung, die unter anderem auch der Zeiteinteilung und der Zeitverwendung eine wesentliche Rolle für das Wohlbefinden des modernen Menschen zuweist.

3.1.4 Konzept der Zeitautonomie

Im Wort Freizeit kommt bereits zum Ausdruck, dass es sich hier um eine Betrachtung des Phänomens Zeit unter dem Aspekt der Freiheit – im Sinne der freien Verfügbarkeit und Bestimmbarkeit von Zeit – handelt. Die ‹Zeit› kann dabei zuerst einmal als quantitative Grösse betrachtet und erfasst werden, zum Beispiel als die einem Individuum für verschiedene Tätigkeiten zur Verfügung stehende Lebenszeit.

Das in der nachfolgenden Abbildung wiedergegebene Konzept der Zeitautonomie (in Anlehnung an Ammann 1987 und Wettstein 1989) stellt einen Versuch dar, Zeit bzw. Tätigkeit nach dem Grad an Autonomie zu strukturieren. Danach sind alle menschlichen Tätigkeiten durch unterschiedliche Grade an Zeitautonomie gekennzeichnet und lassen sich auf einer Skala mit den Polen ‹vollständig fremdbestimmte Zeit› bzw. ‹vollständig autonome Zeit› positionieren. Diese Skala lässt sich in Abschnitte einteilen, die unterschiedliche Grade an Zeitautonomie widerspiegeln.

Im Sinne dieses Zeitautonomie-Konzeptes kann Freizeit positiv wie folgt definiert werden:

Freizeit ist jener Teil der Lebenszeit, der sich durch einen hohen bis sehr hohen Grad an individueller Entscheidungs- und Handlungsfreiheit auszeichnet.

3. Spezifische Aspekte der Freizeit

Abbildung 5 Konzept der Zeitautonomie

vollständig fremdbestimmte Zet ●--------● vollständig autonome Zeit

Kategorien menschlicher Zeit bzw. Tätigkeit

Zeitabschnitte mit sehr geringer Zeitautonomie:
Tätigkeiten, welche für ein Individuum sowohl vom Zeitpunkt als auch von der Dauer her weitgehend fremdbestimmt und nicht wählbar sind. Beispiele: Militärdienst, obligatorische Schulzeit, schwere Krankheit

Zeitabschnitte mit relativ geringer Zeitautonomie:
Tätigkeiten, welche zwar am Anfang eine freie Entscheidung enthalten, z.B. in Form von Vertragsunterzeichnung, dann aber weitgehend in Zeitraum und Umfang festgelegt sind. Beispiele: Erwerbsarbeit für Unselbständige, Kinderbetreuung

Zeitabschnitte mit mittlerer Zeitautonomie:
Tätigkeiten, die zwar unverzichtbar, aber in einem gewissen Rahmen ausgedehnt oder gestaucht und/oder zeitlich flexibel angesiedelt werden können. Beispiele: Schlafen, Essen, freischaffende Erwerbsarbeit, Vereinsmitarbeit

Zeitabschnitte mit relativ hoher Zeitautonomie:
Tätigkeiten, die weder existentiell nötig noch moralisch auferlegt und in diesem Sinne völlig frei sind, deren Ausübung aber an fremde Zeitvorgaben gebunden ist. Beispiele: Veranstaltungsbesuch, abgemachtes Treffen, Fernsehen

Zeitabschnitte mit sehr hoher Zeitautonomie:
Tätigkeiten, die niemandem – auch nicht sich selbst – gegenüber verbindlich und an keinen vorgegebenen Zeitrahmen gebunden sind. Beispiele: Lesen, Video, Musik ab Band, Reisen auf eigene Faust

Quelle: Kramer 1990, S. 34

Das Konzept der Zeitautonomie vermag das Phänomen Freizeit auf verständliche und realitätsnahe Art zu fassen. Da dieses Konzept nicht auf einem direkten Bezug zur (Erwerbs-)Arbeit aufbaut, ist es auf die Zeitgestaltung aller Bevölkerungsteile anwendbar. Zudem überwindet es – zumindest theoretisch – den Dualismus von Arbeit und Freizeit.

Zeitautonomie ist nicht mit Zeitsouveränität gleichzusetzen:
- *Zeitautonomie* umfasst die Chance aller Menschen, über einen möglichst grossen Teil ihrer täglichen, wöchentlichen, jährlichen und gesamten Lebenszeit in weitgehender Selbstbestimmung befinden zu können. Zeitautonomie meint damit primär den äusseren (gesellschaftlichen) Rahmen für möglichst weitgehende individuelle Lebensgestaltung.
- *Zeitsouveränität* meint primär die Fähigkeit des Einzelnen, mit der ihm gewährten Zeitautonomie subjektiv befriedigend sowie eigen-, sozial- und umweltverantwortlich umgehen zu können.

Zwischenruf

Freizeit zwischen Zeitnot und Musse

Zeit sei das wichtigste aller Luxusgüter, meint der deutsche Philosoph Hans Magnus Enzensberger. Luxus verstanden als knapp, selten, teuer und begehrenswert. Bizarrerweise seien es gerade die Funktionseliten, die über ihre eigene Lebenszeit am wenigsten frei verfügen können. Dabei gehe es weniger um die Achtzigstundenwoche, sondern um die vielfältigen Abhängigkeiten, die Menschen dieser Elite versklaven: Jederzeit erreichbar, auf Abruf verfügbar, auf Monate hinaus verbucht.

Zeitautonomie, also die Möglichkeit, die Zeit selbst zu gestalten, gehört zweifelsohne zu den wertvollsten Errungenschaften dieser Gesellschaft. Trotz der zunehmenden Zeitautonomie breiter Bevölkerungsschichten hat die Zeitsouveränität, also die individuelle Fähigkeit, mit der erlangten Zeitautonomie umzugehen, kaum zugenommen. Der Zeitstress dominiert bei Jung und Alt.

3. Spezifische Aspekte der Freizeit

Obwohl die Menschen in ihrer überwiegenden Mehrzahl noch nie so viel so genannte ‹Freizeit› zur Verfügung hatten wie heute, scheint nichts so knapp zu sein wie freie Zeit. Zeitknappheit und Zeitstress sind zu allgegenwärtigen Phänomenen unseres Lebens geworden. Und Leben bedeutet heute vor allem Zeit haben zum Konsum von Nahrungsmitteln, Kultur, Medien, Landschaft, Transport, Wissen etc. Konsum aber braucht Zeit, nicht nur zum Kauf, sondern auch zur Nutzung und zur Pflege der erworbenen Güter und Dienstleistungen. Je mehr wir uns leisten können, desto stärker wird unsere Zeit durch den Konsum beansprucht.

Deshalb versuchen wir, Zeit zu gewinnen, wo immer es geht. Und dies bedeutet, Zeit besser zu organisieren. Je mehr wir unsere Zeit, unser Arbeits- und Freizeitleben aber organisieren und planen, desto mehr nimmt die Zeitautonomie ab und das Gefühl der Zeitknappheit zu. Also müssen wir unsere Zeit noch besser bewirtschaften. Oder wir ‹kaufen› uns Zeit in Form von Dienstleistungen, Fertiggerichten, schnelleren Verkehrs- oder Kommunikationsmitteln, deren Kauf uns wiederum Geld und damit Zeit kostet.

Zeit und Schnelligkeit prägen unsere Zivilisation. Sie stellen die zentralen Elemente der hypereffizienten ‹Sekunden-Kultur› dar. Es zeichnet sich jedoch ein Gegenpol zu dieser harten Chronokratie mit ihrer Zeitdisziplin, ihren Zeitzwängen, ihrem Tempo-Rausch und ihrer Fortschrittseuphorie ab. Es wird vom Erwachen des Bewusstseins einer Entschleunigung, einer ‹weichen› Zeit gesprochen, also vom Sinn für die Eigenzeit der Dinge und die Ich-Zeit der Individuen oder für die Kreativität augenblicklicher Eingebungen. Diese Zeitutopie wird sich jedoch nicht von selbst einstellen. Sie bedarf der kleinen persönlichen Revolution all jener, die der Kultur der Langsamkeit zum Durchbruch verhelfen möchten.

Hansruedi Müller

3.2 Freizeitmarkt

Die Freizeit ist Voraussetzung und Anlass für viele Tätigkeiten, die mit dem Konsum von Gütern und Dienstleistungen verbunden und damit marktwirksam sind. Grundsätzlich lässt sich der Freizeitmarkt von der Nachfrage- und der Angebotsseite her betrachten. In den offiziellen Wirtschaftsstatistiken der Schweiz wird aber die Freizeit weder nachfrage- noch angebotsseitig gesondert ausgewiesen.

Abbildung 6 Freizeitausgaben der Schweizer Haushalte

AUSGABEN FÜR UNTERHALTUNG, ERHOLUNG, KULTUR UND MOBILITÄT 2006–2016 (PRO MONAT)	2006 pro Monat in CHF	2019 pro Monat in CHF	Diff. 2006–19 in CHF	in %
Audiovisuelle Ausrüstung	92,5	44,1	-48,4	-52,3 %
Ausrüstung für Unterhaltungszwecke	123,5	110,2	-18,4	-10,8 %
Dienstleistungen für Sport/Erholung	85,0	97,5	+16,4	+14,7 %
Kulturelle Dienstleistungen	79,5	64,6	-1,7	-18,7 %
Spieleinsätze	10,6	7	-1,7	-34,0 %
Bücher und Broschüren	21,8	13,6	-4,3	-37,6 %
Zeitungen und Zeitschriften	35,5	24,9	-8,1	-29,9 %
Übrige Druckerzeugnisse	14,6	11,8	-2,7	-19,2 %
Pauschalreisen	164,7	136,3	-26,1	-17,2 %
Mobilität/Verkehr[1]	236,1	236,6	+20,5	+0,2 %
Beherbergungsstätten	55,5	107,2	+56,4	+93,2 %
Gaststätten[2]	227,5	225,4	+8,4	-0,9 %
Werkzeuge für Haus & Garten	31,6	22	-6,5	-30,4 %
Total	**1'178,2**	**1'101,2**	**-77**	**-6,5 %**

[1] zu 1/3 Freizeitzwecken zugerechnet [2] zu 1/2 Freizeitzwecken zugerechnet

Quellen: BFS Haushaltsbudgeterhebung 2013 & 2023

3.2.1 Freizeitnachfrage (Ausgaben)

Gemäss der Haushaltsbudgeterhebung des Bundesamtes für Statistik gab ein durchschnittlicher Schweizer Haushalt im Jahr 2019 CHF 1101,2 pro Monat für Unterhaltung, Erholung, Mobilität und Kultur aus. Dies entspricht einem Anteil von 22% der Konsumausgaben. Dieser Anteil ist seit 2006 mit 23% etwa stabil geblieben. Dabei kam es aber zu einer Umschichtung der Ausgaben: Ein starker Rückgang der Ausgaben gab es vor allem bei den audiovisuellen Ausrüstungen, zurückzuführen v.a. auf sinkende Preise. Stark zugenommen haben dagegen die Ausgaben für Dienstleistungen im Sport oder in der Erholung sowie für die Mobilität (BFS 2023b).

Am meisten Freizeitgeld wird nach wie vor für das mobile Freizeitverhalten (Reisen, Gastgewerbe und Mobilität) ausgegeben: CHF 706 pro Monat oder rund 64% des Freizeitbudgets (BFS 2023b).

3.2.2 Freizeitangebot – Freizeitwirtschaft

Um den Freizeitmarkt angebotsseitig abzugrenzen, ist man gezwungen, von einer negativen Freizeitdefinition auszugehen, da die Freizeitwirtschaft im Sinne der Industrieklassifikation keine Branche ist, denn Branchen sind angebotsseitig definiert. Die Freizeitwirtschaft kann wie folgt definiert werden:

Die Freizeitwirtschaft ist ein Querschnittssektor, der
- *durch das Ausgabeverhalten der Nachfrager nach Gütern, Dienstleistungen und Erlebnissen in der Freizeit (ausserhalb der Erwerbsarbeits- und Subsistenzzeit),*
- *die über die Befriedigung von Grundbedürfnissen hinausgehen und*
- *einen engen Bezug zu Freizeitaktivitäten hat.*

Mit Abbildung 7 wird ein Versuch unternommen, die Freizeitwirtschaft in acht Sphären einzuteilen und die wichtigsten Branchen den einzelnen Sphären zuzuteilen. Im Kern sind jene Branchen aufgeführt, die eng mit der Tourismuswirtschaft, im äusseren Kreis jene, die eng mit der Freizeitwirtschaft zusammenhängen: Gastgewerbe, Sport, Kultur/Bildung, Transport, Medien/Unterhaltung, Handel und Gewerbe, Gesundheit, sowie Hobby/politisches und soziales Engagement.

Abbildung 7 Die acht Sphären der Freizeitwirtschaft

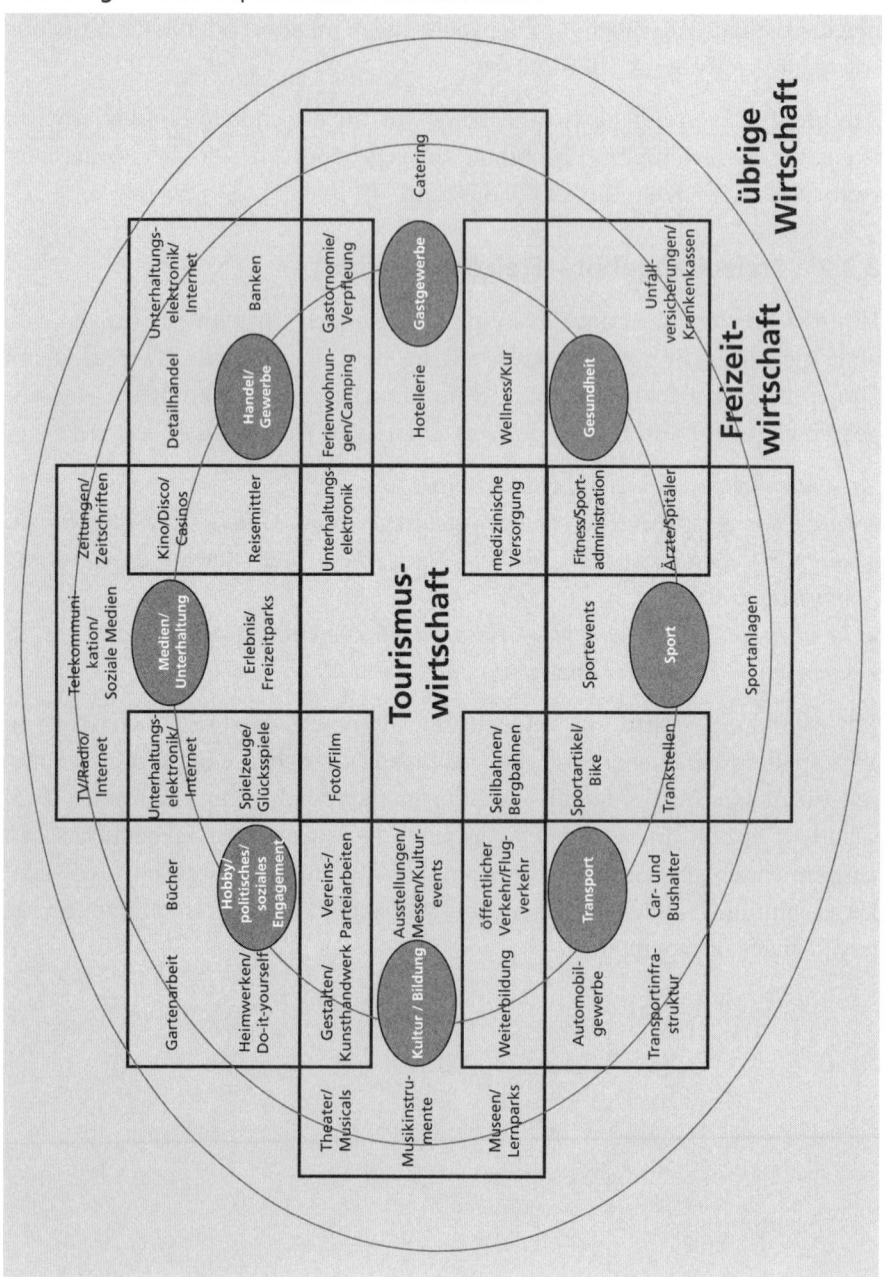

Quelle: Eigene Darstellung

3. Spezifische Aspekte der Freizeit

Zwischenruf

Vom Spass- und Leidfaktor

Die moderne Wohlstandsgesellschaft wird von einer Art Massenfreizeit geprägt. Die Wochenarbeitszeit stagniert auf tiefem Niveau, zusätzliche freie Tage kommen hinzu, die Teilzeitarbeit steigt und Sabbaticals werden immer populärer. Vor allem jüngere Menschen beziehen vermehrt längere unbezahlte Urlaube und ältere Menschen scheiden früher aus dem Arbeitsprozess aus. Für immer mehr Menschen wird die Freizeitverwendung zur grossen Herausforderung. Viele Untersuchungen zeigen, dass die Freizeit zunehmend zur süchtigen Medienzeit, zur nimmermüden Aktivzeit, zur berauschenden Mobilitätszeit und zur hedonistischen Konsumzeit wird mit dem Dreiklang ‹Shopping, Kino, Essengehen›. Nur wenigen gelingt es, Freizeit vermehrt auch als Sozialzeit, als Kultur- und Bildungszeit oder als Eigenzeit im Sinne von Musse zu verstehen. Die Arbeitsgesellschaft von gestern hat sich zur Outdoorgesellschaft mit den Ausprägungen Mobilität, Aktivität und Konsumation gewandelt.

Über diese Entwicklungen freut sich die Freizeitwirtschaft. Und sie setzt alles daran, den vollmobilen Freizeitmenschen bei Laune zu halten. Sie schafft immer verlockendere Angebote, immer kurzweiligere Unterhaltung, immer besser inszenierte Erlebnisse, immer gestyltere Outfits, immer sicherere Ausrüstungen und immer ausgeklügeltere Dienstleistungen. Die Freizeitwirtschaft wurde zu einem wichtigen Standbein einer modernen Volkswirtschaft und ist Rückgrat einer hohen Lebensqualität mit garantiertem Spassfaktor.

Diese Freizeitgesellschaft mit Outdoordrang hat aber auch ihre Schattenseiten. Schon seit mehr als zehn Jahren haben in der Schweiz die Kosten der Nichtbetriebsunfälle jene der Betriebsunfälle überholt. Die Beratungsstelle für Unfallverhütung stellt fest, dass die Berufsunfälle in den letzten 30 Jahren um einen Viertel zurückgegangen, die Zahl der Nichtbetriebsunfälle jedoch im gleichen Zeitraum um ein Drittel gestiegen sind. Heute verunfallen insgesamt rund doppelt so viele Erwerbstätige bei einem Unfall in der Freizeit wie bei der Arbeit. «*Jährlich verletzen sich in der Schweiz rund 40'000 Personen bei einem Unfall zu Hause, beim Sport oder im Strassenverkehr schwer, rund 1000 Unfälle führen zu Invalidität*»*, schreibt die BFU. Dadurch entstünden jährliche Kosten von 12 Milliarden Franken.* «*Freizeitunfälle sind eine zentrale Herausforderung für die öffentliche Gesundheit.*» *Da ist es ein schwacher Trost, dass Unfälle nicht nur Kosten verursachen, sondern ebenfalls als Wertschöpfung in die volkswirtschaftliche Gesamtrechnung eingehen...*

An der Spitze der Nichtbetriebsunfälle im Sport steht der Fussball, gefolgt vom alpinen Skisport (inkl. Snowboard), dem Wandern, dem Radfahren/Biking und dem Schwimmen/Baden. Diese 5 Sportarten machen den allergrössten Teil der Sportunfälle aus. Dabei ist das mit all diesen Unfällen verknüpfte Leid erheblich. Nebst dem so oft zitierten Spassfaktor des Freizeitvergnügens sollte der Leidfaktor nicht vergessen werden.

Angesichts solcher Zahlenspielereien stellt sich die Frage, ob der Trend zur durchökonomisierten vollmobilen Outdoorgesellschaft ungebrochen weitergehen soll. Oder ob nicht die Utopie einer verstärkt verpflichtenden Lebensgemeinschaft mit einer zunehmenden Bedeutung der Sozialzeit und der Musse genährt werden könnte, eine Lebensgemeinschaft, in der die Spassfaktoren zwar ihren bedeutenden Stellenwert haben, die Leidfaktoren aber minimiert werden. Die Zukunft, das lehrt uns die Erfahrung, ist nicht die blosse Fortschreibung aktueller Trends, sondern das, was wir aus ihr machen.

Hansruedi Müller

II DAS SYSTEM TOURISMUS

«In die einst so sesshafte menschliche Gesellschaft ist Bewegung gekommen. Die Menschen nützen jede Gelegenheit, um wegzufahren. Weg, weil es ihnen da nicht mehr wohl ist, wo sie sind. Da, wo sie arbeiten, und da, wo sie wohnen.»

Jost Krippendorf

ZUM INHALT

Im zweiten Teil des Buches engen wir unsere Optik ein und richten den Blick auf den mobilen Teil der Freizeit, den Tourismus:

Kapitel 4
klärt den Tourismusbegriff und zeigt touristische Erscheinungsformen sowie die Entwicklung der Tourismusforschung auf.

Kapitel 5
beschreibt systemtheoretische Ansätze im Tourismus und gibt Nutzeffekte und Gefahrenherde des Tourismus wieder.

Kapitel 6, 7 und 8
befassen sich mit spezifischen Aspekten der Nachfrage, dem Angebot und den Mittlern im Tourismus.

4 Erscheinungsformen des Tourismus

4.1 Tourismusbegriff im Wandel

Tourismusforschung und Tourismuspolitik benötigen einen praktikablen Tourismusbegriff. Begriffe dürfen nicht nur als Werkzeuge der Theorie, sondern auch als Hilfe für die Praxis verstanden werden. Vielfach lassen sich in der Praxis mit genau definierten Begriffen auch sachliche Geltungsbereiche und fachliche Zuständigkeiten besser festlegen. Der deutsche Ausdruck ‹Fremdenverkehr› wird immer weniger verwendet, da der Wortteil ‹fremd› als fehl am Platz betrachtet wird: Im Vordergrund soll der ‹Gast› und nicht der ‹Fremde› stehen. Wir verwenden deshalb in diesen Grundlagen die international geläufige Bezeichnung ‹Tourismus›.

Änderungen von Definitionen können als Spiegelbild des Strukturwandels herangezogen werden. Ein kurzer Überblick zum Wandel des Tourismusbegriffs widerspiegelt auch strukturelle Änderungen im Tourismus:

Für Glücksmann (1930, S. 15) ist Tourismus der «Überwindung des Raumes durch Menschen, die zu einem Ort hinstreben, an dem sie keinen ständigen Wohnsitz haben», gleichzusetzen.

Für Ogilvie (1933, S. 5f.) sind Touristen «all jene Personen, die zwei Bedingungen erfüllen: Erstens, dass sie von ihrem ständigen Wohnort während einer Zeit entfernt sind, die weniger als ein Jahr beträgt, und zweitens, dass sie während der Zeit ihrer Abwesenheit Geld in den Besuchsorten ausgeben, welches sie dort nicht verdient haben». Diese Begriffsbestimmung ist typisch für die Zeit zwischen den beiden Weltkriegen: Im Zentrum standen die wirtschaftlichen Interessen. Wegen der Wirtschaftskrise konzentrierten sich einzelne Autoren auf die Zahlungsbilanzfunktion des Tourismus.

Hunziker/Krapf (1942, S. 21), die beiden Schweizer Pioniere der Tourismuswissenschaft, definierten den Tourismus viel umfassender: «Fremdenverkehr ist der Inbegriff der Beziehungen und Erscheinungen, die sich aus der Reise und dem Aufenthalt Ortsfremder ergeben, sofern durch den Aufenthalt keine Niederlassung begründet und damit keine Erwerbstätigkeit verbunden wird». Damit wird zum Ausdruck gebracht, dass Tourismus nicht nur einen Verkehrsvorgang oder einen wirtschaftlichen Tatbestand darstellt, sondern ein Gesamtsystem von Beziehungen und Erscheinungen mit persönlichen

4. Erscheinungsformen des Tourismus

und sachlichen Aspekten umfasst. Der Geschäftstourismus wird allerdings bei dieser Definition ausgeklammert.

Kaspar (1991, S. 18) hat die Definition von Hunziker/Krapf ausgeweitet und so umformuliert, dass alle gängigen Tourismusformen (insbesondere auch der Geschäfts- und Kongresstourismus) darin Platz finden:

«Fremdenverkehr oder Tourismus ist die Gesamtheit der Beziehungen und Erscheinungen, die sich aus der Reise und dem Aufenthalt von Personen ergeben, für die der Aufenthaltsort weder hauptsächlicher und dauernder Wohn- noch Arbeitsort ist.»

Diese Begriffsumschreibung erlaubt eine umfassende Betrachtung des Phänomens Tourismus, d.h. den Einbezug aller relevanter Problem-Dimensionen (insbesondere der Bereiche Wirtschaft, Gesellschaft und Umwelt) und Blickrichtungen (insbesondere der angebots- bzw. nachfrageseitigen Betrachtungsweise). Diese Definition wird heute auf internationaler Ebene am meisten verwendet. Auch die Internationale Vereinigung wissenschaftlicher Tourismusexperten (AIEST) hat sich darauf geeinigt. Sie sei deshalb auch unseren Ausführungen zugrunde gelegt.

Die Definition weist zwei konstitutive Merkmale auf:
- den Aufenthalt ausserhalb der täglichen Arbeits-, Wohn- und Freizeitwelt (Berufspendler werden ausgeschlossen, Zweitwohnungsaufenthalter aber berücksichtigt) und
- den Ortswechsel (die Reise zum ‹fremden› Ort ist Teil des touristischen Prozesses)

Die Definition kann wie folgt präzisiert werden: Nachfrageseitig gehören sowohl der Erholungstourismus wie der Geschäftstourismus, der Tagesausflugsverkehr wie die Ferien mit längerem Aufenthalt dazu. Angebotsseitig fällt unter Tourismus ein beliebig kombinierbares Bündel einzelner Dienstleistungen in den Bereichen Transport, Beherbergung, Verpflegung, Freizeitaktivitäten, Detailhandel etc.

Ab und zu verwenden wir in diesen Grundlagen auch den Begriff ‹mobile Freizeit›, im Unterschied zur Freizeit, die zu Hause bzw. im Wohnumfeld verbracht wird. Der beruflich motivierte Tourismus bleibt dabei unberücksichtigt.

Die World Tourism Organization der Vereinigten Nationen (UNWTO) hat den Tourismus 2010 sehr ähnlich definiert, allerdings mit einer minimalen

Aufenthaltsdauer von einer Übernachtung: Dem Tourismus werden prinzipiell alle Reisen mit einer Aufenthaltsdauer von mindestens zwei Tagen resp. einer Übernachtung und maximal einem Jahr zugerechnet, ausgenommen Saisonarbeiter, Auswanderer, Nomaden, Flüchtlinge, Transitpassagiere, Armeeangehörige, Konsulatsmitglieder und Diplomaten (UNWTO 2010).

Wird Tourismus angebotsseitig abzugrenzen versucht, so wird einem bewusst, dass der Tourismus keine echte Branche (im Sinne der NOGA-Klassifikation) darstellt, sondern ein Querschnittssektor ist, der sich am Ausgabeverhalten der Touristen resp. der Gäste orientiert. Also:

Die Tourismuswirtschaft umfasst all jene Branchen, deren Erträge in einem hohen Mass durch Touristen, also durch Kunden, die sich ausserhalb ihrer alltäglichen Umgebung begeben, erwirtschaftet werden.

4.2 Touristische Erscheinungsformen

In der Fachliteratur wird häufig unterschieden zwischen Tourismusarten (Gliederung nach der Motivation des Nachfragers) und Tourismusformen (Gliederung nach den äusseren Ursachen und Wirkungen). Wir verzichten auf diese nicht immer eindeutige Abgrenzung und sprechen von touristischen Erscheinungsformen.

4.2.1 Gliederung nach Aufenthaltsdauer und Motiven der Reise

Diese Abgrenzung ist am gebräuchlichsten. Es werden folgende Formen unterschieden:

Aufenthaltstourismus

Bei dieser bedeutendsten Tourismusform kann es sich um längere oder kürzere Aufenthalte handeln. Nicht einheitlich definiert ist die minimale Aufenthaltsdauer. Aus statistischen Gründen wird oft schon bei einer auswärtigen Übernachtung von Aufenthaltstourismus gesprochen (vgl. UNWTO 2010). Um eine klare Abgrenzung zu anderen Tourismusformen zu ermöglichen, ist es üblich, mindestens vier Übernachtungen für den Aufenthaltstourismus als begriffsnotwendig zu erachten.

4. Erscheinungsformen des Tourismus

Ausflugs- und Wochenendtourismus

Charakteristisch für den Ausflugs- und Wochenendtourismus ist die kurze Aufenthaltsdauer (keine bis maximal drei Übernachtungen). Ausserdem kehren die Touristen anschliessend an ihren Ausgangspunkt zurück. Es hat sich als zweckmässig erwiesen, den Ausflugs- und Wochenendtourismus weiter zu unterteilen bzw. zu präzisieren:
- Beim *Tagesausflugsverkehr* findet keine auswärtige Übernachtung statt. Der Tagesgast ist jedoch mindestens 15 km resp. 20 Minuten mit Auto oder öffentlichem Verkehr ausserhalb seiner gewohnten Umgebung unterwegs.
- Beim *Wochenendtourismus* ist mindestens eine bis maximal drei Übernachtungen während des Wochenendes enthalten.
- Beim *Kurzzeittourismus* sind eine bis drei Übernachtungen auch unter der Woche enthalten.

Passantentourismus

Der Passantentourismus hat ebenfalls kurzfristigen Charakter (keine bis maximal drei Übernachtungen). Im Unterschied zum Ausflugs- und Wochenendtourismus kehrt jedoch der Tourist nicht an seinen Ausgangspunkt zurück, sondern setzt seine Reise mit anderen Zielen fort. Man trifft hier auch oft die Bezeichnung ‹Transittourismus› an.

Touringtourismus

Beim Touringtourismus steht nicht ein bestimmtes Reiseziel, sondern das Unterwegssein im Zentrum. Die Travellers möchten Regionen oder ganze Länder im wahrsten Sinn ‹erfahren›, machen eine ‹Fahrt ins Blaue› oder befahren eine der bekannten Grand Tours.

Beruflich motivierter Tourismus
- Geschäfts- oder Businesstourismus
- MICE-Tourismus (Meetings, Incentives, Congresses & Exhibitions)
- Bildungs- oder Seminartourismus

Beim beruflich motivierten Tourismus unterscheidet man zwischen organisierten Business-Events wie Kongresse, Tagungen, Messen etc. und den individuellen Geschäftsreisen, dem sogenannten Corporate Travel. Zunehmend gehen Leisure- und Business-Tourismus fliessend ineinander über. Man spricht von ‹Bleisure›, wenn Geschäftsreisen für Freizeitzwecke verlängert werden, von ‹Workation› oder ‹Bizcation›, wenn während den Ferien gearbeitet wird oder von ‹Digital Nomades›, wenn Berufstätige selbstbestimmt irgendwo auf dieser Welt ihren Arbeitsplatz nach Annehmlichkeiten, Klima oder finanziellen Optimierungen auswählen, oft in touristischen Beherbergungsformen (vgl. Nydegger/Müller 2024, S. 66ff).

Spezielle touristische Erscheinungsformen

- Gesundheits- oder Wellnesstourismus
- Eventtourismus
- Polittourismus
- Sporttourismus
- Militärtourismus (wird in den Statistiken nicht erfasst)
- usw.

Diese Erscheinungsformen sind nicht als zusätzliche Gliederungsmöglichkeit aufzufassen. Ferienaufenthalts-, Ausflugs-, Passanten- oder Touringtourismus einerseits und die speziellen touristischen Erscheinungsformen andererseits schliessen sich nicht gegenseitig aus, sondern lassen sich beinahe beliebig kombinieren. Beispiele: Sport-Ausflugstourismus, Bildungs-Ferientourismus, Event-Wochenendtourismus usw.

4.2.2 Weitere Abgrenzungsmöglichkeiten

Gliederung nach Beherbergungsformen

Unterscheidungsmerkmal ist hier die Unterkunft. Beispiele:
- Hoteltourismus
- Ferienwohnungstourismus
- Campingtourismus
- Backpackertourismus
- Verwandtenbesuche (Friends & Relatives)

Häufig findet man auch eine blosse Zweiteilung in ‹Hotellerie› und ‹Parahotellerie›.

4. Erscheinungsformen des Tourismus

Gliederung nach Herkunft der Touristen

Unterscheidungsmerkmal ist hier der geographische Gesichtspunkt. Häufigstes Anwendungsbeispiel:
- Binnentourismus
- Nahmärkte
- Ferntourismus

Für statistische Zwecke wird oft noch weiter untergliedert nach einzelnen Herkunftsländern (beim internationalen Tourismus) bzw. nach Kantonen/Ländern (beim Binnentourismus).

Gliederung nach Zahlungsbilanz-Auswirkungen

Unterscheidungsmerkmal ist hier der Einfluss auf die Zahlungsbilanz (Devisenströme):
- Incoming- oder aktiver Tourismus: Einreisen ausländischer Gäste, d.h. Ausländertourismus ins Inland
- Outgoing- oder passiver Tourismus: Ausreisen eigener Staatsbürger, d.h. Inländertourismus ins Ausland

Die allgemeine Bezeichnung für beide Erscheinungsformen heisst ‹internationaler› oder ‹grenzüberschreitender› Tourismus.

Gliederung nach sozio-demographischen Kriterien

Wird die Kaufkraft als hauptsächliches Gliederungskriterium verwendet, ergeben sich Begriffe wie:
- Luxustourismus
- Sozialtourismus

Oft wird auch von Qualitätstourismus gesprochen, doch ist eine nur am Ausgabeverhalten der Touristen gemessene Qualität äusserst fragwürdig.

Gliederung nach Alter

Verwendet man das Alter als Gliederungskriterium, ergeben sich folgende Formen:
- Jugendtourismus
- Familientourismus
- Seniorentourismus (50 Plus, Best Agers)

Gliederung nach der Zahl der Teilnehmer resp. der Arrangements
- Individualtourismus
- Pauschaltourismus
- Gruppentourismus
- Massentourismus

Gliederung nach Jahreszeiten
- Sommertourismus
- Wintertourismus
- Hochsaisontourismus
- Nebensaisontourismus

Gliederung nach benutztem Verkehrsmittel
- Bahntourismus
- Autotourismus
- Car- oder Bustourismus
- Flugtourismus
- Kreuz- oder Schifffahrtstourismus
- Wandertourismus

Wiederum lassen sich die meisten erwähnten touristischen Erscheinungsformen miteinander kombinieren.

4. Erscheinungsformen des Tourismus

Abbildung 8 Gliederung der Reisenden

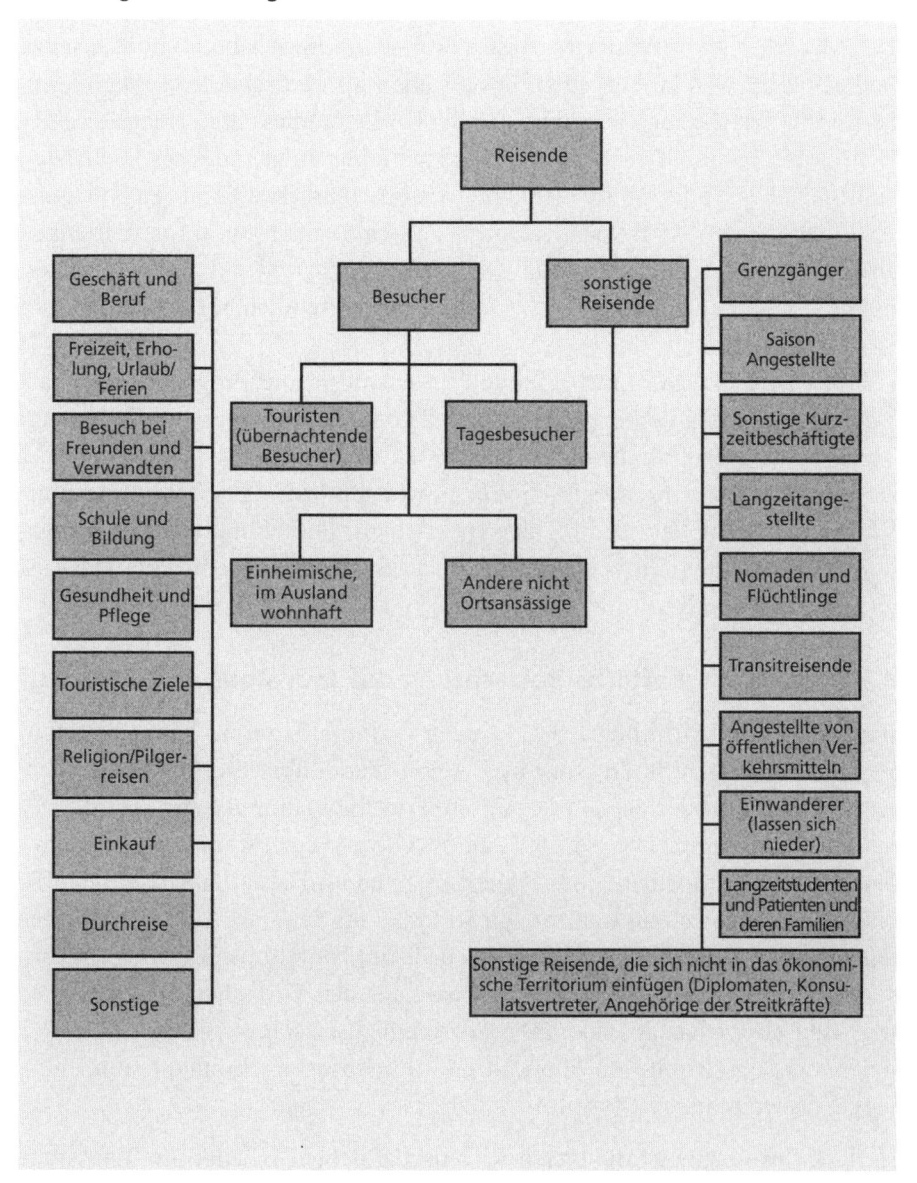

```
                                    Reisende
                    ┌──────────────────┼──────────────────┐
Geschäft und                                          Grenzgänger
  Beruf         Besucher         sonstige
                                 Reisende             Saison
Freizeit, Erho-                                       Angestellte
lung, Urlaub/
Ferien                                                Sonstige Kurz-
                Touristen                             zeitbeschäftigte
Besuch bei      (übernachtende   Tagesbesucher
Freunden und    Besucher)                             Langzeitange-
Verwandten                                            stellte

Schule und                                            
Bildung         Einheimische,    Andere nicht         Nomaden und
                im Ausland       Ortsansässige        Flüchtlinge
Gesundheit und  wohnhaft
Pflege                                                Transitreisende

Touristische Ziele                                    Angestellte von
                                                      öffentlichen Ver-
Religion/Pilger-                                      kehrsmitteln
reisen
                                                      Einwanderer
Einkauf                                               (lassen sich
                                                      nieder)
Durchreise                                            
                                                      Langzeitstudenten
                                                      und Patienten und
Sonstige                                              deren Familien

                                 Sonstige Reisende, die sich nicht in das ökonomi-
                                 sche Territorium einfügen (Diplomaten, Konsu-
                                 latsvertreter, Angehörige der Streitkräfte)
```

Quelle: UNWTO 2010

4.3 Entwicklung der Tourismusforschung

Der Mensch als ‹interessiertes Wesen› war schon immer bemüht, sich selbst und seine Umwelt zu begreifen. Dazu stehen ihm verschiedene Wege offen: Mythische Erfahrung; Intuition; kindliche Weltauffassung; Erleiden eines Drucks der Realität; Beurteilen von Informationen aufgrund eines Weltbildes, eines Glaubens oder einer Ideologie; wissenschaftliches Erfahren. ‹Wissenschaftliches Erfahren› heisst ursächliche Zusammenhänge und Erscheinungen aufdecken, gefundene Tatsachen erklären, ordnen und zukünftige Erscheinungen prognostizieren. Der Zweck der wissenschaftlichen Forschung kann zweigeteilt werden:

- *Theoretischer Zweck:* Erarbeiten von Erklärungen und Prognosen, um daraus logisch konsistente Theorien und Lehren zu gewinnen, welche gesetzartige Aussagen enthalten.
- *Praktischer (pragmatischer) Zweck:* Erarbeiten von Entscheidungsgrundlagen, die unter Verwendung der Theorien zur Gestaltung von Handlungsprozessen dienen. Kurz: «Es gibt nichts Praktischeres als eine gute Theorie» (Albert Einstein).

4.3.1 Wissenschaftliche Betrachtung des Tourismus im Zeitverlauf

Bereits im 17. Jahrhundert hat sich der Nationalökonom Mun in seinem Hauptwerk ‹Englands Treasury by Foreign Trade› über die Ausgaben internationaler Reisender geäussert. Weitere Forschungsimpulse gingen von der Statistik aus, beispielsweise 1895 durch Guyer-Feuler's ‹Beiträge zu einer Statistik des Fremdenverkehrs›. Eine der ersten umfassenden wissenschaftlichen Tourismusstudien stammt von Stradner aus dem Jahr 1905: ‹Der Fremdenverkehr›. Nach dem 1. Weltkrieg wurde die Tourismusforschung spürbar verstärkt. Wichtige Forschungsergebnisse aus den Bereichen Makroökonomie, Betriebswirtschaft, Geografie, Soziologie usw. stammen jedoch erst aus der neueren Zeit seit den 50er-Jahren. Tourismusforschung ist somit eine vergleichsweise junge Disziplin.

In der Schweiz gingen die ersten wissenschaftlichen Arbeiten im Tourismus von Gurtner (‹Zur Verschuldung des schweizerischen Hotelgewerbes› 1918) und von Gölden (‹Strukturwandlungen des schweizerischen Hotelgewerbes 1890–1935›, 1939) aus. 1941 erfolgte gleichzeitig die Gründung des Forschungsinstituts für Fremdenverkehr (FIF) an der Universität Bern (Leitung:

Prof. Kurt Krapf) und des Seminars für Fremdenverkehr an der Hochschule St. Gallen (Leitung: Prof. Walter Hunziker). Die erste gemeinsame Studie von Hunziker und Krapf ‹Allgemeine Fremdenverkehrslehre› aus dem Jahr 1942 galt lange Zeit als Standardwerk. Die schweizerische Tourismusforschung war stets problem- und praxisorientiert. Nach dem 2. Weltkrieg standen aussenwirtschaftliche Fragen und die wirtschaftlichen Zusammenhänge in den Ferienorten im Vordergrund. In jüngerer Zeit interessieren schwergewichtig die Themenkreise Marketing und Marktforschung, Qualitäts- und Destinationsmanagement, Regional- und Umweltpolitik, Tourismus in Entwicklungsländern, soziale und psychologische Aspekte von Freizeit und Reisen, Corporate Responsibiliy und nachhaltige Tourismusentwicklung.

Die Tourismusforschung der letzten 30 Jahre widerspiegelt die Tatsache, dass in den meisten Ländern sowohl Tourismuspolitik wie auch Tourismus-Unternehmungspolitik eine mehr oder weniger sektorielle, partielle und kurzfristige und nicht konzeptionelle, d.h. zielgerichtete, ganzheitliche und langfristige Politik gewesen ist.

4.3.2 Tourismuswissenschaft

Theoretisch liessen sich Argumente für eine eigenständige tourismuswissenschaftliche Betrachtung bzw. für die Begründung einer eigenen Tourismuswissenschaft dort finden, wo der Tourismus in seiner Gesamtheit bzw. in einzelnen Problembereichen ganz spezifische Aspekte aufweist, die mit Hilfe anderer Wissenschaften nicht zu analysieren wären. Eine eigenständige Tourismuswissenschaft müsste sich entweder

- durch Isolierung vom Begriff her (mit genau abgrenzbaren, messbaren, problemorientierten und zeitabhängigen Definitionen) oder
- durch Isolierung vom systemtheoretischen Ansatz her (Zusammenfassung der wissenschaftlich relevanten Elemente und Merkmale von anderen Wissenschaften) abgrenzen lassen.

Paradigma einer eigenständigen Tourismuswissenschaft

Das Paradigma einer eigenständigen Tourismusforschung bzw. Tourismuswissenschaft (vgl. Abb. 9) suggeriert, dass der Tourismus als komplexes Phänomen spezifische Merkmale aufweisen würde, die anhand der bestehenden wissenschaftlichen Disziplinen nicht zu analysieren bzw. erfassbar wären.

Einzelne Wissenschaftsdisziplinen würden also quasi als ‹Hilfswissenschaften› einen Beitrag zur eigenständigen, allgemeinen Tourismuswissenschaft leisten (Freyer 2015, S. 41f.).

Abbildung 9 Eigenständige Tourismuswissenschaft

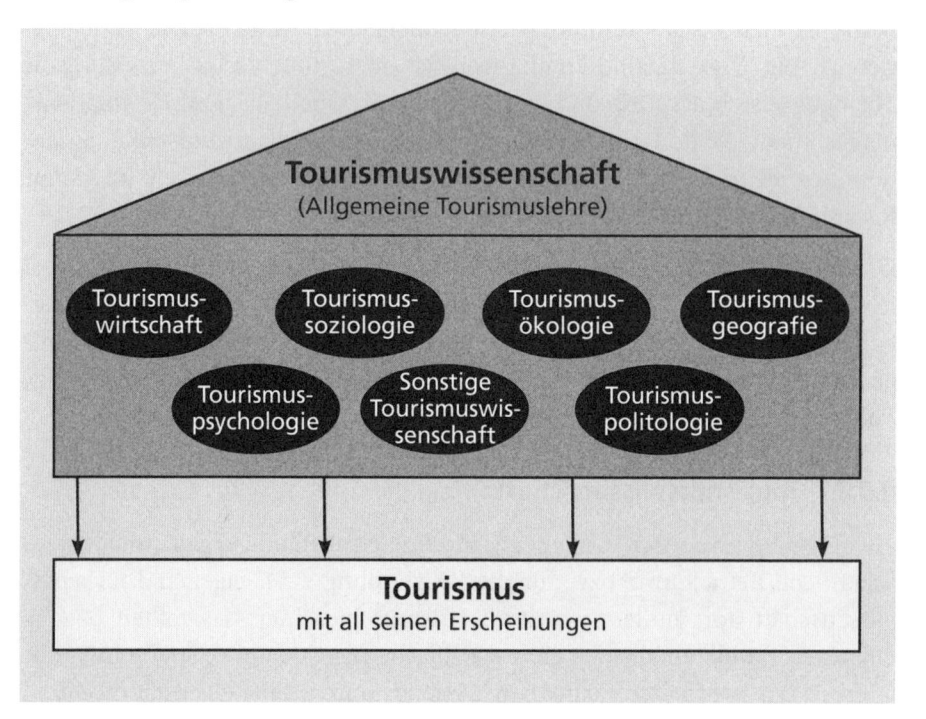

Quelle: Freyer 2015, S. 42

Paradigma mehrerer Tourismuswissenschaften

Die Tatsache, dass bis heute kein einheitliches Gesamtmodell bzw. ein allgemein anerkanntes Theoriegerüst für den Tourismus existiert, spricht eher dafür, dass es sich dabei um ein Forschungsgebiet handelt. Die meisten wissenschaftlichen Beiträge zum Tourismus bedienen sich entweder mehrerer theoretischer Ansätze aus verschiedenen Disziplinen oder untersuchen das Phänomen aus Sicht einer einzelnen Disziplin. Meist lässt sich jedoch klar erkennen, dass die Theoriebildung und Methode der tourismuswissenschaftlichen Beiträge vorwiegend dem Ansatz einer ganz bestimmten ‹Mutterwissenschaft› folgen (Freyer 2015, S. 41).

4. Erscheinungsformen des Tourismus

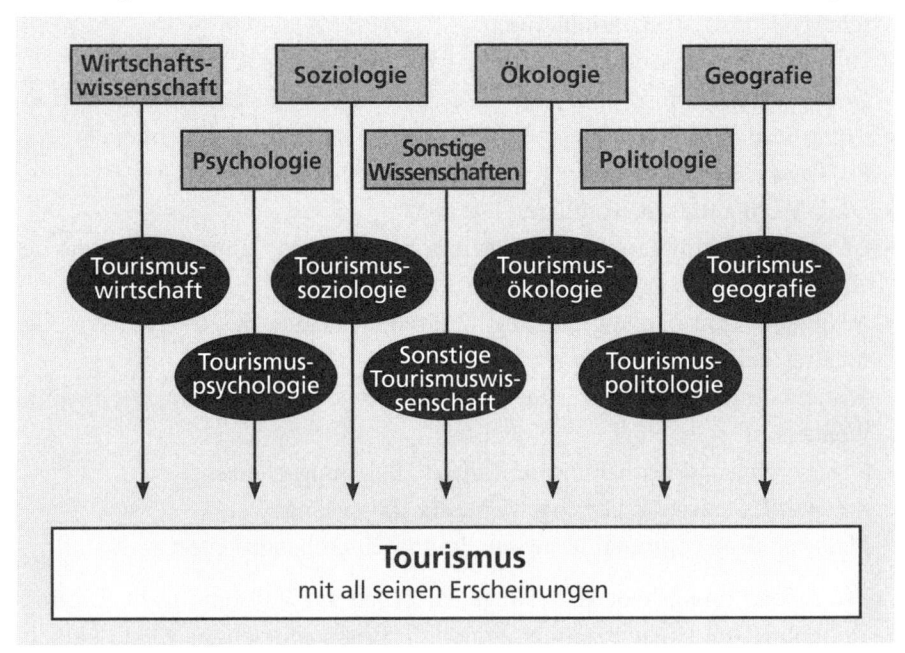

Abbildung 10 Mehrere Tourismuswissenschaften als Teile einer ‹Mutterdisziplin›

```
Wirtschafts-      Soziologie      Ökologie       Geografie
wissenschaft

    Psychologie      Sonstige      Politologie
                  Wissenschaften

Tourismus-    Tourismus-     Tourismus-     Tourismus-
wirtschaft    soziologie     ökologie       geografie

     Tourismus-    Sonstige       Tourismus-
     psychologie   Tourismuswis-  politologie
                   senschaft

              Tourismus
           mit all seinen Erscheinungen
```

Quelle: Freyer 2015, S. 42

Fazit: Tourismuswissenschaft als interdisziplinäres Forschungsgebiet

Beide Wege weisen zwar bestimmte Vorteile auf, doch erscheint der zweite Weg, insbesondere wegen des steten Wandels innerhalb der einzelnen Problembereiche, zielführender. Zudem kann eine eigenständige Theorie, die sich vollständig und eindeutig von anderen Wissenschaften abgrenzt, den pragmatischen Anspruch der Tourismuslehre kaum erfüllen.

Wir verstehen somit die Tourismuswissenschaft als angewandtes, interdisziplinäre Forschungsgebiet. Die Grundlagen für die Erkenntnisse werden aus verschiedenen Wissensgebieten bezogen. Eine derartige Arbeitsweise ist in zahlreichen anderen Wissenschaften ebenfalls anzutreffen. Wichtigste ‹Hilfswissenschaften› für die Tourismusbetrachtung sind:
- *Volkswirtschaft*: Konjunktur, Wachstum, Wechselkurs, Wertschöpfung, Volkseinkommen, Arbeitsplätze
- *Betriebswirtschaft*: Management, Marketing, Organisation, Personallehre, Entscheidtheorie, Finanzierung, Controlling

- *Recht:* Öffentliches und Privatrecht, Gesamtarbeitsverträge, Konsumentenschutz, Haftung, Konzessionierung
- *Politologie:* Regional-, Sozial-, Umwelt-, Bildungs-, Kultur-, Sportpolitik
- *Soziologie:* Begegnung Touristen – Einheimische, Verhaltensweisen verschiedener Bevölkerungsgruppen, Tourismusbewusstsein oder -akzeptanz
- *Psychologie:* Motiv-, Bedürfnis- und Verhaltensforschung
- *Ethik:* Werthaltungen, Konflikte, Diskurse
- *Geografie:* Raumplanung, Bewertung von Landschaften, Klimatologie, Glaziologie
- *Architektur:* Entwicklungsplanung, Freizeitarchitektur, Kurortsplanung, Gestaltung im ländlichen Raum
- *Medizin:* klimatische und balneologische Indikationen, Impfungen, medical Wellness
- *Biologie:* Diversität, Erhaltung der Mitwelt, Belastungsgrenzen
- *Kybernetik:* Steuerung, Gleichgewicht, Rückkoppelungen
- *Mathematik und Statistik:* Analysen, Prognosen, Abhängigkeiten

Diese Aufzählung erhebt keineswegs Anspruch auf Vollständigkeit. Die Liste der häufigsten Hilfswissenschaften der Tourismusforschung zeigt deutlich, dass viele andere Wissenschaftsbereiche unter bestimmten Aspekten zur Beleuchtung touristischer Fragestellungen beitragen können. Demzufolge wäre es unzweckmässig, wenn sich die Tourismusforschung in einem eigenen ‹Wissenschaftsturm› einschliessen würde. Die pragmatische Tourismusforschung kann sogar als eines der besten Beispiele für eine fächerverbindende, interdisziplinäre oder Querschnitts-Wissenschaft bezeichnet werden.

4.3.3 Anforderungen an die Tourismusforschung

Die Tourismusforschung sollte unserer Auffassung den nachfolgenden Anforderungen gerecht werden:

Umfassende Tourismusforschung: Damit ist eine gesamtheitliche, also interdisziplinäre Tourismusforschung gemeint. Sie soll nicht auf einzelne Sektoren/Aspekte beschränkt bleiben, sondern das Phänomen ‹Tourismus› als Ganzes erfassen und durchdringen.

Problem- und praxisorientierte Tourismusforschung: Tourismusforschung darf nicht Selbstzweck sein. Die gewonnenen Erkenntnisse sollen in der Praxis umgesetzt werden können. Problemorientierte Tourismusforschung heisst deshalb zugleich praxisbezogene Tourismusforschung.

Zukunftsbezogene Tourismusforschung: Einzig eine zukunftsbezogene Tourismusforschung ermöglicht der Praxis, nicht bloss auf bereits eingetretene Missstände zu reagieren, sondern das Verhalten frühzeitig auf eine voraussichtliche zukünftige Situation auszurichten und zu agieren: Forschung als vorausgedachte Praxis.

Kritische und engagierte Tourismusforschung: Die touristische Forschung soll bestehende Schwächen und Missstände, sowie Tendenzen, die zu solchen führen können, schonungslos aufdecken. Sie soll Möglichkeiten zu einer Beseitigung bzw. einer Verhinderung des Eintretens solcher Schwächen und Missstände klar aufzeigen. Die engagierte Tourismusforschung begnügt sich nicht bloss mit der Publikation ihrer Forschungsergebnisse, sondern setzt sich auch für die Umsetzung der als richtig erachteten Problemlösungen ein.

Die folgenden Forschungsparadigmen zeigen auf, in welche Richtung die Handlungsweisen der Tourismusforschung zu verändern sind, um einen nachhaltigen Beitrag zu leisten:

Von einem reduktionistischen zu einem systemischen Forschungsansatz: Nur allzu oft werden in der Tourismusforschung einzelne Elemente im vernetzten System isoliert betrachtet. Man konzentriert sich – disziplinorientiert – auf die Genauigkeit der Details und verändert nur einzelne Variablen. Systemische Tourismusforschung heisst, sich vermehrt interdisziplinär auf die Wechselwirkungen zwischen den Elementen sowie auf die Wahrnehmung der Ganzheit zu konzentrieren, im Wissen, dass das Ganze immer mehr ist als die Summe der einzelnen Teile.

Von einem statischen zu einem prozessorientierten Forschungsansatz: Die Tourismusforschung läuft oft Gefahr, ‹fotografische› Momentaufnahmen zu machen. Der Ist-Zustand wird exakt erhoben, ohne die Dynamik einzubeziehen. In einer turbulenten Zeit wie heute müssen die Veränderungen in der sozioökologischen Vernetzung vermehrt ermittelt und berücksichtigt werden. Dabei dürfen Time lags zwischen den Ursachen und Wirkungen nicht ausser Acht gelassen werden.

Von einem deskriptiven zu einem problem- resp. konfliktorientierten Forschungsansatz: Zwischen ökonomischen Prämissen (Rentabilität, Wettbewerbsfähigkeit, Produktivität, Vermeidung von Fehlallokationen etc.) und ökologischen Forderungen (Ressourcenschonung, Sicherung von Boden-, Luft- und Wasserqualität,

Lärm- und Abfallvermeidung etc.) besteht ein latenter Konflikt. Ökologie ist zwar Langzeitökonomie, doch die Umsetzung dieser Tatsache ist äusserst spannungsgeladen. Wenn es das Ziel einer zukunftsorientierten Forschung sein soll, Handlungsanweisungen für Politik, Wirtschaft und Individuum zu begründen, so müssen vermehrt Konfliktlösungsmuster untersucht und aufgezeigt werden.

Von einem analytischen zu einem umsetzungsorientierten Forschungsansatz: Die Tourismusforschung ist geprägt durch eine starke analytische Orientierung ohne praxisnahe Lösungsvorschläge. Will sie zu einer nachhaltigen Entwicklung beitragen, so müssen die politischen resp. unternehmerischen Prozesse vermehrt einbezogen werden. Der analytische Ansatz muss durch eine handlungsorientierte Initialisierung ergänzt werden, wobei es gilt, Schlüsselprozesse aufzuspüren.

Von einem mengen- zu einem qualitätsorientierten Forschungsoutput: Praktisch in allen Forschungsbereichen wurde in den letzten Jahren eine grosse Zahl von Forschungsprojekten in umfangreichen Berichten publiziert und dabei die Aufnahmefähigkeit der Adressaten arg missachtet. Die Tourismusforschung muss sich deshalb quantitativ beschränken und vermehrt qualitativ wachsen. Darunter ist auch eine der Zielgruppe angepasste Präsentation der Forschungsergebnisse zu verstehen.

Von einem wertfreien zu einem verantwortungsvollen Forschungsansatz: Problembenennungen haben mit Wertungen zu tun. Normative Entscheidungen sind notwendig. Eine praxisorientierte Tourismusforschung muss sich dieser normativen Komponente vermehrt bewusst werden und sie verantwortungsvoll wahrnehmen. Der Nachhaltigkeit verpflichtete Forschende orientieren sich an den Prinzipien der Verantwortungsethik.

Von einem rein kognitiven Verständnis zu einer ganzheitlichen Wahrnehmung: Vernetztes Denken hat in den letzten Jahrzehnten Schule gemacht. Damit wurde der Inter- und Transdisziplinarität grössere Beachtung geschenkt. Der Tourismus muss – wie andere Bereiche auch – vermehrt in das weite Beziehungsfeld über- und nebengeordneter Bereiche gestellt worden. Dabei steigt jedoch der Komplexitätsgrad. Der rein kognitive Ansatz stösst vermehrt an seine Grenzen. Deshalb ist nebst vernetztem Denken mehr und mehr eine ganzheitliche Wahrnehmung gefragt, das heisst, dass die kognitiven Fähigkeiten zu ergänzen sind mit intuitiven, empathischen und visionären Kompetenzen.

5 Erklärungsansätze und vernetzte Effekte des Tourismus

5.1 Systemtheoretischer Ansatz

Zur ganzheitlichen Erfassung und gedanklichen Durchdringung des Phänomens Tourismus bietet sich die Systemtheorie an. Sie befasst sich mit Strukturen, Verknüpfungen und Verhalten von Systemen. Unter einem System wird dabei eine geordnete Gesamtheit von Elementen verstanden, die zueinander in Beziehung stehen.

Jedes System zeichnet sich durch die folgenden Eigenschaften aus:
- Es besteht aus mehreren *Elementen*, die sich voneinander unterscheiden.
- Die Elemente dürfen nicht wahllos nebeneinanderliegen, sondern sind in einem bestimmten Aufbau *miteinander vernetzt*. Das ‹Netz› muss nicht unbedingt sichtbar sein, sondern kann auch durch Wirkungen bestehen, die durch einen Informationsaustausch zustande kommen (vgl. Vester 1982, S. 27).

5.1.2 Beziehungen und Regelkreise in komplexen Systemen

Natürliche Systeme sind komplexe Systeme, deren Glieder alle in einer gewissen Wechselbeziehung mit den anderen stehen. Während ein Fehler bei einfachen Wechselwirkungen meist unmittelbare Folgen hat, bringt es die Komplexität natürlicher Systeme mit sich, dass falsches Handeln oft lange nicht bemerkt wird, weil Auswirkungen oft erst mit einer Verzögerung eintreten. Wer ein komplexes System verstehen oder gestalten will, muss seinen Wechselbeziehungen auf den Grund gehen. Zunächst als positiv wahrgenommene Veränderungen können sich plötzlich ins Gegenteil umkehren oder manche Prozesse können sich so stark beschleunigen, dass sie unkontrollierbar werden und möglicherweise sogar zum Zusammenbruch des Systems führen. Dies kann besonders dann eintreten, wenn positive Rückkopplungen stattfinden, d.h. Faktoren zusammentreffen, die sich gegenseitig aufschaukeln.

Abbildung 11 Verschiedenartige Beziehungen in komplexen Systemen

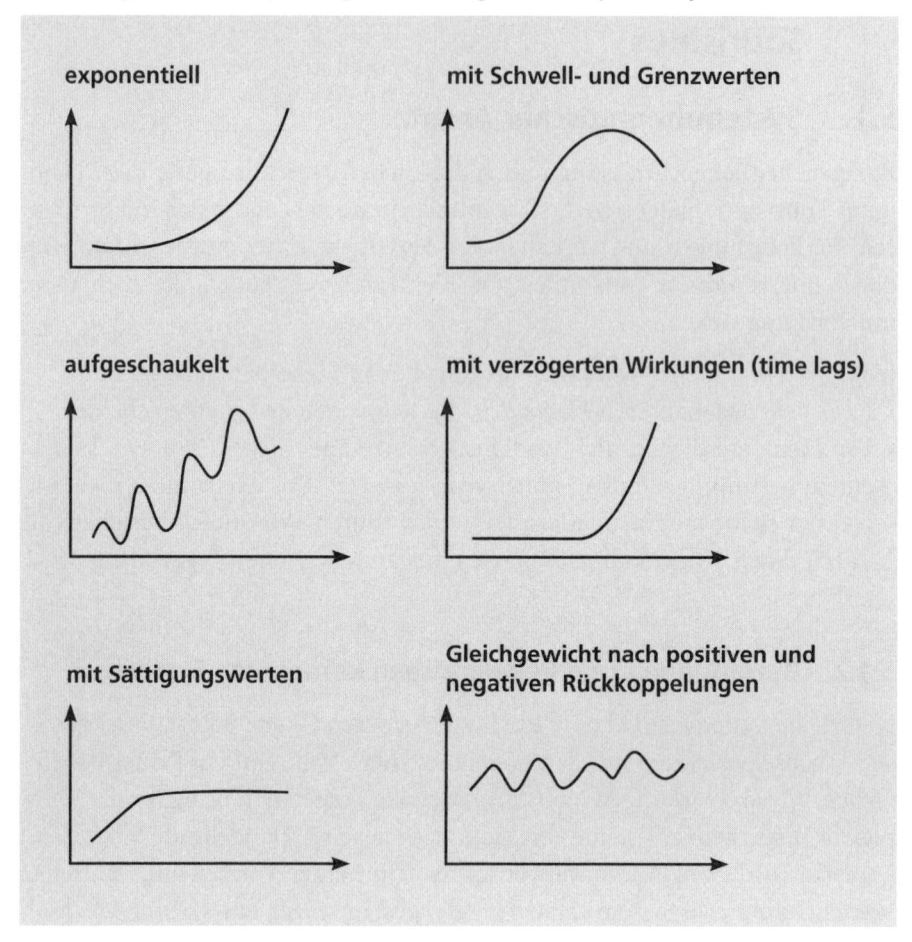

exponentiell

mit Schwell- und Grenzwerten

aufgeschaukelt

mit verzögerten Wirkungen (time lags)

mit Sättigungswerten

Gleichgewicht nach positiven und negativen Rückkoppelungen

Quelle: Eigene Darstellung in Anlehnung an Vester 1983

Denken in Zusammenhängen bedeutet, übergeordnete Steuerungs- oder Regelprinzipien zu erkennen. Die Kybernetik als Wissenschaft, welche sich mit den Regelungs- und Steuerungsvorgängen eines Systems befasst, kann uns solche Prinzipien liefern. Eines der wichtigsten kybernetischen Prinzipien ist die Selbststeuerung durch negative Rückkopplungen im sogenannten Regelkreis. Im Regelkreis wird ein dynamisches Gleichgewicht durch ständige Korrekturmechanismen angestrebt.

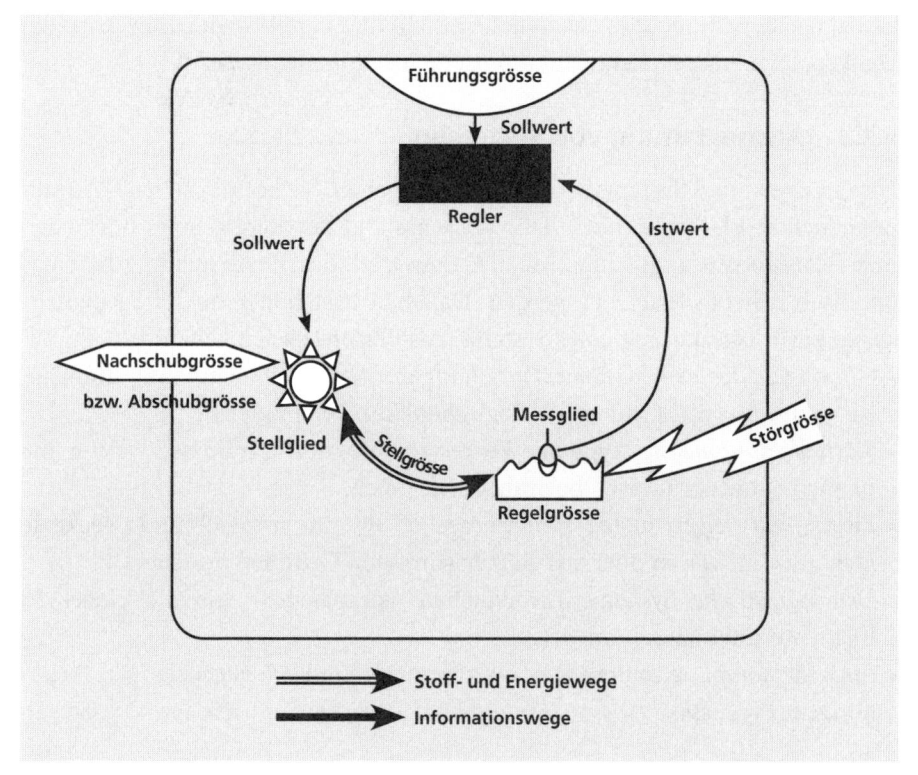

5. Erklärungsansätze und vernetzte Effekte des Tourismus

Abbildung 12 Funktionsweise eines Regelkreises

Quelle: Eigene Darstellung in Anlehnung an Vester 1983, S. 63

Der dynamische Korrekturmechanismus im Regelkreis funktioniert ganz grob und abstrakt wie folgt: Ein Messglied misst laufend den Zustand der Regelgrösse und meldet diesen Istwert an den Regler. Der minimale und der maximale Sollwert werden von einer Führungsgrösse bestimmt. Wenn der Zustand der Regelgrösse durch einen Störfaktor (Störgrösse) verändert wird, leitet der Regler die entsprechende Information (Stellwert) an das Stellglied weiter, welches die Störung über eine angemessene Stellgrösse behebt. Über Störgrösse, Nachschubgrösse und Sollwert ist das System mit der Aussenwelt verbunden.

Das Beispiel des Regelkreises zeigt, dass es nicht zielführend ist, Nachteile nur als solche zu korrigieren oder richtige Entscheidungen ständig zu wiederholen, sondern dass eine kluge und dynamische Folge sich wandelnder Entscheidungen erforderlich ist. Um Lenkungseingriffe in einem komplexen System beurteilbar zu machen, braucht es neben der Einsicht und dem Willen zum vernetzten Denken auch entsprechende methodische Instrumente.

5.1.3 Ausgestaltung von Systemen

Die Grenzen eines Systems sind nicht fest gegeben. Sie können je nach Anzahl untersuchter Elemente, nach dem Wissensstand des Beobachters oder nach dem Konkretisierungs- bzw. Abstraktionsgrad des Untersuchungsbereichs praktisch beliebig festgelegt werden. Daneben bestehen zahlreiche Möglichkeiten zur Ausgestaltung eines Systems. Als Beispiele seien genannt:

- *Offene/geschlossene Systeme:* Beziehungen, Abhängigkeiten und Einflüsse zur ‹Umwelt› (nicht nur im ökologischen Sinn verstanden).
- *Statische/dynamische Systeme:* Prozessabläufe und Einflüsse, welche die Elemente und Strukturen beeinflussen können.
- *Zweck- und zielgerichtete Systeme:* Frage, ob Systeme eine ziel- und zwecklose Dynamik aufweisen oder aus ganz bestimmten Gründen bestehen.
- *Deterministische Systeme:* Ermöglichen Voraussagen, wie die einzelnen Elemente aufeinander einwirken.
- *Einfache/komplexe Systeme:* Anzahl Elemente und die gegenseitigen Beziehungen (Prozesse).

5.2 Das touristische Strukturmodell

5.2.1 Systemüberblick

Die folgende Abbildung stellt die wesentlichsten touristischen Elemente und Beziehungen in einem einfachen formalen Strukturmodell dar. Das Grundraster besteht aus den drei Subsystemen Gesellschaft, Wirtschaft und Umwelt. Das gesellschaftliche und das wirtschaftliche Subsystem bilden gemeinsam das sozioökonomische Teilsystem. Dieses steht in enger Beziehung zum Subsystem Umwelt, da die touristische Nutzung der Landschaft im Allgemeinen mit Eingriffen in den Naturhaushalt verbunden ist. Die Steuerung des Systems Tourismus erfolgt im Wesentlichen über die gesellschaftlichen und rechtlichen Normen, die touristischen Investitionen und Konsumausgaben sowie über jede Art direkter und indirekter Tourismuspolitik.

5.2.2 Die Subsysteme im Einzelnen

Gesellschaft

Die einfache Erkenntnis, dass der Tourismus für den Menschen geschaffen ist und nicht der Mensch für den Tourismus, macht deutlich: Im Mittelpunkt des touristischen Geschehens steht der Mensch. Während langer Zeit standen wirtschaftlichen Betrachtungen im Vordergrund. Erst in jüngerer Zeit begann man sich intensiv mit der psychologischen und sozialen Seite des Tourismus auseinanderzusetzen. Stichworte zu den gesellschaftlichen Aspekten des Tourismus sind:

Touristen

Menschliche Grundbedürfnisse, gesellschaftliche Einflussfaktoren (Arbeits-, Wohn- und Freizeitbedingungen, Werte/Normen/Prestige, Sozialstruktur, Bevölkerungsstruktur), Beeinflussung durch Tourismusanbieter, Reisemotive und -erwartungen, Verhalten und Erleben auf der Reise, Rückwirkungen auf Menschen und Gesellschaft.

Bereiste (Ortsansässige)

Interesse, Bedürfnisse und Erwartungen, Auswirkungen auf die Lebensqualität, soziale Kosten, soziokulturelle Veränderungen, Tourismusakzeptanz.

Begegnung

Begegnungsvoraussetzungen (Vorurteile, Sprache, Mentalität, Gastfreundschaft, Kultur), Begegnungschancen (erfahren von Neuem, auseinandersetzen mit dem Fremden, kultureller Austausch, Völkerverständigung).

Wirtschaft

Dieser Bereich stand bisher eindeutig im Zentrum des Interesses, nicht zuletzt deshalb, weil die ökonomischen Effekte des Tourismus am einfachsten messbar sind (Aufwand/Ertrag, Kosten/Nutzen) und von dieser Seite die grössten Anreize ausgehen. Stichworte zu den wirtschaftlichen Aspekten des Tourismus sind:

Abbildung 13 Touristisches Strukturmodell

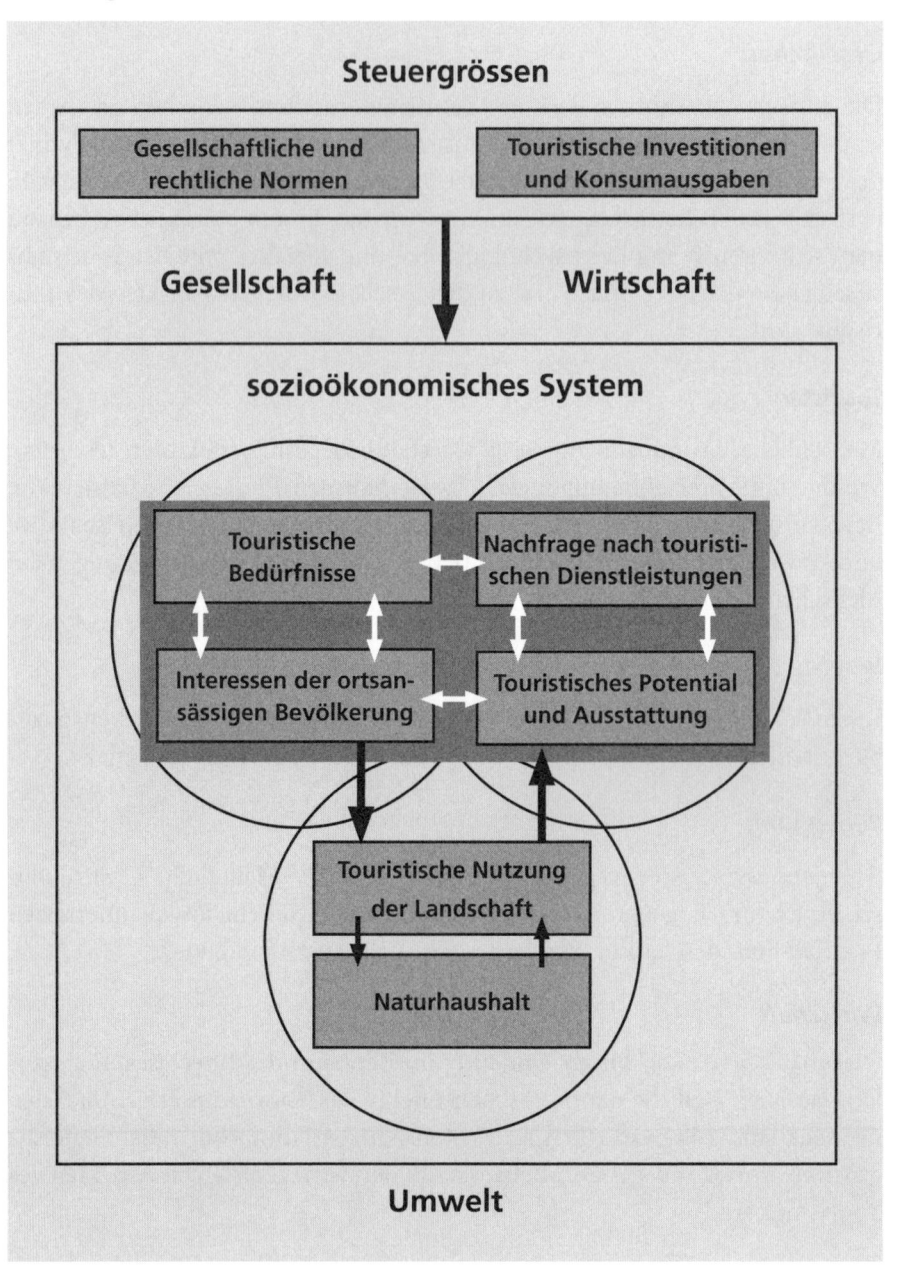

Steuergrössen

- Gesellschaftliche und rechtliche Normen
- Touristische Investitionen und Konsumausgaben

Gesellschaft — **Wirtschaft**

sozioökonomisches System

- Touristische Bedürfnisse
- Nachfrage nach touristischen Dienstleistungen
- Interessen der ortsansässigen Bevölkerung
- Touristisches Potential und Ausstattung

- Touristische Nutzung der Landschaft
- Naturhaushalt

Umwelt

Quelle: Das Schweizerische Tourismuskonzept 1979, S. 84

Nachfrage
Wirtschaftliche Einflussfaktoren (Einkommens- und Vermögensverhältnisse, Preisniveau, Währungslage, Konjunktursituation), Reiseintensität, Aufenthaltsdauer und Logiernächte.

Angebot
Allgemeine Infrastruktur (Verkehrs-, Versorgungs- und Entsorgungsanlagen, Einrichtungen des täglichen Bedarfs), touristische Infrastruktur (Beherbergungs- und Verpflegungsbetriebe, touristische Spezialverkehrsmittel, Sport- und Unterhaltungseinrichtungen, Kongresszentren, Betreuungs- und Informationsdienste), ökonomische Effekte (Zahlungsbilanz-, Beschäftigungs-, Ausgleichs- und Einkommenswirkung).

Markt
Marktforschung und Marketinginstrumente (Leistung, Preis, Absatzweg, Verkaufsförderung, Werbung, Öffentlichkeitsarbeit), Marketingkonzepte und -aktionsprogramme, touristische Mittler (kooperative Tourismusorganisationen, Reiseveranstalter, Reisevermittler, Sales Representatives).

Umwelt
Mit den Effekten des Tourismus auf die Umwelt begann man sich erst in jüngerer Zeit ernsthaft auseinanderzusetzen, als die ökologischen Folgen der vielerorts ungehemmten Tourismusentwicklung für viele sicht- und spürbar wurden. Die Beziehungen zwischen Tourismus und Umwelt sind zwar wechselseitig, jedoch keineswegs gleichgewichtig. Der Tourismus profitiert wohl weit mehr von der natürlichen Umwelt als umgekehrt: Er braucht und verbraucht Natur und Landschaft und greift dadurch gleichzeitig seine eigene Existenzgrundlage an – deshalb das geflügelte Wort der ‹Zerstörung des Tourismus durch den Tourismus›. Demgegenüber gibt es keine ursachliche Abhängigkeit der natürlichen Umwelt vom Tourismus, wenngleich dieser auch positive Rückwirkungen auf die Umwelt hat. Stichworte zu diesem ungleichgewichtigen Verhältnis sind: Qualität der Wohnumwelt, Landschaft als Erholungs- und Lebensraum (Erholungs-, Produktions- und Schutzfunktion), natürliche Faktoren des touristischen Angebotes (Landschaftsbild, Klima, Topographie, Gewässer, Ruhe, Tier- und Pflanzenwelt), touristische Eignung, Stellenwert von Natur- und Landschaftserlebnis.

Tourismus und Umwelt-Belastung

Touristische Landnutzung, Landschaftsbeeinträchtigung und -verbrauch (Bautätigkeit, Zersiedelung und Technisierung der Landschaft, architektonische Landschaftszerstörung), Störung des Naturhaushaltes (Luft- und Wasserverschmutzung, Schädigung der Vegetation und Tierwelt), Lärmbelastung, Energie- und Ressourcenverbrauch, Beitrag zu globalen Umweltproblemen wie Klimawandel und Ozonloch.

Tourismus und Umwelt-Erhaltung

Koexistenz von Landwirtschaft (Landschaftspflege) und Tourismus (Nebenerwerbsmöglichkeit), Schutz von Natur- und Kulturdenkmälern im Interesse des Tourismus, Umweltsensibilisierung bei Touristen, Bereisten und Leistungsträgern.

5.3 Das touristische Raummodell

Dieses Modell stellt den Tourismus in seiner räumlichen Dimension dar. Tourismus ist immer mit einer Reise von Ausgangs- zum Zielort und anschliessend, nach einem Aufenthalt mit beschränkter Dauer, mit einer Rückreise verbunden. Das Modell unterscheidet entsprechend drei Haupträume: (Freyer 2015, S. 44f.)

Der *Heimat- oder Quellraum* ist der gewöhnliche Aufenthaltsort des Reisewilligen. Hier erfolgen die Reisevorbereitungen, zuerst etwa durch Recherchen im Internet, den Besuch von Reisebüros und durch die Konsultation von Reiseführern, anschliessend durch das Beschaffen der Reiseausrüstung.

Im *Transportraum* wird in der Regel die Distanz vom Heimatort zum Zielort der Reise überwunden. Es gibt aber auch Reiseformen, wie etwa Kreuzfahrten, Langdistanzwanderungen oder Touring mit speziellen Bahnen wie dem Orient- oder Glacier-Express, bei denen die Reise selbst das Haupterlebnis ist.

Der *Destinationsraum* bezeichnet den Zielort, wo sich Touristen für eine gewisse Zeit aufhalten und weitere Aktivitäten wie Besichtigungen oder Ausflüge unternehmen, die ihrerseits wiederum raumbezogen sind.

Die touristischen Umfelder, etwa das ökonomische, soziale, politische, juristische oder medizinische Umfeld, beeinflussen die raumbezogenen Aktivitäten

5. Erklärungsansätze und vernetzte Effekte des Tourismus 71

Abbildung 14 Das touristische Raummodell – Reisen vom Quell- ins Zielgebiet

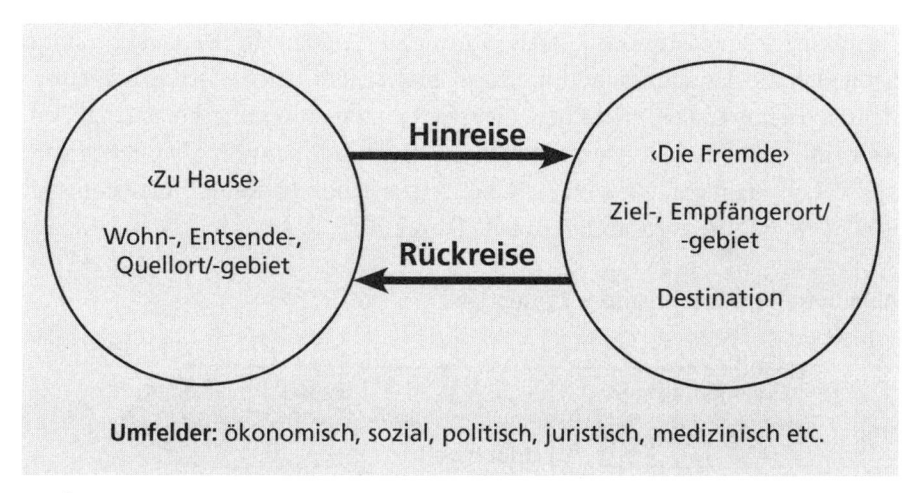

Quelle: Freyer 2015, S. 47

des Reisens. Aus dem touristischen Raummodell heraus können Reisen, die nicht einfach von einem Quellgebiet in ein Zielgebiet führen, abgeleitet werden (Freyer 2015, S. 46). So führt z. B. eine Rundreise von einem Quellgebiet in mehrere Zielgebiete (vgl. Abb. 15, links). Für Destinationen (Zielgebiete) wiederum können mehrerer Quellgebiete, etwa unterschiedliche Herkunftsländer der einreisenden Touristen, von Interesse sein und dargestellt werden (vgl. Abb. 15, rechts).

Abbildung 15 Reisen in mehrere Zielgebiete und aus mehreren Quellgebieten

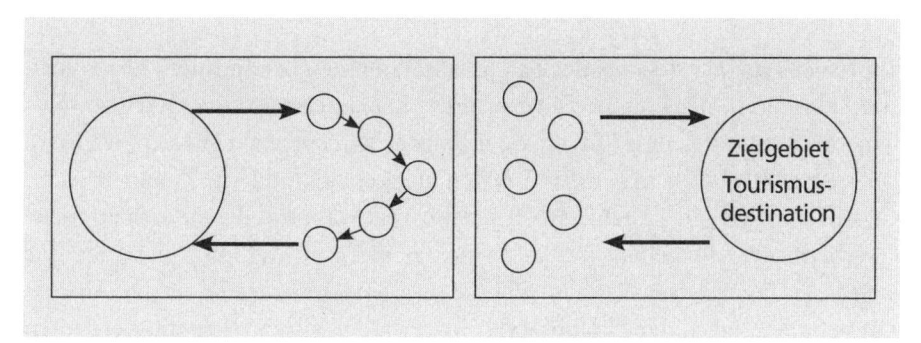

Quelle: Freyer 2015, S. 47

5.4 Das touristische Zeitmodell

Das touristische Zeitmodell, auch ‹Sprungbrettmodell des Reisens› genannt, lehnt sich an das räumliche Modell an und unterscheidet drei verschiedene Zeiten, die ein Tourist erlebt bzw. zwischen denen er hin und her springt (vgl. Abb. 16). Das Modell orientiert sich an der Zeitdimension als Grundraster und veranschaulicht, wie sich diese beim Reisen auf die Raumdimension auswirkt bzw. wie diese zusammenspielt (Freyer 2015, S. 48).

Abbildung 16 Das touristische Zeitmodell

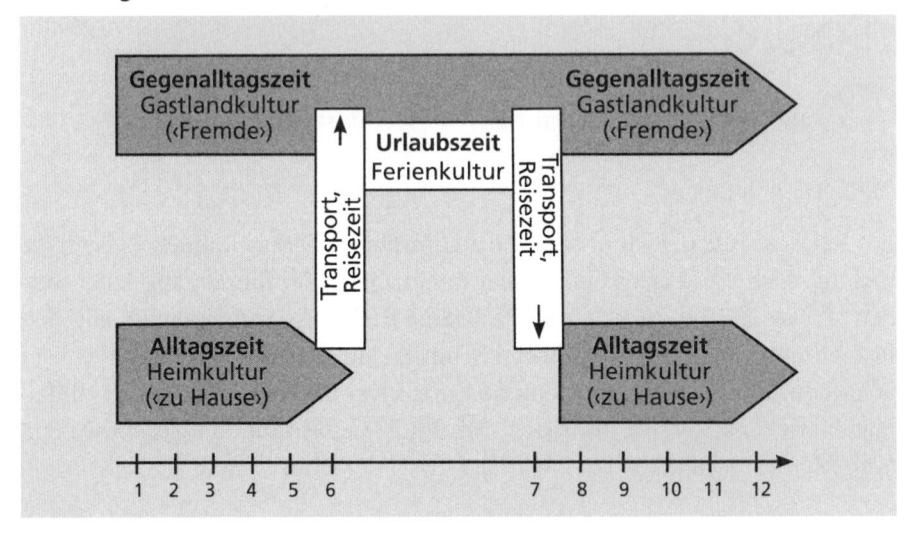

Quelle: Freyer 2015, S. 48

Touristen begeben sich aus der Alltagszeit, um einen bestimmten, relativ kurzen Zeitraum in der Fremde zu verbringen. Dazu nehmen sie, je nach gewähltem Verkehrsmittel, eine kürzere oder längere Transportzeit auf sich, während der sie bereits vielen neuen Eindrücken ausgesetzt sind. Am Zielort bzw. im Gegenalltag erleben sie schliesslich Urlaubszeit, während der sie sich auf neue Gegebenheiten einstellen und sich einen neuen Zeitrhythmus aneignen. Sie beggnen dabei ortsansässigen Menschen, die sich ihrerseits in der Alltagszeit befinden. Nach der Urlaubszeit kehren die Touristen nach einer erneuten Transportzeit in den Alltag zurück. Da am Heimatort während ihrer Abwesenheit die Zeit nicht stillgestanden ist, erleben die Heimkehrer zumindest in den

Anfangstagen eine Alltagswelt, die sich leicht verändert hat. Vielleicht herrscht beispielsweise ein anderes Klima vor oder am Arbeitsplatz wurde mittlerweile ein neuer Arbeitskollege eingestellt (Freyer 2015, S. 48).

5.5 Das dynamische Tourismusmodell

Die folgende Abbildung zeigt ein stark vereinfachtes Partialmodell, das die Dynamik der Entwicklungsprozesse einbezieht. Es ging aus den Synthesearbeiten des Nationalen Forschungsprogrammes ‹Man and Biosphere MAB – Sozioökonomische Entwicklung und ökologische Belastbarkeit der Berggebiete› hervor (vgl. Krippendorf/Müller 1986, S. 61f.). Dieses Modell geht davon aus, dass es sich bei der touristischen Entwicklung nicht um einfache Wechselbeziehungen von zwei oder mehreren Faktoren handelt, im Sinne von ‹hier Ursache – dort Wirkung›, sondern um ein Spiel von zahlreichen unterschiedlichen Kräften, die ineinandergreifen und sich gegenseitig beeinflussen.

Mit einer grossen Maschine vergleichbar beginnt das ‹Tourismuswachstumssystem› irgendwo mit kleiner Drehzahl zu laufen, setzt andere Teile in Gang, die ihre Kraft wieder auf neue Teile übertragen. Angetrieben wird das System durch externe Kräfte, doch entfaltet es auch eine starke Eigendynamik: Einzelne seiner Teile können sich gegenseitig beschleunigen und aufschaukeln oder sich von den andern abkoppeln und sich verselbständigen.

5.5.1 Boomfaktoren des Tourismus

Die Boomfaktoren des Tourismus wurden bereits im Kapitel 1.4 beschrieben. Die hauptsächlichen externen Kräfte des Tourismuswachstums waren bis anhin: Die Wohlstandssteigerung in Form höherer Einkommen, die Abnahme der Arbeitszeit respektive die Zunahme der Freizeit, die schwindende Qualität am Arbeitsplatz, die Verstädterung und mit ihr der Wunsch, den vielerorts unwirtlichen städtischen Lebensverhältnissen zu entfliehen, sowie die starke Entwicklung der Motorisierung und der Mobilität.

5.5.2 Wachstumskreisel

Die touristische Nachfrage setzt einen eigentlichen Wachstumskreisel in Bewegung. Das Wachstum spielt sich in Form eines sich selbst verstärkenden Spiralprozesses ab, der durch eine automatische Überwindung immer neu auftretender Engpässe gekennzeichnet ist. Vereinfacht kann dieser ‹Engpassüberwindungsautomatismus› wie folgt dargestellt werden: Zunahme der Nachfrage – Kapazitätsengpässe bei der Infrastruktur oder den touristischen Anlagen – Erweiterung unter Einbau einer genügenden Reserve – Verkaufsförderungsmassnahmen, um Kapazitäten besser auszulasten – Zunahme der Nachfrage, Entwicklungsschub – erneute Engpässe als Entwicklungsschwelle – usw.

5.5.3 Wohlstandskreisel

Das Wachstum der Tourismuswirtschaft schafft regional und lokal neue Arbeitsplätze und damit Einkommen. Mit dem Tourismus kommt Wohlstand in eine Region. Der wirtschaftliche Strukturwandel – insbesondere die Zunahme der touristischen und gewerblichen Arbeitsplätze – führt zu regen Zu- und Abwanderungen und zu entsprechenden sozialen Umschichtungen in der ansässigen Bevölkerung.

5.5.4 Landwirtschaftskreisel

Die Erwerbsmöglichkeiten im Tourismus und die damit verbundenen Einkommen mehren den bäuerlichen Wohlstand, insbesondere im ländlichen Raum. So stützt der Tourismus die Berglandwirtschaft und hilft ihr, die Kleinstruktur und damit die Nutzungsvielfalt, die viel zu einem abwechslungsreichen Landschaftsbild beiträgt, zu erhalten. Doch der Landwirtschaftskreisel hat auch andere Folgen: Vom Tourismus und dem Baugewerbe geht ein starker Nachfragedruck nach den Produktionsfaktoren Boden und Arbeit aus – verstärkte Personalprobleme in der Landwirtschaft – Zwang zur Rationalisierung und Mechanisierung – hohe Kapitalkosten – Anreiz zum touristischen Nebenerwerb – starke Arbeitsbelastung – Verstärkung des Rationalisierungszwangs – usw. Die Kapitalkosten werden zusätzlich durch die steigenden Bodenpreise erhöht. All dies vergrössert die Versuchung, Land zu verkaufen.

Hauptverantwortlich für die Intensivierung der Berglandwirtschaft ist allerdings nicht der Tourismus, sondern die Agrarpolitik. Liberalisierung und Abbau von Subventionen zwingen die Bauern, Einkommensverbesserungen durch Produktionsförderung zu erlangen und deshalb ihre Betriebsstrukturen und Bewirtschaftungsmethoden laufend anzupassen.

5. Erklärungsansätze und vernetzte Effekte des Tourismus 75

Abbildung 17 Dynamisches Tourismusmodell

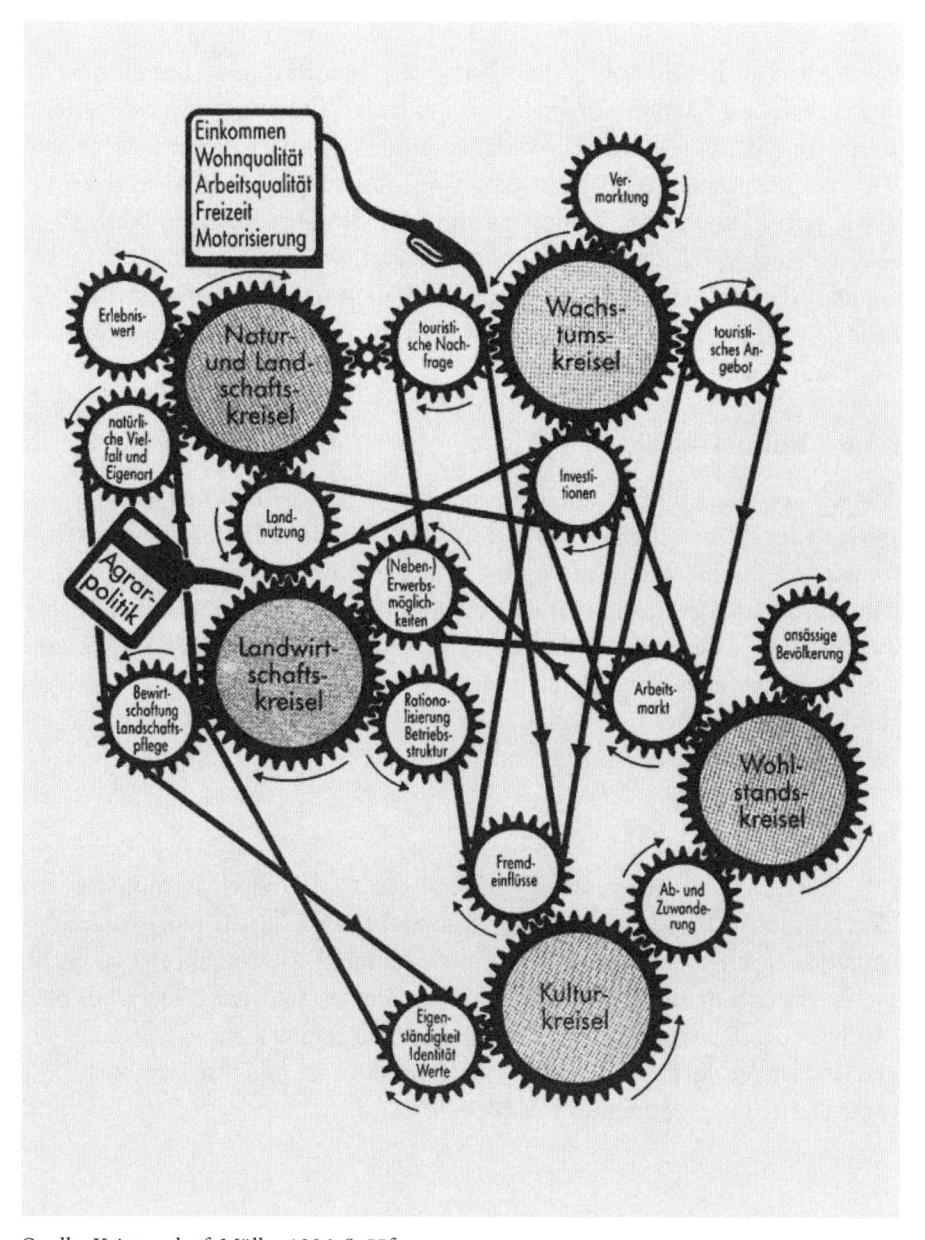

Quelle: Krippendorf, Müller 1986, S. 55f.

5.5.5 Natur- und Landschaftskreisel

Neben den eben beschriebenen indirekten Wirkungen über die Land- und Forstwirtschaft hat die touristische Entwicklung auch direkte Folgen für Naturhaushalt und Landschaft, die sich vor allem als Belastungen äussern, denn Tourismus ist immer auch Landschaftskonsum. Landschaft wird durch den Bau von Infrastruktureinrichtungen, Transportanlagen, Ferien- und Zweitwohnungen, Hotels usw. verbraucht oder durch die vielfältigen Aktivitäten belastet. Auch für Tiere und Pflanzen, Wasser, Luft und Klima kann der Tourismus belastend sein. Werden alle diese Belastungen zu gross, verliert die Landschaft ihren Erholungs- und Erlebniswert. Touristen wenden sich neuen Destinationen zu.

5.5.6 Kulturkreisel

Alle Kreisel haben ihre kulturellen Auswirkungen: Die Touristen mit den Ansprüchen und Verhaltensweisen, der verkaufte Boden, die Bodenpreissteigerungen, die mit auswärtigem Kapital getätigten Investitionen, die geschlossenen Fensterläden der Ferien- und Zweitwohnungen, die zunehmende Zahl der Zuzüger und auswärtigen Arbeitskräfte, die geschwächte Position der Landwirtschaft. Das alles sind Fremdeinflüsse, die von den Einheimischen auch als solche empfunden werden. Belastend wirkt vor allem die Einbusse an Eigenständigkeit und Selbstbestimmung.

5.5.7 Fazit

Das Bild der ineinandergreifenden Einflüsse und Kreisel vermittelt einen Überblick über die wichtigsten Elemente und Kräfte, die die touristische Dynamik bestimmen bzw. davon beeinflusst werden. Das Modell zeigt auch auf, wo die verschiedenen Ansatzpunkte für eine Prozesssteuerung liegen könnten (Aufgabe der Tourismuspolitik). Es verdeutlicht schliesslich, wie wichtig vernetztes Denken insbesondere auch im Tourismus ist (vgl. für eine ausführlichere Darstellung Krippendorf/Müller 1986).

Zwischenruf

Wachstumskoalitionen weiterhin wirksam – trotz Zweitwohnungsgesetz und Revision

Die Zweitwohnungsentwicklung ist ein altes Phänomen, das uns in verschiedenen Epochen immer wieder beschäftigt hat. In jüngerer Zeit erhielt die Thematik mit der Annahme der Volksinitiative ‹Schluss mit dem uferlosen Bau von Zweitwohnungen!› erneut hohe Priorität. Mit der Ausarbeitung des Gesetzes, das seit 2016 in Kraft ist, begann ein zähes Ringen um die Definition von Zweitwohnungen, deren Erfassung sowie Ausnahmeregelungen.

Gemäss Wohnungsinventar des Bundesamtes für Raumentwicklung (ARE 2024) liegt Ende 2023 in 340 Gemeinden der Schweiz der Anteil der Zweitwohnungen über 20% – vorwiegend in alpinen Regionen, aber auch verbreitet in voralpinen Regionen und in Anliegergemeinden von Seen. Dies dokumentiert den primär baugetriebenen Entwicklungspfad der vergangenen Jahrzehnte.

Welche längerfristigen Auswirkungen kann das Gesetz auf die lokalen Entwicklungspfade haben? Lokale Entwicklungspfade werden oft von Wachstumskoalitionen geprägt. Diese Wachstumskoalitionen stellen ein Netzwerk aus lokalen politischen und privaten Akteuren dar, die institutionelle Ressourcen bündeln und meist auf informellem Weg Absprachen machen, um danach auf legislativem oder exekutivem Weg die Entwicklungspfade zu bestimmen und umzusetzen. Die Akteure der Koalition einigen sich formell oder informell auf Massnahmen, die zu höheren Bodenrenten und dabei zu grösseren Steuereinnahmen führen und dadurch die lokale Wirtschaft ankurbeln.

Eine Analyse des CRED der Uni Bern zeigt anhand eines Fallbeispiels, dass mit der Regulierung Faktoren tendenziell gegen die Durchsetzungskraft sprechen, solche Wachstumskoalitionen zu verändern. Alpine Wachstumskoalitionen scheinen gefestigt zu sein und finden neue Wege im Umgang mit der veränderten nationalen Gesetzgebung. Weil die meisten lokalen und regionalen Akteure in irgendeiner Form in die Wachstumskoalition involviert sind, ist eine Lösung der Zweitwohnungs-, resp. Bauproblematik aufgrund von lokaler Selbstorganisation wenig realistisch. Die starke Entwicklungs- und Bau-

tätigkeit für strukturierte Beherbergungsprojekte, die hitzige Diskussion um die Umnutzung von landwirtschaftlichen Gebäuden oder politische Vorstösse zur Lockerung der Umnutzung von Hotels in Zweitwohnungen zeigen in neuerer Zeit das Engagement der lokalen Wachstumskoalitionen, ihre Interessen bis auf nationale Ebene vordringen zu lassen.

Im Juni 2020 wurde zudem die parlamentarische Initiative ‹Unnötige und schädliche Beschränkungen des Zweitwohnungsgesetzes in Sachen Abbruch und Wiederaufbau von altrechtlichen Wohnungen aufheben› eingereicht. Die eingeschränkte Nutzung altrechtlicher Liegenschaften, welche durch das Zweitwohnungsgesetz entstand, sollte gelockert werden, um die Situation der Ortsansässigen zu stärken und deren Abwanderung zu stoppen. Es sollte möglich sein, neue Zweitwohnungen in bestehende Altbauten einzubauen und diese an Gäste zu vermieten. So sollen sich Einheimische das Wohneigentum in den betroffenen Gemeinden weiterhin leisten können. Um die weitere Zweitwohnungsentwicklung und zukünftig steigender Mietraum durch die Initiative zu verhindern, schlugen Gegenstimmen vor, dass Altbauten nur um neue Erstwohnungen ergänzt werden sollen. Dennoch wurde die Initiative an der Schlussabstimmung im März 2024 von National- und Ständerat angenommen, wodurch die Ausnahmen für Zweitwohnungen weiterhin zunehmen.

Damit in Zukunft nicht ein konstantes Versagen verstärkter Regulierungsmassnahmen eintritt, sind die zu Grunde liegenden Kräfteverhältnisse vor Ort aufmerksam zu verfolgen. Gut vernetzte Wachstumskoalitionen sind in der Lage, striktere Regulierungen zu verhindern, die ihren Nutzen durch Bodenrenten gefährden würden. Dies führt oftmals lediglich zu indirekten Wirkungseffekten von Regulierungen und sie schaffen es kaum, Bodenrenten zu verringern, um damit die Basis der Wachstumskoalition zu verändern.

Obwohl das Zweitwohnungsgesetz Potential hat, lokale Wachstumskoalitionen abzuschwächen, weisen die gesetzlichen Ausnahmeregelungen auf eine starke Lobby hin, was zu einer schwachen Umsetzung führt. Bisher wird weiterhin versucht, hohe Bodenrenten über andere Wege zu erzielen. Das Veränderungspotential des Gesetzes darf daher nicht überbewertet werden.

Monika Bandi Tanner

5.6 Chancen der touristischen Entwicklung

In Kapitel 5.2 haben wir die wesentlichen touristischen Elemente und Beziehungen in den drei voneinander abhängigen Subsystemen Gesellschaft, Wirtschaft und Umwelt dargestellt und stichwortartig genannt. Nachstehend erläutern wir gesellschaftliche, ökonomische und ökologische Nutzeffekte des Tourismus.

5.6.1 Gesellschaftliche Nutzeffekte des Tourismus

Der Tourismus als befreiende und erholungsintensive Freizeitform ausserhalb der alltäglichen Arbeits-, Wohn- und Freizeitwelt nimmt nicht nur im Leben des Einzelnen einen zunehmend hohen Stellenwert ein, er erfüllt mit fortschreitender Industrialisierung auch wichtige gesellschaftliche Funktionen:

Regeneration und Ausgleich

Die moderne Arbeitswelt stellt harte Bedingungen an den einzelnen Menschen, die ohne Ausgleich in der arbeitsfreien Ferienwelt kaum mehr über längere Zeit zu ertragen ist. Ohne periodische körperlich-seelische Erholung scheint das Alltagsleben in Betrieb, Schule und Familie langfristig für viele unmenschlich geworden zu sein. Die Funktionsfähigkeit gesellschaftlicher und wirtschaftlicher Institutionen wäre in Frage gestellt. Dabei ist nicht nur an Erholung durch Ferien, sondern auch an den Kurzzeittourismus (insbesondere Naherholung) zu denken.

Gesellschaftliche Integration

Moderne Gesellschaften verführen den Menschen zu Ferien ausserhalb des Wohnumfeldes. Tapetenwechsel, Reiserituale und Ferienerlebnisse wurden zur sozialen Norm. Touristen oder Erholungsuchende ganz allgemein haben aber das empirisch nachgewiesene Bedürfnis nach der touristischen Flüchtigkeit wieder in die wohltuende Stabilität der Alltagswelt zurückzukehren. «Tourismus ist also ein Instrument für ein relativ konfliktfreies Zusammenleben in der Gesellschaft,» wurde bereits im Schweizerischen Tourismuskonzept von 1979 (S. 54) festgehalten. Ferien bieten auch die Möglichkeit, aus der kontaktsterilen Alltagssituation auszubrechen, um bewusst den Kontakt und die Kommunikation mit anderen, vertrauten oder fremden Menschen zu suchen.

Kulturelle Identität

Voraussetzungen einer starken kulturellen Identität sind Sicherheit, Aktivität (Entfaltungsmöglichkeiten) und Pluralismus. Thiem (1994) hat in einer Untersuchung dargelegt, dass durch den Tourismus die kulturelle Identität sowohl in den Quellgebieten wie auch in den Zielgebieten gestärkt werden kann: Durch den rituellen Charakter der Ferienkultur wird die Sicherheit gefördert, durch den utopischen Charakter die Aktivität und durch den mythischen Charakter der Pluralismus. Gleichzeitig wachsen aber auch die Gefahren, dass durch den Tourismus Unsicherheit, Inaktivität und Anonymität verstärkt werden (vgl. Kap. 6.1).

Emanzipation

Das Reisen befreit von sozialen Kontrollen und ermöglicht vorübergehendes selbstverantwortliches Handeln. Vor allem jüngere Menschen lernen neue Möglichkeiten der Lebensgestaltung kennen. Unter jungen Leuten bilden sich oft neue Lebensstile, die von der alltäglichen Gesellschaft allmählich übernommen werden. Vom Tourismus geht ein befreiender Impuls für das gesellschaftliche Leben aus. Es ist jedoch nicht nur an die Emanzipation der Jungen zu denken: Auch vielen älteren Menschen ist es heute möglich, sich dank finanzieller Besserstellung gewisse lang gehegte Reise- und Ferienwünsche zu erfüllen. Schliesslich ist an all jene Touristen zu denken, welche durch das Reisen eigene Eindrücke und Erfahrungen sammeln können.

Völkerverständigung

Der Beitrag des Tourismus zur Völkerverständigung ist umstritten. In der Tat ist ein Abbau der sozialen und kulturellen Distanz zwischen einzelnen Landesteilen und Ländern nicht a priori durch den Tourismus gegeben. Vielmehr müssen verschiedene Bedingungen erfüllt sein: Sofern touristische Kontakte auf persönlicher und nicht ausschliesslich auf sachlich-geschäftlicher Basis stattfinden, ist aber wenigstens ein Abbau bestehender Vorurteile durchaus denkbar, denn im Gegensatz zum Waren- und Kapitalverkehr findet der touristische Austausch zwischen Menschen statt. Er führt auch zur Lockerung der politischen Schranken, die die internationale Bewegungsfreiheit noch immer einschränken.

Völkerverständigung wird jedoch erst dann erreicht, wenn sich Touristen gründlich auf das bereiste Land vorbereiten, sich den einheimischen Sitten und Gebräuchen anpassen und wenn die gegenseitige Bereitschaft besteht (seitens Touristen und Einheimischer), sich besser kennen zu lernen.

Lebensqualität in Randgebieten

Eine entscheidende gesellschaftliche Bedeutung hat der Tourismus als Wirtschaftsfaktor in von Abwanderung bedrohten wirtschaftlichen Randgebieten. Er schafft Arbeitsplätze und Einkommen. Eine massvolle touristische Entwicklung führt für viele Menschen zu mehr Wohlstand und zu einer umfassenderen Freizeitinfrastruktur. Die Abwanderung kann dadurch eingedämmt, die Lebensqualität gesteigert werden. Der touristisch bedingte Verlust an kultureller Eigenart kann durch die Aufrechterhaltung einer zwar veränderten, dafür aber nicht zusammenbrechenden einheimischen Gesellschaft und ihrer politischen Strukturen aufgewogen werden.

5.6.2 Wirtschaftliche Nutzeffekte des Tourismus

Der Tourismus zählt heute in zahlreichen Volkswirtschaften zu den bedeutenden Wirtschaftszweigen. Er hat sowohl aussen- wie innen-wirtschaftliche Erwartungen zu erfüllen:

Zahlungsbilanz- oder Devisenfunktion

Die wirtschaftliche Bedeutung des grenzüberschreitenden Tourismus für ein bestimmtes Land kommt in der Tourismusbilanz einer Volkswirtschaft zum Ausdruck, die innerhalb der Zahlungsbilanz folgende Stellung einnimmt:

Die Tourismusbilanz eines Landes stellt das Verhältnis zwischen dem Wert der im Tourismus des Landes an Ausländer verkauften und im Tourismus des Auslandes durch Inländer gekauften Güter dar. Die Einnahmen aus dem internationalen Tourismus sind zahlungsbilanzmässig gleichbedeutend mit den Exporten, die Tourismusausgaben mit den Importen der Handelsbilanz. Während Import und Export statistisch genau erfassbar sind, fehlt diese direkte Möglichkeit im Tourismus, so dass der Tourismus als unsichtbarer, stiller Export bzw. Import gilt und zu den so genannten ‹Invisibles› zählt. Die wirtschaftlichen Auswirkungen des grenzüberschreitenden Tourismus sind von Land zu Land verschieden, je nachdem ob ein Land überwiegend ein Touristen-Empfangsland (Aktivüberschuss der Tourismusbilanz) oder überwiegend ein Touristen-Entsenderland ist (Passivüberschuss der Tourismusbilanz).

Die schweizerische Tourismusbilanz war traditionell aktiv und leistete damit einen wesentlichen Beitrag zum Ausgleich der Zahlungsbilanz. 2016 war die Schweizer Fremdenverkehrsbilanz aber erstmals negativ, d.h. die Schweizer Touristen gaben erstmals im Ausland mehr aus (CHF 16,1 Mia.) als ausländische Touristen in der Schweiz (CHF 15,8 Mia.). Die Tendenz hielt an: Der Passivsaldo belief sich 2019 auf CHF -0,8 Mia. In den von Corona am stärksten geprägten Jahren 2020 und 2021 wies die schweizerische Fremdenverkehrsbilanz einen positiven Saldo aus. Im Zusammenhang mit der Erholung des internationalen Tourismus ergab sich für 2022 wieder ein Passivsaldo von CHF -0,2 Mia. (BFS 2023e). Der Tourismus stellt hinter der Pharma- und Chemieindustrie, der Metall- und Maschinenindustrie, dem Transithandel, den Finanzdiensten und der Uhrenindustrie den sechstwichtigsten Exportfaktor der Schweiz dar (STV 2020, S.9).

Abbildung 18 Fremdenverkehrsbilanz als Teil der Zahlungsbilanz

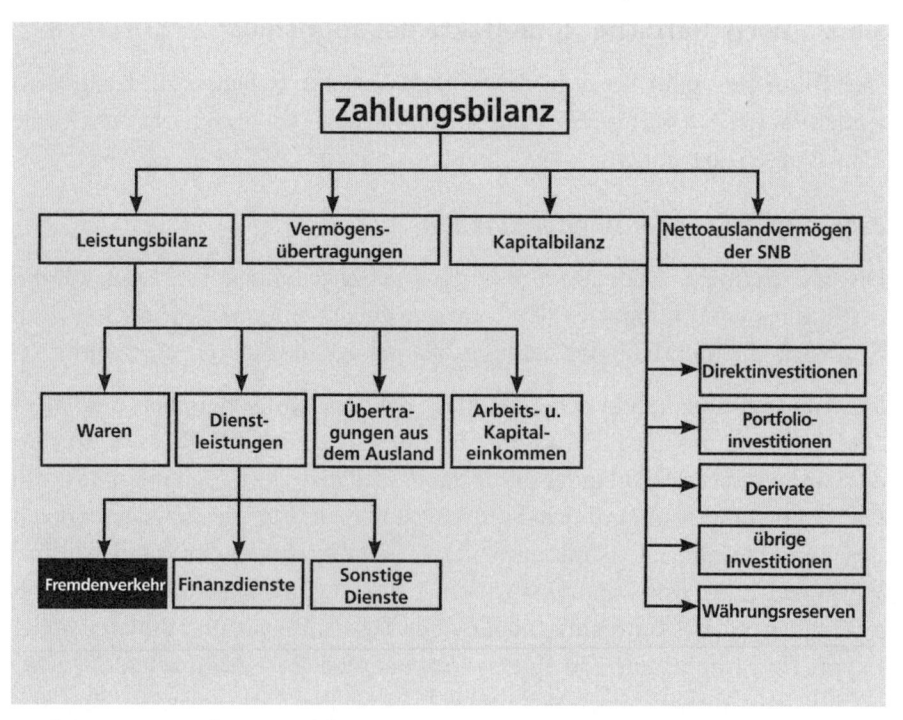

Quelle: Eigene Darstellung in Anlehnung an Schweizerische Nationalbank 2017

5. Erklärungsansätze und vernetzte Effekte des Tourismus 83

Länder mit einer traditionell stark aktiven Tourismusbilanz sind die USA, Thailand, Spanien oder Italien. Traditionell stark negativ ist die Tourismusbilanz in Deutschland, China, UK oder Kanada (World Travel & Tourism Council 2018).

Abbildung 19 Fremdenverkehrsbilanz der Schweiz (in Mia. CHF)

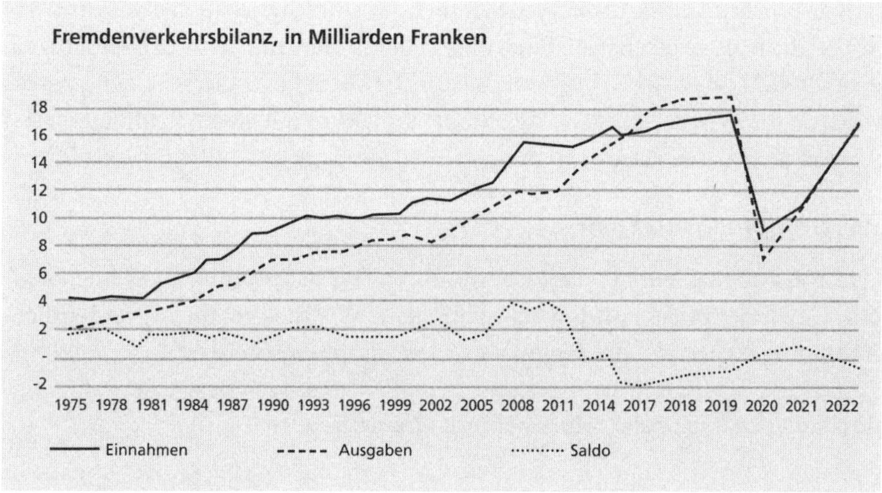

Quelle: BFS 2020d/BFS 2023e

Beschäftigungsfunktion

Als arbeitsintensiver Dienstleistungssektor schafft der Tourismus Arbeitsplätze. Zu den direkten Beschäftigungswirkungen werden z. B. Arbeitsplätze in Hotels, bei Seilbahnen, Verkehrs- und Reisebüros gezählt. Indirekte Beschäftigungswirkungen sind Arbeitsplätze bei Zulieferbetrieben aller Art (Gross- und Detailhandel, Baugewerbe, Lebensmittelproduktion, Auto- und Transportgewerbe) und bei den übrigen privaten Dienstleistungsbetrieben. In der Schweiz waren 2019 rund 183'520 Vollzeitäquivalente direkt vom Tourismus abhängig. Damit beträgt der direkte Tourismusanteil an der Gesamtbeschäftigung 4,4%. Zählt man die über Vorleistungen indirekt ausgelösten Arbeitsplätze dazu, so kommt man auf weitere 80'000 bis 90'000 Arbeitsplätze. Die gesamttouristische Beschäftigung betrug im Jahr 2021 158'092 Vollzeitäquivalente (STV 2023). Jedoch sind hier wiederum die starken Auswirkungen der Corona-Pandemie zu berücksichtigen.

84　　　5. Erklärungsansätze und vernetzte Effekte des Tourismus

Eine Wertschöpfungsstudie für den alpinen Tourismus in der Schweiz hat ergeben, dass der direkte touristische Beschäftigungsanteil im Berggebiet bei 16% liegt, der indirekte bei rund 11% (Rütter et al. 2016). Der Kanton Bern kommt auf einen kantonalen touristischen Beschäftigungsanteil von 10%. Im Gstaad-Saanenland sind es sogar 30% und in der Jungfrau Region 38% (Rieser et al. 2018). Im Jahr 2019 wurde die Zahl der weltweit im Tourismus Beschäftigten auf rund 334 Mio. Arbeitsplätze geschätzt. Durch die Pandemie sank die Zahl der Beschäftigten deutlich (271 Mio. Arbeitsplätze in 2020). 2022 belief sich die Schätzung bereits wieder auf 295 Mio. Arbeitsplätze und es wird weiter mit einem kontinuierlichen Anstieg der Arbeitsplätze für die nächsten 10 Jahre gerechnet (Statista 2024).

Wertschöpfungsfunktion

Der Tourismus generiert direkt und indirekt Wertschöpfung (= Löhne, Steuern, Gewinne, Zinsen und Abschreibungen). Wie dies geschieht, verdeutlicht Abbildung 20 anhand des regionalen Wertschöpfungskreislaufs.

Abbildung 20 Regionaler Wertschöpfungskreislauf

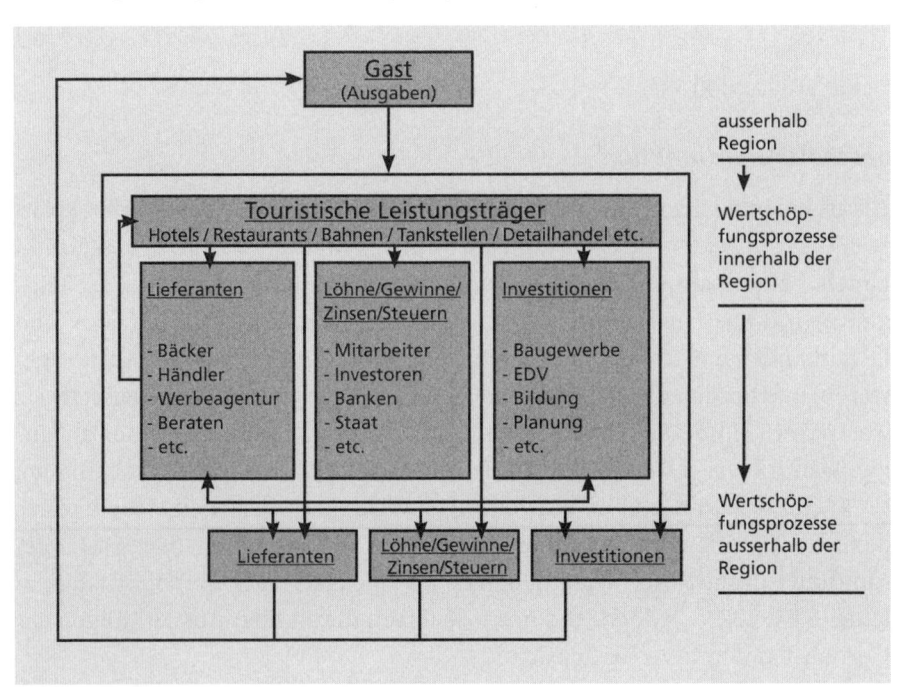

Quelle: Eigene Darstellung in Anlehnung an Schätzl 1996, S.151

5. Erklärungsansätze und vernetzte Effekte des Tourismus

Wenn vom Gesamtumsatz die Vorleistungen, d.h. die von Dritten bezogenen Güter und Dienstleistungen, abgezogen werden, resultiert die Bruttowertschöpfung (vgl. Abb. 21). Diese setzt sich seinerseits zusammen aus der Nettowertschöpfung und den Abschreibungen.

Abbildung 21 Vom Umsatz zur Wertschöpfung

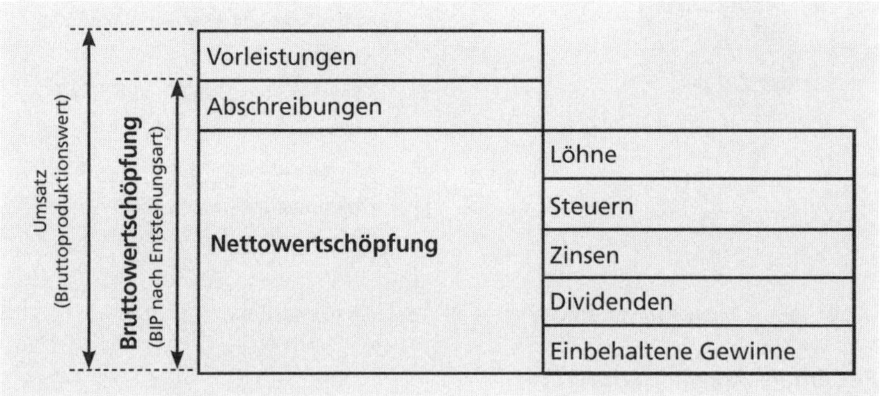

Quelle: Rütter, Müller, Guhl, et al. 1995, S. 10

Im Jahr 2022 betrug die gesamte direkt durch den Tourismus erwirtschaftete Bruttowertschöpfung in der Schweiz 19'607 Mio. CHF, was 3% der gesamtwirtschaftlichen Bruttowertschöpfung entspricht. Ungefähr zwei Drittel dieser Bruttowertschöpfung fielen dabei gesamthaft bei der Beherbergung, der Verpflegung in Gaststätten und Hotels sowie beim Passagierverkehr an.

Gemäss der Wertschöpfungsstudie für den alpinen Tourismus liegt die direkte touristische Bruttowertschöpfung im Berggebiet der Schweiz bei 13%, die indirekte bei rund 8% (Rütter et al. 2016). Gemäss kantonalen Wertschöpfungsstudien beträgt der Beitrag des Tourismus zum kantonalen resp. regionalen Bruttoinlandprodukt im Kanton Bern 8%, im Kanton Waadt 7%, im Wallis 25%, im Berner Oberland 27% und im Oberwallis sogar 35% (vgl. Rütter et al. 2013). Für den Kanton Graubünden beträgt der Beitrag des Tourismus zur kantonalen Bruttowertschöpfung 27% (EBP 2024). Im Kanton Bern verteilt sich die totale touristische Bruttowertschöpfung zu 55% auf direkte und zu 45% auf indirekte und induzierte Beiträge (Vorleistungen, Investitionen, Einkommenseffekt) des Tourismus. Zu den direkten Beiträgen (55%) steuern die touristischen Leistungsträger 38% und die übrigen Wirtschaftszweige 17% bei. (Methode zur Berechnung der touristischen Wertschöpfung vgl. Anhang 14.1.)

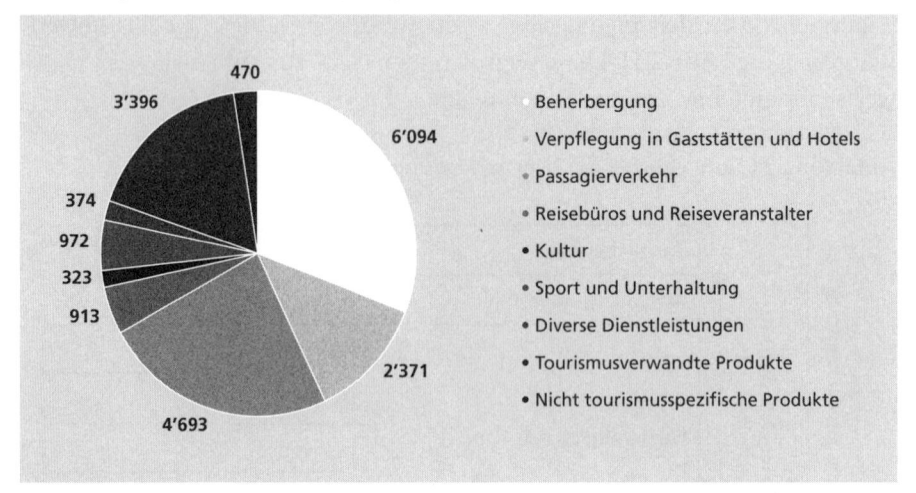

Abbildung 22 Bruttowertschöpfung im Tourismus 2023 (in Mio. CHF)

- Beherbergung: 6'094
- Verpflegung in Gaststätten und Hotels: 4'693
- Passagierverkehr: 2'371
- Reisebüros und Reiseveranstalter: 913
- Kultur: 323
- Sport und Unterhaltung: 972
- Diverse Dienstleistungen: 374
- Tourismusverwandte Produkte: 3'396
- Nicht tourismusspezifische Produkte: 470

Quelle: Eigene Darstellung in Anlehnung an BFS, Satellitenkonto Tourismus 2023

Regionale Ausgleichsfunktion

Zwar ist der Tourismus flächendeckend, aber nicht gleichmässig über das ganze Land verteilt. Die meisten Wirtschaftszweige haben ihr Schwergewicht im Mittelland oder in den grossen Agglomerationen. Auch die Landwirtschaft hat ihr Produktionsschwergewicht im Talgebiet und im angrenzenden Hügelland. In manchen Regionen des Berggebietes ist der Tourismus der wichtigste Wirtschaftszweig schlechthin. Die Randgebiete werden damit besser ins Wirtschaftsleben integriert, die Abwanderung kann gebremst oder gar gestoppt werden. Das Gefälle zwischen Berg- und Industrieregionen verringert sich.

Einkommensfunktion und Arbeitsproduktivität

Der Tourismus schafft nicht nur Arbeitsplätze, sondern auch Einkommen. Diese Funktion ist im Verlaufe von Wirtschaftskrisen wieder wichtiger und akzeptierter geworden. Mit der Arbeitsproduktivität wird die Wertschöpfung pro Vollzeit-Beschäftigten zum Ausdruck gebracht.

Die Arbeitsproduktivität der touristischen Berufe i.e.S. liegt zwar einiges unter dem Durchschnitt, doch ist bekannt, dass der Tourismusfranken nicht nur in das Gastgewerbe mit einer relativ geringen Arbeitsproduktivität, sondern direkt und indirekt in Wirtschaftszweige mit höherer Wertschöpfung fliesst.

5. Erklärungsansätze und vernetzte Effekte des Tourismus 87

Abbildung 23 Wertschöpfungskette des Tourismus

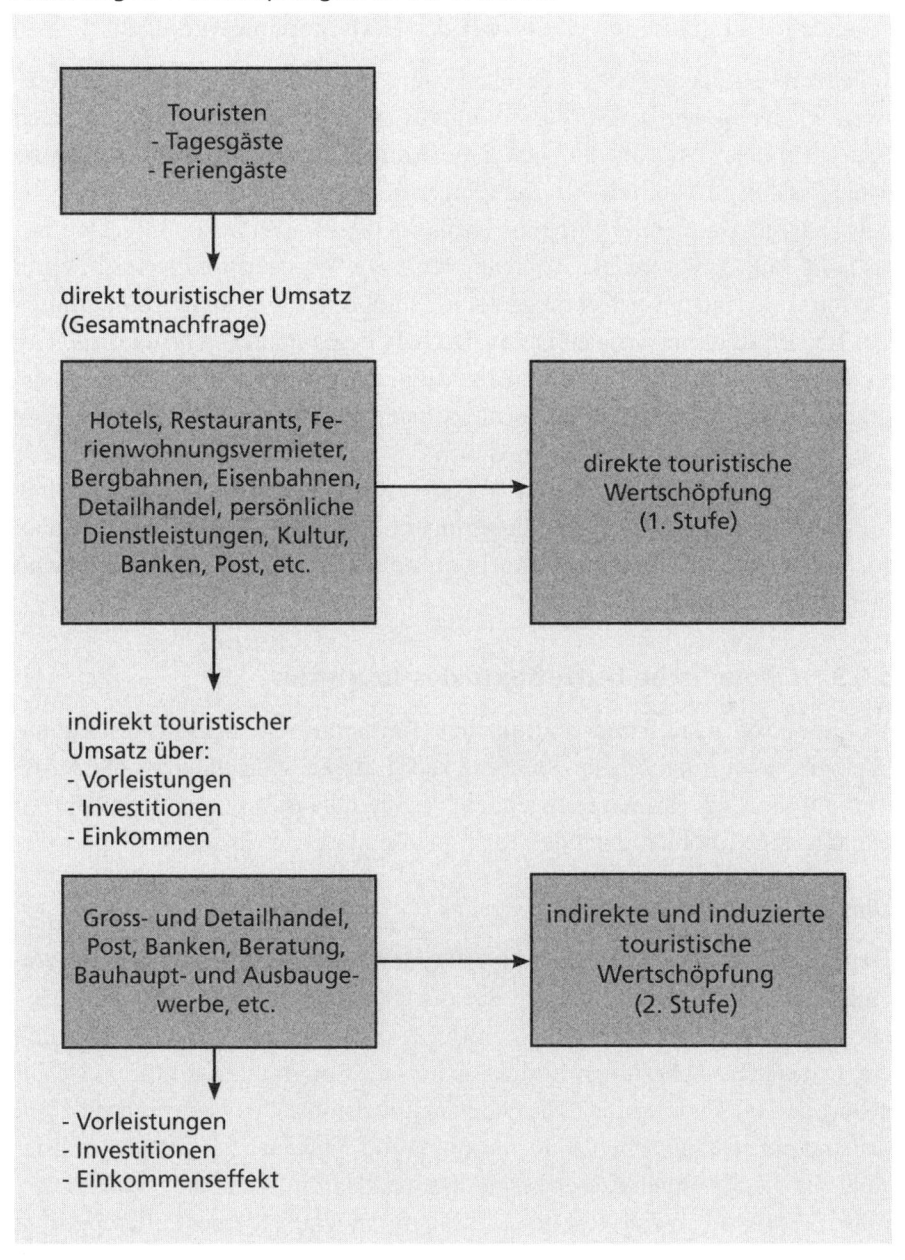

```
                    ┌─────────────────┐
                    │    Touristen    │
                    │   - Tagesgäste  │
                    │   - Feriengäste │
                    └─────────────────┘
                             │
                             ▼
         direkt touristischer Umsatz
         (Gesamtnachfrage)

    ┌──────────────────────────────┐
    │ Hotels, Restaurants, Fe-     │
    │ rienwohnungsvermieter,       │          ┌──────────────────┐
    │ Bergbahnen, Eisenbahnen,     │ ───────▶ │ direkte touristische │
    │ Detailhandel, persönliche    │          │   Wertschöpfung   │
    │ Dienstleistungen, Kultur,    │          │     (1. Stufe)    │
    │ Banken, Post, etc.           │          └──────────────────┘
    └──────────────────────────────┘
                   │
                   ▼
    indirekt touristischer
    Umsatz über:
    - Vorleistungen
    - Investitionen
    - Einkommen

    ┌──────────────────────────────┐          ┌──────────────────┐
    │ Gross- und Detailhandel,     │          │ indirekte und induzierte │
    │ Post, Banken, Beratung,      │ ───────▶ │    touristische   │
    │ Bauhaupt- und Ausbauge-      │          │   Wertschöpfung   │
    │ werbe, etc.                  │          │     (2. Stufe)    │
    └──────────────────────────────┘          └──────────────────┘
                   │
                   ▼
    - Vorleistungen
    - Investitionen
    - Einkommenseffekt
```

Quelle: Rütter, Müller, Guhl, et al. 1995, S. 23

Die Beschäftigungswirkung des Tourismus liegt in entwickelten Volkswirtschaften jedoch traditionsgemäss über der Wertschöpfungswirkung.

Da ein erstmals ausgegebener Franken oder Euro von seinen Empfängern teilweise wieder ausgegeben wird und somit indirekt Bestandteil von Einkommen bildet, spricht man vom so genannten Multiplikatoreffekt. Der touristische Multiplikator gibt an, um wie viel grösser die durch die touristische Ausgabe bewirkte Einkommensvermehrung ist als die direkte Wertschöpfung. Der touristische Multiplikatoreffekt ist für die regionale Wirtschaft dann hoch, wenn die intraregionalen Verflechtungen stark sind, d.h. die primären Einnahmen des Tourismus der regionalen Landwirtschaft, dem regionalen Handel und Gewerbe zufliessen und die Einkommen zu einem grossen Teil in der Region ausgegeben werden. Die Höhe des touristischen Multiplikators ist von der Grösse des Betrachtungsperimeters, vom Grad der wirtschaftlichen Autarkie, von der Breitenstruktur der betreffenden Volkswirtschaft bzw. vom wirtschaftlichen Entwicklungsstand abhängig. Bei geringem Entwicklungsstand einer Volkswirtschaft verflüchtigt sich der Touristenfranken schneller aus dem regionalen Wirtschaftskreislauf.

5.6.3 Ökologische Nutzeffekte des Tourismus

Während Natur und Landschaft für den Tourismus von zentraler Bedeutung sind, gibt es in umgekehrter Richtung kaum direkte Nutzeffekte vom Tourismus auf die Umwelt. Die wenigen, aber keinesfalls unbedeutenden positiven ökologischen Implikationen des Tourismus sind eher indirekter Art.

Umweltsensibilisierung

Der Tourismus sensibilisiert die Bevölkerung wesentlich für die Belange von Landschaft und Umwelt. Ähnlich wie die kulturelle Einzigartigkeit und Vielfalt ziehen auch eine idyllische Landschaft und eine hohe Erholungsqualität der Umwelt Besucherinnen und Besucher an. Eine intakte Kulturlandschaft gehört nach wie vor zu den Trümpfen des Tourismus. Nicht zuletzt das Reisen der in- und ausländischen Besucherinnen und Besucher hat zur Sensibilisierung für die Schönheit dieser Landschaft und damit für deren Erhaltung geführt. Sie wünschen eine gesunde Umwelt mit möglichst reiner Luft, möglichst sauberem Wasser und möglichst geringer Lärmbelastung. Das Verständnis für die Anliegen des Umweltschutzes hat deshalb gerade in den vom Tourismus abhängigen Landesteilen zugenommen.

Landschaftspflege durch Stützung der Landwirtschaft

Der Tourismus verschafft der Landwirtschaft willkommene Nebenerwerbsmöglichkeiten (vgl. Kap. 5.5.4). Dank diesen zusätzlichen Einkommen ist es vielen Bergbauern überhaupt möglich, den Boden weiter zu bewirtschaften. Und da der Bauer der beste ‹Landschaftsgärtner› ist, trägt der Tourismus indirekt zur Landschaftspflege bei. Zudem zeigen verschiedene Untersuchungen, dass die ‹Nebenerwerbslandwirtschaft› in Tourismusgemeinden ökologisch und ökonomisch stabiler ist als die ‹Vollerwerbslandwirtschaft› in Berggemeinden mit nur wenig oder keinem Tourismus. Die Nutzungsvielfalt der kleinstrukturierten Nebenerwerbslandwirtschaft garantiert ein abwechslungsreiches Landschaftsbild.

5.7 Gefahren der touristischen Entwicklung

Viele Untersuchungen deuten darauf hin, dass die touristische Entwicklung nicht nur zu positiven Nutzeneffekten führt, sondern auch Gefahren mit sich bringt, insbesondere für die einheimische Bevölkerung und die natürliche Umwelt. Im Vordergrund steht dabei das Unbehagen der Betroffenen vor allem gegenüber den eigendynamischen Kräften der touristischen Entwicklung. Grenzen der quantitativen Entwicklung werden immer deutlicher sicht- und spürbar. Die vielfältigen Wechselwirkungen zwischen den ökologischen, politischen, wirtschaftlichen und gesellschaftlichen Veränderungen und den touristischen Entwicklungen werden immer offensichtlicher. Zudem werden viele Bedrohungen immer globaler.

Seit der ersten grossen Klimakonferenz Rio 1992 werden die globalen Umweltprobleme und ihre Zusammenhänge mit Produktion, Mobilität und Konsum immer wieder aufgedeckt und in einer breiten Öffentlichkeit diskutiert. Es wurden ‹Politische Marschallpläne zum Gleichgewicht› (Al Gore 1992), politische Commitments wie der ‹Global Code of Ethics› (UNWTO 2000) oder der ‹Agenda 2030 für nachhaltige Entwicklung› (UN 2016) sowie Aufklärungsschriften wie ‹Wir sind dran – was wir ändern müssen, wenn wir bleiben wollen› des Club of Rome (2017) skizziert. In all den Dokumenten wird deutlich, dass ein ökologischer Kurswechsel in den industrialisierten Ländern ebenso wichtig ist wie die Verringerung des Bevölkerungswachstums in den Ländern des globalen Südens.

5.7.1 Aktuelle sozio-ökologische Krisenherde im Tourismus

Bei den freizeit- und tourismusbedingten Einwirkungen auf die Umwelt handelt es sich um äusserst dynamische Prozesse.

Bodenverbrauch und Landschaftsbeeinträchtigungen

Der Landschaftsschutz bildete den Ausgangspunkt fast aller Natur- und Umweltschutzbemühungen. Insbesondere mit dem Zweitwohnungsboom, der in der Schweiz erst 2014 mit dem Inkrafttreten des Zweitwohnungsgesetzes gebremst wurde, haben der fortlaufende Bodenverbrauch sowie die Eingriffe in die Landschaft in fast allen touristischen Destinationen eine zunehmend grössere Bedeutung gewonnen. Aber auch die ständig wachsenden Ansprüche der Erlebnisindustrie durch neue Sportarten und Unterhaltungseinrichtungen führen immer wieder zu zusätzlichen Boden- und Landschaftsbelastungen.

Fauna und Flora (Biodiversität)

Wenn Boden überbaut und Landschaften beeinträchtigt werden, werden immer auch Fauna und Flora in Mitleidenschaft gezogen. Unzählige Untersuchen belegen, wie durch den Ausbau und die Ausübung touristischer Aktivitäten – sei es durch das Golfspielen, das alpine Skifahren, das Mountainbiken, das Gleitschirmfliegen, Safaritrekking oder auch nur durch das Wandern – sowohl die Pflanzen- wie auch die Tierwelt gestört, verdrängt oder ausgerottet werden. Die Biodiversität verändert sich. Zwischen dem Tourismus und der Biodiversität bestehen enge Wechselbeziehungen. Er spielt eine entscheidende Rolle im sensiblen Gleichgewicht zwischen dem Schutz von Naturlandschaften und der Unterstützung des Lebensunterhalts und der wirtschaftlichen Entwicklung der lokalen Gemeinden (IPBES, 2019, 2022). Neben dem Schaden, welcher extensive touristische Aktivitäten der Biodiversität zuführen kann (Baloch et al., 2023), hängt die Attraktivität von Reisezielen wesentlich von seiner natürlichen Umwelt ab, was ein wirtschaftliches Argument für die Erhaltung und den Schutz darstellt (Kirillova et al., 2014; Ritchie & Crouch, 2003). Gut geplante touristische Aktivitäten können zur Erhaltung der Biodiversität beitragen, indem beispielsweise Anreize für den Schutz und die Wiederherstellung von Naturlandschaften geschaffen werden oder die Sensibilität gestärkt wird.

Wasserverbrauch und Wasserverschmutzung

Auch der Wasserverbrauch nimmt durch die touristische Entwicklung ständig zu. Dies führt nicht nur in trockenen Gebieten zu zunehmenden Problemen, sondern auch beispielsweise in den Alpen, wenn für die technische Beschneiung während kurzer Zeit viel Wasser zur Verfügung stehen muss und die Wasserentnahme aus Fliessgewässern über Restwassermengen eingeschränkt ist.

Die Verschmutzung von Gewässern (Nordsee, Mittelmeer, Binnenseen, Fliessgewässer) stellt den Tourismus immer wieder vor grosse Probleme. Er wird sowohl als Verursacher wie auch als Betroffener (z. B. Algenpest an der Adria) dargestellt. Trotz technischen Verbesserungen im Umgang mit dem Abwasser ist die Wasserverschmutzung ein omnipräsentes Thema.

Luftverschmutzung

Das Thema Luftverschmutzung beherrschte die Umweltdiskussion am Ende der 80er-Jahre (neuartige Walderkrankungen). Dabei ist der Tourismus insbesondere durch die Emissionen des Strassen- und Flugverkehrs aber auch durch die (Doppel-)Beheizung von Beherbergungseinrichtungen ein wichtiger Verursacher.

Klimawandel

Seit den 90er-Jahren rückt der Klimawandel ins Zentrum der Umweltdiskussion. Mit der Mobilität als massgeblichem CO_2-Emittenten steht auch der Tourismus im Kreuzfeuer der Kritik, vor allem auch deshalb, weil die Flugreisen stark zunahmen und die Klimarelevanz des Luftverkehrs verkannt wurde. Gemäss der UNTWO betrug der Tourismusanteil an den CO2-Emissionen im 2016 5%, davon wurden 40% durch den Luftverkehr verursacht. Zwischen 2009 und 2013 stieg der tourismusbedingte Treibhausgasausstoss gemäss einer Studie der University of Sydney von 3,9 auf 4,5 Mia. CO2-Äquivalente, was rund 8% der weltweiten klimaschädlichen Treibhausgase entspricht. Die jährliche Steigerungsrate betrug in diesem Zeitraum 3%. Das Forscherteam rechnet, dass sich die Treibhausgasemissionen durch den Tourismus bis 2025 voraussichtlich auf 6,5 Mia. Tonnen erhöhen werden (Lenzen et al. 2018). (Das Thema Tourismus und Klimawandel wird im Anhang 14.2 vertieft.)

Overtourismus

Immer häufiger werden punktuell oder lokal die Belastungsgrenzen der einheimischen Bevölkerung, der touristischen Kapazitäten und/oder der natürlichen Ressourcen durch massentouristische Phänomene überschritten. Man spricht vom Overtourismus mit einem erheblichen Gefahrenpotenzial. Gereizte Stimmung bei Einheimischen und Touristen, Beeinträchtigung der touristischen Erlebnisse sowie der natürlichen Ressourcen sind die unerwünschten Folgen.

Die UNWTO umschreibt Overtourismus als Auswirkung des Tourismus auf eine Destination, welche die wahrgenommene Lebensqualität der lokalen Bevölkerung und/oder die Qualität des Besuchererlebnisses übermässig auf negative Art beeinflusst (UNWTO 2018, S. 4). Overtourismus beschäftigt nicht nur einzelne Destinationen, sondern ganze Länder: In den Niederlanden hat man 2018 einen Strategiewechsel vollzogen: Statt noch mehr Besucher zu bewerben sollen die Touristenströme klüger gelenkt und verteilt werden. In Neuseeland diskutiert man eine ‹Eintrittsgebühr› (MBIE 2018) und in Österreich wurde ein neuer Masterplan erarbeitet, der nicht mehr dem Bundesministerium für Wirtschaft unterstellt ist, sondern dem Ministerium für Nachhaltigkeit (BMNT 2019).

5.7.2 Umweltbewusstsein als Voraussetzung

Gefordert ist ein verstärktes Umweltbewusstsein in allen vier Dimensionen (1) Umwelterleben und -betroffenheit, (2) Umweltwissen, (3) umweltbezogene Wertorientierungen sowie (4) umweltrelevante Verhaltensintensionen (vgl. Hirsch 1993, S. 147). Der Attitude-Behaviour-Gap, also die Diskrepanz zwischen dem Umweltbewusstsein und dem Handeln von Personen, ist jedoch stark verbreitet. Vielmehr als das Umweltbewusstsein prägen widersprüchliche und konkurrierende Faktoren tägliche Entscheidungen und Handlungen. Demografische Faktoren spielen dabei eine zentrale Rolle. Darüber hinaus sind einerseits interne Faktoren wie die Motivation, Wissen, Einstellungen, Emotionen und Kontrollüberzeugung, Verantwortlichkeiten und Prioritäten relevant. Mehr Wissen bedeutet in diesem Sinne jedoch nicht zwangsläufig umweltbewussteres Verhalten, und Motivation kann durch umweltunfreundliche Werbung beeinflusst werden. Andererseits wird das Verhalten von externen Faktoren wie institutionellen Rahmenbedingungen, wirtschaftlichen Anreizen, sozialen Normen und kulturellen Werten beeinflusst (Kollmuss, Agyeman 2010). Weitere externe Faktoren sind die Verfügbarkeit und Zuverlässigkeit von umweltfreundlichen Angeboten sowie die Einfachheit (Amaro & Duarte 2015; Langenbach et al. 2020). Insbesondere die Zahlungsbereitschaft für die freiwillige Kompensation von CO_2 verursacht durch touristische Aktivitäten ist trotz der einfachen Umsetzung gering. Auf Buchungsportalen für Flüge ist es beispielsweise sehr einfach, ein Kontrollkästchen zu aktivieren, um eine CO_2-Kompensation zu leisten. Dennoch beleibt diese Option in den meisten Fällen ungenutzt. Die durchschnittliche freiwillige Zahlungsbereitschaft liegt deutlich unter den tatsächlichen zusätzlichen Kosten (Berger et al. 2022). Letztendlich spielt die Schwierigkeit, bestehende Gewohnheiten zu durchbrechen, eine wesentliche Rolle bei der Anpassung des Verhaltens (Kollmuss, Agyeman 2010).

Weshalb sich das gesteigerte Umweltbewusstsein nicht im Handeln niederschlägt, erklären sich die Ökonomen mit der sogenannten ‹Kollektivgut-Problematik›: Eine intakte Umwelt (z. B. saubere Luft) stellt ein ‹Kollektivgut› dar, von dessen Konsum aufgrund der fehlenden Zuordnung von Eigentumsrechten niemand ausgeschlossen werden kann. Als Folge davon führen individuell rationale Entscheidungen im Zusammenhang mit Umweltproblemen zur Übernutzung der Umwelt und letztlich zu einer kollektiven Selbstschädigung.

Dieses Phänomen ist als ‹Gefangenendilemma› bekannt. Im Gefangenendilemma führt die Anwendung des ökonomischen Rationalitätsprinzips, die individuell nutzenmaximierenden Entscheidungen der einzelnen Subjekte, zu einem schlechteren Resultat für das Kollektiv als dies bei kooperativem Verhalten der Fall wäre. Dieser Konflikt zwischen individueller und kollektiver Rationalität kann zumindest teilweise durch eine Internalisierung externer Kosten (Lenkungsabgaben) oder durch die Schaffung von Eigentumsrechten an der natürlichen Umwelt (Zertifikate) gelöst werden. Die Einführung derartiger Massnahmen setzt wiederum ein gestärktes Umweltbewusstsein voraus.

5.8 Saldo von Chancen und Gefahren

Viele Publikationen malen schwarz und stellen den Tourismus einseitig als ‹Landschaftsfresser› (Krippendorf 1975), als ‹Umweltsünder› oder als ‹Kulturgefährder› dar. Andere färben rosa und sehen den Tourismus als ‹Heilsbringer›. Diese Nutzen und Kosten der touristischen Entwicklung können wie folgt verkürzt zusammengefasst werden:

Chancen/Nutzen der touristischen Entwicklung
+ Schafft Arbeitsplätze, Einkommen und Wertschöpfung
+ Stoppt Abwanderung
+ Erhöht Devisen- und Steuereinnahmen
+ Fördert regionalwirtschaftliche Entwicklung
+ Verbessert Wohnverhältnisse und schafft Freizeitattraktivitäten
+ Stützt Landwirtschaft und trägt zum Erhalt der natürlichen Umgebung, Fauna und Flora bei
+ Stärkt kulturelle Identität, Vielfalt und Selbstbewusstsein

Gefahren/Kosten der touristischen Entwicklung:
- Verbraucht Boden und Ressourcen
- Erhöht Mobilität und trägt zum Klimawandel bei
- Belastet Natur und führt zu Overtourismus
- Erhöht Import von Gütern und Dienstleistungen (‹leakages›)
- Erhöht Preise, verändert die Kultur und untergräbt die Eigenart
- Führt zu Fremdbestimmung und verstärkt Ungleichgewichte
- Führt zu anfälliger Wirtschaftsstruktur

Das wohlbekannte Bild von der Waage (vgl. Abb. 24) hilft weiter: Auf der einen Seite die Waagschale mit den Früchten oder den Chancen der touristischen Entwicklung. Die Gewichtssteine auf der anderen Seite verstehen sich als Belastungen oder Gefahren.

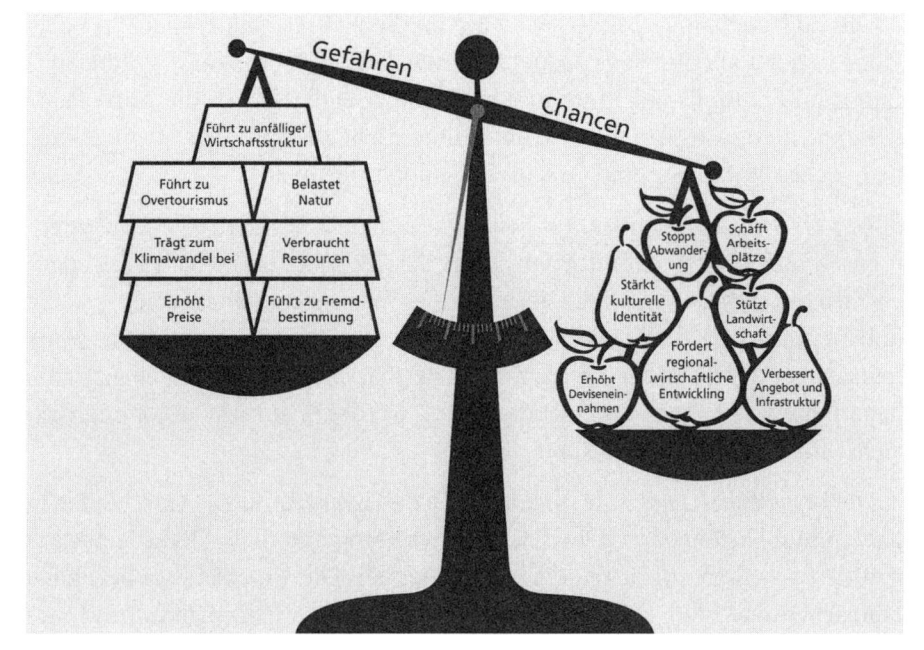

5. Erklärungsansätze und vernetzte Effekte des Tourismus 95

Abbildung 24 Sieben Chancen und Gefahren des Tourismus auf der Waagschale

Quelle: In Anlehnung an Krippendorf, Müller 1986, S. 48 sowie Stettler, Müller 2024, S. 60

Aus dieser Gegenüberstellung lassen sich fünf Schlüsse ziehen:

1. Das Verhältnis aller Kosten und Nutzen ist wichtig, nicht der einzelne Vor- oder Nachteil: Ein Blick auf die Waage mit den verschiedenen Kategorien der anfallenden Nutzen und Kosten genügt: Der Tourismus ist weder so eindeutig positiv, wie es seine unkritischen Befürworter haben wollen, noch so eindeutig negativ, wie ihn seine Gegner darstellen. Er ist nicht ‹entweder/oder›, sondern immer ‹sowohl/als auch›. Die jeweilige Wirklichkeit ist stets eine bestimmte Kombination von Kosten und Nutzen.

Entscheidend ist, ob das Verhältnis aller Kosten und Nutzen günstig ist, ob der Saldo positiv ausfällt.

2. Die gesellschaftlichen und ökologischen Kosten und Gefahren sind der Preis für den wirtschaftlichen Nutzen: Auf der Nutzenseite liegen vor allem wirtschaftliche Vorteile, auf der Kostenseite vor allem Nachteile für die Gesellschaft und die Umwelt. Hier erscheinen insbesondere auch all die ‹sozialen Kosten› (oder Externalitäten), die normalerweise in keiner Buchhaltung zu finden sind. Zur

Debatte steht die Höhe des Preises, den man für den wirtschaftlichen Fortschritt zu bezahlen gewillt ist. Für viele ist dieser Preis schon heute zu hoch. Doch es gilt auch die Frage zu stellen, ob nicht die Einbusse an Selbstbestimmung, an kultureller Identität und an Umweltqualität durch die Aufrechterhaltung einer zwar veränderten, dafür aber nicht zusammenbrechenden einheimischen Wirtschaft und Gesellschaft aufgewogen wird.

3. Das Gleichgewicht ist äusserst empfindlich: Jede Veränderung, so unbedeutend sie auch erscheinen mag, verschiebt die Gewichte und schafft einen neuen Zustand. Das gewünschte Gleichgewicht muss immer wieder neu gesucht und bestimmt werden. Dies ist immer dann besonders anspruchsvoll, wenn man sich in der Nähe der Grenzen der Belastbarkeit befindet und eine zusätzliche Belastung schnell zur Überbelastung werden kann. Dazu kommt, dass viele Schäden ‹irreversibel› sind.

4. Die Verhältnisse sind zwar von Ort zu Ort verschieden ...: Die verschiedenen Kosten und Nutzen der touristischen Entwicklung und ihr Saldo hängen stark von den jeweiligen örtlichen Gegebenheiten ab. Die Unterschiede bezüglich Landschaft und Klima, Gebiets- und Siedlungsgrösse, Infrastruktur und touristischer Suprastruktur, Verkehrslage und Erfahrungen mit dem Tourismus, Tempo der touristischen Entwicklung und Anpassungsvermögen der einheimischen Bevölkerung usw. sind gross. Und dennoch ist nicht jede Gemeinde, jede Feriendestination ein ‹Sonderfall›. Es gibt viele gemeinsame Erfahrungen und generalisierbare Erkenntnisse.

5. ... aber allgemein ist ein quantitatives Tourismuswachstum mit abnehmenden Erträgen und zunehmenden Problemen vorherrschend: Es gibt so etwas wie einen ‹Trampelpfad der touristischen Entwicklung›, auf dem fast alle Tourismusgebiete – wissentlich oder unwissentlich – voranschreiten. Man möchte zwar das Bestehende konsolidieren und die Qualität verbessern. In Tat und Wahrheit geht die Expansion der Angebotskapazitäten in fast allen Tourismusgebieten weiter. Eine quantitative Entwicklung mit abnehmenden volkswirtschaftlichen Grenzerträgen bei zunehmenden gesellschaftlichen und ökologischen Problemen. Der Zusammenhang zwischen den Investitionsanstrengungen und den resultierenden Erträgen ist in der Volkswirtschaftslehre als ‹Gesetz der abnehmenden Grenzerträge› bekannt. Es schlägt sich in einer typischen Entwicklungskurve nieder: In der Aufschwungphase ist der Ertragszuwachs für jede zusätzliche Angebotseinheit gross. Jedes neue Bett, jede

5. Erklärungsansätze und vernetzte Effekte des Tourismus

Bergbahn, jede weitere Infrastruktur oder Dienstleistung bringen entsprechend mehr Einnahmen. Im Verlaufe der Zeit wird ein Punkt erreicht, wo mit jeder zusätzlichen Investition der Ertrag zwar noch immer anwächst, aber mit kleiner werdenden Raten. Die Kurve flacht immer stärker ab und erreicht die Reife- oder Sättigungsphase. Erreicht sie den Kulminationspunkt, beginnt die Abstiegsphase. Investitionen lohnen sich wegen der ‹Übersättigung› nicht mehr. Dieses Kurvenbild entspricht auch der Theorie des ‹Produkt-Lebenszyklus›.

Abbildung 25 Abnehmender Grenzertrag / Produkt-Lebenszyklus

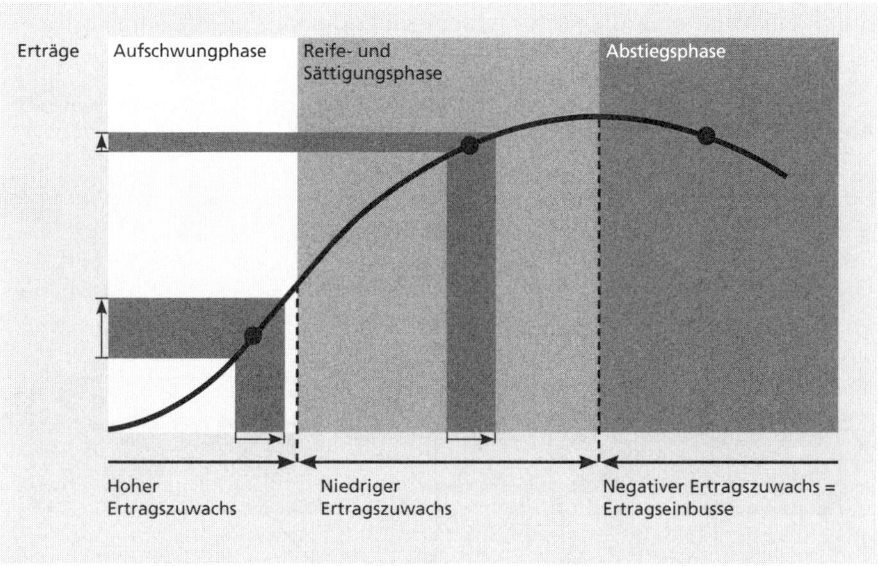

Quelle: Krippendorf/Müller 1986, S. 52

6 Touristische Nachfrage

Reisen gilt als die Errungenschaft der Neuzeit. Der touristische Siegeszug wurde nachfrage- wie angebotsseitig durch verschiedene Faktoren stark begünstigt. Die wichtigsten nachfrageseitigen Kräfte haben wir bereits in Kapitel 1.4 beschrieben: Die Wohlstandssteigerung, die Freizeitzunahme, die Wohn- und Arbeitsplatzsituation sowie die Entwicklung der Verkehrssysteme. Doch erst die unternehmerische Initiative verwandelte die günstigen Voraussetzungen in einträgliche Geschäfte. Hier lagen und liegen noch immer die eigendynamischen Kräfte, die angebotsseitigen Push-Faktoren des Tourismus. Ob diese ‹Märktemacher› oder die nachfrageseitigen Bedürfnisse den Boom auslösten, lässt sich nicht schlüssig beantworten.

Abbildung 26 Entstehung der touristischen Nachfrage

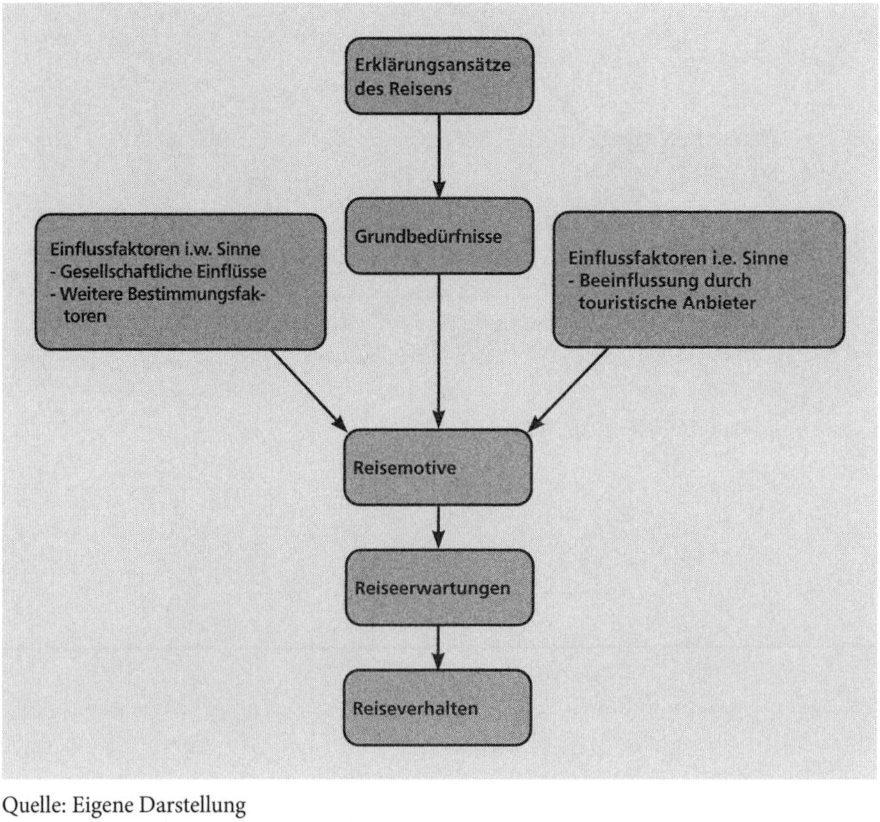

Quelle: Eigene Darstellung

6. Touristische Nachfrage

Der ‹Kreislauf der Wiederherstellung› (vgl. Kap. 2.1) beginnt beim Menschen und seinen individuellen Bedürfnissen. Der Mensch ist ständig auf der Suche nach einem Zustand des Gleichgewichts bzw. der Ausgeglichenheit. Er ist in zahlreiche Spannungsfelder gegensätzlicher Bedürfnisse eingefangen, wie z. B. Freiheit und Gebundenheit, Anstrengung und Entspannung, Arbeit und Erholung. «Lebensbewältigung heisst, zwischen diesen Bedürfnissen sein Gleichgewicht immer wieder neu zu erlangen» (Krippendorf 1984, S. 49). Auf der Suche nach diesem Gleichgewicht sind Freizeit und vor allem Reisen offensichtlich sehr bedeutungsvoll.

Die menschlichen Grundbedürfnisse nach Freiheit, Entspannung, Erholung usw. stehen am Anfang der touristischen Nachfrage. Sie ergeben sich als eine Art Kontrast aus den alltäglichen Zwängen. Diese Grundbedürfnisse werden durch das gesellschaftliche Umfeld stark beeinflusst und bestimmt. Für jedermann scheint festzustehen: Ferien heisst reisen – verreisen.

Noch viele weitere Kräfte in unserer westlichen Gesellschaft verstärken den Drang nach draussen, obwohl sie nicht bewusst darauf ausgelegt sind: Die steigenden Einkommen, die flexiblen und verkürzten Arbeitszeiten, die Organisation der Arbeits- und Schulzeit, die zunehmende Motorisierung, die eingeschränkten Freizeitmöglichkeiten in der Wohnumwelt, eine gegebenenfalls günstige Währungslage, moderne Kommunikationsmittel, die allgemeine Werbung, die Mode usw. Alle diese Beeinflussungen sagen dem bedürftigen Menschen: «Deine Erwartung heisst Tourismus. Sie lassen ihn sogar glauben, dass das Bedürfnis in Wirklichkeit immer ein touristisches gewesen sei.» (Lainé 1980, S. 74) Reisen ist zu einem Ritual, zu einer sozialen Norm geworden.

Schliesslich ist die Beeinflussung durch die Tourismusanbieter nicht unerheblich. Die Kommerzialisierung der Erholungsbedürfnisse geschieht nach den anerkannten Regeln der Marketingkunst. Wie geschickt Ferienstimmung vermittelt wird, ist aus Katalogen, Plakaten, Inseraten, Werbefilmen, Internet-Clips, gezielten Posts auf sozialen Medien, gekauften Reiseberichten, verlockenden Reisemagazinen und Reisebüchern usw. bekannt. Ein Beispiel: Kürzlich wurde der ‹Atlas der Reiselust – Inspiration für ein ganzes Leben› (DuMont 2019) neu aufgelegt. Diese Fundgrube im voluminösen Grossformat macht eine Entdeckungsreise zu unzähligen Sehnsuchtszielen, über Traumrouten und versteht sich als Inspirationsquelle mit tausend Tipps und Illustrationen.

Möchte man von einem einzelnen Touristen die Reisemotive – seine Beweggründe also – erfahren, so erstaunt es nicht, dass viele jener Gründe genannt werden, die in der Tourismuswerbung immer wieder anklingen. Insofern sind die Motive des Einzelnen weitgehend etwas ‹Gemachtes›, etwas Sekundäres, eine nachträgliche Rationalisierung der unreflektierten primären (gesellschaftlichen) Motivation.

Ob ein Grundbedürfnis tatsächlich zu einem Reisemotiv wird, hängt stets von einem Bündel von Faktoren ab, die nicht isoliert nebeneinanderstehen, sondern sich gegenseitig beeinflussen. Die Gewichtung der einzelnen Einflussfaktoren wird bestimmt von der individuellen Situation eines Touristen.

Aus den Reisemotiven entstehen Reiseerwartungen: Von Reisen erwartet man Wiederherstellung (Re-Kreation), Genesung und Gesunderhaltung von Körper und Geist, Schöpfung von neuer Lebenskraft, von neuem Lebensinhalt. Reisemotive und Reiseerwartungen zusammen beeinflussen das Verhalten vor, während und nach den Ferien: Wie sich ein Tourist vorbereitet, wie und wann er reist, welche Ferienaktivitäten er bevorzugt, wie zufrieden er mit der Reise ist, welche Erfahrungen er nach Hause bringt.

Diese Zusammenhänge sind stets vor Augen zu halten, wenn wir in der Folge versuchen, einzelne ‹Kräfte›, die auf den ‹Kreislauf der Wiederherstellung› einwirken oder von ihm ausgehen, zu beschreiben.

6.1 Erklärungsansätze des Reisens

Die Popularität des Reisens kann nachfrageseitig ganz abstrakt in drei Richtungen gedeutet werden:
- Reisen als Fernweh
- Reisen als Flucht
- Reisen auf der Suche nach kultureller Identität

In der Tourismustheorie wird oft zwischen der Von-Weg- und der Hin-zu-Motivation unterschieden. Bei der Hin-zu-Motivation steht das Fernweh, das Interesse an fremden Destinationen und Kulturen und die Sehnsucht auf Entdeckung von Neuem im Zentrum. Bei der in der Nachkriegszeit populär gewordenen Fluchtthese wird Reisen als bewusste oder unbewusste Flucht vor dem als unbefriedigend empfundenen Alltag dargestellt. Wohn-, Arbeits- und Freizeitwelt können demnach nur ertragen werden, wenn der Ausbruch auf

6. Touristische Nachfrage

Zeit in Form von Ferien für breite Schichten möglich ist. In einer Studie der Universität Bern (Thiem 1994) wurden diese mono-kausalen Hin-zu- und Von-weg-Thesen hinterfragt und durch einen weiterführenden kulturellen Erklärungsansatz ergänzt: Tourismus als Förderer der kulturellen Identität. Dabei unterscheidet sie zwischen

- der *Kultur* der Quellregion (das, was für die Meschen eines touristischen Entsendegebietes typisch ist) und
- der *Ferienkultur* (das, was für Touristen während des Reisens typisch ist).

Tourismus und kulturelle Identität

Im Prozess der fortlaufenden Rationalisierung, Arbeitsteilung und Lebenszerstückelung, der den menschlichen Grundbedürfnissen nach Sicherheit, Aktivität und gesellschaftlicher Zugehörigkeit zuwiderläuft, übernimmt die Ferienkultur westlicher Prägung vitale Funktionen zur kulturellen Identitätsfindung. Sie befriedigt insbesondere Grundbedürfnisse im sinnlichen und emotionalen Bereich, die in der rational- und nutzenorientierten Industriegesellschaft kaum mehr Platz haben. Dazu gehören Mythen, Rituale und Utopien (Thiem 1994).

Abbildung 27 Tourismus und kulturelle Identität

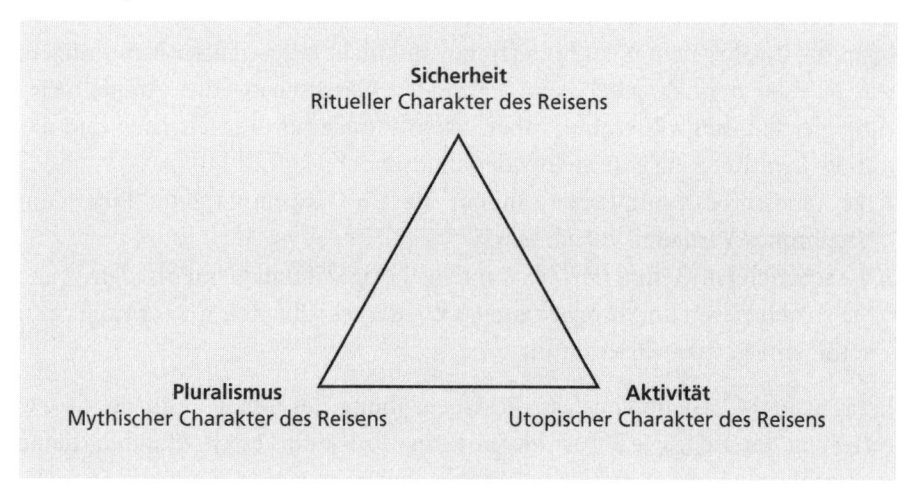

```
                    Sicherheit
              Ritueller Charakter des Reisens
                        /\
                       /  \
                      /    \
                     /      \
                    /        \
                   /          \
                  /_____\
        Pluralismus              Aktivität
  Mythischer Charakter       Utopischer Charakter
      des Reisens                des Reisens
```

Quelle: Eigene Darstellung nach Thiem 1994, S. 82ff

Mythischer Charakter der Ferienkultur als Förderer des Pluralismus

Im modernen Leben ist der Bereich des Mythischen beinahe völlig ausgeklammert. Die mythische Wahrnehmung ist in unserem Sprachgebrauch dem rationalen Denken klar unterlegen. Die daraus resultierende rein rationale Erklärung der Welt und der Sinneszusammenhänge hat zur Folge, dass die Vielschichtigkeit menschlicher Erfahrung und Bedürfnisse nicht nur vernachlässigt, sondern sogar geleugnet wird.

Im modernen Leben ist die Ferienkultur derjenige Bereich, der für das Mythische sozusagen ‹zuständig› ist. Hierher wird die Verwirklichung sinnlicher und emotionaler Bedürfnisse verlegt, die Suche nach Freiheit und Glück, der Traum von Mühelosigkeit und Harmonie.

Die Ferienkultur kann also als diejenige Ergänzungswelt der Kultur der Quellregion verstanden werden, die den Erfahrungshorizont des rational geprägten Menschen um wichtige emotionale, intuitive und sinnliche Dimensionen erweitert und somit mythischen Charakter hat.

Ritueller Charakter der Ferienkultur als Förderer der Sicherheit

Auch der Begriff des Rituals spielt in der modernen Gesellschaft nur noch eine untergeordnete Rolle und ist zudem mit einem negativen Beigeschmack belegt: Als rituelle gelten nicht hinterfragte und nicht zielgerichtete Handlungen, was in einer dem Zweckdenken verhafteten Gesellschaft einer Abqualifizierung gleichkommt. Tatsächlich aber haben Rituale für die Sicherheit und damit die Identität ganz entscheidende Funktionen:

1. Sie reduzieren Komplexität, indem sie für bestimmte Situationen ein bestimmtes Verhalten vorschreiben.
2. Sie schaffen ein Gefühl der Zusammengehörigkeit und Gemeinschaft.
3. Sie strukturieren durch regelmässige Wiederkehr die Zeit und ermöglichen somit eine gewisse Orientierung.

Es ist ganz offensichtlich, dass die Überhöhung des Alltags und die Strukturierung der Zeit, wie sie früher in Ritus, Kult und Fest stattfanden, heute massgeblich von der Ferienkultur wahrgenommen werden. Denken wir an die rituellen Reisevorbereitungen, an die wiederkehrenden Reiseverhaltensmuster oder an den weit verbreiteten Sonnen- und Körperkult während der Ferien, so wird die rituelle Bedeutung der Ferienkultur offensichtlich. Sie bildet Raum für gemeinsame Erinnerungen, Hoffnungen und Fantasien. Sie stärkt so das Gemeinschaftsgefühl und damit die Sicherheit als Teil der kulturellen Identität. Wie der mythische hat auch der rituelle Charakter der Ferienkultur Gültigkeit für alle Träger der Kultur der Quellregion.

Utopischer Charakter der Ferienkultur als Förderer der Aktivität

Ungeachtet der grundlegenden Bedeutung für die persönliche und kulturelle Identität ist der Begriff der Utopie in unserer Gesellschaft zutiefst suspekt und fremd geworden. Er wird in der heutigen Umgangssprache assoziiert mit unrealistisch, verträumt oder versponnen, was in der modernen, auf Diesseitigkeit und Machbarkeit fixierten Gesellschaft negativ verstanden sein will.

Nun ist aber ‹Nicht-Ort› (so die wörtliche Übersetzung des griechischen ‹utopia›) nur Ausdruck der Nicht-Lokalisierbarkeit, keinesfalls aber eines mangelnden Realitätsbezugs. Im Gegenteil: Utopien entstehen immer aus einer Unzufriedenheit mit einer als mangelhaft erkannten Realität heraus und sind ein klarer Gegenentwurf zu ihr. Utopien sind zwar Träume, aber von einer anderen, gerechteren, besseren Realität. Ihr Irrealismus ist somit nicht Manko, sondern Ausdruck von Aktivität.

Jede Kultur prägt ihre eigenen Formen der Utopie. Eine wichtige Form in der modernen Gesellschaft ist die Ferienkultur. Ferienträume und Traumferien sind in aller Munde. Zwar scheint auf den ersten Blick die Bedingung des ‹Nicht-Ortes› bei der Ferienkultur nicht gegeben zu sein, da sie ihre Vorstellungen vom besseren Leben ja offensichtlich in der Ferienrealität verwirklicht sieht. Diese Lokalisierbarkeit ist jedoch nur eine scheinbare, da sie eine Vorstellung bleibt und weder der Realität der Alltagskultur noch derjenigen der tatsächlichen Ferien entspricht.

Utopien tragen immer eskapistische Züge. Sie wollen also die Realität nicht verändern, sondern ihr entfliehen. Der Wunsch nach zeitweiliger Flucht sollte also nicht als grundsätzlich negatives Symptom der modernen Gesellschaft interpretiert werden. Vielmehr wäre es wichtiger und konstruktiver, die dahinterstehenden Bilder und Träume zu entschlüsseln und die Ferienkultur als Freiraum zur Aktivitätsentwicklung zu akzeptieren.

Das Vier-Kulturen-Schema

Um die vielschichtigen Wechselwirkungen zwischen dem Phänomen Tourismus und der kulturellen Identität zu verstehen, hat Thiem (1994, S. 42) einen vereinfachten Strukturierungsansatz entwickelt: Das Vier-Kulturen-Modell.

Es umfasst folgende Elemente:
- *Kultur der Quellregion:* Das, was für alle Einwohner eines touristischen Entsendegebietes typisch ist.
- *Ferienkultur (Touristenkultur):* Das, was für die Touristen während ihren Reisen typisch ist.
- *Dienstleistungskultur:* Das, was für die vom Tourismus Betroffenen in einer bestimmten touristischen Zielregion typisch ist,
- *Kultur der Zielregion:* Das, was für alle Bewohner eines touristischen Empfangsgebietes typisch ist.

Die Grundfrage, die sich Thiem stellte, lautete: Wie kann der Tourismus den Voraussetzungen der kulturellen Identität – Pluralismus, Sicherheit und Aktivität – förderlich bzw. hinderlich sein und stellte fest: Die Ferienkultur ist derjenige Bereich, auf den uralte seelische Grundmotive, Archetypen in erster Linie und in besonderem Masse projiziert werden und der die entsprechenden Bedürfnisse für die Kultur der Quellregion erfüllt. Der mythische, rituelle und utopische Charakter von Ferien und Reisen übernimmt wichtige Funktionen für Pluralismus, Sicherheit und Aktivität und damit für die kulturelle Identität in der Quellregion.

Abbildung 28 Das Vier-Kulturen-Schema

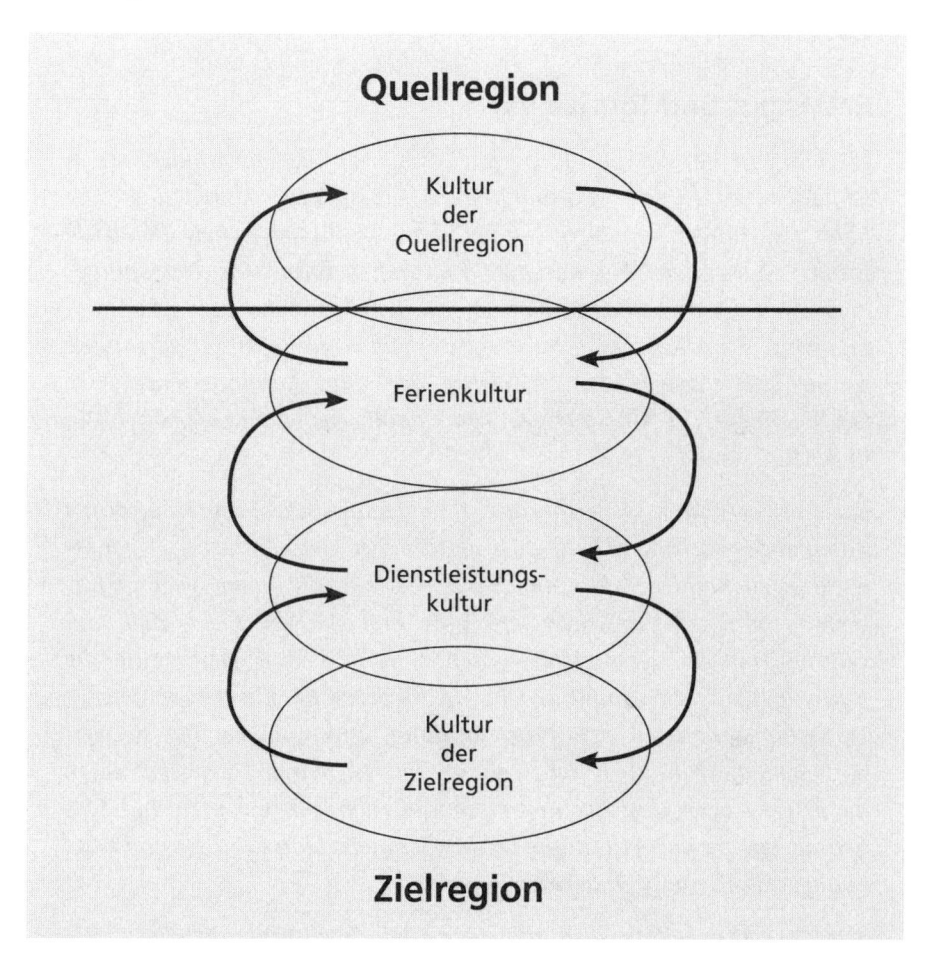

Quellregion

- Kultur der Quellregion
- Ferienkultur
- Dienstleistungskultur
- Kultur der Zielregion

Zielregion

Quelle: Thiem 1994, S. 42

Zwischenruf

Rassismus und Tourismus

Peter Bichsel hat einmal die Frage gestellt, warum der Fremdenhass in dem Masse zunehme wie Auslandreisen? Wie ist es zu erklären, dass Auslandreisen immer populärer werden, dass wir immer fernere Reiseziele wählen und immer unbekanntere Kulturen heimsuchen? Dass immer mehr Menschen ihre Ferien zum eigentlichen Jahreszucker machen und fasziniert über die Fremderfahrungen erzählen, weitab ihrer vertrauten Kultur? Und dass trotzdem die Toleranz gegenüber Ausländern und Ausländerinnen in der Alltagsumgebung abnimmt, die Fremdenfeindlichkeit, ja der Rassismus, wächst?

Die Antwort lautet vielleicht, dass Fremdenhass und Fernreisen nichts miteinander zu tun haben, dass es sich um zwei eigenständige Entwicklungen handelt. Dass die Auslandreisen zunehmen, weil in unserer Gesellschaft die Voraussetzungen in Form von Geld, Zeit und Transportmitteln geschaffen worden sind und weil gleichzeitig die Von-weg-Motivation immer wichtiger geworden ist. Ein fein verästelter Wirtschaftssektor hat sich dieser Situation angenommen und sie weiter geschürt. Schliesslich haben in den letzten Jahren Überkapazitäten dazu beigetragen, dass Auslandreisen immer billiger geworden sind. Das Fremde bietet zwar Attraktion, bleibt aber meist blosse Kulisse und trägt kaum zu Einstellungsänderungen bei.

Auf der anderen Seite wuchs die Fremdenfeindlichkeit, weil grenzüberschreitende Migrationsbewegungen vor allem wegen eines wachsenden Nord-Süd-Gefälles ständig zugenommen haben. Gleichzeitig schüren Stellenverlust und Working poor den Fremdenhass zusätzlich. Ist dies eine hinreichende Antwort auf die Frage, warum trotz zunehmender Auslandreisen die Fremdenfeindlichkeit wächst?

> *Vielleicht muss die Antwort eher darin gesucht werden, dass wir alle im Innersten ein ganz klein wenig rassistisch veranlagt sind. Man möchte es zwar nicht wahrhaben, doch wie oft reagiert man gegenüber Fremden im ersten Moment ablehnend. Gegenüber jemandem, zu dem man gerne in die Ferien reisen würde, nach Mexiko, Kenia oder Sri Lanka, von dem man sich gerne bedienen liesse.*
>
> *Ein Lehrer meinte kürzlich: «Unsere Kinder sind nicht rassistisch. Der Rassismus ist ein Problem der Erwachsenen.» Sollte er Recht haben, dann wäre Rassismus nicht einfach etwas Natürliches, sondern etwas Anerzogenes, Erlerntes. Und dann müsste es auch möglich sein, Fremdenfeindlichkeit abzubauen. Wären Ferien nicht geeignete Plattformen hierfür? Könnten sie nicht besser als Lern- und Experimentierfelder für einen menschlicheren Alltag genutzt werden, als Tage, an denen interkulturelle Beziehungen eingeübt werden, die von Herzen kommen?*
>
> Hansruedi Müller

6.2 Touristische Grundbedürfnisse

Fragt man einen einzelnen Menschen, warum er eine Reise unternimmt, so werden vielfach nur vordergründige Motive genannt: ‹Abschalten und Ausspannen›, ‹Tapetenwechsel›, ‹frische Kräfte sammeln› usw. Hinter diesen Motiven stehen die eigentlichen Bedürfnisse. In der Literatur wird unter einem Bedürfnis ziemlich einheitlich «das Gefühl eines Mangels mit dem gleichzeitigen Wunsch, diesen zu beseitigen» verstanden (Spatt 1975, S. 22). Eine genaue Abgrenzung zum ‹Motiv› als dem ‹Verhalten prägenden Beweggrund› lässt sich jedoch nicht vornehmen.

Maslow (1977, S. 74f.) hat versucht, die menschlichen Grundbedürfnisse, die im Menschen mit der Kraft von Naturgesetzen wirksam werden, jedoch individuell wieder sehr verschieden sein können, in eine Hierarchie zu bringen:

1. *Physiologische Bedürfnisse:* Essen, Trinken, Schlafen, Wohnen, Paarungstrieb, Ruhe usw.

2. *Bedürfnis nach Sicherheit:* Minimal-Einkommen, Ordnungsstrukturen, Gesetze, Regeln, Stabilität, Versicherungen, angstfreies Leben, Recht auf Arbeit und Wohnung usw.
3. *Bedürfnis nach Zugehörigkeit und Liebe:* Kontakte, Zärtlichkeit, Zuneigung, Gruppenzugehörigkeit, Freundschaft, Kooperation, Kommunikation, Solidarität usw.
4. *Bedürfnis nach Achtung und Wertschätzung:* Selbstvertrauen, Anerkennung, Erfolg, Status, Prestige, Macht, persönliche Freiheiten und Kompetenzen usw.
5. *Bedürfnis nach Selbstverwirklichung:* Individuelle Freiheit, Unabhängigkeit, Kreativität, schöpferische Entfaltung, Selbstverantwortung, Identität, Freude, Glück, Harmonie, Ekstase usw.

Die Theorie besagt, dass der Mensch bei der Befriedigung seiner Bedürfnisse eine bestimmte Reihenfolge befolgt, die bei den Existenzbedürfnissen einsetzt und erst bei einem gewissen Sättigungsgrad höher geordnete Bedürfnisse einbezieht.

Es erscheint naheliegend, dass sich die touristische Bedürfnisentwicklung im Zeitablauf ähnlich vollzieht wie die Bedürfnisentwicklung des Menschen schlechthin. Damit liefert uns die Bedürfnishierarchie von Maslow Erklärungsansätze, wie sich Touristen weiterentwickeln, wie sie sich ‹emanzipieren› könnten.

Die in der Fachliteratur am häufigsten verwendete Unterscheidung ist jene in die vier folgenden touristischen Grundbedürfnis-Gruppen:

Bedürfnis nach Ruhe und Erholung

‹Ruhe haben› versteht sich vor allem als Abwendung von der Vielfalt der Reize, die als Hast und Hetze, Unruhe und Lärm während der Arbeit und im grossstädtischen Alltagsleben auf die Menschen einstürmen. ‹Erholung› bezieht sich auf die körperliche Ermüdung, vor allem jedoch auf die Erholung von geistiger und nervlicher Belastung: Der Mensch will abschalten und ausspannen können.

Bedürfnis nach Abwechslung und Ausgleich

Als Tourist sucht der Mensch Ausgleich zu seiner einseitigen Beanspruchung in der Arbeitswelt. Er will etwas Neues und ganz Anderes tun, will etwas erfahren und erleben, das nicht dem üblichen Alltag entspricht. Mit anderen Worten will der Tourist sein ‹anderes Ich› verwirklichen. Vielfach sucht er auch blosse Abwechslung, weil er das Gewohnte und das tägliche Einerlei satt hat.

Bedürfnis nach Befreiung von Bindungen

Die Alltagswelt besteht aus einer Vielzahl von Gesetzen, Ordnungen und Regelungen, in die man täglich eingespannt ist. Der Tourist will aus diesem ‹Muss› ausbrechen und für einmal tun, was er will. Er fühlt sich dann frei, ungezwungen und sich selbst. Um diese Befreiung voll verwirklichen zu können, verlässt er die gewohnte Umwelt und ist bereit, eine grosse Distanz zwischen sich und diese Umwelt zu legen.

Bedürfnis nach Kommunikation

Der Alltag ist wegen monotoner Arbeit, beengender Büroatmosphäre, unpersönlicher Grossüberbauungen und Ähnlichem für viele Leute kontaktsteril. Als Ausgleich dazu streben sie Begegnungen mit anderen Menschen und Kommunikation an. Die Geselligkeit stellt ein Gegenstück zur isolierenden Geschäfts- und Wohnwelt dar.

6.3 Einflussfaktoren auf die touristische Nachfrage

6.3.1 Gesellschaftliche Einflüsse

Werte und Normen

Untersuchungen zeigen, dass ganz allgemein ein enger Zusammenhang besteht zwischen den Wertvorstellungen bestimmter Bevölkerungsgruppen und ihren Einstellungen und Handlungsweisen. Die Wertvorstellungen wurden während Generationen durch die Arbeitsorientierung unserer Gesellschaft geprägt: Man lebt, um zu arbeiten – Freizeit war lange Zeit nur Restzeit – Ferien als Regeneration. Der gegenwärtig stark spürbare Wertewandel bringt neue Einstellungen der Menschen zur Arbeit und zur Freizeit. Der Wunsch nach einem neuen Lebensstil hat einen grossen Einfluss auf die touristische Nachfrage und bildet einen guten ‹Nährboden› für neue touristische Verhaltensmuster.

Freizeit

Die Verfügbarkeit über Freizeit, vor allem in Form der Wochenend- und Ferienfreizeit, aber auch der länger gewordene Lebensabschnitt nach der Pensionierung, eröffneten neue Möglichkeiten, zu reisen.

Arbeitsplatzsituation

Viele Menschen langweilen sich heutzutage bei eintöniger Arbeit, die zunehmend technisiert, funktionalisiert und fremdbestimmt ist. Oder aber sie sind stark gefordert, stehen unter Stress und haben Erholung bitter nötig. Diese Bedingungen am Arbeitsplatz haben einen nicht zu unterschätzenden, aber bisher empirisch noch kaum belegten Einfluss auf die Freizeitgestaltung und die Reisemotivation (vgl. auch Kapitel 2.3).

Mobilitätsbereitschaft

Für den Tourismus von Bedeutung kann auch die soziale Mobilitätsbereitschaft des Einzelnen sein: Der moderne Mensch ist nicht mehr so stark wie früher an einen bestimmten Ort gebunden. So ist beispielsweise schon bei den Jugendlichen eine lockerere Bindung an Heim und Eltern feststellbar. Aber auch die Senioren entdecken vermehrt die Lust am Reisen (höhere Lebenserwartung, bessere finanzielle Vorsorge, verlockende Tourismusangebote u. a. m.).

Wohnumfeld

Von der Wohnumwelt war bereits in Kapitel 2.4 die Rede. Die touristische Expansion verläuft parallel zum fortschreitenden städtischen Ballungsprozess, insbesondere in internationalen Grossstädten. Die Flucht aus den einengenden Wohnverhältnissen in die Natur ist eines der treibenden Motive der modernen Touristen und Touristinnen. Zwar verschlechtert sich auch die Umweltqualität an vielen Tourismusorten insbesondere wegen der laufenden Verkehrszunahme, doch ist das Attraktionsgefälle zwischen der Alltags- und der Ferienumwelt noch immer gross genug, um Touristen anzuziehen.

6.3.2 Beeinflussung durch Tourismusanbieter

Die Tourismusanbieter haben es seit jeher verstanden, den ‹ferienhungrigen› Menschen nicht nur Erfüllung anzubieten, sondern auch die dazugehörigen Wünsche und Sehnsüchte zu erzeugen. Seit sich der Tourismus von einem Verkäufer- zu einem Käufermarkt gewandelt hat, das Angebot also stärker gewachsen ist als die Nachfrage, spielt das touristische Marketing eine immer wichtigere Rolle. ‹Marketing› ist in neuester Zeit zum Symbol für erfolgreiches

6. Touristische Nachfrage

Bestehen im Kampf um den Touristen geworden. Es will sagen: Nachfrage schaffen, Entdecken und Ausfüllen von Marktlücken und Marktnischen, Aufspüren der touristischen Nachfragereservoire.

Marketing steht für eine unternehmerische Grundhaltung, einen Betrieb auf den Markt auszurichten und damit marktgerecht zu führen. Im Mittelpunkt stehen die Bedürfnisse der Kunden bzw. der Gäste. Als praktische Tätigkeit bedeutet Marketing, eine potenziell nachgefragte Leistung in der gewünschten Qualität, zur richtigen Zeit und am richtigen Ort, zum richtigen Preis, auf den geeigneten Absatzwegen, mit wirksamer Kommunikation und Verkaufstechnik den ausgewählten Zielgruppen anzubieten.

Aus der breiten Marketing-Literatur wollen wir an dieser Stelle nur einige Hinweise auf die Hauptinstrumente im touristischen Marketing geben.

Leistung/Angebot/Produkt

Unter der touristischen Leistung verstehen wir ein zum Konsum angebotenes Bündel materieller und immaterieller Elemente, das dem Gast Befriedigung oder Nutzen stiften soll. Auf dieses Leistungsbündel werden wir in Kapitel 7 näher eingehen.

Preis

Preis und Leistung gehören zwangsläufig zusammen. Reine Preisvergleiche sind im Tourismus mit seiner sehr individuellen Angebots- und Leistungsgestaltung nur selten möglich. Dennoch spielt sich der Wettbewerb oft über den Preis ab. Deshalb werden auch immer häufiger dynamische Preismodelle eingeführt, mit denen versucht wird, Nachfrageschwankungen zu glätten und Erträge zu optimieren. Gründe, weshalb der Preisgestaltung in der Tourismuspraxis grosse Bedeutung zukommt, ergeben sich
- einerseits aus der relativ hohen Preiselastizität der touristischen Nachfrage (eine allgemein gültige Aussage ist angesichts der heterogenen Bedürfnis- und Kundenstruktur zwar problematisch),
- andererseits aus der leichten und kurzfristigen Variierbarkeit des Preises. Die Reaktion der Touristen auf Preisvariationen erfolgt häufig schneller als auf Leistungsvariationen.

Absatzweg/Distribution

Die Absatzwege stellen die Verbindung zwischen Angebot und Nachfrage her. Jeder touristische Anbieter kann versuchen, seine Leistung direkt an den Gast zu bringen oder er kann den indirekten Weg über Reisemittler wählen (vgl. Kapitel 8).

Verkaufsförderung

Die Zeiten, als die Mehrzahl der touristischen Anbieter auf die Gäste warten konnte, gehören der Vergangenheit an. Heute herrscht – mit wenigen Ausnahmen – die Situation eines touristischen Angebotsüberhangs. Im Rahmen der Verkaufsförderung (Sales Promotion) bieten sich zahlreiche Möglichkeiten an, die Nachfrage zu beeinflussen. In der Praxis häufig anzutreffen ist die Unterscheidung nach Verkaufsförderung am Ort der Leistungserstellung (Aus- und Weiterbildung der Mitarbeiter, Menü-Karten, Prospektständer, Firmenzeitung usw.) und Verkaufsförderung ausserhalb des Ortes der Leistungserstellung (Ausstellungen, Verkaufsreisen, Informationsblätter, Werbegeschenke usw.).

Werbung/Kommunikation

Mit den Kommunikationsmitteln wird versucht, die Leistung, die zu einem bestimmten Preis angeboten wird, bei potenziellen Nachfragern auf Distanz bekannt zu machen. Internet, soziale Medien, Plakate, Inserate, Kataloge, Prospekte, Fernseh- und Radiospots usw. stehen als Träger von Werbebotschaften zur Verfügung. Dabei soll der Empfänger der Botschaft von den Vorteilen einer Leistung überzeugt werden. Eine kritische Durchsicht der touristischen Werbeimprimate zeigt jedoch, dass in Wort und Bild immer wieder dieselben Klischees verwendet werden, die beliebig austauschbar sind. In neuster Zeit werden Erlebnisse, Bilder und Geschichten von Touristen, die auf sozialen Medien verbreitet werden, insbesondere von Freunden und bekannten Persönlichkeiten immer wichtiger. Entsprechend versuchen die Touristiker, die sogenannten ‹Influencers› zu bearbeiten.

Öffentlichkeitsarbeit/PR

Mit Hilfe der Öffentlichkeitsarbeit (Public Relations) wird versucht, die Einstellung der Öffentlichkeit zu einem Betrieb, zu einem Zielgebiet oder zum Tourismus als Ganzes positiv zu beeinflussen. Die Tourismusorganisationen und Leistungsträger machen denn auch von diesem Instrument regen Gebrauch, indem sie persönliche Kontakte und Beziehungen zu Medienvertretern und Meinungsbildnern sorgfältig und systematisch pflegen.

6.3.3 Weitere Bestimmungsfaktoren der Nachfrage

Die Frage, ob bestimmte Bedürfnisse einen Bedarf auslösen und schliesslich konsumwirksam werden, hängt neben den Beeinflussungen durch die Gesellschaft und die touristischen Anbieter noch von zahlreichen weiteren Einflussfaktoren ab, die für den einzelnen Menschen bzw. für die gesamte touristische Nachfrage relevant sind.

Einkommensverhältnisse

Nur jene Bedürfnisse werden zum touristischen Bedarf und zur touristischen Nachfrage, für die jemand bereit ist, zeitliche und finanzielle Mittel zu ihrer Befriedigung einzusetzen. Nur ein mit einer gewissen Kaufkraft ausgestatteter Beweggrund wird zu einer touristischen Nachfrage. Tourismus ist somit erst bei Erreichen einer bestimmten (allerdings individuell unterschiedlichen) Einkommensgrenze möglich. Die Einkommenselastizität bezogen auf das BIP beträgt in der Schweiz zwischen 0,5 und 0,9, d.h. dass sich Einkommensschwankungen unterproportional auf die touristischen Frequenzen auswirken. Im Ausland liegt die Einkommenselastizität jedoch vielerorts weit über eins. Der für touristische Leistungen aufgewendete Anteil am Volkseinkommen – die so genannte touristische Konsumquote – hat noch immer eine steigende Tendenz. Sie hat sich jedoch in der Schweiz während den letzten Jahren etwas abgeschwächt. Der Tourismus ist jedoch nur einer der Nutzniesser steigenden Wohlstandes, obwohl er zurzeit eine gewisse Vorzugsstellung einnimmt.

Vermögensverhältnisse

Vermögen entsteht weitgehend aus früheren (gesparten) Einkünften und ist für touristische Zwecke ebenfalls bedeutungsvoll, ähnlich dem Einkommen. Deshalb gelten für das Vermögen weitgehend die gleichen Aussagen wie für das Einkommen.

Zwischenruf

Um Gäste zu begeistern ...

Im Online-Zeitalter haben wir es mit gut informierten Gästen zu tun, die ein transparentes Angebot suchen. Die Anbieter reagieren oft mit dem Einstieg in Facebook, Twitter, Instagram und Co. – mit vermeintlich kleinem Initialaufwand. Dabei werden die wiederkehrenden Pflegekosten meist unterschätzt. Um in unserer digitalen Welt überhaupt Aufmerksamkeit zu erhaschen, müssen die Geschichten für die Gäste in einem viel kürzeren Abstand geschrieben werden. Dennoch werden wir von all den Möglichkeiten und Entwicklungen der digitalen Kommunikation fasziniert. Die Projektierung von Kommunikationsmassnahmen ist mit Kreativität und Herzblut verbunden. Genau diesen Enthusiasmus bedarf es vorgängig auch bei der Angebotsgestaltung. Die vielfach geführten Debatten darüber erfordert auch im Zeitalter der Online-Kommunikation intern und entlang der gesamten Customer Journey Aufmerksamkeit. Jürg Schmid, der ehemalige CEO von Schweiz Tourismus, meinte einmal: «... Destinationen mit zu vielen Angeboten von gestern zu Preisen von morgen». In Zeiten des starken Frankens tut der Tourismus gut daran, den Enthusiasmus und die gästeorientierte Kreativität gleichermassen bei der Angebotsgestaltung zu verfolgen, um ein Angebot von morgen zu Preisen von heute anbieten zu können. Denn der Schweizer Tourismus braucht kreative Angebote von beseelten Anbietern, um die Gäste zu begeistern.

Monika Bandi Tanner

Währungslage

Die absolute und relative Preishöhe kann durch die Währungslage (Devisenkurse) in ihrer Bedeutung verstärkt oder gedämpft werden. Studien zeigen, dass sich die Logiernächte in städtischen Regionen unterproportional verringern, wenn sich das währungsbedingte Preisniveau gegenüber den Konkurrenzländern erhöht (Genf: 0,4, Zürich: 0,3). Dagegen wird für Graubünden ein deutlich höherer Koeffizient von 2,0 geschätzt. Das heisst, in Graubünden nehmen die Logiernächte um mehr als 2% ab, wenn sich der Schweizer Franken um 1% aufwertet (KOF 2018).

Konjunktursituation

Angesichts der hohen Zuwachsraten der touristischen Nachfrage in den letzten Jahrzehnten herrschte oftmals die Meinung vor, der Tourismus sei weitgehend konjunkturunabhängig. Seit der wirtschaftlichen Rezession der 90er-Jahre dominiert jedoch die Auffassung, dass der Tourismus relativ stark konjunkturabhängig ist, die Auswirkungen jedoch mit gewissen Verzögerungen eintreten (bei Inländern in der Regel früher als bei Ausländerinnen und Ausländern). Das gegenseitige Abhängigkeitsverhältnis lässt sich aber zahlenmässig nicht genau erfassen. Erwiesen ist einzig, dass die konjunkturbedingten Schwankungen der touristischen Nachfrage geringer sind als in anderen Wirtschaftszweigen (z.B. Bauwirtschaft) und dass sich konjunkturelle Rückschläge weniger in Frequenzeinbussen als vielmehr in Umsatzrückgängen äussern: Es wird weniger weit, weniger lang und billiger gereist, aber verreist wird dennoch. Der Hauptgrund dürfte darin liegen, dass die touristischen Bedürfnisse heute für breite Bevölkerungskreise so genannte ‹Essentials› (Elementarbedürfnisse) darstellen.

Bevölkerungswachstum und Bevölkerungsverteilung

Die Erdbevölkerung betrug 2024 rund 8,2 Mrd. Menschen. Gemäss UNO kommen zurzeit jährlich rund 78 Mio. dazu. Dieser Zuwachs ist jedoch weitestgehend auf die Bevölkerungsexplosion in den Ländern des globalen Südens zurückzuführen. In den Ländern der Nordhalbkugel rechnet man wegen einer niedrigen Geburtenrate mit leicht abnehmenden Bevölkerungszahlen, was nicht ohne Einfluss auf die touristische Nachfrage bleiben wird.

Die Bevölkerungsverteilung spielt als Bestimmungsfaktor der touristischen Nachfrage vermutlich eine grössere Rolle als das Bevölkerungswachstum: Während in der Vergangenheit die Industrieländer, aus denen 80% des Welttourismus stammten, das Bevölkerungswachstum stark mitbestimmten, werden es in Zukunft fast ausschliesslich die Entwicklungsländer sein. Sie verfügen jedoch nicht über die nötige Kaufkraft für die Teilnahme am touristischen Konsum. Die Bevölkerungsverteilung spielt nicht nur weltweit, sondern auch innerhalb eines Landes eine Rolle für die touristischen Frequenzen.

Berufsstruktur und Bildungsniveau

Es ist weniger die Berufsstruktur als vielmehr die Schulbildung, die das Reiseverhalten prägt: Verschiedene Untersuchungen weisen darauf hin, dass mit höherem Bildungsniveau einerseits die Reisefreudigkeit steigt, andererseits sich die Art und Weise, wie gereist wird, verändert. Die Tatsache ist nicht nur auf das mit höherer Schulbildung tendenziell steigende Einkommen zurückzuführen, sondern auch auf eine vermehrte ‹geistige Aufgeschlossenheit›.

Altersstruktur

Die Verschiebung der Alterspyramide, die Verlängerung des vitalen Ruhestandes und die zunehmende finanzielle Sicherheit im Alter bewirken in gewissen Ländern einen Massenexodus älterer Leute, denen man noch vor wenigen Jahren mangelnde Mobilität nachgesagt hat. Die ‹Best Agers› werden als Wirtschaftsfaktor noch an Bedeutung gewinnen. Nach wie vor gilt jedoch die junge Bevölkerung als am reisefreudigsten.

Verkehrsmittel

Der Aufschwung des Tourismus wäre ohne ein gut organisiertes und hochtechnisiertes Verkehrswesen nicht möglich gewesen. Hier einige imposante Entwicklungsreihen des schweizerischen Verkehrswesens (vgl. auch Kapitel 7.5.10):
- Der Personenwagenbestand je 1000 Einwohner stieg zwischen 1960 und 2019 von 95 auf 540 an. Er hat sich also mehr als verfünffacht (BFS 2024a).
- Die Unterwegszeit stieg in der Schweiz zwischen 1984 und 2015 von 70 Minuten pro Tag auf 90.4 Minuten an (BFS 2017a, S. 3). 2021 reduzierte sich im Vergleich zu 2015 die mittlere Tagesdistanz von 36.8 auf 36 Kilometer pro Person. Gleichzeitig verkürzte sich auch die tägliche Unterwegszeit auf 80.2 Minuten pro Tag. Beide Entwicklungen dürften in erster Linie auf die Corona-Pandemie zurückzuführen sein (BFS 2023g).
- Auf den drei Interkontinentalflughäfen Zürich, Genf und Basel wurden im Jahr 2019 469'667 gewerbsmässige Flugbewegungen mit rund 58,6 Mio. Passagieren verzeichnet (STV 2020). Insgesamt hat an diesem Flughafen die Zahl der Passagiere von 2018 auf 2019 um 1,3% zugenommen (Flughafen Zürich AG 2020). Noch von den Auswirkungen der Pandemie gezeichnet, belief sich die Zahl der Flugbewegungen auf den drei Flughäfen

im Jahr 2022 auf 354'327 mit rund 43,5 Mio. Passagieren (STV 2023). Am Flughafen Zürich teilten sich die Passagiere im Jahr 2019 in 71% Lokal- und 29% Transferpassagiere auf (Flughafen Zürich AG 2020). 2023 stieg das Passagieraufkommen des Flughafen Zürichs auf 92% des Vorkrisenniveaus, dabei blieb die Verteilung von Lokal- und Transfermarkt stabil (Flughafen Zürich AG 2024).

Sozialgesetzgebung

Die beiden gesellschaftlichen Einflussfaktoren Arbeitsplatzsituation und Freizeit werden teilweise durch das freie Ermessen des einzelnen Arbeitgebers bestimmt und können sich je nach seinen Interessen verändern. In der Regel spielt heute jedoch die Sozialgesetzgebung des Staates oder der Berufsverbände (Gesamtarbeitsverträge) eine wichtigere Rolle. Man denke insbesondere an die wöchentliche Höchstarbeitszeit, die 5-Tage-Woche, den Ferienanspruch, die Kranken- und Unfallversicherung, die Ruhestandsregelung u. a. m.

Gesellschaftsordnung

Die Gesellschaftsordnung westeuropäischer Länder kann mit den Hauptmerkmalen ‹Demokratie als Staatsform› und ‹soziale Marktwirtschaft als Wirtschaftsordnung› gekennzeichnet werden. Sie ist eine wesentliche Voraussetzung für die Entwicklung des modernen Tourismus, da sie insbesondere auf Wohlstand, Konsum, Leistung, Bildung, Mobilität und Technik beruht. Am Beispiel des Massentourismus zeigt sich vielerorts, dass jedoch umgekehrt auch der Tourismus einen starken Einfluss auf die Gesellschaftsordnung und -struktur ausüben kann.

Nationale Teilpolitiken

Wenn wir an dieser Stelle von politischen Einflussfaktoren sprechen, so denken wir an politische Entscheide wie beispielsweise das Visaobligatorium für einzelne Nationalitäten, die Einführung von Devisenbeschränkungen für Auslandreisende oder die Vignettenpflicht für Autobahnen. Eine ausführliche Darstellung der tourismusrelevanten Teilpolitiken erfolgt in den Kapiteln 9 und 10.

Weltpolitik und Kriege

Der Ausbruch der beiden grossen Weltkriege brachte in den Jahren 1914 und 1939 den noch recht bescheidenen internationalen Tourismus praktisch zum Erliegen. Das Tourismusgewerbe in Mitteleuropa lag nach dem 2. Weltkrieg am Boden und war teilweise zerstört. Welchen Einfluss politische Unruhen auch heute noch haben, zeigen die Auswirkungen auf den Tourismus durch den russischen Angriffskrieg in der Ukraine, den Nahostkonflikt oder im arabischen Raum. Vom Näherrücken der Nationen (z.B. EU-Binnenmarkt, Schengen-Abkommen, Öffnung Osteuropas) profitiert auch der grenzüberschreitende Tourismus (vereinfachte Pass-/Visa-Formalitäten, Zollbestimmungen, Devisenbewirtschaftung etc.).

Terrorismus

Beispiele wie der 11. September 2001, die Massaker in Ägypten, die Anschläge in europäischen Städten oder die Bluttaten in Tunesien führen immer wieder vor Augen, wie sensibel die touristische Nachfrage auf terroristische Anschläge und Krisenherde reagiert. Beispielsweise hat die Besucherzahl deutscher Touristen in den USA von 1,8 Mio. im Jahr 2000 auf 1,3 Mio. im Jahr 2001 abgenommen. Dabei gilt die Grundregel, dass der Perimeter des von einem Nachfragerückgang betroffenen Gebietes umso grösser ist, je weiter weg sich der Nachfragemarkt befindet.

Natürliche Extremereignisse und Epidemien

Beispiele wie die Lawinenniedergänge mit Todesfolge in Galtür (A), die Tsunami-Katastrophe im Indischen Ozean im Dezember 2004 oder die Überschwemmungen von Chicago 2015 machen deutlich, wie anfällig die touristische Nachfrage auf derartige natürliche Extremereignisse ist. Und noch deutlicher wurde die Anfälligkeit des Tourismus 2020/21 durch die Corona-Pandemie. Es dauert oft Jahre, bis das Vertrauen wiederhergestellt ist. Insbesondere im Zusammenhang mit der Globalisierung und dem Klimawandel muss davon ausgegangen werden, dass sich Epidemien und natürliche Extremereignisse mit ihren Folgen noch mehren werden.

6.4 Reisemotive und Reiseerwartungen

Reiseentscheide werden im Kontext zwischen Dürfen (Opportunity), Können (Ability) und Wollen (Motivation) gefällt. Laesser et al. (2019) haben diese ‹Dreifaltigkeit› mit ihren Abhängigkeiten in der folgenden Abbildung schematisch dargestellt:

Abbildung 29 Dreifaltigkeit der Reiseentscheidungen

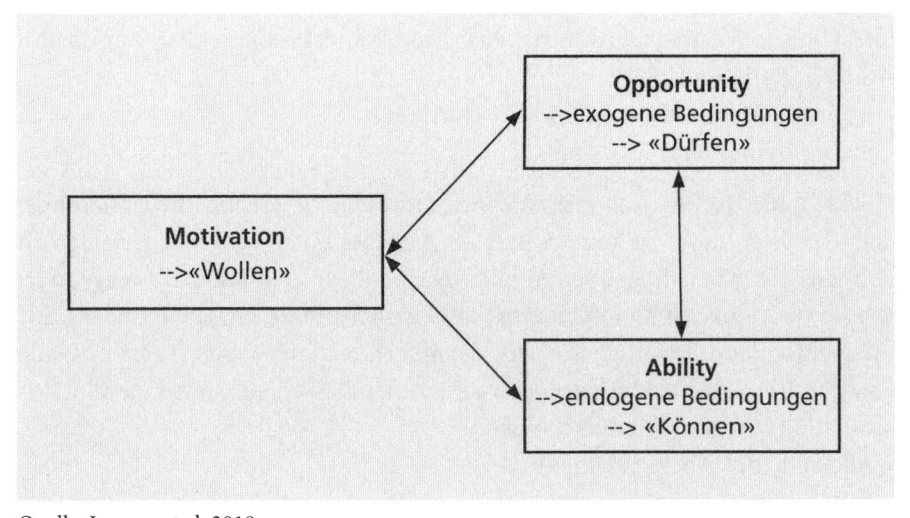

Quelle: Laesser et al. 2019

Die Corona-Pandemie hat 2020/21 deutlich gemacht, dass Wollen und Können nicht genügen, um zu reisen: Man muss auch die Möglichkeit dazu haben, d.h. man muss auch dürfen. Die Corona-Pandemie war jedoch eine noch nie dagewesene Ausnahmesituation, die internationale und insbesondere interkontinentale Reisen während langer Zeit fast völlig verunmöglichte. Doch normalerweise entstehen aus den touristischen Grundbedürfnissen – zwar beeinflusst durch die gesellschaftliche, wirtschaftliche, politische und ökologische Situation sowie durch die Marketinganstrengungen der touristischen Anbieter – die eigentlichen Beweggründe, die Reisemotive und Reiseerwartungen.

6.4.1 Reisemotive

Das Motiv wird im Lexikon umschrieben als Beweggrund des auf die Verwirklichung eines Zieles gerichteten Verhaltens im Sinne eines das Verhalten auslösenden Antriebes oder einer Vorstellung, die bewusst oder unbewusst sein kann. Spricht man von Motivation, so denkt man an die jeweils relevante Motivkombination bzw. an das Motivbündel, also an jene innerseelischen Prozesse, die dem individuellen Verhalten Richtung und Intensität geben. Opaschowski (2002, S. 91) beschreibt das mehrdimensionale Motivbündel als eine Mischung aus
- Sonne, Ruhe und Natur
- Kontrast, Kultur, Kontakt und Komfort
- Spass, Freiheit und Aktivität

Für die touristischen Anbieter ist es ausserordentlich wichtig, die Handlungsantriebe ihrer Gäste zu kennen, um ihr Angebot entsprechend ausrichten zu können. In der nachfolgenden Abbildung sind die touristischen Beweggründe, wie sie von der Forschungsgemeinschaft Urlaub und Reisen (FUR 2013/2023) für Deutschland ermittelt wurden, detailliert wiedergegeben. Fasst man die einzelnen Motive zu Motivgruppen zusammen, lassen sich folgende touristische Motivkategorien unterscheiden:
- Abstand zum Alltag gewinnen
- Frische Kraft sammeln, auftanken
- Zeit füreinander haben
- Unterwegs sein, herumkommen
- Flirt/Erotik
- Aktiv Sport treiben

Abbildung 30 Reisemotive (Deutschland)

Ausgewahlte Urlaubsmotive 2013 und 2023 (Deutschland)

Hier werden ausgewählte Urlaubsmotive aufgelistet, die als «besonders wichtig» genannt wurden. Gilt für die deutschsprachige Wohnbevölkerung in Deutschland ab 14 Jahren.

	2013	2023	Trend
• Sonne, Wärme	66%	69%	↗
• Abstand zum Alltag	63%	69%	↗
• Entspannung	64%	64%	→
• Spass, Freude haben	58%	65%	↑
• Frische Kraft sammeln	58%	64%	↗
• Sich verwöhnen lassen	48%	55%	↑
• Etwas für die Schönheit tun	31%	37%	↗
• Neue Leute kennenlernen	33%	25%	↓
• Etwas für Kultur und Bildung tun	28%	20%	↓
• Aktiv Sport treiben	10%	8%	↘

Quelle: FUR 2013 und 2023.

Im Corona-Jahr 2020 haben sich einzelne Urlaubsmotive stark verändert: Beispielsweise erreichte «Natur erleben» den Wert von 56% oder «Spass und Freude» 63% (FUR 2021, S. 14). Doch über eine längere Zeit hat sich an dieser Motivationslage nur wenig verändert. Zwar ist ein Trend in Richtung ‹sich verwöhnen lassen› oder ‹frische Kraft sammeln› feststellbar und Bildungsmotive sowie sportliche Motive nehmen leicht ab. Es zeigt sich, dass die Basismotive beinahe unverändert geblieben sind, sich jedoch differenziertere Ansprüche auf höherem Niveau bemerkbar machen, ein Wandel von den Dienstleistungs- zu Erlebniserwartungen im Gang ist und dass trotz der hohen Bedeutung der Erholungsmotive immer mehr in einen Urlaub hineingepackt wird.

6.4.2 Reiseerwartungen

Reisemotive und Reiseerwartungen sind kaum klar voneinander zu trennen. Sie beeinflussen sich gegenseitig stark. Durchschnittlich nennen Touristen sieben bis acht Aspekte, die ihre Reisemotivation ausmachen. Entsprechend diffus sind auch die Erwartungen, die an eine Reise gestellt werden. Von Reisen erhofft man sich:
- *Erholung und Regeneration,* also die Wiederherstellung der körperlichen und seelischen Kräfte.

- *Kompensation* von alltäglichen Zwängen und Entbehrungen sowie gesellschaftliche Integration.
- *Kommunikation*, d.h. Kontakte zu anderen Menschen, oft als Kompensation von Anonymität und Beziehungslosigkeit im Alltag.
- *Horizonterweiterung* im Sinne von etwas für Kultur und Bildung tun.
- *Freiheit und Selbstbestimmung*, also die Befreiung von Bindungen, Ausbruch aus dem ‹Muss›, aus Ordnung und Regelung.
- *Selbsterfahrung und Selbstfindung*, verstanden als Chance, den Weg zu sich selbst zu finden.
- *Glück*, verstanden als spannungsfreier, ungestörter Zustand der Ausgeglichenheit bei einer gewissen freien Selbstentfaltung. Hans Magnus Enzensberger beschrieb den Tourismus einmal als ‹populärste Form von Glück›.

Untersuchungen zu den Qualitätserwartungen zeigen immer wieder in etwa das gleiche Bild: Ganz zuoberst stehen landschaftliche Schönheit, Freundlichkeit, Atmosphäre und Erholung. Es folgen gesundes Klima, Sicherheit, Sauberkeit, gute Küche sowie Kontaktmöglichkeiten, gutes Preis-Leistungsverhältnis, Erreichbarkeit und Sportmöglichkeiten.

Man kann sich die Frage stellen, inwieweit bestimmte Freizeitverhaltensweisen zu Hause im Wohnumfeld die Urlaubserwartungen mitbestimmen. Untersuchungen zeigen, dass die Kongruenzhypothese dominant ist, dass also viele alltägliche Freizeitaktivitäten bei den Urlaubsüberlegungen eine wichtige Rolle spielen:
- Personen, die zu Hause besonders gern ‹spazieren gehen oder wandern›, erwarten mehrheitlich entsprechende Möglichkeiten auch am Urlaubsort.
- Personen, die sich zu Hause besonders gern ‹ausruhen, entspannen oder ausschlafen›, möchten dies auch im Urlaub tun können.
- Personen, die zu Hause besonders gern ‹mit der Familie zusammen sind›, erwarten dies auch im Urlaub.

Kann der Tourismus diesen vielfältigen und hochgesteckten Erwartungen genügen? Kann während der kurzen Urlaubszeit ein Ausgleich für all das gefunden werden, was im Alltag vermisst oder vernachlässigt wird? «Ferienerwartungen sind Glücksvorstellungen. Die Reise aus dem Alltag als eine Art zweites Leben, in dessen Gefässe man seine wahren Lebenswünsche und Hoffnungen hineinpumpt. Der Karren ist überladen, mit Wünschen und Sehnsüchten überbesetzt», schrieb einst Krippendorf (1984, S. 17 und 63).

6.5 Touristisches Verhalten

Bedürfnisse, Motive und Erwartungen stimmen nie vollständig mit dem tatsächlichen Verhalten überein. Man wünscht sich ruhige Ferien im Grünen und begibt sich in einen turbulenten Touristenort, man träumt von der Entdeckung fremder Länder und ist nicht bereit, sich genügend zu informieren, man möchte unbekannten Menschen begegnen und reist voller Vorurteile an. In diesem Kapitel wird das tatsächliche Verhalten der Touristen vor, während und nach einer Ferienreise etwas ausgeleuchtet.

Reiseentscheidung

Die Universität St. Gallen (IDT 1996, S. 33) hat in einem empirischen Verfahren versucht, den Reiseentscheid mit Hilfe der AHP-Methode (Analytical Hierarchy Process) zu strukturieren. Dabei ergaben sich sechs Entscheidhierarchien: (1) Reiseziel, (2) Urlaubsart, (3) Zeitpunkt und Aufenthaltsdauer, (4) Unterkunftsart, (5) Organisation und Begleitung sowie (6) Transport/Verkehrsmittel. Pikkemaat (2002, S. 205) hat diese Entscheidhierarchie bestätigt und exemplifiziert.

Empirische Erhebungen zeigen, dass die wichtigsten Informationsquellen vor der Reise das Internet, Freunde, Bekannte und Verwandte sowie die Beratung im Reisebüro oder beim Reiseveranstalter sind. Allen anderen Entscheidungshilfen wie Reiseführer, Reiseberichte, Bücher, Werbung aller Art oder Präsenz an Ausstellungen kommt eher eine untergeordnete Bedeutung zu.

Reisevorbereitung

Nach erfolgtem Reiseentscheid beginnen mit der Reservierung, Anmeldung oder Buchung die eigentlichen Reisevorbereitungen. Die Deutschen nehmen beispielsweise bei ihrer Haupturlaubsreise zu 31% Dienste von Reise- und Tourismusbüros sowie ähnlichen Vermittlerstellen in Anspruch. 37% der Touristen buchen über über Onlineportale (FUR 2020).

Die Schweizerinnen und Schweizer sind ausgesprochene Individualtouristen. Hauptsächlichster Informationskanal ist das Internet. Der Trend zu vermehrten Flugreisen und exotischen Reisezielen führt jedoch in der Tendenz wieder zu vermehrter Inanspruchnahme von Reisemittlern.

Reiseform

Unter der Reise- oder Organisationsform verstehen wir die Art der Reiseorganisation. Reisen, die ohne Reiseveranstalter durchgeführt werden, bezeichnen wir als Individualreisen, unabhängig davon, ob der Tourist bei der Vorbereitung die Hilfe eines Reisebüros in Anspruch nimmt. Demgegenüber versteht man unter Veranstalter-, Package- oder Pauschalreisen solche, bei denen bestimmte Leistungen eines Veranstalters in Anspruch genommen werden, immer mehr in Form von ‹Dynamic Packaging›, bei denen einzelne Komponenten individuell zusammengestellt werden und zum tagesaktuellen Preis gebucht werden können. Die Grenzen zwischen Individual- und Pauschalreisen verwischen mehr und mehr. In Deutschland sind 41% aller Haupturlaubsreisen Reisen, die komplett im Pauschalpaket gebucht wurden. 47% sind Individualreisen, bei denen ausschliesslich einzelne Leistungen gebucht wurden und 17% sind Individualreisen, bei denen nichts vorher gebucht wurde (FUR 2020).

Reisebegleitung

Die Anzahl der allein Reisenden ist allgemein relativ gering: Sie macht bei den Inlandreisen rund 10%, bei den Auslandreisen sogar noch etwas weniger aus. Ein grosser Anteil der Reisen wird mit einer Begleitperson angetreten: Sommerreisen im Inland werden deutlich häufiger mit ein bis zwei Begleitpersonen unternommen als Winterreisen.

Reisezeitpunkt

Der Schwerpunkt der Reisetätigkeit der deutschsprachigen Bevölkerung liegt im Sommer. Von allen Urlaubsreisen wurden 2019 48% in den drei Sommermonaten Juni bis August, 20% im Frühjahr, 25% im Herbst und 8% im Winter unternommen (FUR 2020).

Reisedauer

Die durchschnittliche Reisedauer widerspiegelt unter anderem die Reisegewohnheit eines Volkes oder bestimmter Teile davon: Besteht ein deutlicher Trend zu Zweit- und Drittreisen während eines Jahres, sinkt die durchschnittliche Reisedauer auf vergleichsweise tiefe Werte. War in Deutschland die Haupturlaubsreise 1980/81 im Durchschnitt noch 17,7 Tage lang, betrug sie

2019 noch 13,3 Tage. Eine zusätzliche Urlaubsreise dauerte durchschnittlich 9,2 Tage (FUR 2020, S. 44). Bei der Schweizer Bevölkerung ist die Mehrzahl der Reisen (69% im Jahr 2019) mit vier oder mehr Übernachtungen verbunden (BFS 2020e).

Reiseziele

Beliebtestes Reiseziel ist immer das eigene Land, doch nimmt die Popularität für die Hauptferienreise tendenziell ab: 1992 betrug der Inlandanteil in der Schweiz noch 44% (Bieger/Laesser 2005, S. 19), 2019 nur noch 35%. Die Nachbarländer ziehen 38% der Reisenden an (BFS 2020e). Auch in Deutschland verbrachten 26% ihren Urlaub von fünf und mehr Tagen im eigenen Land (FUR 2020, S. 39). Dieser Anteil ist seit 2005 leicht gestiegen. Statt Wärme in der Ferne wird wieder vermehrt die Nähe gesucht.

Zwischenruf

Clubstress – Clubroutine – Clubkoller

Clubferien liegen im Trend. ‹Surfing the trends› heisst die Devise marketingbewusster Anbieter und modebewusster Nachfrager. Wer nicht out sein will, hat Cluberfahrung. Und wer Cluberfahrung hat, weiss, welchen Gefahren Clubgäste – ob Robini, Gentilmember oder Twen – ausgesetzt sind.

Die bekannteste der Clubgefahren ist der Clubstress. Diese Gefahr ist des-halb besonders gross, weil sich Cluburlauber sportlich-aktiv zu geben haben. Diese sportlich-aktive Grundhaltung wird mit einem verlockenden Angebot geschürt, und ist erst noch meist gratis. Müssiggang hat keinen Platz. Der Clubstress kann so weit gehen, dass er nicht nur den Körper voll und ganz beansprucht, sondern auch die Gesprächsthemen während den gemeinsamen Mahlzeiten rund um die Achtertische dominiert. Gespräche über Surfen, Volleyball, Tennis, Shuffleboard oder über das Pfeilbogenschiessen füllen den Cluballtag aus – gewollt oder ungewollt.

Der Ausdruck ‹Cluballtag› weist auf eine zweite Gefahr hin: auf die Clubroutine. Clubs können für sich in Anspruch nehmen, individuelle Gestaltungsmöglichkeiten zu bieten. Also gestaltet jeder seinen Cluballtag individuell. Doch ungewollt, aber unweigerlich schleicht sich eine Art Clubroutine ein: Baden – Liegestuhl reservieren – Morgenessen – Gymnastikprogramm – Strandspiele – Apéro – Mittagessen – Sonnenbaden – Pfeilbogen oder Surflektionen – Volleyball – Baden – Nachtessen – Theater – Schlummertrunk – Schlafen. Jeden Tag dieselben Programmteile mehr oder weniger zur selben Zeit. Der starre Fahrplan der Essenszeiten und Animationsprogramme ist äusserer Ausdruck dieser Clubroutine. Sie bilden Rückgrat und vermitteln Sicherheit. Und wehe dem, der nicht rechtzeitig zum Volleyballspiel erscheint ...

Nicht bei allen, doch bei einigen macht sich gegen Schluss der zweiten Woche eine Art Clubkoller bemerkbar: Eigentlich möchte man gerne dem Clubstress entfliehen und die Clubroutine ablegen, schafft es aber nicht. Der Clubbetrieb mit seinem Überangebot und seiner verführerischen Inszenierung lässt seine Gäste erst los, wenn sie übersättigt sind, wenn sie von all dem, was sie anfangs faszinierte, genug haben: von den riesigen Buffets, die durch die immer wiederkehrende Vielfalt recht eintönig werden, vom kühlen Nass am Strand oder am Pool, das entweder zu salzig oder zu chlorig ist, vom Theater, das von Improvisation, von Kostümen und von Playback lebt.

Das Positive am Clubkoller ist, dass der Abschied leichter fällt. Man sehe sich bestimmt wieder, versichert man lieb gewonnenen Miturlaubern und verlässt die Fremde, ohne ihr wirklich näher gekommen zu sein.

Hansruedi Müller

Reiseverkehrsmittel

In der Regel benutzen Touristen während ihren Ferien verschiedene Verkehrsmittel. Mit Abstand wichtigstes Hauptreiseverkehrsmittel ist in Deutschland das Auto (44%) vor dem Flugzeug (42%), dessen Bedeutung noch immer steigt. Die Bahn (6%) verliert leicht an Terrain. In jüngster Zeit hat sich der Bus (6%) wieder zu einem wichtigen Reiseverkehrsmittel entwickelt (FUR 2020, S. 44). Bei den Schweizern sind die Prozentanteile ähnlich: 66% der Reisen mit Übernachtungen werden mit dem Auto unternommen. Reisen ins Ausland erfolgten 2019 am häufigsten mit dem Flugzeug (44%), wobei dessen Anteil von 2014 auf 2019 um drei Prozentpunkte gestiegen ist. Der Anteil der Reisen, für welche öffentliche Landverkehrsmittel genutzt wurden, war bei den Inlandreisen bedeutend höher als bei den Auslandreisen (32% gegenüber 10%) (BFS 2020e).

Unterkunft

Die Fülle angebotener Unterkunftsmöglichkeiten (vgl. Kap. 7.5.2) wird durch die Touristen je nach Reiseform, Reiseziel und Gästeherkunftsland unterschiedlich genutzt. Bei Veranstalterreisen und bei Reisen in den Mittelmeerraum dominiert z. B. das Hotel. Knapp die Hälfte (49%) aller Deutschen übernachtet während ihrer Haupturlaubsreise in gewerblichen Beherbergungsbetrieben (Hotels, Motels, Gasthöfen), rund 5% in Privatzimmern/Pensionen und 12% bei Bekannten/Verwandten. 24% übernachten in gemieteten oder eigenen Ferienwohnungen, 6% im Zelt oder Wohnwagen (FUR 2020, S. 74).

Ähnlich sehen die Zahlen in der Schweiz aus: 48% wählen für die Hauptferienreise das Hotel, 26% übernachten bei Verwandten und Bekannten.

Reiseausgaben

Die Kenntnis der Reiseausgaben (Fahrt, Unterkunft, Verpflegung und alle Nebenauslagen) ist in verschiedener Hinsicht bedeutungsvoll. Gerade bei solchen Erhebungen ist die Fehlerquelle jedoch relativ gross: Kaum ein Tourist führt genau Buch über seine Ausgaben und das Erinnerungsvermögen bei Befragungen ist oft limitiert.

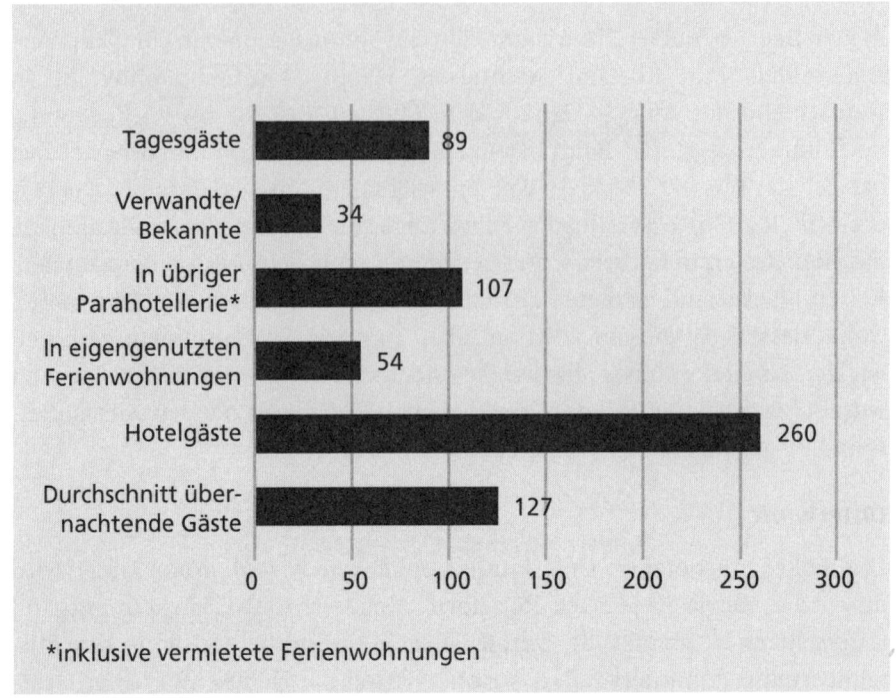

Abbildung 31 Durchschnittliche Tagesausgaben (Kanton Graubünden)

Kategorie	CHF
Tagesgäste	89
Verwandte/Bekannte	34
In übriger Parahotellerie*	107
In eigengenutzten Ferienwohnungen	54
Hotelgäste	260
Durchschnitt übernachtende Gäste	127

*inklusive vermietete Ferienwohnungen

Quelle: EBP 2024

Gemäss der Wertschöpfungsstudie im Kanton Graubünden gab 2022/23 ein übernachtender Gast pro Tag durchschnittlich CHF 127 aus, wobei die Ausgaben je nach Region stark variieren. So gibt ein Tourist in der Region Engadin/Südtäler, der im Hotel übernachtet, täglich CHF 298 aus und derjenige, der in Albula/Moesa/Viamala übernachtet, durchschnittlich CHF 163 (EBP 2024).

Aktivitäten am Urlaubsort

Urlaubsbedürfnisse und Urlaubsaktivitäten korrelieren zwar stark miteinander, doch ist es nicht möglich, die Aktivitäten direkt den Bedürfnissen zuzuordnen, da sie subjektiv für jeden Touristen etwas anderes bedeuten können. «Der eine macht einen Spaziergang, um sich Bewegung zu verschaffen, der andere, um die Natur zu geniessen, der Dritte, um sich mit seinem Freund dabei zu unterhalten oder um mit seinen Kindern zu spielen, der Vierte, um die fremde Umgebung kennen zu lernen oder zu einer

Sehenswürdigkeit zu gelangen und der Fünfte möchte eventuell alle diese Aspekte gleichzeitig.» (Lohmann 1985, S. 62)

Regenerativ-passive Beschäftigungen stehen bei den Urlaubern aus Deutschland nach wie vor im Vordergrund. Zumindest steht eine regenerativ-aktive Beschäftigung, nämlich das Spazierengehen, an der Spitze aller Freizeitaktivitäten. Vor allem die unter dem Begriff gesellig-kommunikative Beschäftigungen zusammengefassten Aktivitäten sowie die Eigeninteressen haben in den letzten Jahren deutlich zugenommen.

In Gästebefragungen der Schweiz werden die Ferienaktivitäten der Gäste in sportliche und nicht-sportliche Aktivitäten unterteilt: Bei den sportlichen Aktivitäten nennen 47% Wandern, gefolgt von Skifahren (25%). Zu den meist genannten nicht-sportlichen Akvitäten gehören Exkursionen mit Bergbahnen (41%), die regionale Küche (30%) und der Besuch von Natur-Attraktionen (28%) (Schweiz Tourismus 2018).

Verhaltensmuster

Es gibt einige Verhaltensmuster, die vielen Touristen gemeinsam sind, eine Art gemeinsamen Nenner also der im Einzelnen sehr unterschiedlichen touristischen Verhaltensweisen. Wir haben uns im Alltag viele Gewohnheiten, Ansprüche und Verhaltensweisen angeeignet, die sich nicht auf einmal abschütteln lassen, wenn wir wegfahren. Wir verfallen beim Reisen nahezu zwanghaft in die gewohnte Alltagsroutine und nehmen unseren Milieupanzer mit.

Quasi als Gegenreaktion ergibt sich im Touristenverhalten ein anderer charakteristischer Zug: Weg von zu Hause zeigen Touristen in der befreienden Umgebung oft ein Sonderverhalten. Als eine Art Ausnahmemensch unternehmen sie Dinge, die sie zu Hause, am Arbeitsplatz oder in der Familie als höchst ungewöhnlich taxieren oder sogar sanktionieren würden.

Abbildung 32 Ferienaktivitäten (Deutschland)

Erfahrung mit ausgewählten Aktivitäten während des Urlaubs
Antworten «2017–2019 häufig oder sehr häufig ausgeübt»

- **Allgemeine Urlaubsaktivitäten**

Landestypische Spezialitäten genossen	71 %
Ausgeruht und viel geschlafen	41 %
Ferienbekanntschaften gemacht	37 %
mit den Kindern gespielt	21 %

- **Ausflüge und Infrastrukturnutzung**

Ausflüge in die Umgebung gemacht	75 %
Geschäfte angesehen, Einkaufsbummel	72 %
Kulturelle/historische Sehenswürdigkeiten/Museen besucht	40 %
Naturattraktion besucht	38 %
Freizeit-/Vergnügungsparks besucht	13 %
Gesundheits-, Kureinrichtungen genutzt	10 %

- **Sport und Bewegung**

Baden im See oder im Meer	63 %
Baden im Swimmingpool	50 %
Leichte sportliche Aktivitäten	36 %
Wanderungen	33 %
Fahrradfahren	22 %

Quelle: FUR 2020, S. 95

Ein weiteres typisches Merkmal im Verhalten von Touristen ist ihre Suche nach Bestätigung der Vorstellungen, die sie von ihrem Reiseziel haben. Sie haben jene Träume und Bilder im Kopf, die von der touristischen Kommunikation vorgeformt wurden, und wollen, dass das ‹Versprechen› eingelöst wird. Nur eine Minderheit ist wirklich bereit, sich aktiv auf die fremde Umwelt einzustellen und sich vorbehaltlos mit Land und Leuten der bereisten Gebiete auseinanderzusetzen.

Reisezufriedenheit

Aus der touristischen Meinungsforschung ist weitgehend bekannt, dass die Zufriedenheit mit den Ferien sehr hoch ist. 87% der Übernachtungstouristen in der Schweiz sind insgesamt mit ihrem Aufenthalt zufrieden. Am höchsten ist die Zufriedenheit bei der Sauberkeit (93%), bei den Wanderrouten (92%) und bei der Gastfreundschaft (83%). Am niedrigsten ist die Zufriedenheit der Gäste in der Schweiz im Zusammenhang mit dem Preis-Leistungsverhältnis (46%) und mit dem Nachtleben (47%) (Schweiz Tourismus 2018).

Zu dieser hohen Zufriedenheit muss einschränkend festgehalten werden, dass Touristen psychologisch unter einem gewissen Erfolgszwang stehen. Der Urlaub muss gelingen. Die meisten Leute können es sich selbst und den anderen nicht eingestehen, ‹die glücklichsten Wochen des Jahres› negativ zu beurteilen. Ausserdem besitzen die meisten Menschen die Fähigkeit, negative Ereignisse in der Rückbesinnung verdrängen zu können oder sie zu beschönigen. Diese Vorbehalte ändern aber nichts an der Tatsache, dass der Mensch beim Reisen etwas mehr Freiheit, auch etwas mehr Natur und Kontakt mit anderen Menschen und mehr Abwechslung als im Alltag erlebt. Alles Dinge, die einen Zugewinn gegenüber dem normalen Leben bedeuten und auch eine Erklärung für die hohe Reisezufriedenheit sind.

Reiseerfahrungen

Was nehmen Touristen von ihrer Reise mit nach Hause? Sind Souvenirs und Fotos die einzigen bleibenden Erinnerungen? Oder sind sie um einige echte Erfahrungen reicher geworden? Zu diesen wichtigen Fragen gibt es praktisch kaum Forschungsergebnisse. Zwei Thesen stehen zur Diskussion:
- Es ist möglich, dass der Alltag alle Nachwirkungen der Ferien rasch auslöscht. Zur Verarbeitung der Eindrücke bleibt gar keine Zeit.
- Es könnte ebenso gut sein, dass Erfahrungen, die in den Ferien gemacht wurden, Lernprozesse in Gang setzen und mit der Zeit, also mit zunehmenden Reiseerfahrungen, Einstellungs- und Verhaltensänderungen auftreten, die schliesslich sogar gesellschaftsverändernd wirken.

> **Zwischenruf**
>
> **Suchen statt Finden**
>
> *Be-nehmen statt nehmen*
> *zu-hören statt hören*
> *be-greifen statt greifen*
> *ver-stehen statt da-stehen*
> *be-gegnen statt ent-gegnen*
> *er-leben statt aus-leben*
> *achten statt verachten*
> *lachen statt auslachen*
> *fragen statt antworten*
> *suchen statt finden.*
>
> Hansruedi Müller

6.6 Touristische Zielgruppen und Modellierung der Nachfrage

6.6.1 Touristische Zielgruppen und Teilmärkte

Die Tourismuswissenschaft hat verschiedene methodische Ansätze entwickelt, die zur Zielgruppenanalyse im Hinblick auf eine sinnvolle Marktsegmentierung beigezogen werden können. Nachfolgend werden drei unterschiedliche methodische Ansätze genauer beleuchtet (Steinecke 2011, S. 57).

Sozio-demographische Differenzierung

Bei der sozio-demographischen Marktsegmentierung kann eine Abgrenzung der verschiedenen Zielgruppen anhand von Merkmalen wie Alter, Beruf, Bildung, Familienstand oder Einkommen erfolgen. Beispiele für so abgegrenzte Zielgruppen sind die Gruppen der Jugendlichen oder der Senioren. Sobald diese erste Unterscheidung von Zielgruppen stattgefunden hat, können diese noch weiter differenziert werden, etwa in Bezug auf ihre Urlaubsmotive, ihr Buchungsverhalten oder ihre Aktivitäten vor Ort. Auf dieser Grundlage kön-

6. Touristische Nachfrage 133

nen schliesslich spezifische Marketingstrategien oder -massnahmen erarbeitet werden. Ein häufig angeführter Vorteil dieses oft angewandten Ansatzes ist seine Einfachheit und Verständlichkeit sowie die Möglichkeit zu einer exakten quantitativen Abgrenzung (Steinecke 2011, S. 58ff.). Nachteilig ist hingegen, dass die qualitative Aussagekraft der daraus abgeleiteten Zielgruppeneinteilung eingeschränkt ist. Erfolgt die Marktsegmentierung etwa lediglich aufgrund des ‹Alterskriteriums›, kann nicht sinnvollerweise davon ausgegangen werden, dass gleichaltrige Personen ein homogenes touristisches Nachfrageverhalten aufweisen. Andere Merkmale wie z. B. der Gesundheitszustand oder Vorlieben entscheiden über das Reiseverhalten mit.

Verhaltens- und neigungstouristische Differenzierung

Die Abgrenzung der verschiedenen Zielgruppen erfolgt hier anhand von bestimmten Verhaltensweisen der Touristen (vgl. Kapitel 6.5), welche für ihre Nachfrage relevant sind. So kann als Abgrenzungsmerkmal beispielsweise die Organisationsform der Reise herangezogen werden. Dabei werden beispielsweise Individualtouristen von solchen unterschieden, welche Pauschalreisen unternehmen. Oder es wird aufgrund des von den Touristen benützten Verkehrsmittels unterschieden (z. B. Autotouristen oder Flugtouristen). Weiter können die Unterkunftsart (z. B. Campingurlauber, Ferienwohnungstouristen), die Aktivitäten am Zielort (z. B. Aktivurlauber, Kulturtouristen) oder das Reiseziel (z. B. Fernreisende, Inlandtouristen) als Abgrenzungsmerkmal dienen. Wie bei der sozio-demographischen Differenzierung besticht dieser Ansatz durch seine Einfachheit. Gleichzeitig ist dies ein Nachteil, weil entsprechend keine feingliedrige, präzise Einteilung der Zielgruppen erreicht werden kann (Steinecke 2011, S. 61).

Differenzierung anhand von Lebensstilgruppen und Urlaubertypologien

Im Gegensatz zu den vorangehenden Segmentierungsansätzen ist die hier thematisierte Vorgehensweise zur Abgrenzung von Zielgruppen komplexer und zeichnet sich durch ihre Mehrdimensionalität aus. Hier werden gleichzeitig sozio-demographische Merkmale, touristische Verhaltensweisen sowie Einstellungen zu allgemeinen Freizeit- sowie Reiseinteressen und zu alltäglichen Lebensbereichen erfasst. Dafür werden einerseits sogenannte Lebensstilstudien durchgeführt, bei denen die Befragungspersonen gebeten werden, mithilfe von Skalen Stellung zu verschiedenen alltagsweltlichen Haltungen zu nehmen. Daraus werden, etwa mit Hilfe von Faktor- und Clusteranalysen, verschiedene Lebensstiltypen bzw. Zielgruppen abgeleitet. Oft resultieren Bezeichnungen wie ‹aktive Geniesser›, ‹Trendsensible›, ‹Familiäre› oder ‹Nur-Erholer›.

Der Vorteil dieses Ansatzes liegt im höheren Differenzierungsgrad in Bezug auf die abgeleiteten touristischen Zielgruppen. Alltagsweltliche Einstellungen können mit Angaben zum Reiseverhalten verknüpft werden. Nachteilig ist jedoch die aufwändige Erhebung und Auswertung der benötigten Daten sowie die Tatsache, dass der Umgang mit den Ergebnissen und das Ableiten von Massnahmen für die touristischen Anbieter anspruchsvoller werden. Ein sehr ähnliches Vorgehen wird bei der Erstellung von Urlaubertypologien verfolgt, die methodisch anhand teilnehmender Beobachtungen, empirischer Erhebungen und statistischer Verfahren gebildet werden können. Hier werden Urlaubergruppen hinsichtlich ihrer Reisemotive und touristischen Verhaltensweisen gebildet, so dass z. B. ‹Erholungsurlauber› von ‹Erlebnisurlaubern› und ‹Abenteuerurlaubern› unterschieden werden können. Der Unterschied zwischen diesen sehr ähnlichen Ansätzen der Marktsegmentierung liegt darin, dass bei den Lebensstilgruppen Einstellungen und Verhaltensweisen in Bezug auf das gesamte Leben einfliessen, während bei den Urlaubertypologien nur tourismusbezogene Einstellungen berücksichtigt werden (Steinecke 2011, S. 65ff.).

Affinity-Groups und Personas

Da sich Gäste immer hybrider verhalten, werden diese klassischen Segmentierungskriterien oft erweitert und beispielsweise durch situative Beschreibungen von sozialen Milieus oder durch neurologische Typisierungen abgelöst.

- *Affinity Groups:* Dabei handelt es sich um Gruppen, die sich selbst über gemeinsame Hobbys, berufliche Affinitäten oder andere Gemeinsamkeiten definieren.
- *Personas:* Hier geht es darum, aus realen Eigenschaften einen Wunschgast zu definieren. Mit Hilfe der fiktiven Gäste kann ein relativ genaues Bild von potenziellen Gästen skizziert werden, die Anhaltspunkte für die Ausgestaltung des Marketings liefern. Schweiz Tourismus (2023, S. 35) hat sechs ‹Leisure Personas› sowie drei ‹Business Event Personas› eingeführt:
    - *LOU – Down Pacer:* Sucht in den Ferien nach Entspannung, möchte sich von Stress befreien und bevorzugt Natur, Spass und Stadtspaziergänge.
    - *QUINN – Pleasure Seeker:* Sucht nach Ästhetik und Genuss, schätzt exklu-

sive Erlebnisse und verwöhnt sich und seine Lieben.
- *KRIS – Local Explorer:* Möchte dem Alltag entfliehen und authentische Kulturen und versteckte Orte erkunden.
- *Max – Highlight Traveller:* Legt Wert auf Bequemlichkeit und durchdachte Organisation, plant Reisen im Voraus, um Sehenswürdigkeiten und Tradition zu erleben.
- *JO – Active Adventurer:* Ist sportbegeistert, wählt Reiseziele nach vielfältigen Aktivitäten aus, um Abenteuer zu erleben.
- *PAT – Bonding Educator:* Strebt Gleichgewicht zwischen Beruf und Privatleben an und widmet den Urlaub der Familie sowie der Bildung der Kinder.
- *ALEX – Growth Strategist:* Versucht sich beruflich weiterzuentwickeln und Geschäftserfolge zu erzielen; Events sollen neue Geschäftsmöglichkeiten eröffnen.
- *BOBBY – Networking Ace:* Hält starke Beziehungen für entscheidenden Erfolgsfaktor; leibende Erlebnis der Teilnehmenden sehr wichtig.
- *CHARLIE – Win-win-Creator:* Fördert die Entwicklung anderer und von Kooperationen; sorgt für Budgeteinhaltung und Zufriedenheit von Sponsoren sowie Gästen.

6.6.2 Modellierung der touristischen Nachfrage

In diesem Abschnitt verstehen wir unter Tourismusnachfrage die Bereitschaft und Möglichkeit, verschiedene Mengen eines touristischen Produkts zu unterschiedlichen Preisen in einer gegebenen Zeitspanne zu kaufen. In Bezug auf den Tourismus kann zwischen der Nachfrage nach einer Reise, also nach Tourismus an sich, und der Nachfrage nach einem spezifischen touristischen Produkt unterschieden werden (Dwyer et al. 2010, S. 37).

Touristische Nachfrage für eine Reise

Die Reiseentscheidungen werden von zwei Faktoren beeinflusst:
- *Der Preis* beeinflusst die Kosten des Tourismus für die Reisewilligen und besteht aus den Transportkosten sowie den Kosten der vor Ort konsumierten Güter und Dienstleistungen (z. B. Unterkunft, Verpflegung oder Unterhaltung). Für internationale Touristen ist hier zusätzlich der Wechselkurs relevant, da sie die Preise für Güter und Dienstleistungen vor Ort in einer anderen Währung bezahlen müssen.

- *Nicht-Preisfaktoren* beinhalten hingegen sozioökonomische und demographische Faktoren, wie z. B. das Einkommensniveau oder die Ausbildung sowie eher qualitative Faktoren wie der persönliche Geschmack, Präferenzen oder das Image einer Destination. Diese qualitativen Faktoren können die Tourismusnachfrage entweder positiv (z. B. im Falle eines sportlichen Grossanlasses) oder negativ (z. B. politische Gewalt oder Kriminalität) beeinflussen (Dwyer et al. 2010, S. 38). Terroranschläge haben hingegen nur einen kurzfristigen und insgeamt geringen Einfluss (Eggenschwiler 2019, S. 2).

Nachfrage für ein touristisches Produkt

Die Nachfrage für ein spezifisches touristisches Produkt kann anhand einer Marktnachfragefunktion dargestellt werden. Diese bildet die Beziehung zwischen der nachgefragten Menge eines Produktes (Q_x) und den verschiedenen Faktoren, die diese Menge beeinflussen, ab:

$$Q_x = f(P_X, Y, N, P_s, PC, T, M, \ldots)$$

Im touristischen Kontext könnte Q_X beispielsweise für die Anzahl nachgefragter Eintritte in ein Museum oder für die Zahl der Passagiere auf einem bestimmten Flug stehen. Primär beeinflusst natürlich der Preis (P_x) die nachgefragte Menge eines solchen touristischen Produktes. Das Einkommen des Konsumenten (Y), die Anzahl Konsumenten im betreffenden Markt (N), die Preise von alternativen oder komplementären Produkten, d.h. von Substituten (P_S) und Komplementen (P_c) zum betrachteten touristischen Produkt, der Geschmack der Konsumenten (T) sowie die Höhe der Marketing- und Werbemassnahmen (M) sind weitere Variablen, welche diese Menge beeinflussen. Im Folgenden wird erläutert, wie sich Preisänderungen und Änderungen der Nicht-Preisfaktoren auf die Nachfrage nach einem touristischen Produkt auswirken (Dwyer et al. 2010, S. 38).

Tourismusnachfrage und Preise

In der ökonomischen Theorie wird grundsätzlich von einer inversen Beziehung zwischen Nachfrage und Preis ausgegangen, d.h. die Nachfrage sinkt, wenn der Preis für das Produkt oder die Dienstleistung steigt oder umgekehrt. Verantwortlich für diese inverse Beziehung sind der Einkommens- und der Substitutionseffekt (vgl. Abb. 33):

6. Touristische Nachfrage

- Der *Einkommenseffekt* kommt zustande, weil eine Preissenkung beim touristischen Produkt zu einer Erhöhung des Realeinkommens des Konsumenten führt. Das touristische Produkt wird relativ zum Einkommen des Konsumenten preiswerter. Dieser kann sich bei unverändertem Einkommen also eine grössere Menge des touristischen Produktes leisten (Dwyer et al. 2010, S. 39).
- Der *Substitutionseffekt* wird ebenfalls durch das infolge der Preissenkung gestiegene Realeinkommen des Konsumenten ausgelöst. Dieser kann sich eine grössere Menge des relativ preiswerter gewordenen touristischen Produktes leisten, wenn er dafür weniger des jetzt im Verhältnis teuer gewordenen Alternativproduktes (ähnliches bzw. homogenes Produkt, dessen Preis konstant geblieben ist) konsumiert (Dwyer et al. 2010, S. 39).

Abbildung 33 Tourismusnachfrage bei Preisfaktoren

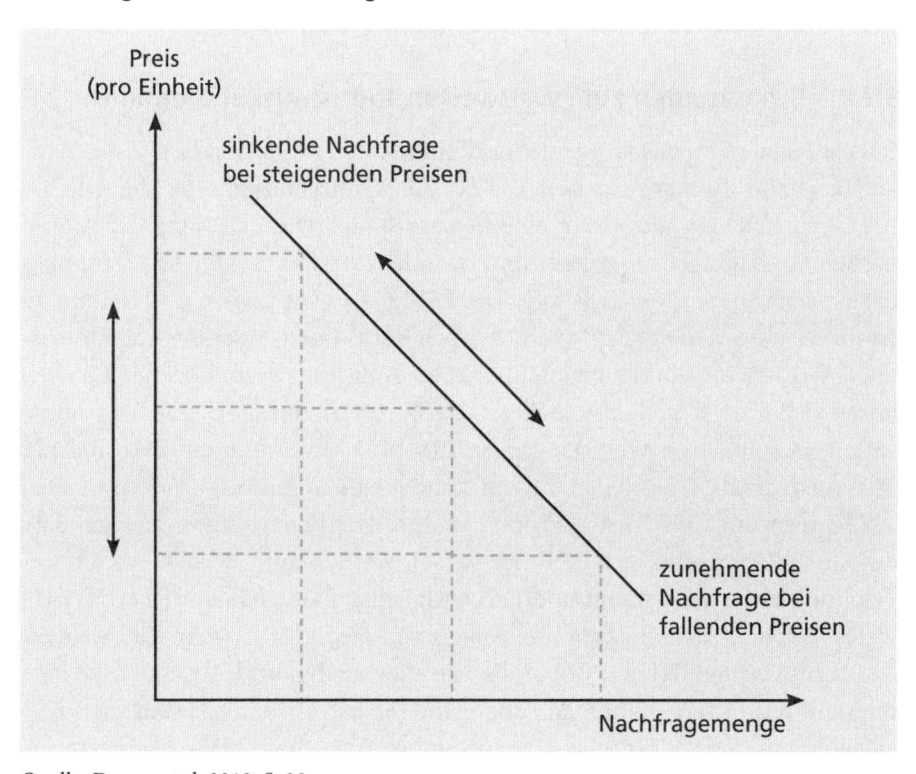

Quelle: Dwyer et al. 2010, S. 39

Tourismusnachfrage und Nicht-Preisfaktoren

Die Nachfragekurve zeigt den Zusammenhang zwischen dem Preis und der nachgefragten Menge eines touristischen Produktes. Alle Einflussfaktoren ausser dem Preis sind dabei konstant gehalten. Nicht-Preisfaktoren können den Preis-Nachfrage-Mechanismus hemmen oder unterstützen. So führen beispielsweise Einkommenserhöhungen, Geschmacksveränderungen zu Gunsten des betrachteten touristischen Produktes oder die Zunahme der verfügbaren Freizeit zu einer steigenden Nachfrage nach dem touristischen Produkt. Demgegenüber sinkt die Nachfrage bei Einkommensreduktionen, Geschmacksveränderungen zu Ungunsten des betrachteten touristischen Produktes oder einer Abnahme der frei verfügbaren Zeit (Dwyer et al. 2010, S. 39).

6.7 Kennziffern zur touristischen Nachfrage

6.7.1 Schätzungen zum weltweiten Tourismusaufkommen

Internationale Organisationen (World Tourism Organization UNWTO, World Travel and Tourism Council WTTC oder Tourismuskomitee der OECD) bemühen sich seit Jahren um eine bessere statistische Erfassung der touristischen Bewegungen innerhalb und zwischen den einzelnen Ländern, aber bisher noch ohne grossen Erfolg. Die Zählmethoden variieren von Land zu Land. Gewisse Reiseformen (zum Beispiel der Binnen- oder der Tagestourismus) werden oft überhaupt nicht erfasst. Aufgrund verschiedener Quellen lassen sich etwa folgende Aussagen (Schätzungen) zum globalen Tourismusaufkommen machen: Weltweit gab es 2019 1461 Mio. Ankünfte. Das sind 138 Mio. mehr als 2017. Nach den starken pandemiebedingten Einbrüchen wurden 2023 wiederum 1300 Mio. Ankünfte gezählt. Die Freizeitreisen machen 55% des Gesamttourismus aus, 28% der Reisen werden zum Besuch von Freunden und Bekannten getätigt und 11% entfallen auf Geschäftsreisen (UNWTO 2024). Etwa ein Drittel der Weltbevölkerung beteiligt sich mehr oder weniger aktiv am Ausflugsverkehr, wobei die Ferienreisenden und Ausflugsreisenden meistens ein und dieselben Personen sind. Selbstverständlich sind die Prozentzahlen in den Industrieländern wesentlich über diesen Durchschnittswerten und jene in den Entwicklungsländern liegen stark darunter.

Die internationalen, also grenzüberschreitenden Reisen, die allerdings nur etwa einen Fünftel aller Ferienreisen (Ausflüge nicht eingerechnet) ausmachen, spielen sich zur grossen Mehrheit unter industrialisierten Ländern ab: Von den 1461 Mio. internationalen Ankünften im Jahr 2019 fielen 51% auf Europa. Auf die Entwicklungsländer fallen nur einige wenige Prozente ab (UNWTO 2021).

Abbildung 34 Internationale touristische Ankünfte (Übernachtungsgäste) weltweit 2019 – 2023

	2019		2023	
	in Mio.	in %	in Mio.	in %
Europa	746	51	709	55
Nord- und Südamerika	219	15	200	15
Asien und Pazifik	360	25	237	18
Mittlerer Osten	65	4	87	7
Afrika	70	5	66	5
Total	1'461	100	1'300	100

Quelle: UNWTO 2021/2024

6.7.2 Reiseströme in der Schweiz

Die statistische Erfassung des Tourismus ist grundsätzlich vor, während oder nach der Reise denkbar. Während der Reise stehen zwei Möglichkeiten im Vordergrund:
- *Grenzmethode:* Die Touristenströme werden an der Landesgrenze erfasst.
- *Standortmethode:* Die Touristen werden an ihrem Aufenthaltsort im Landesinnern erfasst. Die Schweiz bedient sich hauptsächlich der Standortmethode, die durch Befragungen ergänzt wird.

Ankünfte

Die Anzahl Ankünfte (Reisende) ergibt einen ersten Überblick über das Tourismusvolumen. Der Aussagegehalt ist jedoch nicht besonders gross und kann ohne zusätzliches Zahlenmaterial leicht zu irreführenden Interpretationen führen. In der Schweiz erfolgt gemäss der Standortmethode die Erhebung der Ankünfte primär bei den Hotelbetrieben: Das Bundesamt für Statistik führte bis 2003 monatliche Vollerhebungen aufgrund der polizeilichen Meldescheine durch, die jeder Hotelgast bei seiner Ankunft ausfüllen muss. Dieses Meldewesen war aufwändig, aber zuverlässig. Ab 2005 basiert die Hotelstatistik (HESTA) auf einem neuen Konzept, weiterhin jedoch auf einer Vollerhebung. In der Parahotellerie (PASTA) liegt der Erfassungsgrad bei den Jugendherbergen, Gruppenunterkünften sowie Zelt- und Wohnwagenplätzen ebenfalls hoch. Mühe bereitet hingegen nach wie vor die Erhebung der Ankünfte in Chalets und Ferienwohnungen sowie bei Privatvermietern (grosse Anzahl Objekte, keine polizeiliche Meldepflicht).

Aufenthaltsdauer

Aus der durchschnittlichen Aufenthaltsdauer der Gäste können unter anderem Rückschlüsse gezogen werden auf die Gästestruktur (Feriengäste, Passanten, Geschäftsreisende). Die durchschnittliche Aufenthaltsdauer ist nicht nur von Ort zu Ort, sondern auch von Beherbergungsart zu Beherbergungsart verschieden. Je nach Angebotsstruktur sind auch deutliche Unterschiede z. B. zwischen verschiedenen Hotels (des gleichen Ortes) feststellbar.

Logiernächte

Reisende werden für die Tourismuswirtschaft erst dann richtig ‹interessant›, wenn sie eine Weile am Ort oder im Land verweilen und entsprechende Übernachtungen erbringen. Die Standortmethode der schweizerischen Tourismusstatistik bringt es mit sich, dass eine Ankunft erst registriert wird, wenn mit ihr mindestens eine Logiernacht verbunden ist. Eine Unterscheidung zwischen Ferienaufenthalts-, Geschäfts-, Passanten- oder Kurzzeittourisms ist mit dieser direkten Methode also nicht möglich. Auch bleiben Besuche bei Freunden und Verwandten unberücksichtigt. Die Logiernächtezahl ist insbesondere auch deshalb von Bedeutung, weil erfahrungsgemäss die Übernachtungen neben der Reise den grössten Kostenfaktor darstellen. Die Logiernächtestatistik steht somit im Vordergrund des Interesses.

6. Touristische Nachfrage

Abbildung 35 Tourismusdaten für die Schweiz, Österreich und Deutschland 2008–2019

Nachfrageseite	Jahr	Schweiz	Österreich	Deutschland
Ankünfte internationaler Touristen (Übernachtungsgäste)	2019	11'818'000	31'884'000	39'563'000
	2008	8'608'000	21'935'000	24'884'000
Internationale Übernachtungen in Hotels und ähnlichen Betrieben (Logiernächte)	2019	21'640'000	69'375'000	75'524'000
	2008	21'508'000	60'469'000	47'562'000
Internationale Besucherausgaben (in USD)	2019	20'474'000'000	25'288'000'000	59'201'000'000
	2008	17'570'000'000	24'346'000'000	53'398'000'000
Einnahmen des internationalen Tourismus in % am BIP	2019	2,9	5,7	1,5
	2008	3,3	6,2	1,6
Angebotsseite				
Angebot an Hotels und ähnlichen Betrieben	2019	4'646	11'823	31'615
	2008	5'582	13'756	35'984
Anzahl Mitarbeitende im Tourismus	2018	181'700	222'100	2'198'400
	2008	163'595	245'200	2'189'700 (2009)

Quelle: UNWTO 2014, 2019

6.7.3 Reiseintensität

Zu den wichtigsten Kennziffern der touristischen Nachfrage gehört die sogenannte (Ferien-)Reiseintensität. Sie lässt sich nicht aus der offiziellen Statistik herauslesen und wird mittels Haushaltsbefragungen erhoben. Spricht man von Reiseintensität, so muss zwischen der Nettoreiseintensität, der Reisehäufigkeit und der Bruttoreiseintensität unterschieden werden.

Nettoreiseintensität

Unter ‹Nettoreiseintensität› verstehen wir den prozentualen Anteil jener Personen an der Gesamtbevölkerung oder an bestimmten Bevölkerungsgruppierungen, die im Laufe des untersuchten Zeitraumes (in der Regel 12 Monate) mindestens einmal verreist sind, d.h. eine oder mehrere Reisen im Sinne der für die Umfrage geltenden Arbeitsdefinition unternommen haben. Diese Arbeitsdefinitionen haben sich im Laufe der Jahre einander weitgehend angepasst und verlangen heute in fast allen Ländern, dass die Reise (inkl. Aufenthalt) mindestens 4 x 24 Stunden (5 Tage bzw. 4 Übernachtungen) gedauert haben muss und nicht aus geschäftlichen oder dienstlichen Gründen angetreten wurde. Aufgrund einer derartigen Arbeitsdefinition steht also die Erfassung der Haupturlaubsreise (Ferienaufenthalt) im Vordergrund.

Die Nettoreiseintensität wird nie 100% erreichen, denn es gibt immer Menschen, die aus irgendwelchen Gründen (Unfall, Krankheit, Zeit- oder Geldmangel, Ferienmüdigkeit, Altersschwäche usw.) nicht verreisen wollen oder können. In der Schweiz lag die Nettoreiseintensität bei den Privatreisen mit mindestens 4 Übernachtungen 2012 noch bei 75%. Sie hat sich auf 88,4% im Jahr 2022 gesteigert (BFS 2023h). In Deutschland betrug sie 1994 78%, im Jahr 2019 noch immer 78% (FUR 2020). Coronabedingt ging sie 2020 auf 63% zurück, stieg dann 2023 wieder auf 77% (FUR 2021 und 2024)

Reisehäufigkeit

Die Reisehäufigkeit gibt die Anzahl der Reisen an, die pro Tourist im Laufe des untersuchten Zeitraums im Durchschnitt unternommen wurden. Sie stellt somit ein Mass für die Frequenz des Reisekonsums dar. Die Anzahl Reisen mit Übernachtungen betrug in der Schweiz 2012 2,8 pro Person und steigerte sich bis 2019 auf 2,9 (BFS 2020e). Im Jahr 2022 betrug diese Kennziffer 2,6 pro Person (BFS 2023h).

6. Touristische Nachfrage

Bruttoreiseintensität

Multipliziert man die Nettoreiseintensität mit der Reisehäufigkeit, so erhält man die Bruttoreiseintensität. Darunter versteht man die zur Gesamtbevölkerung in Beziehung gesetzte Zahl der Reisen, die von den am Tourismus teilnehmenden Personen im Laufe des Untersuchungszeitraumes unternommen wurden. Die Bruttoreiseintensität gewinnt vor allem mit der zunehmenden Verbreitung von Zweit- und Drittreisen an Bedeutung. Sie sagt uns, mit wie vielen in sich abgeschlossenen Reisen wir je 100 Einwohner rechnen können. Dabei ist es unerheblich, ob beispielsweise 60 Personen je eine Reise oder 20 Personen je drei Reisen unternommen haben. In beiden Fällen entsteht eine Nachfrage von 60 Reisen. Bei der Interpretation von Zahlen zur Reiseintensität ist darauf zu achten, dass die Untersuchungsmethoden wie auch die Beobachtungszeiträume stark voneinander abweichen können.

6.7.4 Daten zum Kurzzeittourismus (Kurzreisen und Ausflüge)

Statistisch ist der Kurzzeittourismus bis heute nicht gesamtheitlich erfassbar: Sofern im Kurzzeittourismus Übernachtungen erfolgen, werden entsprechende Touristen statistisch als ‹Aufenthaltende› registriert. Findet keine Übernachtung statt, so erfolgt in der Tourismusstatistik keine Erfassung. Aussagen zum Kurzzeittourismus sind daher nur über Befragungen und Sondererhebungen möglich.

Kurzreisen

53 Prozent der Bundesbürger Deutschlands unternahmen im Jahr 2019 mindestens eine Kurzreise (eine bis drei Übernachtungen). Insgesamt unternahmen die Deutschen 2019 37,6 Mio. Kurzurlaubsreisen (FUR 2020). Die Kurzreisen-Reisehäufigkeit lag in der Schweiz im Jahr 2012 bei 1,1 und stieg bis ins Jahr 2017 auf 1,3 Reisen (Auskunft BFS).

Ausflüge

Untersuchungsergebnisse des Bundesamtes für Statistik zum Ausflugsverkehr zeigen, dass pro Person in der Schweiz im Jahr 2019 10,0 Tagesreisen unternommen wurden. 1998 waren es noch 12,5 Reisen. Die Tagesreisenden bleiben grossmehrheitlich in der Schweiz (91%) (BFS 2020e). 2022 sank die Anzahl Tagesreisen pro Person auf 8 Reisen (BFS 2023h).

Nichtreisende

Auch in den Industrieländern gibt es nach wie vor einen Teil der Bevölkerung, der am Reisen nicht Teil hat. Für die Reiseabstinenz werden in erster Linie finanzielle Gründe genannt, gefolgt von gesundheitlichen oder familiären Gründen sowie mangelndem Reiseinteresse. In der Schweiz unternahmen 2022 12% der Bevölkerung keine Reise mit einer oder mehrer Übernachtungen (BFS 2023h). Dies entspricht dem Vorkrisenniveau von 2019.

7 Touristisches Angebot

Die vielfältigen Reisemotive und Reiseerwartungen, die wir im Kapitel 6.4 dargestellt haben, bedingen eine Entsprechung beim touristischen Angebot: Das Reisemotiv ‹Entspannung, Erholung, Gesundheit› setzt Ruhe, ein bekömmliches Klima, Sonne und spezielle Dienstleistungen voraus. ‹Natur erleben, Umweltbewusstsein, Wetter› verlangt eine intakte Natur, bekömmliches Wetter, reine Luft, sauberes Wasser usw., ‹Abwechslung, Erlebnis, Gesellschaft› stellt hohe Anforderungen an Gastronomie, Unterhaltung, Animation usw. Die Erwartungen, die aus dem Reisemotiv ‹Bewegung, Sport› hervorgehen, zielen auf eine gut ausgebaute touristische Infrastruktur ab. Insbesondere die beiden weiteren Motivkategorien, nämlich ‹Eindrücke, Entdeckung, Bildung› sowie ‹Selbstständigkeit› stellen vor allem hohe Anforderungen an die eigenen Fähigkeiten und Möglichkeiten. Je nach der individuellen Motivation erhalten einzelne Angebotsbestandteile eine unterschiedliche Bedeutung.

7.1 Beschaffenheit des touristischen Angebotes

Das touristische Angebot weist einige Besonderheiten auf:
- Die Gäste fragen ein *Leistungsbündel* nach, das nach innen nur lose strukturiert ist und dessen Gesamtqualität durch viele Teilqualitäten zustande kommt.
- *Komplementäre Leistungserbringer* wie beispielsweise der gesamte Verkehrssektor sind sehr bedeutungsvoll.
- *Ursprüngliche Angebotsbestandteile* wie Wetter, Schneelage oder Gastfreundlichkeit, auf deren Qualität kaum Einfluss genommen werden kann, spielen eine entscheidende Rolle.
- Die *Qualitätsvorstellungen* der Gäste sind extrem unterschiedlich (vgl. Kap. 7.8).
- *Räumliche und zeitliche Konzentrationen* resp. das Wechselspiel zwischen Überfüllung (Overtourism) und Unterbelegung treten häufig auf.

Dazu kommen weitere Merkmale der touristischen Dienstleistung:
- *Abwesenheit:* Viele touristische Konsumentscheidungen werden getroffen, ohne die Qualität der bestellten oder gebuchten Leistung zu kennen.
- *Residenzprinzip:* Das Leistungserzeugnis kann nicht zum Nachfrager hingebracht werden; er muss für den Konsum den Raum selbst überwinden.
- *Synchronität:* Leistungserstellung und Absatz resp. Konsum fallen zusammen; qualitative Mängel haben unmittelbare gravierende Folgen.

- *Immaterialität:* Ein bedeutender Teil der touristischen Leistungen sind abstrakte, d.h. immaterielle, nichtstoffliche, weder sicht- noch greifbare Konsumgüter.

7.2 Elemente des touristischen Angebotes

In der Literatur wird das touristische Angebot vielfach unterteilt in das ursprüngliche Angebot, auch Potenzial genannt, und das abgeleitete Angebot oder die Ausstattung. Die primäre touristische Anziehungskraft geht meistens vom ursprünglichen Angebot aus. Mit anderen Worten steht das abgeleitete touristische Angebot also in einem ‹nachgeordneten Komplementärverhältnis› zum ursprünglichen Angebot. Demgegenüber kann zwischen den einzelnen Komponenten des abgeleiteten touristischen Angebotes von einem ‹gleichgeordneten Komplementärverhältnis› gesprochen werden: Der Gast will nicht eine einzelne, isolierte Leistung in Anspruch nehmen, sondern ein ganzes Leistungsbündel.

7.2.1 Ursprüngliches Angebot

Unter dem ursprünglichen Angebot (Potenzial) verstehen wir all jene Faktoren, die in ihrem Wesensgehalt keinen direkten Bezug zum Tourismus haben, durch ihre Anziehungskraft auf Touristen jedoch zu touristischen Objekten werden. Das ursprüngliche Angebot lässt sich gliedern in die natürlichen Faktoren, in die allgemeinen Faktoren des menschlichen Seins und Tuns und in die allgemeine Infrastruktur.

Natürliche Faktoren

Zu den natürlichen Faktoren zählen wir die geographische Lage, das Klima, die Topographie, das Landschaftsbild, die Tier- und Pflanzenwelt usw. Diese natürlichen Faktoren lassen sich noch weiter untergliedern in die Höhenlage, die Exposition, die Hangneigung etc. Charakteristisches Merkmal natürlicher Angebotsbestandteile ist die Tatsache, dass sie vom Menschen meist nicht geschaffen, sondern nur erschlossen und erhalten werden können. Für die spärlichen Gestaltungsmöglichkeiten sind lange Zeiträume erforderlich. Die natürlichen Faktoren stellen gewissermassen das Kapital des Tourismus dar, das sich allerdings in einer wesentlichen Hinsicht vom Unternehmungskapital unterscheidet: «Wie oft muss man es noch wiederholen, dass in einem anderen

Wirtschaftszweig Kapital verloren und zurückgewonnen werden kann, im Tourismus jedoch die Grundsubstanz – die Landschaft und das Land – einmal verloren, unwiederbringbar ist» (Kämpfen 1972, S. 150).

Allgemeine Faktoren des menschlichen Seins und Tuns

Obwohl ‹Land und Leute kennenlernen› nicht zu den wichtigsten Ferienmotiven gehört, kommt den allgemeinen Faktoren des menschlichen Seins und Tuns eine grosse Bedeutung zu. Gastfreundschaft, Brauchtum, Sitten, Traditionen, Folklore, Mentalität, Sprache, Wirtschaft, alles, was unter Kultur verstanden werden kann, steigert die Attraktivität einer Feriendestination.

Allgemeine Infrastruktur

Unter der ‹allgemeinen Infrastruktur› oder ‹Basisinfrastruktur› wird die Grundausrüstung an öffentlich benutzbaren Einrichtungen, welche die Entfaltung umfassender wirtschaftlicher und gesellschaftlicher Aktivitäten ermöglicht, verstanden. Darunter fallen die allgemeinen Verkehrsanlagen (Transport), die Einrichtungen zur Versorgung (Wasser, Energie, Telekommunikation) und jene zur Entsorgung (Abwasser, Kehricht). Nicht zu vergessen sind weitere Einrichtungen des täglichen Bedarfs: Einkaufsmöglichkeiten, Bildung (Schulen), Gesundheitswesen und ähnliches mehr.

7.2.2 Abgeleitetes Angebot

Das abgeleitete Angebot umfasst all jene Objekte und Leistungen, die speziell im Hinblick auf die touristische Bedürfnisbefriedigung entstanden sind bzw. betrieben werden. Dabei denken wir vor allem an die touristische Infra- resp. Suprastruktur, zwei Begriffe, die in der Literatur nicht einheitlich verwendet werden, aber auch an touristische Events.

Touristische Infrastruktur

Unter die touristische Infrastruktur fällt vorerst jene durch den Tourismus bedingte zusätzliche, d.h. über das Richtmass für Einheimische hinausgehende allgemeine Infrastruktur. Die jeweiligen Anlagen werden auf die für den Touristenstrom erforderliche Dimension ausgerichtet. Bedeutungsvoller ist für uns indessen die eigentliche touristische Infrastruktur im engeren Sinne. Darunter fallen beispielsweise die touristischen Spezialverkehrsmittel

(Skilifte, Luftseilbahnen), die Sport- und Unterhaltungseinrichtungen (Eisbahnen, Tennisplätze, Wanderwege, Skipisten, Kursäle, Spielcasinos), die Kongress- und Tagungszentren sowie die Betreuungs- und Informationsdienste.

Touristische Suprastruktur

Zur touristischen Suprastruktur werden ganz allgemein sämtliche Beherbergungs- und Verpflegungsbetriebe (Hotels, Gasthöfe, Pensionen, Ferienhäuser, Campingplätze, Massenunterkünfte, Restaurants, Tea-Rooms, Bars usw.) gezählt (vgl. Kap. 7.5). Diese Aussonderung des Beherbergungs- und Verpflegungssektors geht von der Überlegung aus, dass neben dem ursprünglichen Angebot die Unterkunfts- und Verpflegungsmöglichkeiten für den (Aufenthalts-)Touristen von ausschlaggebender Bedeutung sind. Mit dem Aufkommen des Ausflugs- und Wochenendtourismus wurden allerdings gewisse Angebotselemente im Bereich der touristischen Infrastruktur im engeren Sinne (Wander- und Velowege, touristische Spezialverkehrsmittel etc.) immer wichtiger.

Touristische Attraktionen

Der Wettbewerb unter Destinationen verläuft immer mehr über Attraktionspunkte. Sie stellen den eigentlichen Wert einer Destination dar und sind die Basis für eine Differenzierungsstrategie. Sie sind aber auch dafür verantwortlich, dass der Konzentrationsprozess auf die besten Standorte immer weiter geht.

Vanhove (2005, S. 10) unterteilt touristische Attraktionen wie folgt:
- Natürliche Attraktionen
- Kulturelle Attraktionen, Denkmäler
- Freizeit- und Themenparks
- Museen
- National- und Naturparks
- Events, Unterhaltungsattraktionen

Jede Destination weist eine gewisse Anzahl von Attraktionen auf. Sie haben aber erst dann eine genügende Anziehungskraft, wenn sie Alleinstellungsmerkmale aufweisen und zudem gekonnt in Szene gesetzt werden (vgl. Kap. 7.9).

Touristische Events

Events gehören zu den am schnellsten wachsenden Teilsegmenten im touristischen Leistungsbündel. Als Ergänzung zum traditionellen Angebot einer Destination werden spezielle sportliche, kulturelle, gesellschaftliche oder wirtschaftliche Veranstaltungen, Anlässe oder Events als ein Instrument zur Attraktivierung, zur Positionierung und zur Erschliessung neuer Gästegruppen genutzt. Events werden vielerorts als eine treibende Kraft verstanden, um die Zusammenarbeit in Destinationen zu fördern und um Infrastrukturen zu forcieren. Man spricht in diesem Zusammenhang auch von einer ‹Festivalisierung der Tourismuspolitik›.

Abbildung 36 Events im Überblick

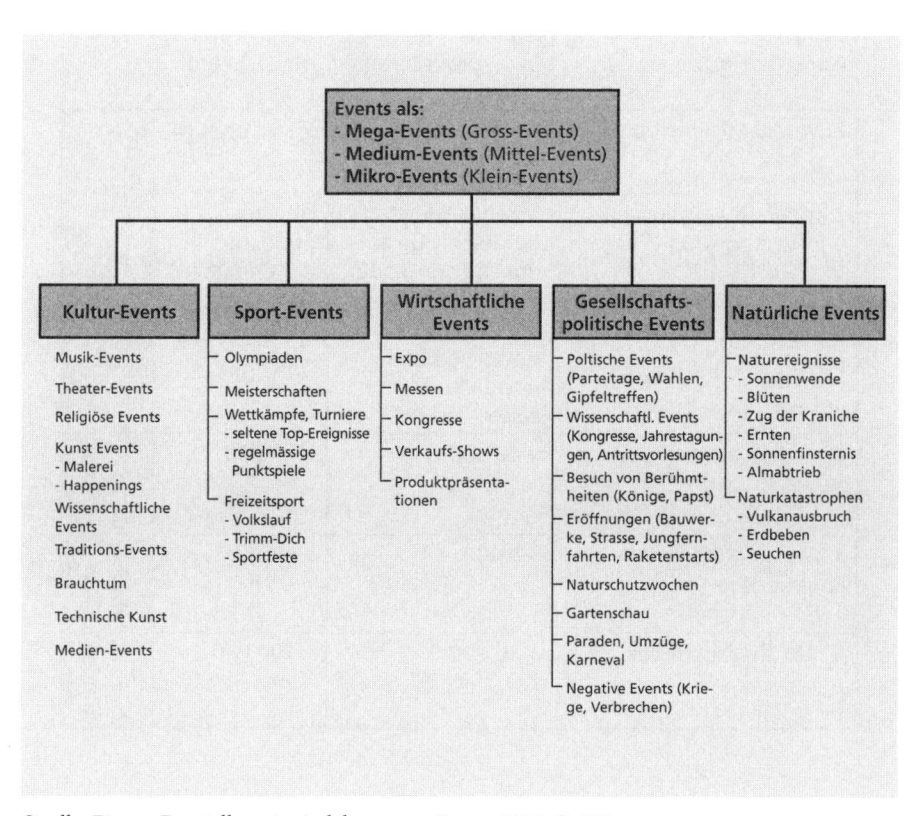

Events als:
- Mega-Events (Gross-Events)
- Medium-Events (Mittel-Events)
- Mikro-Events (Klein-Events)

Kultur-Events
- Musik-Events
- Theater-Events
- Religiöse Events
- Kunst Events
  - Malerei
  - Happenings
- Wissenschaftliche Events
- Traditions-Events
- Brauchtum
- Technische Kunst
- Medien-Events

Sport-Events
- Olympiaden
- Meisterschaften
- Wettkämpfe, Turniere
  - seltene Top-Ereignisse
  - regelmässige Punktspiele
- Freizeitsport
  - Volkslauf
  - Trimm-Dich
  - Sportfeste

Wirtschaftliche Events
- Expo
- Messen
- Kongresse
- Verkaufs-Shows
- Produktpräsentationen

Gesellschaftspolitische Events
- Poltische Events (Parteitage, Wahlen, Gipfeltreffen)
- Wissenschaftl. Events (Kongresse, Jahrestagungen, Antrittsvorlesungen)
- Besuch von Berühmtheiten (Könige, Papst)
- Eröffnungen (Bauwerke, Strasse, Jungfernfahrten, Raketenstarts)
- Naturschutzwochen
- Gartenschau
- Paraden, Umzüge, Karneval
- Negative Events (Kriege, Verbrechen)

Natürliche Events
- Naturereignisse
  - Sonnenwende
  - Blüten
  - Zug der Kraniche
  - Ernten
  - Sonnenfinsternis
  - Almabtrieb
- Naturkatastrophen
  - Vulkanausbruch
  - Erdbeben
  - Seuchen

Quelle: Eigene Darstellung in Anlehnung an Freyer 2011, S. 638

Ist von Events die Rede, so meint man oft Mega-Events, also jene grossen Veranstaltungen, die – mindestens national – für Gesellschaft, Politik, Wirtschaft und auch Umwelt während einer gewissen Zeit eine dominante Rolle spielen: Olympische Sommer- und Winterspiele, Fussball-Welt- oder -Europameisterschaften oder alpine Weltmeisterschaften. Weil diese ‹Formate› von Verbänden mit strikten Standards an wechselnde Durchführungsorte vergeben werden, spricht man in diesem Zusammenhang auch von einer ‹Footloose Industry›. Zur Unterscheidung zwischen Gross- und Mega-Events hat Moesch (2008) die folgende Kategorisierung zur Diskussion gestellt:

Abbildung 37 Kategorisierung von Events

Indikatoren zur Abgrenzung	Grenzwerte Sportgrossveranstaltung	Grenzwerte Sport-Mega-Event	
1. Veranstaltungsbudget	> 1 Mio. CHF	> 50 Mio. CHF	MUSS
2. Mediale Attraktivität und Verbreitung (TV)	Eigenes Sendegefäss mit Direktübertragung oder Teilaufzeichnung durch SF DRS ausserhalb der normalen Sendezeiten	Übertragungsrechte in mindestens 30 Ländern verkauft	
3. Anzahl aktive Sportler	> 10'000	> 20'000	FAKULTATIV (mind. 1 Kriterium erfüllt)
4. Anzahl Betreuer/Helfer/Funktionäre	> 1'000	> 5'000	
5. Anzahl Zuschauer	> 20'000	> 100'000	

Quelle: Moesch 2008, S. 48f.

Oft werden Events durch die öffentliche Hand mitfinanziert. Die Subvention von kulturellen Events wie Konzerten oder Musikfestivals wird hauptsächlich durch ihren kulturellen Nutzen gerechtfertigt. Die Möglichkeit, über Events eine Sportart oder die wirtschaftliche Entwicklung einer Region zu fördern, gewinnt jedoch zunehmend an Wichtigkeit. Bandi/Müller et al. (2017) haben am Beispiel der Gemeinde Saanen/Gstaad (CH) ein Modell entwickelt, wie Events bewertet werden können, um die Unterstützung durch die öffentliche Hand möglichst fair auszugestalten: den *Event Performance Index EPI*. Dabei werden sieben Aspekte eines Events berücksichtigt, die entsprechend ihrer Wirkungen gewichtet werden:
- Grösse des Events (G)
- Wirtschaftliche Bedeutung des Events (W)
- Touristische Bedeutung und Imagebeitrag des Events (T)
- Innovationskraft des Events (I)
- Netzwerkeffekte des Events (N)
- Partizipation und sozialer Austausch im Rahmen des Events (P)
- Ökologische Belastungen des Events (Ö)

Der EPI wird im *Saaner-Modell* wie folgt berechnet (vgl. Bandi/Müller et al. 2017, S. 30ff.):

$$EPI = (G*W) + \left(\frac{G}{2}*T\right) + 2*I + N + P - \left(\frac{G}{4}*Ö\right)$$

Wie insbesondere Grossveranstaltung nachhaltig durchgeführt werden und zudem ein positives Vermächtnis hinterlassen können, haben Stettler/Müller et al. (2019) im Leitfaden ‹Nachhaltigkeit, Innovation und Vermächtnis (NIV)› am Beispiel der Alpinen Ski-WM St. Moritz 2017 aufgezeigt.

Zwischenruf

Olympische Winterspiele in der Schweiz: Zwischen Euphorie und Skepsis

Immer wieder befasst sich die Schweiz mit einer Kandidatur für Olympische Winterspiele. Gemäss Umfrage befürworten jeweils weit mehr als 50 Prozent der Schweizer Bevölkerung Olympische Winterspiele in der Schweiz. Nach jahrzehntelanger Erfahrung mit erfolglosen Kandidaturen versucht man es immer wieder erneut. Zwischen 1948 und 2023 wurden nicht weniger als 38 Kandidaturprojekte lanciert, die alle erfolglos waren: Sie wurden entweder von den Initianten zurückgezogen, fielen einer internen Ausmarchung zum Opfer oder wurden vom Volk abgelehnt. Nur fünf Mal entschied sich das IOC gegen eine Schweizer Kandidatur. Alle Kandidaturprojekte bis 2015 wurden vom ehmaligen Generalsekretär des IOC Urs Lacotte akkribisch aufgearbeitet.

Auch medial sind Olympiakandidaturen sehr populär. Da ist jeweils von der ‹heilen olympischen Bergwelt›, vom ‹grossen Wintersport-Knowhow› oder von der ‹sowieso vorhandenen touristischen Infrastruktur› die Rede. Es scheint, dass die Schweiz nach der erfolgreich organisierten EURO 2008 Appetit auf Grösseres bekommen hat. Und dies, obwohl die EURO klar Grenzen aufzeigte, insbesondere bezüglich der basisdemokratischen Entscheidungsfindung, der Forderungen und Verhaltensmerkmale der starken internationalen Partner sowie der Bereitschaft für das öffentliche Engagement. Aber immerhin sagten ein Jahr nach der EURO 79 Prozent der Schweizer Bevölkerung aus, dass man etwas derartiges gelegentlich wieder in Betracht ziehen sollte.

Wer die Vorgaben des IOC – trotz Agenda 2020 des IOC – studiert, muss bezüglich der strukturellen Voraussetzungen nachdenklich werden. Eine Kandidatur hätte vorerst die Hürde eines Volksmehrs zu nehmen. Die Kandidatur Bern 2010 wurde von drei Vierteln der Stimmbürger abgelehnt, jene für Graubünden 2022 von 53% und Graubünden 2026 gar von 60% und jene von Sion 2026 von 54%. Für ein Volksmehr braucht

7. Touristisches Angebot

es einen überzeugenden Nachweis von nachhaltigen Wirkungen dieses Sportmegaevents. Nachhaltigkeit darf aber nicht nur auf Abfall, Pistenplanierungen oder Rodungen reduziert werden, sondern ist viel umfassender zu verstehen: Wenn schon Olympische Winterspiele ein drittes Mal in der Schweiz organisiert werden sollten, dann muss die Investitions- und Innovationskraft dieses Megaevents nachhaltig genutzt werden. Nur wenn mutige und zukunftsfähige Projekte bezüglich Verkehrs-, Sport- und Tourismusinfrastruktur, nur wenn mit viel Cleverness der richtige Mix zwischen zukunftsfähigen Kapazitäten und Provisorien gesucht wird, kann von Nachhaltigkeit oder einem Vermächtnis gesprochen werden, also von einem möglichst hohen Langzeitnutzen bei gleichzeitiger Minimierung von Risiken und Schäden.

Mit einer Kandidatur eng verknüpft ist auch die Bereitschaft, für all die Investitionen das ‹Verfalldatum› einerseits und die rigorosen Vorgaben der Weltsportverbände andererseits zu respektieren. Und Vorsicht: Das Können und Wollen der Schweizer Bevölkerung sind nur sekundär. Primär geht es bei einer Olympiakandidaturen darum, am Tag X im IOC eine Mehrheit zu finden. Eine mögliche Kandidatur, hätte sich voll und ganz diesem einen Ziel unterzuordnen, denn alles andere wäre die Mühe und das Enttäuschungsrisiko nicht wert. Um bei einer nächsten Kandidatur erfolgreich zu sein, sind nicht nur Euphorie und seriöse Arbeit gefragt, sondern auch der Aufbau und die Pflege der globalisierten Netzwerke und die Antizipation multikultureller Gepflogenheiten in der Entscheidungsfindung ...

Hansruedi Müller

7.3 Touristische Destination

Die touristische Destination bietet das gesamte, von einzelnen Gästegruppen nachgefragte Leistungsbündel an. Sie ist damit der Kristallisationspunkt des touristischen Geschehens. Von ihr geht die massgebliche Anziehungskraft auf die touristische Nachfrage aus.

Unter Destinationen können strategische Geschäftseinheiten verstanden werden, die bezogen auf Markt, Kundenattraktivität, Managebarkeit und Konkurrenzsituation eine relativ grosse Eigenständigkeit und eine relativ hohe Stabilität aufweisen.

Destinationen können somit definiert werden als strategische Geschäftseinheiten (resp. Geschäftsfelder) mit den folgenden Merkmalen:
- umfassende, aufeinander abgestimmte Angebots- und Dienstleistungsketten für ausgewählte Gästegruppen
- mindestens eine profilierbare Marke
- möglichst grosse Unabhängigkeit von traditionellen politischen Grenzen und hohe Eigenständigkeit in der Ausgestaltung des Marketing-Mix
- kompetentes und qualifiziertes Management
- ausgebautes Qualitätsentwicklungs- und -Sicherungssystem
- ausreichende Mittel für die Aufgabenerfüllung, insbesondere für Kommunikationsmassnahmen in den ausgewählten Märkten

Abbildung 38 Dienstleistungskette (Customer Journey) im Tourismus

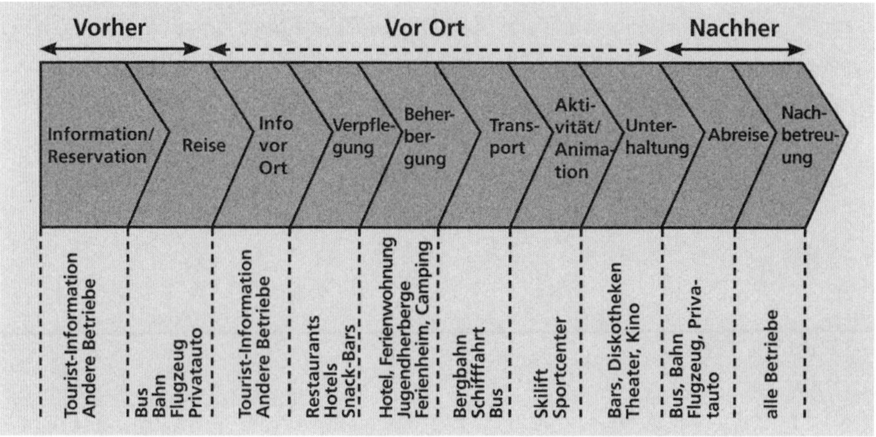

Quelle: Eigene Darstellung

7. Touristisches Angebot

Destinationen müssen deshalb ortsübergreifend koordiniert werden, weil die touristische Dienstleistungskette die örtlichen Grenzen sprengt (vgl. auch Kap. 7.4 zum Destinations-Management). Die Bezeichnung ‹Destination› ist relativ neu. Früher ging man von unterschiedlichen Typen von Tourismusorten aus.

7.3.1 Ferienorte

Die Ferien(erholungs)orte dienen ebenfalls der Erhaltung der physischen und psychischen Kräfte des Menschen. Sie erfüllen dabei die Funktion der allgemeinen Therapie. Das Angebot ist auf die vielfältigen Bedürfnisse der Ferienerholung ausgerichtet: Nebst komfortablen Beherbergungs- und Verpflegungseinrichtungen dürfen vor allem die Anlagen zur Ausübung der zahlreichen Aktivitäten nicht fehlen, wobei die Schlechtwetter- und Wellnesseinrichtungen eine wichtige Rolle spielen. Trotz der erforderlichen Infrastruktur sollten die natürlichen Erholungsräume, der spezifische Ortscharakter, die Ruhe und die frische Luft erhalten bleiben.

7.3.2 Kurorte

Kurorte weisen besondere natürliche Gegebenheiten (Quellen, Heilmittel, Klima) und entsprechende Einrichtungen für Kuren zur Heilung, Linderung oder Vorbeugung menschlicher Krankheiten auf. Je nach Art der vorhandenen natürlichen Heilfaktoren unterscheidet man zwischen Badekurorten (Bade- und Trinkkuren) und Klimakurorten (Schon- und Reizfaktoren). In gewissen Ländern (z. B. in Deutschland oder Österreich) ist die Bezeichnung ‹Kurort› durch Vorschriften bezüglich Heil- und Reizfaktoren gesetzlich geschützt.

7.3.3 Naherholungsorte

Naherholungsorte weisen im Grunde genommen ähnliche Eigenschaften auf wie die Ferienerholungsorte. Insbesondere dienen sie auch der physischen und psychischen Regeneration des Menschen. Der Naherholungstourist stellt spezielle Anforderungen an die Dimensionierung der touristischen Infra- und Suprastruktur. Deshalb werden die entsprechenden Einrichtungen auf die kurzfristigen Spitzenbelastungen ausgerichtet, was zu schlechten durchschnittlichen Auslastungen führt.

Naherholungsorte liegen in relativer Nähe von Agglomerationen. Es ergeben sich jedoch zahlreiche Überschneidungen mit Ferienerholungsorten. Dies führt oft zu grossen Problemen, da das Verhalten von Nah- und Ferienerholungstouristen nicht miteinander übereinstimmt. Die örtliche und zeitliche Entflechtung von Nah- und Ferienerholungsgästen ist wohl auch in Zukunft nur beschränkt möglich.

7.3.4 Verkehrsknotenpunkt

Mit dem Ausbau der Verkehrsinfrastruktur verlieren die traditionellen Verkehrsknotenpunkte dauernd an touristischer Wichtigkeit: Ein kurzfristiges Aufsuchen bestimmter Zentren ist heute vielfach ohne Übernachtung möglich. Demgegenüber zeigt der Boom des Einkaufs-, Kongress-, Ausstellungs- und Medizinaltourismus in Flughafenstädten die moderne Bedeutung von Verkehrszentren.

7.3.5 Kulturzentren

Orte oder Länder mit herausragenden historischen und religiösen Bauwerken, Museen, Bildungsstätten usw. oder mit besonderen kulturellen Veranstaltungen (Musik-, Theater-, Film- oder Bildungswochen) vermögen wichtige Reiseströme auszulösen.

7.3.6 Städte, Verwaltungs- und Wirtschaftszentren

Typische Beispiele von Verwaltungszentren sind die Hauptstädte. Aus den Beziehungen des öffentlichen Verwaltungsapparates gegen aussen, der Zusammenkunft der Parlamentarier und den vielfältigen diplomatischen Kontakten ergibt sich oft eine beachtliche touristische Nachfrage. Die touristische Bedeutung der Wirtschaftszentren ist in den durch die allgemeine Arbeitsteilung hervorgerufenen regen Geschäftsbeziehungen begründet. Sie äussert sich vor allem in Form des Geschäfts- und Kongresstourismus sowie des Ausstellungs- und Messewesens. Man nennt diesen Tourismus heute MICE-Tourismus: Meetings, Incentives, Convention, Exhibitions. Oft werden unter E zusätzlich auch Events subsummiert. Verwaltungs- und Wirtschaftszentren haben den grossen Vorteil, dass sich die Frequenzen gleichmässiger über das ganze Jahr verteilen und damit eine bessere Auslastung des Angebotes erreicht wird als beispielsweise in Ferien- oder Naherholungsorten.

7.3.7 Resorts

Ein Resort ist ein Teil einer Tourismusdestination, der zentral gemanaged wird, relativ abgeschlossen ist und eine grosse Spanne von Einrichtungen und Dienstleistungen, speziell diejenigen für Entspannung und Gesundheit, Lernen und Aktivitäten bietet. Er besitzt alle nötigen Einrichtungen für einen Aufenthalt, um als selbstständiges Reiseziel zu gelten. Merkmale sind zudem:
- zentrales Management bezüglich der gesamten Leistungskette
- von grossen Unternehmungen getragen
- ausgeprägte Zielgruppenorientierung und professionelles Marketing
- klare Marken-Strategie

7.4 Destinationsmanagement

7.4.1 Destinationsmanagement-Organisationen der 1. und 2. Generation

Betrachten wir einerseits die Komplexität des touristischen Angebotes, andererseits die Vielfalt des aus Gästesicht gewünschten Leistungsbündels, so stellt sich die Frage, wie Angebot und Nachfrage optimal aufeinander abgestimmt und koordiniert werden können. Mit der Theorie zum ‹Destinationsmanagement› (vgl. Bieger/Müller et al. 1997) wurde versucht, eine Antwort auf diese Frage zu geben. Gleichzeitig wurde angestrebt, die zur Verfügung stehenden Marketingmittel so einzusetzen, dass eine möglichst grosse Marktwirkung entsteht. Dies setzt eine minimale Grösse von Destinationen voraus. Je nach Grösse wird von nationalen, internationalen oder globalen Destinationen gesprochen. Sie werden oft auch als ‹national, international oder global players› bezeichnet. Wer nicht mindestens eine Mio. Logiernächte aufweist und ein Budget von mindestens vier Mio. CHF zur Verfügung hat, sollte sich nicht als ‹Global Player› verstehen.

Die Aufgaben einer Destinationsmanagement-Organisation (DMO) sind sehr vielfältig und reichen von der Planungs- über die Angebotsgestaltungs- bis zur Marktbearbeitungsfunktion. Ganz grob können die vielfältigen Aufgaben einer DMO in sechs Bereiche unterteilt werden:
- *Planung:* Destinationsstrategie, Organisation, Finanzierung etc.
- *Information:* Gästeinformation, Kundenbeziehungen (CRM) etc.
- *Angebotsgestaltung:* Destinationsentwicklung, Koordination und Betrieb touristischer Infrastrukturen, Gästeunterhaltung/Events etc.

- *Marketing und Verkauf:* Werbung, Verkaufsförderung, PR/Medienbetreuung, Kommunikation nach innen, Informations- und Reservationssysteme, Packages etc.
- *Interessenvertretung:* Tourismusbewusstsein in der Bevölkerung, Lobbying etc.
- *Monitoring:* Datenaufbereitung, Marktforschung etc.

Diese Aufstellung bringt zum Ausdruck, wie umfassend und komplex der Aufgabenbereich eine DMO ist. Sie macht deutlich, dass nur in Destinationen von einer gewissen Grösse professionelle Arbeit in allen Bereichen geleistet werden kann.

Seit Mitte der 90er-Jahre hat sich die Konsolidierung im Tourismus beschleunigt – auf der Ebene der Betriebe und der Destinationen. Nach Bieger und Beritelli (2013, S. 257) sind diese Konsolidierungen gekennzeichnet durch vier Entwicklungen:
- das Aufkommen neuer Destinationen (z. B. Dubai)
- die Ausdifferenzierung der Leistungen (z. B. umfassendes Miet- und Serviceangebot für Skifahrer oder Biker)
- die Verstärkung des Multi-Channellings und die zunehmende Bedeutung sozialer Netzwerke (z. B. Booking.com und Facebook)
- die kundenseitige Zunahme des Channel-Swapping (abnehmende Kunden-Loyalität)

Diese Entwicklungen führten in vielen DMO zu einer Verstärkung des Marken-Managements, des Customer-Relationship-Managements (CRM) oder des Reputations-Managements. Nur wenige grosse DMO entwickelten sich in Richtung Direktvermarktung und integrierter Angebote und damit eines neuen Destinations-Marketings weiter, schreiben Bieger und Beritelli (2013, S. 258).

In den Destinationskonzepten der 2. Generation (vgl. Bieger, Laesser, Weinert 2006) werden einerseits grössere Destinationsräume mit entsprechenden Organisationsstrukturen und Budgets, andererseits eine Trennung zwischen territorialen und Verkaufsaufgaben gefordert.

7.4.2 Übergangsprozesse zur Bildung von Destinationen

Die unterschiedliche Ausgangslage, um marktfähige Destinationen zu schaffen, ruft nach angepassten Strategien. Im Prinzip können fünf Grundtypen von Übergangsprozessen unterschieden werden:

Alpha: Lokale/regionale Tourismusorganisationen, die bereits Destinationen darstellen
Strategie: *Ausdehnung*

Beta: Lokale Tourismusorganisationen in der Umgebung von bestehenden, starken Destinationen
Strategie: *Anschluss*

Gamma: Regionen mit einem Netz kleiner Tourismusorganisationen
Strategie: *Zusammenschluss*

Delta: Einzelne Tourismusorganisationen und Betriebe in weitgehend nichttouristischen Regionen
Strategie: *Neigungstouristische Kooperationen*

Epsilon: Eigenständige mittelgrosse Tourismusorganisationen innerhalb starker Destinationen
Strategien: *Eigenständige Markenpflege und Marktbearbeitung in nahen Zielmärkten sowie Zusammenschluss für Marktbearbeitung in ferneren Zielmärkten*

Die Bildung von Destinationsstrukturen hat sowohl von oben nach unten wie auch von unten nach oben zu erfolgen. Nach den theoretischen und politischen Vorgaben (top down) ist es an den lokalen Tourismusvereinen, sich (bottom up) zu Destinationen zusammenzuschliessen und die geeignete Kooperationsform zu finden.

7.4.3 Destinationsmanagement-Organisationen der 3. Generation

In der Folge postulieren Bieger, Laesser und Beritelli (2013, S. 259ff.) in ihrem ‹St. Galler-Modell der 3. Generation› eine vermehrte und stärkere Priorisierung der Produktebene. Es wird eine weitere Loslösung vom Territorialprinzip und damit die Abkehr vom strukturell geprägten hin zu einem prozessorientierten Ansatz gefordert. Der Fokus soll zukünftig vermehrt auf funktionsfähige und durchgehende Marketingwirkungsprozesse gelegt werden. Diese Prozesse richten sich nach dem Marketingfunnel (Marketingtrichter): Produktentwicklung, Generierung von Aufmerksamkeit und Interesse bis zum Verkauf, aber auch die Bereitstellung der Dienstleitungskette und die Kundenbeziehung seien durchgehend zu koordinieren.

Abbildung 39 Marketingfunnel

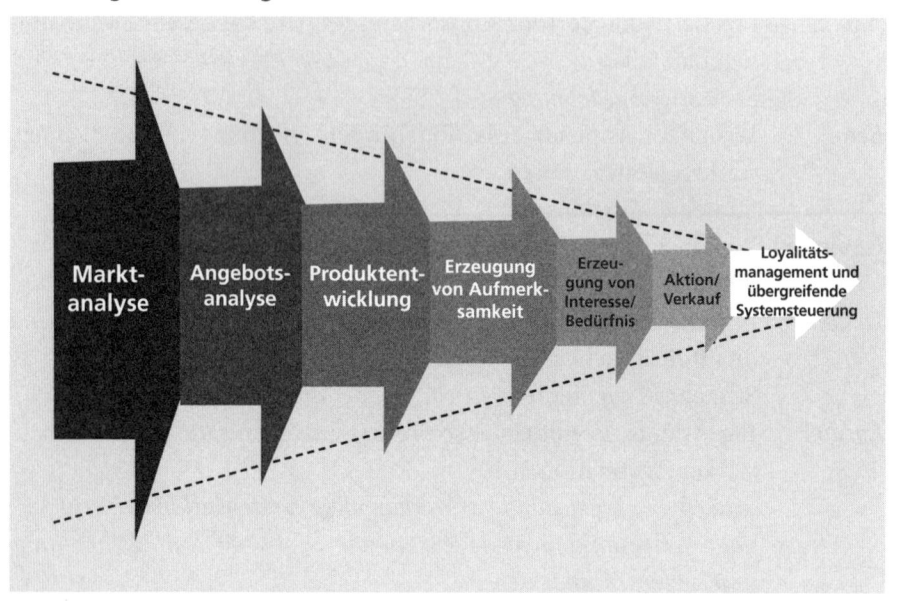

Quelle: Bieger et al. 2013, S. 13

Die Aufgaben der einzelnen Marketingpartner müssen im Ablauf von Produktentwicklung über die Aufmerksamkeitserzeugung, den Verkauf, die Buchung, die Serviceerbringung bis zur Kundenbeziehungspflege (CRM) geklärt und aufeinender abgestimmt werden. Es muss somit vermehrt in flexiblen prozessorientierten Netzwerkstrukturen gedacht werden. Gemäss den Autoren des DMO-Modells der 3. Generation (Bieger/Laesser/Beritelli 2013, S. 261) von der Uni St. Gallen können in jedem Netzwerk drei wichtige Rollen unterschieden werden:

- *Systemköpfe im Angebotsnetzwerk:* Steuert und treibt den Marketingprozess, z. B. Hotelgruppe im Aufenthaltstourismus oder Attraktion im Ausflugstourismus
- *Marktexperten im Nachfragenetzwerk:* Steuert oder beeinflusst als Vorreiter die Informationsverteilung und allenfalls die Entscheidungsfindung potenzieller Gäste, z. B. Influencer oder Reisemittler

- *Portale als Verknüpfungsplattformen, welche Systemköpfe und Marktexperten verbinden:* Wenn Systemköpfe mangels Ressourcen und/oder Kompetenzen nur schwache Verbindungen zu Marktexperten aufgebaut haben (oder umgekehrt), erweitern sich die virtuellen Vertriebsportale im Internet auf operative Einheiten, ausgestattet mit Koordinations- und Vertriebskompetenzen (z. B. DMO der 3. Generation).

Das Vorgehen, wie sich eine DMO in Richtung 3. Generation verändern sollte, beschreiben Beritelli, Reinhold, Laesser, Bieger (2015, S. 67ff) in sechs Schritten:

1. Analysieren der strategischen Besucherströme (oft kartographisch)
2. Erstellen eines Portfolios mit variabler Geometrie
3. Analyse der Netzwerke und Hebelmechanismen:
   - Systemköpfe: relativ einfach identifizierbar
   - Marktexperten: weit schwieriger identifizierbar
4. Festlegen der Prozesse und der Aufgabenteilung
5. Klärung der Abstimmungen und des Ressourceneinsatzes
6. Moderation der Veränderungsprozesse und laufende Aktualisierung

Ziel muss es sein, Mitverantwortung an Leistungs-/Kompetenzträger zu delegieren.

2023 wurden die aktuellen Strukturen und Aufgaben sowie die Herausforderungen und Perspektiven der Tourismusdestinationen in der Schweiz untersucht (vgl. Laesser et al. 2023). In der Ausgangslage wurde u. a. festgehalten:

- Die Strukturen haben sich zwar professionalisiert, der Wunsch einer strategischen Steuerbarkeit einer Destination müsse jedoch aus verschiedenen Gründen hinterfragt werden, denn DMO haben eine Verantwortung ohne Kompetenz und insbesondere keinen Durchgriff auf die Leistungsträger; sie können nur motivieren, anregen, koordinieren und unterstützen.
- DMO haben kaum eigene finanzielle Mittel, die sie frei einsetzen können.
- DMO agieren tendenziell konsensorientiert, sind mindestens einer Mehrheit verpflichtet und müssen sich oft mit dem kleinsten gemeinsamen Nenner zufriedengeben.

- DMO als komplexes Konstrukt mit unterschiedlichen Akteuren und Interessengruppen können in der Regel Destinationen nicht steuern.

Die Studienautoren geben die folgenden Empfehlungen (vgl. Laesser et al. 2023, S. 171ff.):

- Da gemeinsame Interessen zwischen den Akteuren in (Zusammen-)Arbeitsprozesse münden können, soll der Fokus 1. auf die Identifizierung von gemeinsamen Absichten (Absichtsbildung) und 2. auf die Umsetzung von gemeinsamen Projekten gelegt werden.
- Die Vielfalt der potenziell auszuführenden und zu finanzierenden Aufgaben bedinge eine Differenzierung in der Absichtsbildung als Input, deren Umsetzung als Output und der entsprechenden Governance.

Die Autoren kommen zum Schluss, dass sich DMO auf einzelne Massnahmen resp. Projekte rund um die Kernprozesse auf unterschiedlichen Wertschöpfungsketten einer Destination konzentrieren sollen. Ihre zentrale Aufgabe sei die Prozessmoderation mit Einigung auf gemeinsame Planung und Umsetzung von konkreten Massnahmen oder Projekten: Sie sollen sich an einer Projektlogik (Input, Output, Outcome) mit gemeinsamen Lenkungsstrukturen und Regelsystemen orientieren und sich als ‹Community of Practice› verstehen.

7.4.4 Destinationsmanagement-Organisationen der 4. Generation

Obwohl die Abgrenzung einer Destination sowie die zentralen Aufgaben und Wirkungen einer DMO immer wieder in Frage gestellt werden, haben sich Destinationen gefestigt, stellen Stettler/Müller (2024, S. 10) fest: «Destinationen wurden entlang des Erlebnisraums der Gäste mehr und mehr verdichtet und zu wichtigen Bezugsgrössen im fluiden touristischen Raum. Um die Attraktionen und Leistungsträger in diesem Erlebnisraum zu koordinieren, zu unterstützen, zu positionieren, zu vermarkten und den Gästen eine Anlaufstelle zu bieten, aber auch, um die vielfältigen Anliegen der ortsansässigen Bevölkerung zu berücksichtigen, haben sich die DMO als Netzwerkorganisationen etabliert und sind im komplexen touristischen System nicht mehr wegzudenken.»

Für Stettler/Müller (2024, S. 4) soll sich die DMO im ‹Destinationsmanagement 4.0›

- vor allem als Netzwerkorganisation verstehen, die vielschichtigen touristischen Interessen koordinieren und vertreten sowie projektbezogene Prozesse moderieren,
- den Fokus auf die Angebots- und Destinationsentwicklung legen,
- sich zwar an den politischen Gegebenheiten orientieren, aber den Blickwinkel auf den gesamten Erlebnisraum der wichtigen Gästegruppen ausweiten,
- den Umfang und die Qualität der Aufgaben in Leistungsaufträgen klären,
- die Lebensqualität der Bevölkerung einbeziehen, wo immer sich die Erlebnis- und Lebensräume überschneiden und
- einen starken Akzent auf das Stakeholdermanagement setzen.

Kern des Destinationsmanagements 4.0 ist ein Strukturmodell, das auf dem Destinationsmodell von Ritchie & Crouch (2003) basiert und die beiden Ziele verfolgt, die Wettbewerbsfähigkeit mit Hilfe des Qualitäts- und Innovationsmanagements, des Erlebnis-Settings sowie der Digitalisierung zu stärken sowie eine nachhaltige Destinationsentwicklung zu verfolgen. Das Modell macht deutlich, dass die Wettbewerbsfähigkeit einer Destination von weiteren Faktoren abhängt:

- vom sich verändernden Umfeld sowie den Rahmenbedingungen, auf die sich eine Destination immer wieder einstellen muss,
- von den qualifizierenden Faktoren wie Lage, Bekanntheit, Sicherheit oder das Kosten-Nutzenverhältnis, welche die Wettbewerbsfähigkeit verbessern oder auch gefährden können,
- sowie den unterstützenden Faktoren wie mit den gegebenen Standortfaktoren (Natur oder Kultur) sowie den geschaffenen Ressourcen und Attraktionen.

Abbildung 40 Strukturmodell Destinationsmanagement 4.0 aus Sicht einer DMO

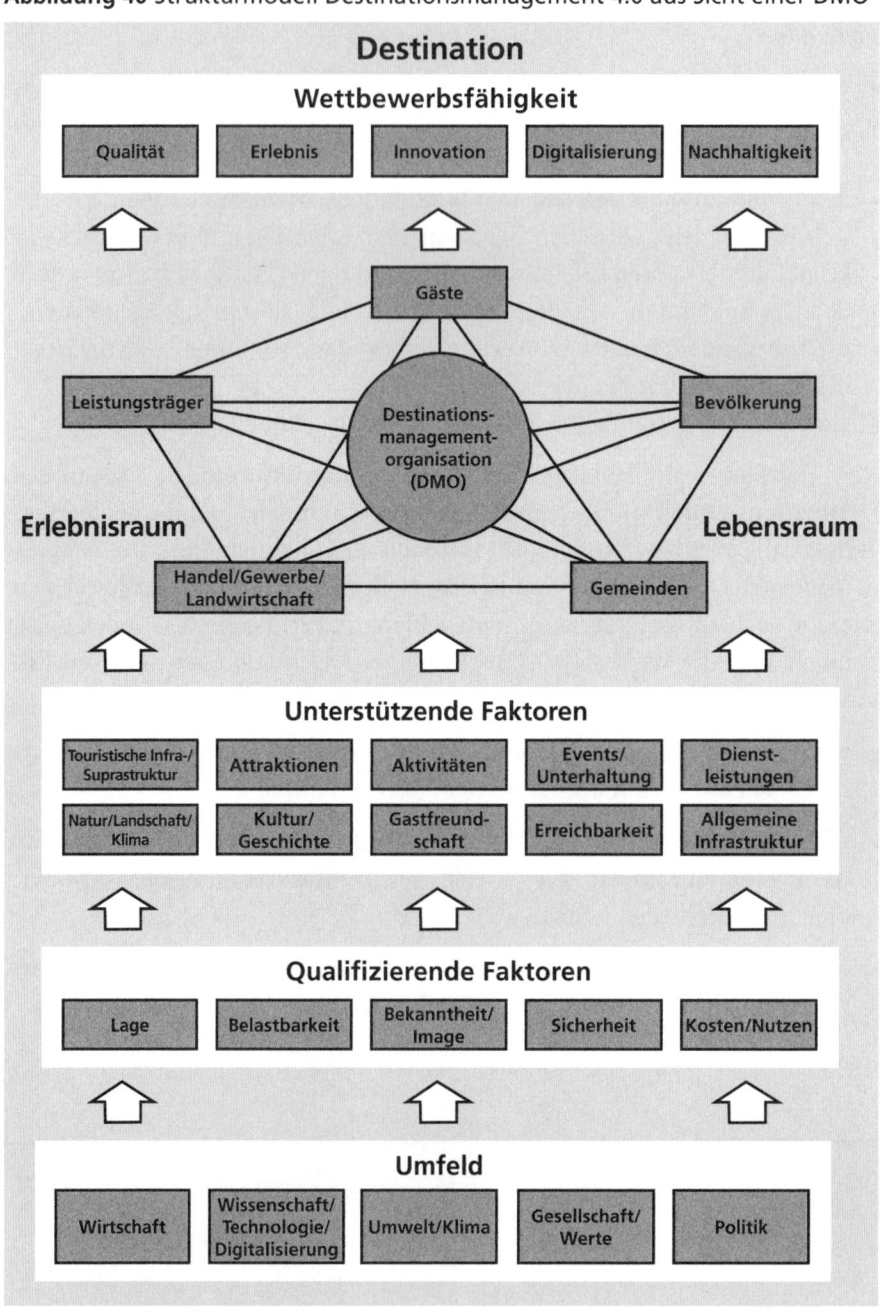

Destination
Wettbewerbsfähigkeit
- Qualität
- Erlebnis
- Innovation
- Digitalisierung
- Nachhaltigkeit

Erlebnisraum — **Lebensraum**

- Gäste
- Leistungsträger
- Bevölkerung
- Destinationsmanagementorganisation (DMO)
- Handel/Gewerbe/Landwirtschaft
- Gemeinden

Unterstützende Faktoren
- Touristische Infra-/Suprastruktur
- Attraktionen
- Aktivitäten
- Events/Unterhaltung
- Dienstleistungen
- Natur/Landschaft/Klima
- Kultur/Geschichte
- Gastfreundschaft
- Erreichbarkeit
- Allgemeine Infrastruktur

Qualifizierende Faktoren
- Lage
- Belastbarkeit
- Bekanntheit/Image
- Sicherheit
- Kosten/Nutzen

Umfeld
- Wirtschaft
- Wissenschaft/Technologie/Digitalisierung
- Umwelt/Klima
- Gesellschaft/Werte
- Politik

Quelle: Stettler, Müller, 2024, S. 61

Im Modell werden der Erlebnisraum der Gäste sowie der Lebensraum der Bevölkerung ins Zentrum gestellt, die von der DMO mit ihren Stakeholdern gestaltet werden muss. Stettler/Müller (2024, S. 67ff) unterscheiden acht Kernaufgaben einer DMO:

- Planung, Governance und Finanzierung
- Angebots- und Destinationsentwicklung
- Information und Services, auch für Dritte
- Marketing und Kommunikation, auch gegen innen
- Stakeholdermanagement und Support
- Interessenvertretung
- Betrieb von Infrastrukturen
- Daten und Monitoring

Jede dieser Kernaufgaben einer DMO hat – kontextabhängig – sehr unterschiedliche Ausprägungen. Entscheidend ist, dass die DMO das richtige Aufgabenportfolio zusammenstellt, Effizienz und Effektivität anstrebt, den Fokus nicht verliert und die Rollenteilung klärt. Für das Destinationsmanagement 4.0 ist das systematische und gekonnte Stakeholdermanagement zentral. Wichtig ist aber auch, dass sich der Perimeter einer Destination am Erlebnisraum der hauptsächlichen Gästegruppen, das heisst an den durch Attraktionen ausgelösten Gästeströmen, orientiert. Der Erlebnisraum überlappt sich mit dem Lebensraum der Bevölkerung. Dabei können Interessen- und Nutzungskonflikte entstehen. Um die Tourismusakzeptanz zu erhalten oder zu stärken, ist bei jedem Entwicklungsprojekt mit Gästefokus die Verträglichkeit mit der Bevölkerung zunehmend bedeutungsvoll. Die Entwicklung des Erlebnisraums wird primär durch die DMO koordiniert, die Entwicklung des Lebensraums liegt jedoch in der primären Verantwortung der Gemeinden (Stettler/Müller 2024, S. 6).

7.5 Touristische Betriebe

Hauptsächlicher Stakeholder im Tourismus sind die touristischen Betriebe, auch Leistungsträger genannt. Sie spielen je nach Typ des Tourismusortes oder der Reiseform eine unterschiedlich wichtige Rolle. Erst die Summe der zahlreichen Klein-, Mittel- und Grossbetriebe macht den Tourismus zu einem starken Wirtschaftszweig.

7.5.1 Gliederungskriterien

Die Vielzahl touristischer Betriebe kann nach unterschiedlichen Kriterien gegliedert werden:
- nach den Abwicklungskomponenten des touristischen Vorganges, also nach Beratungs-, Transport- und Aufenthaltsbetrieben
- nach Leistungsbereichen
- nach Produktionsstufen
- nach den touristischen Hauptbedürfnissen

In diesem Kapitel möchten wir auf der Stufe ‹Produzent› die touristischen Betriebe näher beschreiben, wobei wir die Gliederung aufgrund der touristischen Hauptbedürfnisse wählen.

7.5.2 Beherbergungsbetriebe

Ausgehend vom Grundbedürfnis, während den Ferien ein ‹Dach über dem Kopf› zu haben, behandeln wir vorerst die Beherbergungsbetriebe. Dabei gilt es, die vielfältigen Formen auseinanderzuhalten. Üblicherweise wird eine Zweiteilung in ‹Hotellerie› und ‹Parahotellerie› gemacht.

Hotellerie

Eigentlicher Vertreter des gastgewerblichen Beherbergungsbetriebes ist das Hotel. Üblicherweise wird ein Hotel wie folgt definiert:

Das Hotel ist ein Betrieb, der über eine minimale Einrichtung für den Empfang, den Aufenthalt, die Unterkunft und die Verpflegung seiner Gäste verfügt. Neben der Beherbergung umfasst sein Angebot mindestens einen Frühstücksservice, in der Regel jedoch eine umfassende Restauration. Er zeichnet sich durch einen angemessenen Standard und Wohnkomfort sowie entsprechende Dienstleistungen aus. Er weist mindestens zehn Gästezimmer auf.

Neben dem eigentlichen Hotel bestehen in der Praxis zahlreiche Abwandlungen davon, die recht unterschiedlich definiert werden und oft auch kombiniert als *Hybridhotel* auftreten.

Hotel Garni

Hotelbetrieb, der nur Beherbergung, Frühstück und Getränke, aber keine Pension anbietet. Angegliedert kann auch ein Restaurationsbetrieb sein.

Motel

Hotelbetrieb, der pro Zimmer einen Parkplatz zur Verfügung stellt und durch seine Verkehrslage, seine Bauart und seine Nebenbetriebe auf die Bedürfnisse des Autotourismus ausgerichtet ist.

Pension

Betrieb, der sich von den Hotels durch bescheideneren Komfort, einfachere Mahlzeiten und eingeschränkte Dienstleistungen unterscheidet.

Gasthaus (bzw. Gasthof)

Betrieb in ländlicher Gegend, der den Bedürfnissen der Verpflegung dient und mindestens fünf Gästezimmer aufweist.

2019 bot die Schweizer Hotellerie in ihren 4234 Betrieben 130'625 verfügbare Zimmer mit 253'071 Betten an. An den 39,6 Mio. Hotellogiernächten im Jahr 2019 waren die Schweizer mit rund 45% und die Ausländer mit 55% beteiligt. Die Netto-Auslastung (jährliche Logiernächte in Prozent der Summe der monatlichen Netto-Kapazitäten) der Hotelbetten betrug 2019 45%, die Netto-Auslastung der Hotelzimmer 55% (STV 2020, S. 22).

Allerdings hinterliess die Pandemie auch in der Schweizer Hotellerie Spuren. 2022 boten noch 4020 Betriebe 131'486 verfügbare Zimmer mit 257'641 Betten an. Dabei waren die Schweizer mit 55% und die Ausländer mit 45% an den 38,2 Mio. Logiernächten beteiligt. Die Netto-Auslastung der Hotelbetten betrug 45.2%, die Netto-Auslastung der Hotelzimmer 51.6% (STV 2023, S. 20).

Parahotellerie

Unter Parahotellerie versteht man all jene Beherbergungs- und Unterkunftsformen, die nicht der traditionellen Hotellerie zugeordnet werden. Die Vielfalt ist gross und reicht von vermieteten Ferienwohnungen über Campingplätze und den Ferien auf dem Bauernhof bis zu ‹Hideaways›, also originelle Bijous oder Zufluchtsorte.

Die Gründe für die geänderten Anforderungen an Beherbergungsmöglichkeiten punkto Dienstleistungen, Ausstattung und Bewirtschaftung sind vielfältig: z. B. Ablehnung von Essens- oder Kleiderzwang, freiere und unabhängigere Gestaltung des Aufenthaltes, Demokratisierung der Tourismusnachfrage

(Teilnahme von Bevölkerungsschichten mit tieferem Einkommen).

In der schweizerischen Tourismusstatistik wird aus erhebungstechnischen Gründen eine etwas einfachere Gliederung der Parahotellerie vorgenommen (STV 2023):

Parahotellerie 2022	Betriebe	Betten	Logiernächte
Ferienwohnungen	28'511	138'466	7'652'266
Kollektivunterkünfte	2'255	108'368	4'910'369
Campingplätze	398	28'420*	4'836'315
Agrotourismus	195	-	126'000

*) Passantenplätze

Dazu zählen auch Bed & Breakfast sowie die touristisch genutzten, aber nicht vermieteten *Zweitwohnungen,* die in der offiziellen Tourismusstatistik nicht erfasst werden. Laut Schätzungen gibt es in der Schweiz 722'800 zeitweise bewohnte Wohnungen, die an 30 bis 40 Tagen im Jahr belegt sind (ARE 2018).

Seit sich Airbnb als Vermittler von leerstehenden Zimmern auf dem touristischen Markt bemerkbar macht, steigt das Angebot von Mietobjekten kontinuierlich: Waren es im Jahr 2014 in der Schweiz nur rund 5000 Objekte (Privat-, Ferien- oder Zweitwohnungen, Hotels), so waren es im November 2019 bereits 53'300 Objekte, die gemietet werden konnten (Schegg et al. 2020). Das Angebot von Airbnb wird laufend erweitert: Seit 2019 wurde eine neue Plattform mit Entdeckungen online gestellt, die mehrtätige Erlebnisse anbietet.

Aparthotels

Vermehrt sind auch Hotels mit einem Anteil an Zweitwohnungen (so genannte Aparthotels) ins Blickfeld des Interesses gerückt. Es handelt sich dabei gewissermassen um eine Mischform zwischen der Hotellerie und der Parahotellerie. Generell verwischen die unterschiedlichen Beherbergungsbetriebe und werden immer hybrider. Unter einem Aparthotel ist ein Hotelbetrieb mit beschränkten Dienstleistungen und der Verpflichtung, die vorhandenen Wohnungen und Zimmer hotelmässig zu nutzen, zu verstehen. Die einzelnen Wohnungen oder Zimmer mit Kochgelegenheit werden im

Stockwerkeigentum verkauft. Der Eigentümer ist jedoch verpflichtet, seine Wohnung oder einzelne Zimmer während bestimmten Zeiten des Jahres zur hotelmässigen Nutzung freizugeben. Der übliche Hotelservice wird ihm während seiner Anwesenheit auf Wunsch zur Verfügung gestellt.

Rein äusserlich (aus der Sicht des Nachfragenden) unterscheidet sich das Aparthotel somit kaum vom traditionellen Hotel. Der Unterschied ist vielmehr ‹innerlich› (Finanzierung, Verfügbarkeit). Für gewisse Instanzen kann die Frage, ob es sich bei einem Aparthotel nun um ein traditionelles Hotel oder eine Parahotellerieform handelt von Bedeutung sein, beispielsweise für die Erteilung der Baubewilligung oder vor allem beim Erwerb von Eigentum durch Ausländer. Bei der Zunahme hybrider Hotelformen (vom ‹All-Suites-Hotel› bis zum ‹Serviced Apartment-Hotel›) muss der juristische Begriff der ‹Betriebsstätten›, der sich bis anhin bei der Anwendung der Lex Koller am klassischen Hotelbetrieb orientierte, erweitert werden.

Abbildung 41 Touristische Beherbergungsformen

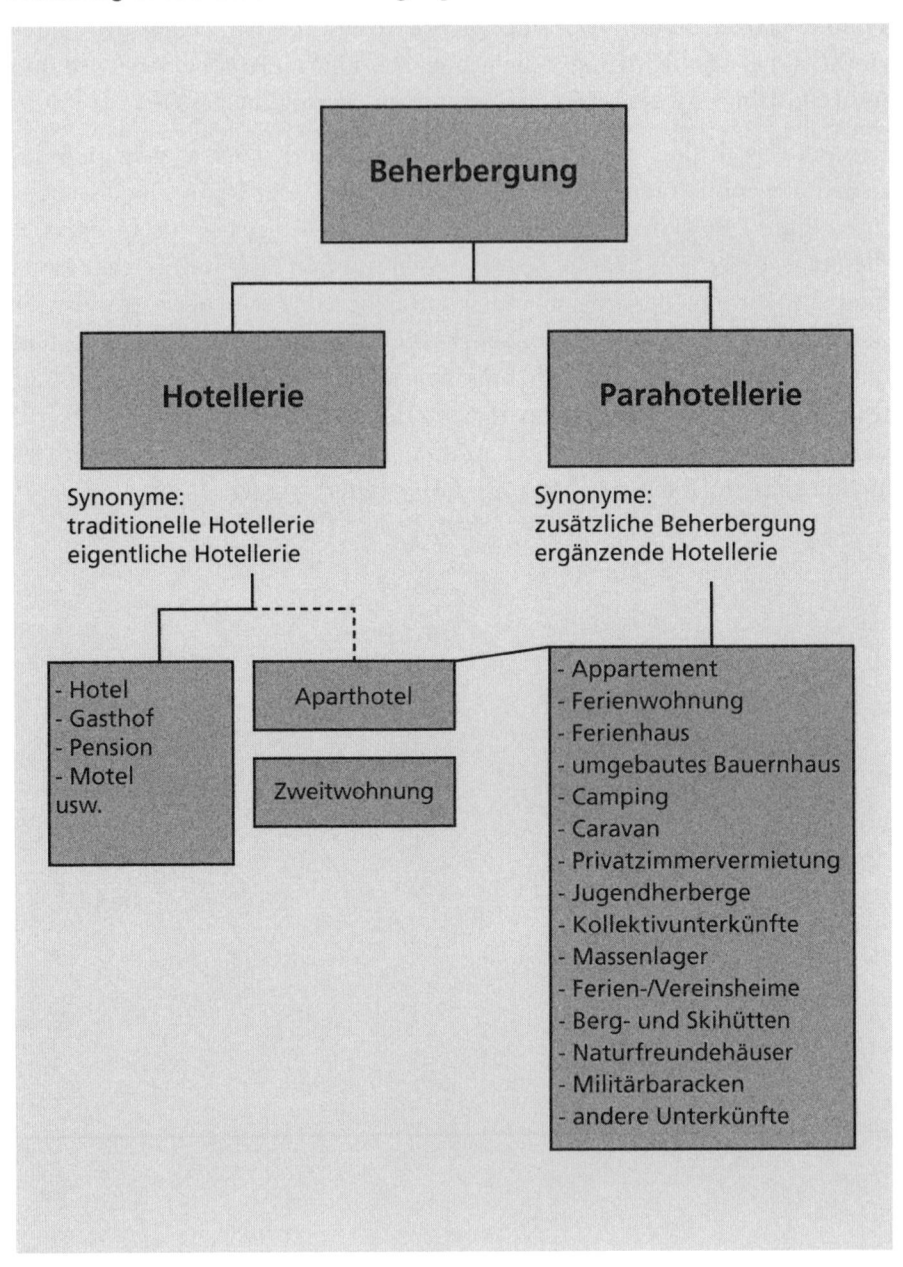

```
                        Beherbergung
                       /            \
              Hotellerie            Parahotellerie
```

Synonyme:
traditionelle Hotellerie
eigentliche Hotellerie

Synonyme:
zusätzliche Beherbergung
ergänzende Hotellerie

- Hotel
- Gasthof
- Pension
- Motel
usw.

Aparthotel

Zweitwohnung

- Appartement
- Ferienwohnung
- Ferienhaus
- umgebautes Bauernhaus
- Camping
- Caravan
- Privatzimmervermietung
- Jugendherberge
- Kollektivunterkünfte
- Massenlager
- Ferien-/Vereinsheime
- Berg- und Skihütten
- Naturfreundehäuser
- Militärbaracken
- andere Unterkünfte

Quelle: Kaspar 1991, S. 80

Zwischenruf

Wenn die Preise purzeln

Konkurrenz belebt bekanntlich das Geschäft. Sie kann aber auch Existenzängste wecken. Über regionale Kapazitätserweiterungen wie die Eröffnung von Hotels wird zumeist hoffnungsvoll geschrieben. Angestrebt werden neue Absatzwege, ein verbessertes Destinations-Image und flexiblere Kapazitätsauslastungen. Schnell einmal zeigt sich aber ein altbewährtes ökonomisches Gesetz: Bei gleichbleibender Nachfrage, aber erhöhtem Angebot steigt der Druck auf den Marktpreis. Logische Konsequenz ist ein Purzeln der Preise, wie es immer wieder beobachtbar ist. Der Wettbewerb spielt unerbittlich, so dass das angebotene Preis-Leistungsverhältnis der Betriebe auf die Probe gestellt wird. Zunächst beängstigend, kann dies aber auch ein Anreiz zur betrieblichen Weiterentwicklung sein. Welches sind mögliche Handlungsoptionen? Ein Aufspringen auf ein konkurrenzbasiertes Pricing kann eine ruinöse Preisspirale in der Destination auslösen. Mit dem Verharren auf einem kostenbasierten Pricing sinkt bei gleicher Leistung die Wettbewerbsfähigkeit, was die Betriebe eher ins Abseits stellt. Eine erfolgversprechendere Strategie könnte im Value Based Pricing liegen. Dort steht nicht der Preis, sondern der geschaffene Nutzen für die Gäste sowie die optimale Nutzung ihrer Zahlungsbereitschaft im Zentrum. Anstatt an der unheilvollen Preisspirale zu drehen, ist die anspruchsvolle und kreative Produktgestaltung mit Gästewert gefordert. Dies belebt den Markt, fördert Innovationen und stärkt die Preise.

Monika Bandi Tanner

7.5.3 Verpflegungsbetriebe

Die Erscheinungsformen der Verpflegungsbetriebe sind ebenfalls vielfältig. Dieser Formenreichtum ist wie bei der Beherbergung auf die sehr verschiedenen Anforderungen der heutigen Nachfrage zurückzuführen. Je nach Art der Innenausstattung, der Speisekarte oder des Getränkesortimentes wird z. B. unterschieden nach Restaurants, Tea-Rooms, Bars, Wein- und Bierstuben, Imbissecken, Kiosks, Festwirtschaften, Kantinen, Automatencenters usw. In der Schweiz gibt es 28'508 gastgewerbliche Betriebe, darunter Restaurants, Fast Food, Bars, Tea-Rooms, Kantinen usw. (STV 2020, S. 32). 2020 sank die Zahl der gastgewerblichen Betriebe auf 26'260 (STV 2023). Für Verpflegungsbetriebe fehlen gesamtschweizerisch einheitliche Definitionen: Es ist Sache der Kantone, welche Unterscheidung sie vornehmen wollen, wie die verschiedenen Betriebe zu definieren sind und welche gesetzlichen Anforderungen erfüllt sein müssen.

7.5.4 Betriebe zur Erholung von Krankheiten – Wellness

Unter die Betriebe zur Erholung von Krankheiten fallen die so genannten Kur- und Heilbetriebe, also die Thermalbäder und Sanatorien. Ihre hauptsächliche Betriebsleistung ist die ärztliche und pflegerische Betreuung, einschliesslich der sie kennzeichnenden spezifischen Therapien. Beherbergung und Verpflegung stellen dabei nur subsidiäre Leistungen dar. Zu den speziellen medizinischen Behandlungen gehören Balneo-, Hydro-, Thermo-, Inhalations- oder Bewegungstherapien. Diese Kur- und Heilbetriebe haben mit den zunehmenden Zivilisationskrankheiten (Bewegungsarmut, Stress- und Burnout-Erscheinungen, unangepasste Essgewohnheiten usw.) und der Wellnessbewegung in den letzten Jahren eine Renaissance erfahren.

7.5.5 Tagungs- und Kongressbetriebe

Obwohl in den letzten Jahren viel vom Kongresstourismus gesprochen worden ist, hat sich bis heute keine einheitliche Definition durchgesetzt. Auch die Swiss Congress, in der alle Kongressorte zusammengeschlossen sind, schreibt nur einen Kongresssaal für mindestens 500 Personen vor. Zahlreiche Ferienorte und Städte versuchen in jüngster Zeit, sich im Tagungs- und Kongresswesen zu etablieren. Um das im Mittelpunkt stehende Kongresshaus, das mit kostspieligen technischen Anlagen ausgestattet sein muss, besser auszulasten, werden vielfach Mehrzweck- oder Eventanlagen erstellt.

7.5.6 Unterhaltungsbetriebe

Vielfach verfügen bereits Hotels und ähnliche Beherbergungsbetriebe über spezifische Einrichtungen. Generell unterscheidet man etwa zwischen Theater, Kinos, Kursälen, Casinos, Dancings, Nightclubs, Bars und ähnlichem. Eine genaue Begriffsbestimmung erübrigt sich, da einerseits der Begriff allein bereits aussagekräftig ist, andererseits nur gerade Kursäle und Spielbanken (Casinos) gesamtschweizerisch gesetzlich geregelt und entsprechend definiert sind. In allen anderen Fällen ist die kantonale Gesetzgebung bezüglich Merkmale und Abgrenzungen der Betriebe zuständig.

7.5.7 Freizeitparks und Erlebniswelten

In den jüngeren Jahren haben sich immer mehr Freizeitparks und künstliche Erlebniswelten als touristische Angebote etabliert. Opaschowski (2000) sprach einmal von ‹Kathedralen des 21. Jahrhunderts›. Sie können wie folgt unterteilt werden:
- *Erlebnis- und Lernparks:* Themenparks, Welten, Brand Parks, Lunapark, Center Parks
- *Unterhaltungs- und Konsumparks:* Multiplex-Anlagen, Urban Entertainment Centers, Diskoparks, Shopping Malls
- *Wasserparks:* Erlebnis- und Spassbäder, Badelandschaften, Thermal-Erlebnisparks, Gesundheitszentren
- *Natur-, Kultur- und Erholungsparks:* Tierparks/Zoos, Safariparks, Botanische Gärten, Gartenschauen, Museen, Freiluftmuseen
- *Spiel- und Sportparks:* Sportzentren, Fitnessparks, Kinderspielparks

Die grössten Freizeitparks sind: Magic Kingdom (Walt Disney World Resort) in Florida mit 20,9 Mio. Eintritten, Disneyland Park Anaheim in California mit 18,7 Mio., Tokyo Disneyland mit 17,9 Mio., Universal Studios JP mit 14,3 Mio. und Disneyland Park in Paris mit 9,8 Mio. (TAE/AECOM 2019). Der Europapark in Rust (D) wies 2023 rund 6 Mio. Eintritte auf (Handelszeitung 2019). In der Schweiz gibt es neun grössere Freizeitparks sowie 29 Zoos.

7.5.8 Touristische Spezialverkehrsmittel

Bei zahlreichen touristischen Aktivitäten verlangen Touristen nach Verkehrseinrichtungen. Die entsprechenden Spezialverkehrsmittel richten ihr Angebot

(z. B. Fahrplan) weitgehend auf die touristische Nachfrage aus. Zu den touristischen Spezialverkehrsmitteln zählen insbesondere die Luftseilbahnen (Pendel- und Umlaufbetrieb), Ski- und Sessellifte, Drahtseilbahnen und Zahnradbahnen. 2022 gab es in der Schweiz insgesamt 2434 Bergbahnanlagen: 54 Standseil-, 115 Pendel-, 139 Kabinenumlauf-, 252 Kleinseil- und 352 Sesselbahnen sowie 753 Schlepplifte, 470 Kleinskilifte und 299 Förderbänder (SBS 2023). Im Winter 2021/22 wurden rund 25,4 Mio. Skierdays (Ersteintritte pro Person und Tag im Winter) gezählt. Diese Zahl nimmt tendeziell ab: 2008/09 waren es noch 29 Mio. Skierdays (SBS 2023).

7.5.9 Betriebe zur sportlichen Betätigung

Nebst den touristischen Spezialverkehrsmitteln dienen Betriebe wie Schwimm- und Spassbäder, Eisbahnen, Curlingplätze, Tennisplätze, Reitanlagen, Fitnesseinrichtungen, Kleinsportanlagen (Kegeln, Boccia), Wanderwege, Skipisten und viele andere mehr der sportlichen Betätigung. Nicht vergessen werden dürfen Sportgeschäfte, Schneesportschulen, Bergführer, Adventure-Anbieter und Ähnliches. In den 150 Schweizer Skischulen wurden 2022/23 rund 7,9 Mio. Unterrichtsstunden verkauft (STV 2023, S. 43).

7.5.10 Allgemeine Verkehrsbetriebe

Bevor überhaupt Leistungen eines touristischen Betriebes in Anspruch genommen werden können, müssen Touristen eine Ortsveränderung vornehmen. Den allgemeinen Verkehrsbetrieben (Eisenbahn, Flugzeuge, Strassenverkehrsmittel, Schiffe, Taxi) kommt damit touristisch gesehen eine zentrale Bedeutung zu. Vielfach liegt jedoch ihre Hauptgeschäfts- bzw. Haupterwerbstätigkeit ausserhalb des touristischen Bereichs. Einige Zahlen zu den allgemeinen Verkehrsbetrieben in der Schweiz (STV 2020; STV 2023):

- Dem Touristen steht ein *Strassennetz* von 71'557 km zur Verfügung. 1855 km sind Nationalstrassen, davon 1458 km Autobahnen.
- Auf den sieben grössten *Flughäfen* Zürich, Genf, Basel, Lugano, Bern-Belp, St. Gallen Altenrhein und Sion wurden 2019 rund 470'000 Flugbewegungen (Starts und Landungen) mit rund 59 Mio. Passagieren (inkl. Transitreisende) gezählt. Nach der Pandemie 2022 zählten die Flughäfen 355'915 Flugbewegungen mit rund 44 Mio. Passagieren.

Zwischenruf

Chancen und Risiken von Kooperationen

Seit einiger Zeit rücken Innovation und Kooperationen vermehrt in den Fokus der Lösungsvorschläge. Beide gelten als Heilbringer für die angeschlagene Wettbewerbsfähigkeit touristischer Betriebe. Gerade in turbulenten Zeiten wird längerfristigen Rezepten aber oft kritisch begegnet. Obwohl der Schuh drückt, möchte man ihn auch in Zukunft lieber selber binden. Das Eingehen von Kooperationen widerspricht also im ersten Moment der Eigenständigkeit. Die Chance, von gemeinsamen Schritten in absehbarer Zeit zu profitieren, kann jedoch Betriebe motivieren, ein gewisses Kooperationsrisiko einzugehen. Das erinnert uns an die Portfoliotheorie und den Zielkonflikt zwischen Risiko und Ertrag. Je höher das Risiko – gemessen anhand der Bindungsintensität zwischen Partnern – desto höher sollte der Ertrag aus der Kooperation ausfallen. Es erstaunt daher wenig, wenn die oft geforderten, grossen gemeinsamen Schritte, welche längerfristig Strukturen verändern, bis anhin nur vereinzelt gegangen wurden. Im Vorfeld können Kooperationsrisiken zwar möglichst vermindert werden. Die Herausforderung liegt aber vor allem in der Schaffung von Mehrwerten. Und dazu sind kreative Ideen gefragt.

Betriebe müssen eine gewisse Leistungsfähigkeit und Unternehmer ein Minimum an Kooperationsfähigkeit und -wille mitbringen. Zudem sollte die Zusammenarbeit zu Win-win-Situationen unter den Partnerbetrieben führen und eine minimale formale Organisation der Kooperationsbeziehung wird benötigt. Überdies gibt es kooperationsfördernde Faktoren wie funktionierende Netzwerke oder eine verträgliche Betriebskultur, die gepflegt werden sollten.

Empirisch konnte bestätigt werden, dass Kooperationen in der Tat Vorteile generieren und diese positiv mit der Leistungsfähigkeit von Betrieben verbunden sind. Zudem zeigt sich ein sehr differenziertes Nutzenverständnis. Verschieden grosse und klassifizierte Hotels teilen sowohl sichtbare wie auch immaterielle Ressourcen mittels lokaler Kooperati-

onsaktivitäten mit anderen Hotels oder Akteuren ausserhalb der Hotellerie – Vorteile sind von diesen Eigenschaften abhängig.

Die Ergebnisse zeigen, dass kleine und tief klassifizierte Hotelbetriebe insbesondere von Kooperationsaktivitäten profitieren, wenn sichtbare Ressourcen im Bereich Marketing und Verkauf mit Akteuren ausserhalb der Hotellerie geteilt werden. Ressourcenstarke Hotels können insbesondere von Kooperationsaktivitäten, in denen immaterielle Ressourcen mit Akteuren ausserhalb der Hotellerie geteilt werden, profitieren (Pfammatter et al. 2021). Mittlerweile gibt es Unterstützungstools für die Entwicklung von Kooperationspotenzial. Gelingt es, wird die betriebliche Innovationskraft durch die gemeinsamen Schritte mit der Digitalisierung gestärkt, was den Zielsetzungen zukunftsorientierter Betriebe ohnehin entsprechen sollte.

Monika Bandi Tanner

- Mit einem *Liniennetz des öffentlichen Verkehrs* auf Schiene, Strasse und Wasser von 28'427 km werden nicht weniger als 24'012 Haltestellen bedient.
- Mit einem *Eisenbahnnetz* von rund 5323 km Streckenlänge (davon 3236 km der SBB) besitzt die Schweiz eines der dichtesten Bahnnetze der Welt.
- *PostAuto Schweiz* bildet mit ihren 916 Linien und einem Streckennetz von 16'055 km einen wesentlichen Teil des schweizerischen Verkehrssystems.
- 2022 verkehrten 145 konzessionierte *Personenschiffe* auf den 15 Schweizer Seen und transportierten rund 13,1 Mio. Passagiere. Damit ist die Schweiz wohl das grösste Binnenschifffahrtsland Europas.

Auch Taxidienste gehören zu den wichtigen touristischen Angeboten. Dabei spielen globalisierte Intermediäre wie *Uber* eine wichtige Rolle.

7.6 Marktformen

Ökonomische Marktformen ergeben sich im Wesentlichen aus der Marktstruktur. Sie wird von verschiedenen Faktoren des Angebotes und der Nachfrage bestimmt (vgl. Dwyer et al. 2010, S. 155ff.):

- Anzahl Anbieter: Ein zentrales Merkmal der Marktstruktur ist die Anzahl Anbieter im betreffenden Markt, deren relative Grösse und somit die Marktkonzentration. Wenn viele kleine Unternehmen auf dem Markt agieren, kann sich ein vollkommener Wettbewerb einstellen, während am anderen Ende des Kontinuums ein Monopol dadurch charakterisiert wird, dass nur ein Anbieter die Bereitstellung des Angebotes übernimmt.
- *Produktdifferenzierung:* Betriebe können sich in ihrem Angebot gegenüber der Konkurrenz aufgrund der Qualität, der Marke, der angebotenen Serviceleistungen etc. differenzieren. Durch Produktdifferenzierung versucht jedes Unternehmen, für sich eine Marktnische zu besetzen und so seine Marktmacht in einem sonst hochgradig kompetitiven Markt zu vergrössern. Je stärker es einem Betrieb gelingt, sich zu differenzieren, desto stärker kann er seine Nische besetzen, auf den Preis und die Angebotsmenge Einfluss nehmen sowie seine Umsätze und Kosten beeinflussen. Dies gelingt, weil Differenzierung den Grad der Substituierbarkeit zwischen Produkten verringert.
- *Kostenstruktur:* Wenn ein Markt durch starke Grössenvorteile bzw. -ersparnisse (Skaleneffekte) geprägt ist, wird sich kaum ein vollkommener Wettbewerb mit vielen Anbietern einstellen können. Vielmehr kann sich dann nur eine kleine Anzahl Unternehmen im Markt halten.
- *Diversifikation:* In einem Markt können Anbieter versuchen, ihre Risiken breiter zu streuen, indem sie weitere Geschäftsbereiche ohne Bezug zu ihrem Kerngeschäft erwerben. Diese Diversifikation ist ein wichtiger Faktor der Marktstruktur, weil ein Anbieter dadurch in Zeiten sinkender Nachfrage für sein Produkt möglicherweise trotzdem im Markt bleiben kann. Die Umsätze, welche er in anderen Wirtschaftsbereichen generiert, können die Einbussen im Kerngeschäft unter Umständen abfedern.
- *Marktzutrittsschranken:* Sie verhindern, dass neue Anbieter in Wettbewerb mit den bereits auf dem Markt agierenden Unternehmen treten. Marktzutrittsschranken können aufgrund struktureller Rahmenbedingungen (z. B. in Bezug auf Kostenstrukturen) entstehen oder strategisch von den Anbietern geschaffen werden (z. B. durch horizontale und vertikale Integration). Anbieter,

die sich bereits im Markt befinden, profitieren davon, weil sie für ihr Produkt höhere Preise verlangen können als es bei vollkommenem Wettbewerb möglich wäre.

Aus den Bestimmungsfaktoren der Marktstruktur bzw. ihrer Kombination ergeben sich die vier gängigen Marktformen: *vollständiger Wettbewerb, monopolistischer Wettbewerb, Oligopol* und *Monopol*. Zusätzlich wird nur bei vollständigem Wettbewerb davon ausgegangen, dass Konsumenten und Anbieter vollständige Marktinformationen haben.

Wie in Abbildung 42 ersichtlich, existieren für alle vier Marktformen touristische Beispiele. Mehrheitlich zeichnen sich die touristischen Märkte jedoch durch oligopolistische Strukturen und/oder monopolistischen Wettbewerb aus. Viele touristische Destinationen sind durch relativ kleine touristische Anbieter (z. B. Reisebüros oder B&Bs) mit geringer Marktmacht gekennzeichnet, die wenigen bis keinen Marktzutrittsschranken gegenüberstehen und nur deshalb überleben können, weil ihr Produkt bzw. ihre Dienstleistung sich gegenüber Konkurrenten genügend differenziert und sie so eine Art Marktnische besetzen.

Im monopolistischen Wettbewerb (vgl. Abb. 43) verfolgen die einzelnen Unternehmen eine Differenzierungsstrategie und besetzen so eine Marktnische.

7. Touristisches Angebot

Abbildung 42 Die vier gängigen Marktformen im Vergleich

	vollständiger Wettbewerb	monopolistischer Wettbewerb	Oligopol	Monopol
Anzahl und Grösse der Unternehmen	Viele kleine Unternehmen	Viele kleine bis mittlere Unternehmen	Wenige, relativ grosse Unternehmen	Ein Unternehmen
Grad der Substituierbarkeit der Produkte	Unternehmen verkaufen identische Produkte *(Grad der Substituierbarkeit hoch)*	Unternehmen verkaufen ähnliche, aber leicht differenzierte Produkte *(Grad der Substituierbarkeit hoch)*	Unternehmen verkaufen ähnliche und/oder differenzierte Produkte	Unternehmen verkaufen einzigartige Produkte. Möglicherweise existieren aber gewisse Substitutionsmöglichkeiten in anderen Industrien *(Grad der Substituierbarkeit tief)*
Setzen einzelne Unternehmen ihren eigenen Preis?	Nein. Der Preis wird vom Markt gesetzt. Der Output der einzelnen Anbieter ist zu klein, um den Marktpreis beeinflussen zu können.	Ja. Gewisse Preiskontrolle (durch Produktdifferenzierung)	Ja, hohe Kontrolle (aber Anbieter sind in der angebotenen Menge sowie der Marktpreissetzung wechselseitig voneinander abhängig)	Ja. Hohe Kontrolle, d.h. das Unternehmen bestimmt den Output und den Preis für sein Produkt selber.
Marktzutritts- bzw. Marktaustrittsschranken	Keine	Gewisse, wenn auch geringe (durch Produktdifferenzierung)	Markeintritte sind relativ ungehindert möglich, aber aufgrund der Kostenstrukturen können nur wenige Unternehmen überleben (daher insgesamt hohe Barrieren)	Starke Marktzutrittsschranken (Kosten, staatliche Regulierungen)
Touristische Beispiele	Verkaufsstände (z.B. entlang von touristischen Strassen).	Restaurants Hotels B&Bs Reisebüros	Tour Operators Airlines	Staatliche Eisenbahnen

Quelle: Eigene Darstellung in Anlehnung an Dwyer et al. 2010, S. 158ff.

In der kurzen Frist können die Anbieter durchaus Gewinne erwirtschaften. Sie bieten die gewinnmaximierende Menge QM – genau wie im Falle von Monopolen – so an, dass die Grenzkosten (MC) dem Grenzertrag (MR) entsprechen. Im Unterschied zu Monopolen sind die Nachfrage- wie auch die Grenzertragskurve (MR) im monopolistischen Wettbewerb jedoch flacher, da trotz Differenzierung Substitutionsmöglichkeiten bestehen, d.h. dass die Nachfrage sensibler auf Preisveränderungen reagieren kann. Der so erwirtschaftete Gewinn kann daher nur auf kurze Frist aufrechterhalten werden.

In der langen Frist können die einzelnen Anbieter trotz dieser Differenzierungsstrategie jedoch immer weniger Gewinne generieren. Dies liegt darin begründet, dass keine Marktzutrittsschranken bestehen, welche Mitbewerber daran hindern könnten, die gleiche Marktnische zu besetzen (Dwyer et al. 2010, S. 163ff.).

Abbildung 43 Beispiel monopolistischer Wettbewerb

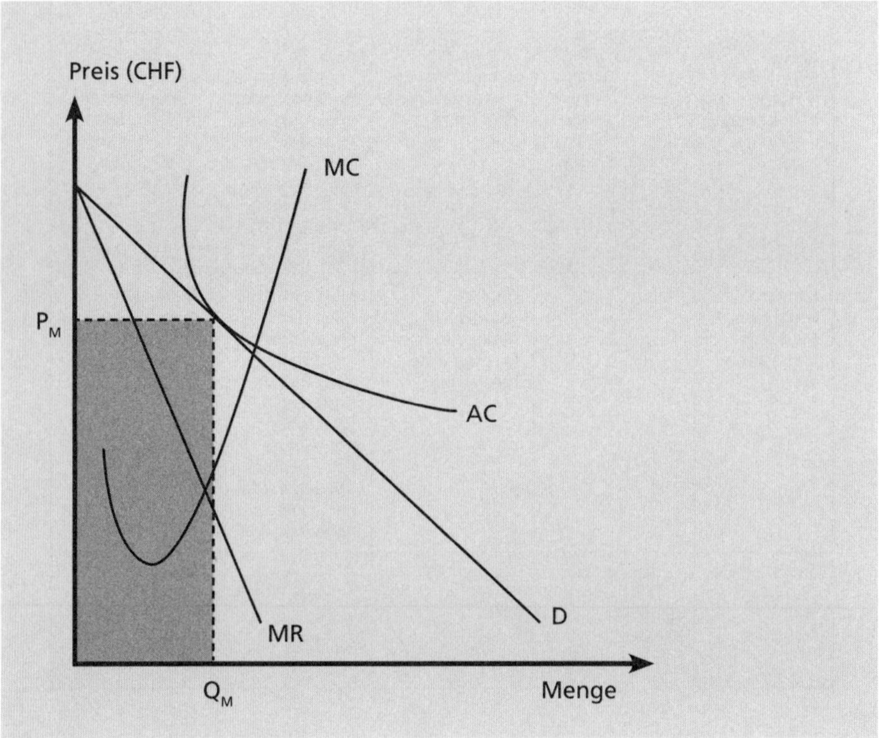

Quelle: Dwyer et al. 2010, S. 163

7.7 Digitalisierung

Der Tourismus war durch seinen globalen Charakter, den vielen Akteuren und seiner Popularität bereits in den Anfängen ein beliebtes Anwendungsfeld der Digitalisierung. Als Beispiele sind globale Reservationssysteme oder auch direkte Buchungs- und Bewertungsplattformen zu nennen. Die neuen Technologien bieten aber noch heute Potenzial zur Vernetzung der verschiedenen Akteure und können zur Stärkung der touristischen Dienstleistungskette einen wichtigen Beitrag zur Steigerung der Gästeerlebnisse leisten (vgl. Schallmo 2016). Im Zusammenhang mit den unterschiedlichsten digital angestossenen Veränderungsprozessen wird oft von der «Digitalisierung von Allem» gesprochen (Laesser et al. 2018).

In der «Digitalisierung» ist zwischen Prozessen, die mit Informations- und Kommunikations-Technologien (IKT) neu umgesetzt werden, um bestehende Prozesse und Geschäftsmodelle effizienter und effektiver zu machen, und der «digitalen Transformation» zu unterscheiden. Die digitale Transformation umfasst die komplette Umwandlung von Prozessen und Geschäftsmodellen. Die digitale Transformation beinhaltet dabei vier charakteristische U:
- Unausweichlichkeit
- Unumkehrbarkeit
- Ungeheure Schnelligkeit sowie
- Unsicherheit in der Ausführung (vgl. Sommerhalder 2019).

Diese vier U bieten erhebliches Qualitäts-, Produktivitäts- und Motivationspotenzial für touristische Leistungsträger. Aber sie können die touristische Klein- und Kleinstunternehmen auch überfordern, da die Treiber hinter digitalen Transformationen oft grosse globale Player sind, die mit Skaleneffekten touristische Prozesse revolutionieren und Rollen sowie Verantwortlichkeiten neu definieren.

Trotz dieser Unterschiede werden die beiden Begriffe im Rest dieses Kapitels der Einfachheit halber als Synonyme benutzt.

Um die Komplexität der Digitalisierung zu strukturieren, bieten sich Daten, Prozesse und Interaktionen als Ansatzpunkte an (Messmer 2016). Die Digitalisierung

- bedeutet eine Verlagerung von Informations- und Dienstleistungsangeboten auf elektronische Geräte,
- ermöglicht eine geänderte Gästeinteraktion,
- kann bestehende Betriebsprozesse optimieren,
- ermöglicht Potenziale für überbetriebliche Zusammenarbeit,
- bietet die Möglichkeit, neue Produkte/Angebote zu entwickeln und die unternehmerische Ertragskraft zu verbessern (CRED-T & conim 2020).

7.7.1 Technologien und ihre Anwendung im Tourismus

Zahlreiche Technologien wie beispielsweise IoT oder AR/VR bieten Unterstützung von Gästeerlebnissen. Dabei kann zwischen Technologie-unterstützten und Technologie-ermöglichten Erlebnissen unterschieden werden.

Abbildung 44 Digitale Erlebnispyramide

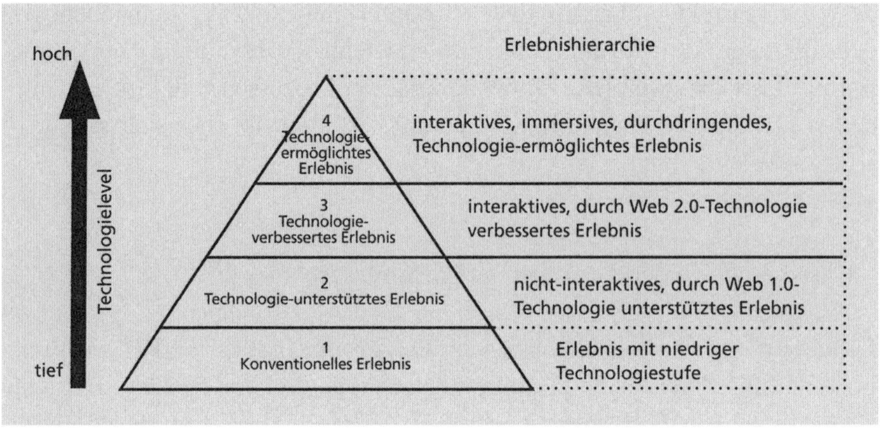

Quelle: Neuhofer et al. 2014

Während bei einem Technologie-unterstützen Erlebnis ein bestehendes Erlebnis durch die Nutzung von neuen Technologien verbessert wird, können Technologie-ermöglichte Erlebnisse erst durch den Einsatz der digitalen Technologien entstehen. Die meisten touristischen Erlebnisse bieten Potenzial für eine Technologie-Unterstützung. Technologie-ermöglichte Erlebnisse sind eher die Ausnahme und bieten oft nur für ausgewählten Gästesegmente einen Mehrwert. Zu beachten ist dabei, dass der Einsatz von neuen Technologien nicht per se zu einer höheren wahrgenommenen Erlebnisqualität führt. Der Wert des Erlebnisses kann auch vermindert werden, wenn die Zielgruppe eher Ruhe und Flucht aus dem stressigen Alltag im Sinne eines Gegenalltages sucht (vgl. Neuhofer 2016).

Trotz den zahlreichen Möglichkeiten, die sich durch die technologischen Entwicklungen für die touristische Erlebnisqualität ergeben, hängt der Tourismus dennoch stark von physischen Dienstleistungen und der physischen Interaktion ab. Der Tourismus ist ein People-Business und das Ferienerlebnis ist stark durch die persönliche Interaktion der Menschen geprägt. Die Grenzen der digitalen Transformation im Tourismus sind denn auch an dieser Tatsache der Beziehungsqualität zu erkennen. So kann der Wert für Gäste durch den Einsatz von Technologien auch vermindert werden (Neuhofer 2016). Dies wenn Technologien eine Barriere darstellen, um aus dem Alltag zu entfliehen und sich entspannen zu können. Durch die zu starke Interaktion mit Technologien auf Kundenseite kann die Authentizität und damit die Qualität eines touristischen Erlebnisses leiden (Webster, Ivanov 2023). Genauso drängt sich die Frage im Zusammenhang mit VR-Angeboten auf, ob Destinationen überhaupt erlebt werden können, wenn sie lediglich durch die Linse einer Kamera betrachtet werden?

Letztendlich umfasst ein Erlebnis nicht nur das Sehen von Orten, sondern auch deren emotionale und sensorische Wahrnehmungen – eine Dimension, die durch Technologie allein kaum erfasst werden kann. Das touristische Erlebnis ist nach wie vor stark standortgebunden und kann nur punktuell durch digitale Technologien ersetzt werden. Die reine Verfügbarkeit von Technologien kann bei Gästen zudem ein Gefühl von Druck auslösen oder belastend wirken, wenn dadurch ein Gefühl entsteht, dass die eigene Privatsphäre eingeschränkt wird. Stress kann auch durch das Versagen der Automatisierung entstehen, besonders bei steigenden Erwartungen. Technologiefortschritte können in dieser Hinsicht zukünftig dämpfend wirken. Als Folge lehnen Gäste teilweise den Gebrauch von Technologien ab (Webster, Ivanov 2023). Dieser Trend ist unter ‹Digital Detox› bekannt (Jiang, Balaji 2022). Technologische Möglichkeiten sind also mit Bedacht und viel Geschick einzusetzen, sodass sie touristische Erlebnisse veredeln und nicht abwerten. Die nachfolgenden, nicht abschliessend aufgeführten Technologien sind daher mehrheitlich ergänzender und unterstützender Natur.

Als Basistechnologie gilt die Konnektivität – die technische Verbundenheit. Sie beschreibt die örtliche, virtuelle und mitunter stationäre Omnipräsenz von Menschen und Maschinen. Sie erfolgt heute in einer nie dagewesenen Geschwindigkeit und ermöglicht es im Reisekontext den Reisenden, ihre Erfahrungen in Video und mit anderen Medien zu inszenieren und zu teilen (Reinhold et al., 2020). Inhalte sind sofort und konstant verfügbar. In der Anwendung bedeutet dies, dass Reisende mit einem Hotel- oder Destinationschatbot kommunizieren können und so das Gefühl erhalten, jederzeit an jedem Ort direkt mit einem ‚Menschen' kommunizieren zu können. Das können sich Hotels und weitere Unternehmen des Tourismus zu Nutze machen. Konnektivität ermöglicht es zudem, in Verbindung mit künstlicher Intelligenz viel schneller in verschiedenen Sprachen zu kommunizieren. Sie lässt sich sowohl bei internen wie externen Prozessen einsetzen (vgl. Laesser et al. 2021). In Anlehnung an Laesser et al. 2021 sind die folgenden Technologien erfolgsversprechend und haben Anwendungspotenzial im Tourismus:

- Die *künstliche Intelligenz (KI)* umfasst die Theorie und Entwicklung von Computersystemen, welche Aufgaben erledigen können, die normalerweise menschliche Intelligenz erfordern. Darunter fallen beispielsweise visuelle Wahrnehmung von Gesichtern, Spracherkennung, Entscheidungsfindung oder Übersetzungen zwischen Sprachen. KI kann daher als Simulation von menschlichem Denken und Handeln definiert werden. Anwendungsbereiche künstlicher Intelligenz sind beispielsweise die Ermittlung von dynamischen Preisen oder die Analyse der Konsumentenpfade im Internet. KI bietet Potential entlang der gesamten Customer Journey im Tourismus, bedingt jedoch die Verfügbarkeit von Daten in hoher Qualität und ausreichender Menge.
- Technologien für *Augmented Reality und Virtual Reality (AR/VR)* finden im Tourismus immer öfters Anwendung. Bei Virtual Reality geht es um die eigenständige Kreation einer virtuellen Realität. So ist es beispielsweise im Europapark Rust (D) möglich, während der Fahrt auf einer Achterbahn eine VR-Brille mit einer animierten 3D-Welt zu tragen und so ein neues Fahrvergnügen zu geniessen. Dagegen wird unter Augmented Reality (AR) die Vermischung der virtuellen Realität und der physischen Realität verstanden (Laesser et al. 2018). Augmented Reality wird beispielsweise bereits heute bei Stadt- und Museumsführungen angewendet, indem zusätzliche Informationen zu den Objekten digital angezeigt werden. Mehrwert lässt sich aus

Augmented Reality auch vor einer Reise generieren, in dem mit AR-erweiterten Videos die Aufmerksamkeit und das Interesse an einer Destination gesteigert wird.
- Bei der *Blockchain-Technologie* steht das Senken von Transaktionskosten zwischen verschiedenen Interaktionspartnern im Zentrum. Die Technologie hat das Potenzial, den Datentransfer, die Zahlung und die Vertragsabwicklung entlang der Reisedienstleistungskette zu vereinfachen und damit die Effizienz der Transaktionen und den Schutz vor Betrug zu erhöhen. Blockchain ermöglicht die dezentrale und unabänderliche Sicherung von Daten und verbessert damit den Datenaustausch. So lassen sich Transaktionskosten senken (Laesser et al. 2021).
- Bei der *Self Service Technology (SST)* handelt es sich um die technische Kommunikationsmöglichkeit, mit der der Gast Teile von Aufgaben (Self-Check oder E-Ticket) mehrheitlich mit dem Smartphone selbst abwickeln kann. Daneben existieren Mensch-Roboter-Interaktionen, die dem Menschen ein ganzes Aufgabenbündel abnehmen und durch Roboter ausführen lassen. Diese Technologie ist noch wenig weit fortgeschritten, findet jedoch bei der Gesichtserkennung, zum Beispiel bei der Airport Security, bereits ihren Einsatz.
- Das *Internet of Things (IoT)* ist ein Netzwerk von physischen Geräten, Fahrzeugen, Haushaltsgeräten und auch Lebewesen, die durch Elektronik, Software, Sensoren, Aktoren und Netzwerkverbindungen miteinander verbunden sind. Sie ermöglichen es diesen Objekten, Daten zu verbinden und auszutauschen. IoT beinhaltet unter anderem QR-Codes, Beacons, RFIC und NFC Codes und kann beispielsweise zum mobilen Zahlen, zur Objektidentifikation und für Informationen genutzt werden. IoT lässt sich sowohl auf der Anreise wie vor Ort einsetzen. So lässt sich die Temperatur des Hotelzimmers steuern oder auch Wartezeiten an Flughäfen mit Beacons optimieren. Gerade in der Besucherlenkung sowie der Erfassung der Auslastung liegt ungenutztes Potenzial (Laesser et al. 2021).
- *Natural Language Processing (NLP)* wandelt menschliche Sprache in strukturierte Daten um, um deren Bedeutung zu verstehen und zu verarbeiten (vgl. Chowdhary 2020). NLP ist heute im Alltag durch Computersoftwares und Mobiltelefone bereits weit verbreitet.
- *Large Language Models (LLM)* sind Sprachmodelle, die mit einer immensen Datenmenge trainiert werden, um später bei Abfragen korrekte Antworten geben zu können. Ein Vorreiter darunter ist der Chatbot ChatGPT. Chat-

bots können beispielsweise Fragen von Gästen beantworten und personalisierte Empfehlungen geben (Mich, Garigliano 2023). Die Herausforderung besteht darin, dass komplexes Wissen abgefragt wird, welches selbst von Menschen unterschiedlich interpretiert wird und somit potenziell unzureichende Antworten für Gäste liefert. Dennoch werden Modelle dieser Art zukünftig wahrscheinlich einen weiteren massgebenden Einfluss auf den Tourismus und seine Prozesse haben (Carvalho, Ivanov 2024).

Smarte Destinationen stellen die Digitalisierung in den Mittelpunkt: Synchronisierte Technologieprozesse werden branchenübergreifend aufeinander abgestimmt. Reisende werden mithilfe neuer technologischer Möglichkeiten bei der Orientierung vor Ort, dem Check-in im Hotel oder beim Buchen von Aktivitäten unterstützt. Bei einer ‹Smart Tourism Experience› werden Technologie mit der bestehenden Infrastruktur verknüpft, um echte Erlebnis anzureichern. Dies setzt voraus, dass die technologischen Komponenten, die die Gäste zumeist in Gestalt ihres Smartphones selbst mitbringen, mit denen vor Ort korrespondieren, um Bezahlung, Eintritte, Navigation oder Routenführung auch digital zu ermöglichen (Tourismus NRW e.V. 2019).

Als Eckpfeiler einer smarten Destination gelten:

- *Digitale Infrastruktur:* Alle Informationen zum Urlaubsort, die Inspiration zu Ausflugszielen, Preise, Öffnungszeiten, Bilder, Beschreibungen usw. helfen, dass Gäste sich vor Ort mithilfe ihres Smartphones einen direkten Eindruck über die Gegebenheiten vor Ort verschaffen und sich orientieren können. Die Informationen sind hochwertig, aktuell, vollständig und stets korrekt. Sie werden so bereitgestellt, dass sie auf unterschiedlichen Kanälen ausgespielt werden können.

- *Digitale Ausstattung:* Am Reiseziel sorgen physische Schnittstellen zur digitalen Welt dafür, dass Gäste das mitgeführte Smartphone auch einsetzen können. Zur digitalen Ausstattung zählen Lesegeräte zum automatisierten Check-in, zur digitalen Kontrolle oder zur digitalen Bezahlung. Auch die Relevanz einer aktiven Gästelenkung und damit die Sensorik steigt. Wichtig sind WLAN-Hotspots, damit Gäste ihre Smartphones auch zuverlässig nutzen können.

- *Digitale Anwendungen:* Die Ausspielkanäle der Daten sind mannigfaltig und haben unterschiedliche Formate und Benutzeroberflächen. Damit die digitalen Anwendungen funktionieren, müssen die Daten unabhängig vom Ausgabekanal einsetzbar sein (Tourismus NRW e.V. 2019).

Durch die Kombination von verschiedenen Technologien ermöglicht die digitale Transformation die Entwicklung neuer oder die Anpassung bestehender Geschäftskonzepte. Die hohe Entwicklungsgeschwindigkeit der Technologien bietet Chancen zur Erweiterung der Anwendungsbereiche sowie deren Durchdringung. Dabei gilt es zwischen Technologien zu unterscheiden, die bestehende Prozesse vereinfachen, wie beispielsweise QR-Codes zur Automatisierung von Check-ins, und Technologien, die neue Prozesse und Perspektiven ermöglichen, wie dies beispielsweise bei Smart Cities der Fall ist (vgl. Laesser et al. 2021).

Die rapide Weiterentwicklung der technologischen Möglichkeiten und die Digitalisierungstrends stellen touristische Anbieter vor verschiedene Herausforderungen: Auf welchen Plattformen muss ein Unternehmen sichtbar sein, um im Wettbewerb mithalten zu können? In welche Technologien und Schnittstellen lohnt es sich, zu investieren? Solche Entscheide können langfristige Pfadabhängigkeiten von einem System bzw. einer Technologie oder einem Hersteller generieren, wobei Wechsel zu einem späteren Zeitpunkt oftmals mit hohen Kosten verbunden sind. In Anlehnung an Bandi, Stürmer (2024) sind die folgenden Lösungsansätze zukunftsfähig:

- *Interoperabilität von IT-Systemen:* Damit wird die Möglichkeit des Datenaustauschs zwischen unterschiedlichen Informatiksystemen geschaffen, ohne dass diese auf dem gleichen Server oder im selben Rechenzentrum betrieben werden müssen (Wegner 1996). So kann das Klumpenrisiko reduziert werden, von einem IT-Lieferanten in grossem Masse abhängig zu sein. Dies erhöht die Modularität der IT-Architektur und verbessert damit auch die Flexibilität, künftig neue Technologien rasch zu integrieren (Chen et al. 2008).

- *Applikations-Schnittstellen (Application Programming Interfaces API):* Damit können Daten zwischen verschiedenen IT-Systemen ausgetauscht werden (Ofoeda et al. 2019). Besonders verbreitet sind Web-APIs, die maschinelle Abfragen von bestimmten Servern ermöglichen. Dennoch dürfen auch die Herausforderungen von APIs nicht ausser Acht gelassen werden. So ist die Entwicklung von performanten, zuverlässigen und sicheren APIs eine aufwendige Tätigkeit, die professionelle Kenntnisse in der Software-Entwicklung benötigt.

- *Datenformate:* Für den erfolgreichen Datenaustausch sind als zweites Element der Interoperabilität passende Datenformate notwendig. Typischerweise sind dies CSV-,(Comma Separated Values), XML-, (Extensible Markup Language) oder JSON- (JavaScript Object Notation) Formate.
- *Open-Source-Software:* Sowohl bei APIs als auch an vielen anderen Stellen in der digitalen Transformation, bei denen Software-Komponenten oder gar ganze Applikationen mit Benutzeroberfläche, Datenbanken, Berechtigungssystem und weiteren Funktionen benötigt werden, existieren bereits zahlreiche kostenlos verfügbare Informatiklösungen. Diese Open-Source-Software steht millionenfach frei zugänglich auf Online-Plattformen zum Download zur Verfügung. Entscheidend bei Open-Source-Programmen ist deren Lizenz (vgl. Brock 2022). Diese erlaubt die kostenlose Nutzung, die uneingeschränkte Weiterverbreitung sowie die beliebige Anpassung der Software.
- *Offen zugängliche Datensammlungen (European Commission 2022)*: Einerseits veröffentlichen immer mehr Behörden ihre Daten bezüglich Politik, Finanzen, Umwelt, Mobilität oder Gesundheit. Andererseits geben auch Staatsunternehmen aus dem Verkehrs- oder Energiesektor wesentliche Daten als Open-Government-Data frei. Das Ziel dabei ist die Sekundärnutzung von bereits erhobenen Daten, sodass diese durch andere öffentliche Stellen und auch Unternehmen nutzbringend für die Gesellschaft und Wirtschaft wiederverwendet werden können.

7.7.2 Plattformlogik als Basis für Buchungs- und Bewertungsplattformen sowie Sharing Economy

Das Internet ist sowohl der wichtigste Informations- als auch zunehmend Verkaufskanal im Tourismus. Neben der Möglichkeit, ein Angebot direkt bei einem touristischen Leistungsträger zu buchen, sind internationalen Buchungsplattformen zentral (vgl. Kap. 8).

Buchungs- und Bewertungsplattformen machten 2022 rund 27% aller gebuchten Logiernächte aus. Rund 43% der Hotels generierten 2022 mehr als ein Drittel der Logiernächte über Buchungsplattformen. Bei 15% sind es sogar mehr als die Hälfte. Booking Holdings, Expedia und HRS sind die drei grössten Buchungsplattformen in der Schweiz und machen gemeinsam einen

Anteil von 93% aller Online-Buchungen aus. Dabei ist Booking Holdings mit einem Anteil von 75% mit Abstand der grösste unter ihnen (Schegg, 2023).

Die Plattformen nehmen eine Vermittlerrolle zwischen den touristischen Anbietern und den Gästen ein. Buchungsplattformen erhöhen die Reichweite und übernehmen einen Teil der Vermarktung für touristische Betriebe. Auf der anderen Seite haben diese Plattformen eine grosse Marktmacht und verringern aufgrund der Provisionen die Erträge. Auch die Bestpreisklausel, welche den Hotelbetrieben verbietet, auf der eigenen Webseite ein besseres Angebot aufzuschalten als auf der Plattform, gibt zu heftigen Diskussionen Anlass (u. a. Booking.com). In der Schweiz wird die Bestpreisklausel nun per Gesetz untersagt.

Neben Buchungsplattformen mit dem Primärziel einer Buchung eines Angebots gibt es *Bewertungsplattformen* mit dem Primärziel der Bewertung eines Angebots. Immer öfter sind jedoch Plattformen mit beiden Funktionen am Markt. Beispiele dafür sind unter anderen Booking.com, Expedia und Ebookers. Bewertungsportale sind aus dem Tourismus nicht mehr wegzudenken. Sowohl Gäste wie auch Anbieter sehen sich einer unübersichtlichen Vielfalt an Bewertungsportalen gegenüber. Für die Recherche bzw. aktive Bearbeitung der Bewertungen zum eigenen Betrieb können kaum alle Portale berücksichtigt werden. Dies führt für Gäste und Anbieter zu Unsicherheiten bezüglich der optimalen Allokation der knappen zeitlichen Ressourcen. Mit Hilfe des Modells der Informations-Akzeptanz lässt sich argumentieren, dass einerseits die Glaubwürdigkeit der Portale eine zentrale Grösse darstellt, andererseits die Nützlichkeit der Informationen. Idealerweise stellen Portale sowohl aggregierte, schnell erfassbare als auch qualitativ aussagekräftige Informationen bereit und unterstützen so viele Reisewillige bei ihrer Reiseentscheidung. Eine Analyse von Bandi und Hämmerli (2018) zeigte, dass mit den Portalen Booking.com, HolidayCheck und TripAdvisor drei Portale einen Qualitätsindex von über 70% erreichten.

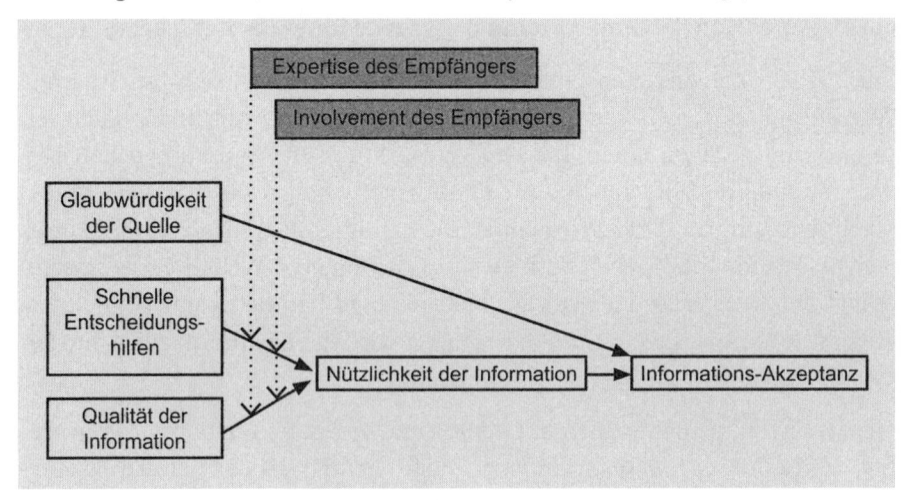

Abbildung 45 Faktoren der Informations-Akzeptanz bei Bewertungsplattformen

Quelle: Eigene Darstellung in Anlehnung an Wetts/ Schneider 2003; Cheung et al. 2008

Für Gäste sind Bewertungsportale eine wichtige, vom Anbieter unabhängige Informationsquelle. Die geteilten Erfahrungen anderer Gäste können dazu beitragen, den ungleichen Wissensstand über das touristische Angebot zu Gunsten der Gäste auszugleichen. Da Online-Bewertungen vom Anbieter unabhängige Informationen sind, werden sie von Gästen oftmals als relevantere Informationsquelle wahrgenommen als etwa offizielle Hotel-Websites oder Prospekte. Für Anbieter ist eine aktive Auseinandersetzung mit Online-Bewertungen im Rahmen des Reklamations- und Reputationsmanagements unumgänglich. Anbieter haben aber Informationen über ihr Angebot nicht mehr allein in der Hand. Als moderne Form des Feedbacks liefern ihnen Online-Bewertungen jedoch wichtige Erkenntnisse zur Gästezufriedenheit. Viele Hoteliers verweisen heutzutage auf Auszeichnungen, die sie durch gute Bewertungen auf solchen Portalen erhalten haben, und setzen diese als Marketingmittel ein.

Auch die Sharing Economy basiert auf der Plattform-Logik. Darunter wird die systematische Ausleihe von Gegenständen und das Bereitstellen von Räumlichkeiten, Objekten und Flächen, insbesondere durch Privatpersonen und Interessensgruppen im Sinne eines gemeinschaftlichen Konsums, verstanden.

Akteure wie Airbnb und HomeAway gehören zur Sharing Economy, gelten als Vorreiter und haben den klassischen Beherbergungsmarkt erweitert und verändert. Private Personen vermieten ihre eigene Wohnung oder ihr Haus an Aussenstehende. Die Plattformen werden heute auch immer öfters im kommerziellen Sinn genutzt und können ohne Gegensteuer zur Verdrängung der einheimischen Bevölkerung im Immobilienmarkt führen. Zudem werden die Plattformen erweitert, beispielsweise für die Vermietung von Campervans oder Autos durch Private.

Im Jahr 2019 wurden in der Schweiz 53'000 Wohnungen oder Häuser auf Airbnb angeboten, wobei 50'500 mindestens einmal gebucht wurden. Daraus ergibt sich ein Gesamtumsatz von ca. CHF 640 Millionen, wobei das Angebot und die Nutzung von Airbnb in der Schweiz stetig steigt (Schegg et al., 2020b). Dies entspricht rund 8 Prozent der gesamten direkten Nachfrage im Beherbergungssektor.

Firmen wie beispielsweise Airbnb und booking.com zeigen auf, dass globale Unternehmen keine eigenen Ressourcen mehr besitzen müssen, um erfolgreich eine Marktmacht aufbauen zu können (vgl. Choudary et al. 2015). Plattformen haben hohe Aufbaukosten aber nur marginale Kosten pro zusätzlichen Nutzer (Skaleneffekte). Ausserdem steigt der Wert solcher Plattformen mit jedem zusätzlichen Nutzer überproportional an. Man spricht bei diesem Phänomen von der Netzwerklogik (Laesser et al., 2018).

7.7.3 Daten und Datenschutz

Gäste hinterlassen vermehrt Daten-Spuren entlang der gesamten Customer Journey (d.h. vor, während und nach der Reise). Dabei handelt es sich zu einem grossen Teil um personenbezogene Daten. Aufgrund der starken Vernetzung der dabei genutzten Systeme können derartige Daten über Anbietergrenzen hinaus verarbeitet, gesammelt und dazu genutzt werden, dem Gast personalisierte Informationen zu präsentieren sowie den Informationsfluss an Leistungsträger einer Destination zu optimieren. Dadurch können z. B. Prozesse effektiver und effizienter ausgestaltet werden (CRED-T & conim, 2020).

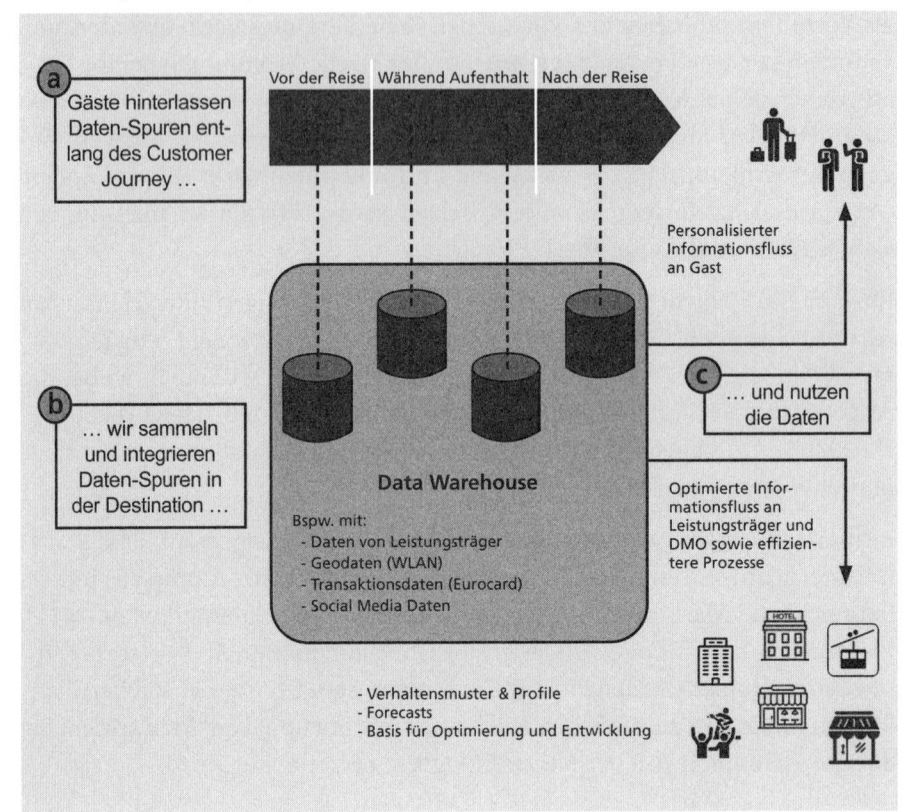

Abbildung 46 Datenspuren der Gäste in einer Destination

(a) Gäste hinterlassen Daten-Spuren entlang des Customer Journey ...

Vor der Reise | Während Aufenthalt | Nach der Reise

Personalisierter Informationsfluss an Gast

(b) ... wir sammeln und integrieren Daten-Spuren in der Destination ...

Data Warehouse
Bspw. mit:
- Daten von Leistungsträger
- Geodaten (WLAN)
- Transaktionsdaten (Eurocard)
- Social Media Daten

(c) ... und nutzen die Daten

Optimierte Informationsfluss an Leistungsträger und DMO sowie effizientere Prozesse

- Verhaltensmuster & Profile
- Forecasts
- Basis für Optimierung und Entwicklung

Quelle: CRED-T & conim, 2020

Daten stellen in einer hoch vernetzten und zunehmend digitalisierten Welt eine zentrale Ressource dar und ermöglichen beispielsweise eine verbesserte Personalisierung touristischer Dienstleistungen. Damit aus den Daten aber ein konkreter Wert entsteht, müssen diese systematisch und strukturiert gesammelt, miteinander in Verbindung gebracht, analysiert und interpretiert werden. Zur Auswertung von grossen Datenmengen (sog. Big Data Analytics) werden beispielsweise auch Verfahren der künstlichen Intelligenz resp. Machine Learning angewendet. Big Data Analytics umfasst die schnell wachsende Menge an Daten sowie die neu entwickelten Methoden und Technologien, welche die Erfassung, Speicherung, Analyse und Verfügbarkeit von grossen Datenmengen ermöglichen (Laesser et al., 2018).

Die Erfassung und Verarbeitung von Personendaten im Tourismus bietet zwar grosse Potentiale, doch müssen dabei auch immer die rechtlichen Vorgaben zum Datenschutz sowie das Bedürfnis der Gäste nach Privatsphäre und Diskretion beachtet werden. Auf Ebene der EU bildet seit 2023 die Datenschutz Grundverordnung der EU (DSGVO) die einheitliche Rechtsgrundlage. Diese bietet betroffenen Personen eine verstärkte Kontrolle über ihre Personendaten, schützt die Personendaten bedeutend stärker, vereinheitlicht das Niveau und nimmt Unternehmen vermehrt in die Verantwortung. Wichtig in dieser Hinsicht sind auch die möglichen Bussen bei Verletzung der DSGVO, die mit bis zu 4% des jährlichen Gruppen-Umsatzes sehr hoch ausfallen können. Alle Unternehmen, welche mit personenbezogenen Daten von Personen in der EU arbeiten oder welche Dienstleistungen in der EU anbieten, sind grundsätzlich an die DSGVO gebunden – unabhängig davon, ob das Unternehmen Sitz in der EU hat oder nicht. Damit sind in der Praxis viele Unternehmen, auch in der Schweiz, von der DSGVO betroffen und müssen somit eine konforme Datenverarbeitung derartiger Personendaten sicherstellen, um Sanktionen zu vermeiden.

Um das Schutzniveau beim Transfer von Personendaten zwischen Unternehmen in der EU und der Schweiz aufrecht zu erhalten, war auch eine Anpassung des schweizerischen Datenschutzrechts nötig. Die Totalrevision des Datenschutzgesetzes (DSG) wurde Anfang 2021 vom Parlament beschlossen. Diese Revision sollte das DSG u. a. an die Realitäten der digitalisierten Welt anpassen, Rechte der betroffenen Personen ausbauen und Transparenzpflichten für Unternehmen erhöhen. Damit wurde auch das Schutzniveau für einen Transfer von Personendaten in die EU sichergestellt. Das revidierte DSG wurde 2022 in Kraft gesetzt.

Insbesondere auch für den Tourismus sind die Transparenz- und Informationspflichten von Art. 19 Abs. 1 des revidierten DSG wichtig. Diese sehen vor, dass die betroffene Person angemessen über die Beschaffung von Personendaten informiert wird, insbesondere über
- Identität und Kontaktdaten der Verantwortlichen,
- Bearbeitungszweck,
- Empfänger der Personendaten,
- oder die Kategorien von Empfängern, denen die Personendaten bekannt gegeben werden (Domenig 2020).

Dementsprechend dürfen Personendaten nur verwendet werden, wenn sie zu einem bestimmten Zweck beschafft wurden und dieser Zweck für die betroffene Person bei der Beschaffung bekannt und erkennbar war. Beispielsweise ist es nicht erlaubt, dass eine Bergbahn die Personendaten eines Gastes, der an der Kasse ein Bergbahnticket kauft, an ein Hotel weitergibt, um das Hotelangebot zielgerichtet zu vermarkten, wenn die Bergbahn vor der Datenverarbeitung ihre Informationspflicht gemäss Datenschutzgesetz nicht erfüllt hat. Dementsprechend müssen touristische Leistungsträger die Vorgaben des DSG korrekt umsetzen, um das Potenzial der Kundendaten rechtskonform zu nutzen.

7.7.4 Digitalisierung und Nachhaltigkeit

Nur am Rande der Thematik der digitalen Transformation wird die Dualität zwischen Digitalisierung und Nachhaltigkeit analysiert und diskutiert. Dabei können zwei Ansätzen unterschieden werden (vgl. Stürmer 2020):

1. *Nachhaltige Digitalisierung*, d.h. Digitalisierung als Mittel zum Zweck für eine nachhaltige Entwicklung. Dabei geht es darum,
    a. *Potenziale der Digitalisierung* zu nutzen, um Ressourcen zu sparen, bspw. Video-Konferenzen, um Flugreisen zu vermeiden,
    b. *Negative Konsequenzen der Digitalisierung* zu minimieren, bspw. Green IT zur Einsparung von Strom in Rechenzentren oder faire Arbeitsbedingungen bei der Herstellung von Smartphones.
2. *Digitale Nachhaltigkeit*, d.h. Digitalisierung als Gegenstand (Zweck) einer nachhaltigen Entwicklung. Dabei geht es darum,
    a. *Potenziale der Digitalisierung* zu nutzen, um freies Wissen zu verbreiten, bspw. über Open Content wie Wikipedia oder OpenStreetMap, und es für möglichst alle Menschen zugänglich zu machen,
    b. *Negative Konsequenzen der Digitalisierung* zu minimieren, bspw. die Nutzung von Open Source Software, um die Abhängigkeit von IT-Herstellern zu reduzieren (Stürmer 2023).

Nur wenn derartige Nachhaltigkeitsaspekte bei der digitalen Transformation berücksichtigt werden, können auch Fortschritte bei den Nachhaltigkeitsbestrebungen gemacht werden.

7.8 Qualitätsmanagement

Auf die Produkte-, später die Verkaufs- dann die Marketingorientierung folgte ab den 90er-Jahren die Qualitätsorientierung. Dieser neue Managementansatz war mehr als ein blosser Modetrend. Die Begründung ist im zunehmenden Konkurrenzdruck infolge riesiger Überkapazitäten, verlockender Tiefpreise und ständig neuer Reiseziele zu suchen. Die Profilierung über die Qualität stellt bis heute für traditionelle Reisedestinationen den einzigen erfolgsversprechenden Ausweg dar.

Die Internationale Organisation für Standardisierung ISO umschreibt Qualität sehr allgemein wie folgt: Qualität bedeutet, die Beschaffenheit einer Einheit bezüglich ihrer Eignung, festgelegte und vorausgesetzte Erfordernisse zu erfüllen. Um die Qualität einer Einheit zu bewerten, muss ihre Beschaffenheit in Bezug auf eine Messgrösse bestimmt werden. Dabei stellen oft die subjektiven Bedürfnisse der anvisierten Zielgruppen die Messgrösse dar. Also:

«Qualität ist die wahrgenommene oder erlebte Beschaffenheit eines Produktes, einer Leistung oder einer organisatorischen Einheit, gemessen an den Erwartungen der anvisierten Gästegruppen. – Kurz: Qualität heisst, Erwartungen erfüllen.» (Müller 2004, S. 21)

Die folgende Abbildung gibt einen Überblick über die Elemente, welche im Tourismus die Qualität ausmachen:

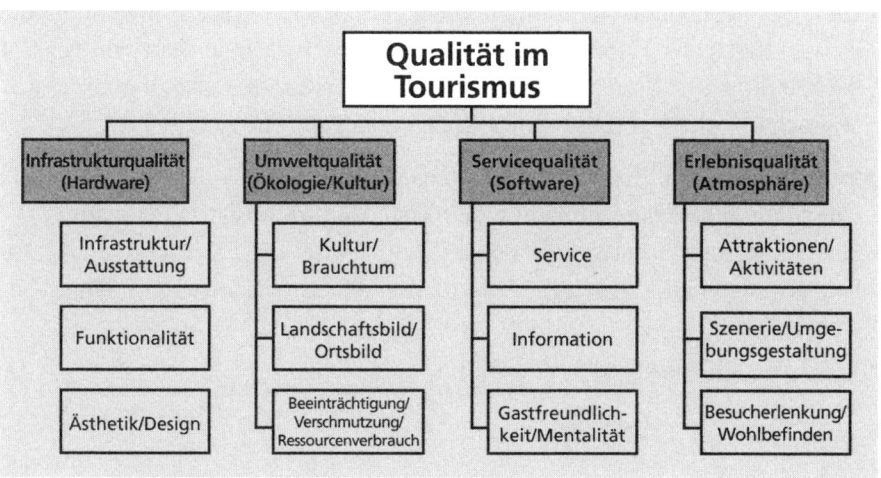

Abbildung 47 Qualitätsdimensionen im Tourismus

```
                        Qualität im
                         Tourismus
    ┌──────────────┬──────────────┬──────────────┬──────────────┐
 Infrastrukturqualität  Umweltqualität  Servicequalität  Erlebnisqualität
   (Hardware)      (Ökologie/Kultur)   (Software)       (Atmosphäre)
        │                │                │                │
  Infrastruktur/       Kultur/          Service         Attraktionen/
   Ausstattung        Brauchtum                          Aktivitäten
        │                │                │                │
  Funktionalität    Landschaftsbild/   Information      Szenerie/Umge-
                      Ortsbild                          bungsgestaltung
        │                │                │                │
  Ästhetik/Design   Beeinträchtigung/ Gastfreundlich-   Besucherlenkung/
                     Verschmutzung/    keit/Mentalität    Wohlbefinden
                    Ressourcenverbrauch
```

Quelle: Eigene Darstellung in Anlehnung an Romeiss-Stracke 1995

7.8.1 Servicequalität

In den letzten Jahren hat innerhalb der Qualitätsdiskussion die Dienstleistungs- oder Servicequalität eine immer grössere Bedeutung erlangt. Basierend auf zahlreichen Studien stehen bei der Servicequalität die folgenden Dimensionen im Vordergrund:

1. *Zuverlässigkeit (Reliability):* Sicherheit, die versprochenen Leistungen zeitlich und qualitativ erfüllen zu können.
2. *Leistungs- und Fachkompetenz (Competence):* Versicherung, die in Aussicht gestellte Leistungen fachgerecht (kompetent) und rasch zu erbringen.
3. *Freundlichkeit und Entgegenkommen (Responsiveness):* Fähigkeit der Mitarbeitenden, auf Kundenwünsche einzugehen und diese zuvorkommend erfüllen zu können.
4. *Einfühlungsvermögen (Empathy):* Fähigkeit der Mitarbeitenden, sich in die Kunden einzufühlen und die Erwartungen und Bedürfnisse zu erkennen.
5. *Materielles Umfeld (Tangibles):* Insbesondere das Erscheinungsbild und die Ausstattung eines Betriebes.

Empirische Studien haben die folgenden beiden zentralen Erkenntnisse gewonnen:

- Die Qualitätsbeurteilung hängt nicht zwingend mit der Branche zusammen, sondern vollzieht sich meistens nach denselben Kriterien.
- Gute Servicequalität wird einem Dienstleister dann attestiert, wenn er die Erwartungen der Kunden erfüllt oder gar übertrifft. Die Beurteilung wird primär aufgrund der Differenz zwischen der erwarteten und der tatsächlich erbrachten oder wahrgenommenen Leistung gemacht.

Vier Aspekte beeinflussen die Erwartungen der Gäste:
- Die mündliche Kommunikation der Gäste (Mund-zu-Ohr-Propaganda)
- Die persönliche Situation der Gäste (Bedürfnisse)
- Die vergangenen Erfahrungen mit dem Anbieter (auch wenn sie lange Zeit zurückliegen)
- Die Kommunikation des Anbieters.

7. Touristisches Angebot

Diese Erkenntnisse wurden im SERVQUAL-Modell übersichtlich abgebildet:

Abbildung 48 Das SERVQUAL-Modell

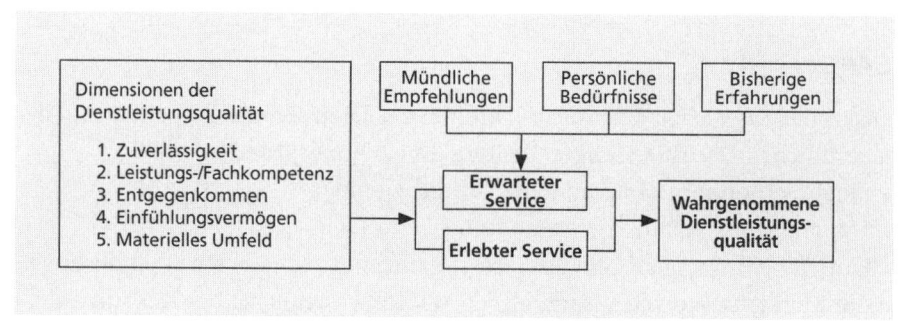

Quelle: In Anlehnung an Parasuraman, Zeithaml, Berry 1985, S. 47

Bei der Erstellung von Serviceleistungen können Lücken entstehen, die zu einer finalen Differenz zwischen der vom Gast erwarteten und der wahrgenommenen Dienstleistung führen. Das sogenannte GAP-Modell basiert auf den skizzierten Kriterien für Servicequalität und deckt fünf Lücken (Gaps) auf, die in den gegenseitigen Beziehungen zwischen Anbieter und Kunden/Gast einen Einfluss haben (vgl. Parasuraman et al. 1985, S. 44).

GAP 1

Diskrepanz zwischen den tatsächlichen und den durch das Management wahrgenommenen Gäste- resp. Kundenerwartungen. Entstehungsgründe:
- Mitarbeitende/Vorgesetzte, welche Leistungen entwickeln, haben selbst keinen oder zu wenig Gästekontakt
- Ungenügende Marktforschung (Konkurrenz-, Produktforschung, Gästeanalyse, Auswertung von Primär- und Sekundärmaterial)
- Unterschiedliche Auffassungen über die Bedeutung einzelner Aspekte von Qualität.

GAP 2

Diskrepanz zwischen den wahrgenommenen Gästeerwartungen und der anschliessenden Umsetzung in den Spezifikationen der Dienstleistungsqualität. Entstehungsgründe:
- Mangelhafte interne Kommunikation (organisatorisch-strukturelle Barrieren, personell-kulturelle Barrieren)

- Eigenwillige Einstellung der Mitarbeitenden, welche am Erstellungsprozess der Dienstleistung beteiligt sind: z. B. zu starke Ausrichtung auf einen direkten monetären Ertrag.

GAP 3

Diskrepanz zwischen den Spezifikationen der Dienstleistungsqualität und der tatsächlichen Dienstleistungserstellung. Entstehungsgründe:
- Qualifikation und Motivation der Mitarbeitenden
- Ungenügende technische Ausstattung
- Umfeldbedingungen des Betriebs (einengende Konkurrenz, Änderungen der Marktsituation, Transparenz der Märkte, Wertmuster der Konsumenten, rechtliche Bestimmungen wie z. B. Ladenöffnungszeiten).

GAP 4

Diskrepanz zwischen der tatsächlich erbrachten Dienstleistung und der an den Gast gerichteten Kommunikation. Entstehungsgründe:
- Ungenügende Kommunikation im Betrieb zwischen der Kommunikationsabteilung und den Mitarbeitenden, welche die Dienstleistung tatsächlich erbringen
- Missverständliche Werbeaussagen, Interpretationsspielräume in der Kommunikation.

GAP 5

Diskrepanz zwischen der vom Gast erwarteten und der durch das Unternehmen tatsächlich erbrachten und vom Gast subjektiv wahrgenommenen resp. erlebten Leistung. Dieser zentrale 5. GAP kann durch die Reduktion der anderen Lücken verkleinert werden.

7. Touristisches Angebot

Abbildung 49 Das GAP-Modell im Überblick

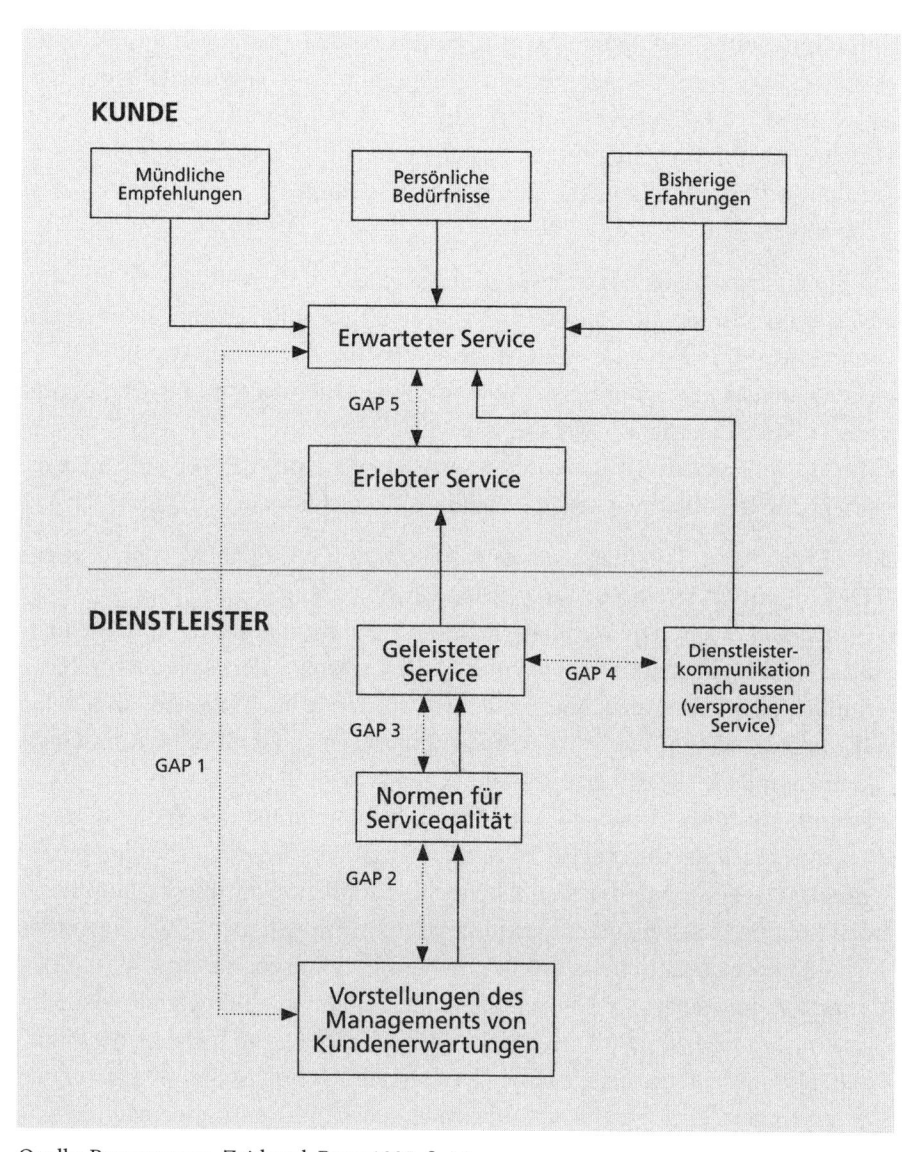

KUNDE

- Mündliche Empfehlungen
- Persönliche Bedürfnisse
- Bisherige Erfahrungen

→ Erwarteter Service

GAP 5

Erlebter Service

DIENSTLEISTER

Geleisteter Service — GAP 4 — Dienstleisterkommunikation nach aussen (versprochener Service)

GAP 3

GAP 1

Normen für Servicequalität

GAP 2

Vorstellungen des Managements von Kundenerwartungen

Quelle: Parasuraman, Zeithaml, Berry 1985, S. 44

7.8.2 Prinzipien des Qualitätsmanagements

Unter Qualitätsmanagement ist ein ganzheitlicher Managementansatz zu verstehen, der vom Management ausgehend alle Geschäftsbereiche des Unternehmens resp. einer Destination umfasst. Dabei wird die Qualität in den Mittelpunkt der Entscheidungen gestellt und durch die Zufriedenheit von Kunden, Mitarbeitenden und Gesellschaft ein langfristiger Unternehmenserfolg angestrebt.

Das Qualitätsmanagement umfasst drei Aspekte:
- Den *Qualitätsanspruch*, also das selbst festgelegte hohe Leistungsniveau, um segmentspezifische Gäste- und Mitarbeiterwünsche zu befriedigen.
- Die *Qualitätsentwicklung*, also die aktive Pflege dieses Leistungsniveaus und dessen kontinuierliche Verbesserung.
- Die *Qualitätssicherung*, also die bewusste Überprüfung des Leistungsniveaus sowie die Reaktion bei einschleichenden Abweichungen.

Das umfassende Qualitätsmanagement oder Total Quality Management (TQM) orientiert sich an den folgenden Grundsätzen:
- *Gästeorientierung*: Die optimale Erfüllung der Kunden- bzw. Gästebedürfnisse steht im Mittelpunkt. Darunter werden sowohl interne als auch externe Kunden oder Gäste verstanden. Jeder Mitarbeitende hat in diesem Sinne seine «Kunden». Wesentlich ist, die Erwartungen seiner Gäste oder Kunden zu kennen und sie stets zu erfüllen versuchen.
- *Führungsverantwortung*: Die Qualitätsphilosophie muss durch die Betriebsleitung eingeleitet und vorgelebt werden. Qualität wird zwar auf allen Stufen gelebt, ist jedoch grundsätzlich Chefsache. Sämtliche Führungskräfte müssen den kontinuierlichen Veränderungsprozess in Gang halten. Das allgemeine Qualitätsbewusstsein fliesst in die strategischen Entscheide ein.
- *Mitarbeiterorientierung*: Die Servicequalität ist direkt abhängig von der Motivation und der Qualifikation der Mitarbeitenden. Nur zufriedene Mitarbeitende sind auf die Dauer in der Lage, qualitativ hochstehende Leistungen zu erbringen. Dies gilt in besonderem Masse für Dienstleistungen. Teamarbeit, umfassende Partizipation, Schulung und Information sind Voraussetzungen für eine nachhaltige Verbesserung der Qualität.
- *Nachhaltigkeit*: Qualitätsmanagement darf nicht nur nach innen gerichtet sein, sondern orientiert sich an den Ansprüchen einer nachhaltigen Ent-

wicklung. Dabei werden ökologische, soziale und ökonomische Aspekte gleichermassen berücksichtigt. In diesem Sinne beinhaltet Qualitätsmanagement einen aktiven Beitrag zur Verbesserung der Umweltsituation, der Lebensqualität und damit langfristig zu einer nachhaltigen Entwicklung zu leisten.
- *Prozessdenken:* Jedes Produkt oder jede Dienstleistung ist ein Ergebnis eines Leistungsprozesses, in dessen Verlauf ein Arbeitsvorgang mit dem folgenden verknüpft ist. Die Qualität der Einzelprozesse führt zu einer ganzheitlichen Qualität. Deshalb ist die Überwachung der einzelnen Arbeitsabläufe oder Prozesse von zentraler Bedeutung. Im Qualitätsmanagement ist der Deming-Zyklus zum Inbegriff des Prozessdenkens geworden:
Plan (Q-Planung) → Do (Q-Lenkung) → Check (Q-Sicherung) → Act (Q-Verbesserung) → Plan ...

Abbildung 50 Qualitätsentwicklung – Qualitätssicherung

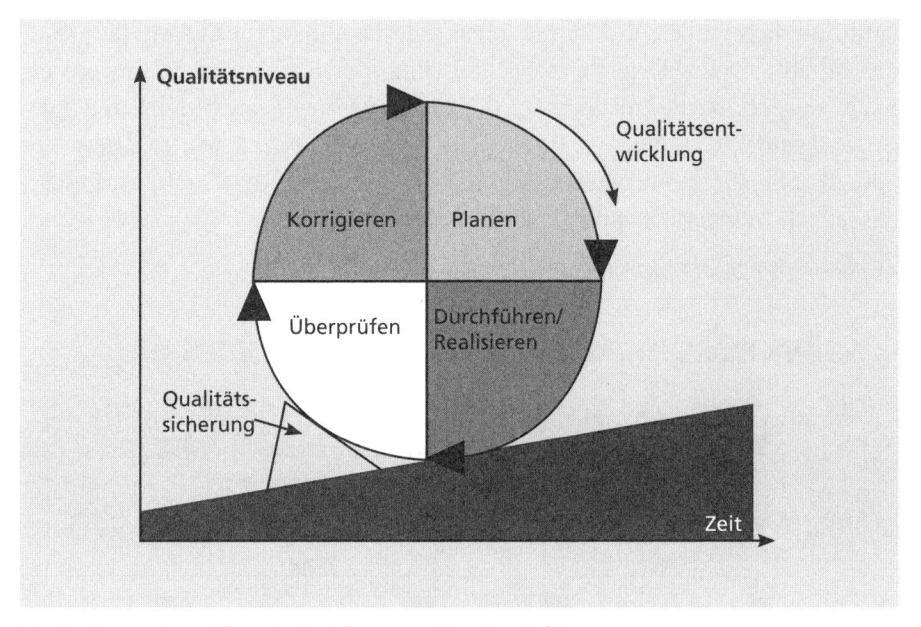

Quelle: Eigene Darstellung in Anlehnung an Deming-Zyklus

- *Verbesserungsprozess:* Auftretende Fehler werden als Chance für Verbesserungen erkannt und genutzt. Sie helfen, die bestehenden Arbeitsabläufe in kleinen Schritten zu verbessern und den veränderten Rahmenbedingungen anzupassen.
- *Systematisches Vorgehen:* Qualitätsmanagement ist mehr als eine reine Philosophie. Es ist mit einem geplanten und systematischen Projektmanagement gleichzusetzen. Voraussetzung sind Planungsinstrumente, Organisationsstrukturen, Kompetenzen und Verantwortlichkeiten.

Die European Foundation for Quality Management (EFQM) hat zum besseren Verständnis des umfassenden Qualitäts-Management-Ansatzes (TQM) ein einfaches graphisches Modell geschaffen. TQM wird in neun Teilaspekte unterteilt, welche unterschiedlich gewichtet werden: Ausgehend von einer qualifizierten Führung mit klaren strategischen Vorgaben, einer betonten Mitarbeiterorientierung und guten Ressourcen werden die Abläufe (Prozesse) kontinuierlich verbessert. Damit sollen gute Ergebnisse bezüglich der Gäste, der Mitarbeiter sowie der Gesellschaft (inkl. der ökologischen Umwelt) erreicht werden. Nicht zuletzt dient der Qualitätsprozess auch der Erreichung befriedigender Geschäftsergebnisse. (In der Zwischenzeit wurde dieses EFQM-Modell durch ein neues ersetzt (https://efqm.org/de/the-efqm-model/), das jedoch weniger klar und aussagekräftig ist.)

Abbildung 51 Das EFQM-Modell für Excellence

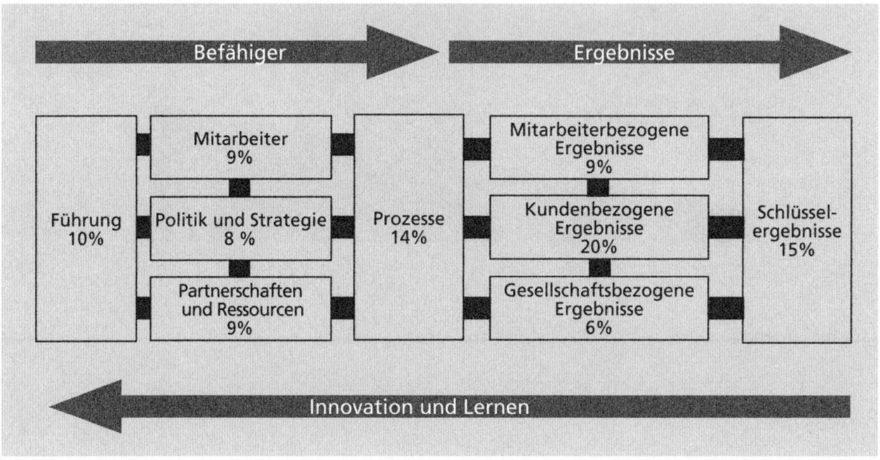

Quelle: EFQM 1999

Oft wird die Frage gestellt, wie viel das Qualitätsmanagement kosten darf. Zur Beantwortung dieser Frage werden oft die Kosten für die Qualitätssicherung (Fehlerverhütungs-, Prüf- und externe QM-Darlegungskosten) sowie die Fehlerkosten aufaddiert (Herrmann/Fritz 2018, S. 310). Doch bei einem umfassenden Qualitäts-Verständnis sollte die Frage nicht lauten, welche Kosten das Qualitätsmanagement verursacht, sondern vielmehr, was es kostet, die Pflege der Qualität zu vernachlässigen.

7.8.3 Reklamationsmanagement

Reklamationen oder Beschwerden haftet häufig etwas Negatives an, weil sie enttäuschte Erwartungen und damit die Unzufriedenheit der Gäste zum Ausdruck bringen. Für den Betrieb bedeuten Gästereklamationen zunächst einen zusätzlichen Arbeitsaufwand. Es erstaunt daher nicht, dass sich viele Mitarbeitende Reklamationen gegenüber ablehnend verhalten und versuchen, sie zu minimieren.

In Reklamationen stecken aber Chancen. Sie können wertvolle Hinweise zur Verbesserung der Dienstleistung und zur Erhöhung der Gästezufriedenheit liefern. Es können daraus Veränderungen der Bedürfnisse und Erwartungen der Gäste abgeleitet werden. Ein zielgerichteter Umgang mit Reklamationen ist daher von grosser Bedeutung, um den Gast zufriedenzustellen und die Dienstleistung an geänderte Bedürfnisse anzupassen.

Wie soll auf Reklamationen reagiert werden? Wie wird die Unzufriedenheit der Gäste aufgedeckt? Welches sind die Reaktionsmöglichkeiten, wenn Gäste mit der Leistung des Anbieters nicht zufrieden sind? Welche Instrumente stehen zur Verfügung? Diese und weitere Fragen stehen im Mittelpunkt eines aktiven Reklamationsmanagements. Grundsätzlich kann zwischen einem passiven und einem aktiven Reklamationsmanagement unterschieden werden.

Ein aktives Reklamationsmanagement wird im Tourismus primär aus vier Gründen praktiziert:
- Vermeidung von Gästeabwanderungen
- Reduzierung negativer Mund-zu-Mund-Werbung
- Informationsgewinnung
- Abwehr unberechtigter Ansprüche.

Im Folgenden werden fünf Schritte einer zielgerichteten Reklamationsbearbeitung aufgezeigt.

Schritt 1: Bedeutung von Reklamationen bewusst machen

Allen Mitarbeitenden muss die grosse Bedeutung von Reklamationen bewusst sein. Sie sollten als Chance verstanden werden. Die unterschiedlichen Reaktionsmöglichkeiten der Gäste, die bei Unzufriedenheit mit der Leistung des touristischen Anbieters auftreten können, müssen bekannt sein:
- Gast wechselt den Anbieter.
- Gast beschwert sich beim betreffenden Betrieb.
- Gast schaltet eine Institution ein, die seine Reklamation aufnimmt (z.B. Medien, Ombudsstellen, Konsumentenschutz).
- Gast macht negative Mund-zu-Mund-Propaganda bei potenziellen Gästen.
- Gast verzichtet fortan auf die entsprechende Dienstleistung.

Schritt 2: Reklamationen stimulieren

Dem Gast sollen Möglichkeiten zur Äusserung von Reklamationen gegeben werden, um Gelegenheit zu erhalten, die Zufriedenheit des Gastes wiederherzustellen. Verschiedene Instrumente stehen dabei zur Verfügung:
- Ernstgemeinte Aufforderung an den Gast, Anregungen, Wünsche oder Defizite mitzuteilen, indem das offene Gespräch gesucht wird.
- Aufstellen eines ‹Meckerkastens›, einer Anregungs- oder Beschwerdebox.
- Auslage von Meinungskarten (‹Comment-Cards›), z.B. im Hotel auf dem Nachttisch und nicht in der Schreibmappe versteckt.
- Einsatz von Fragebogen zur Messung der Gästezufriedenheit.

Schritt 3: Reklamationen gekonnt entgegennehmen

Während und nach Reklamationen kommt es auf die richtige Reaktion des Mitarbeitenden an. Schon bei der Annahme der Reklamation muss vermieden werden, dass durch falsche Reaktionen die Unzufriedenheit des Gastes gesteigert wird. Um dies zu vermeiden, sollten verschiedene Voraussetzungen erfüllt sein:
- Zusammenstellung von Schulungsprogrammen für Mitarbeiter mit direkten Gästekontakten.
- Erstellung eines Leitfadens für Reklamationsgespräche.
- Festlegung der Zuständigkeiten bei Reklamationen.

- Bestimmung der Entscheidungskompetenzen von Mitarbeitern, die mit Gästereklamationen konfrontiert werden können.
- Ausfertigung von Formularen zur Reklamationserfassung und -meldung.
- Regelung des spezifischen Ablaufs nach Entgegennahme einer Reklamation.

Mitarbeitende, die mit dem verärgerten Gast konfrontiert werden, müssen vor allem Ruhe bewahren. Als Merksatz gilt: «Ruhig, ernst und sachlich bleiben».

Schritt 4: Reklamationen bearbeiten

Gästereklamationen dürfen in keinem Fall liegen bleiben. Gemeinsam mit den Verantwortlichen muss versucht werden, die aufgetretenen Probleme umgehend zu lösen. Dabei ist die Zufriedenstellung des Gastes noch während seiner Anwesenheit oder seines Aufenthalts nicht nur die schnellste und kundenfreundlichste, sondern meist auch die kostengünstigste Lösung. Zur Bearbeitung von Reklamationen bestehen die folgenden Möglichkeiten:
- Abhilfe, Reparatur oder Nachbesserung
- Leistungsaustausch
- Kleine Aufmerksamkeit, Zusatzleistung oder ein Geschenk
- Gutscheine für den späteren Bezug von Leistungen
- Bestätigungsschreiben bei längerer Bearbeitungsdauer der Reklamation
- Entschuldigungsschreiben oder persönlicher Anruf beim reklamierenden Gast
- Nachträgliche Rückerstattung eines bestimmten Geldbetrages.

Besonders zu beachten sind Reklamationen, die von Stammgästen eingebracht werden.

Schritt 5: Reklamationen auswerten und analysieren

Damit die in Reklamationen enthaltenen Informationen für Verbesserungsmassnahmen genutzt werden können, müssen sie systematisch ausgewertet werden. Dazu stehen von der einfachen Information bis zu statistischen Programmen viele Instrumente zur Verfügung.

Aus Reklamationen lassen sich auch mögliche Veränderungen der Gästeanforderungen und -erwartungen ablesen. Verbesserungsideen und Produktänderungswünsche von Gästen bieten die Möglichkeit, die eigene Leistung den spezifischen und aktuellen Gästebedürfnissen anzupassen und damit die Qualität der erbrachten Dienstleistung noch zu verbessern.

7.8.4 Qualitätsoffensiven im Schweizer Tourismus

Die Gründung eines Qualitätsclubs führte 1995 zu einer ersten breiten Qualitätssensibilisierung im Schweizer Tourismus. Um Mitglied im Qualitätsclub zu werden, musste der touristische Leistungsträger sieben Qualitätsgrundsätze für seinen Betrieb als verbindlich erklären:

1. Wir ermöglichen unseren Gästen ein positives ‹Erlebnis Schweiz›.
2. Wir orientieren uns an höchsten Qualitätsansprüchen.
3. Wir gehen auf die individuellen Bedürfnisse unserer Gäste ein.
4. Wir erbringen unsere Dienstleistungen engagiert und mit Freude.
5. Wir nehmen die Anregungen unserer Gäste ernst.
6. Wir pflegen für unsere Gäste die kleinen Details, die nicht käuflich sind.
7. Wir sind für unsere Gäste da.

Die Sensibilisierung für eine umfassende Weiterentwicklung und Sicherung der Qualität im Schweizer Tourismus wurde 1997 mit Hilfe des Qualitäts-Programms des Schweizer Tourismus weitergeführt.

Zwischenruf

Ziehen statt stossen

Was haben Hewlett Packard (HP), der Computerhersteller, und der Campo Tenica, der höchste Berg des Kantons Tessin, gemeinsam? Beide sind spitze und der Weg zur Spitze führt über einen steilen aber abwechslungsreichen Weg. Hewlett Packard ist bekannt für seine hohe Qualität und auf der Spitze des Campo Tenica wird höchste Aussichtsqualität geboten.

Auf dem facettenreichen Weg von Prato zum Campo Tenica begleitete mich der Qualitäts-Manager von Hewlett Packard. Ich lernte die Qualitäts-Grundsätze kennen, denen sich HP auf dem steilen Weg zur Spitze verschrieben hat – Schritt für Schritt, Stufe um Stufe.

Der erste Grundsatz lautet: «Nicht-Qualität senken!» Jede Nicht-Qualität bedeutet einen verärgerten Kunden oder einen enttäuschten Gast. Nicht-Qualität führt zu Mehrkosten für die Wiedergutmachung, zu Imageverlust und zu negativer Mund-zu-Mund-Propaganda. Das Augenmerk im Qualitätsmanagement ist damit primär auf kritische Ereignisse zu legen, um Nicht-Qualität zu vermeiden.

Im zweiten Qualitäts-Grundsatz geht es ums Geld: «Kosten senken – Ertrag steigern!» Qualitätsmanagement hat weniger mit luxuriösen Zusatzleistungen zu tun, sondern muss vielmehr zur Verbesserung der Rentabilität beitragen. «Quality without profit is no quality at all!»

Der dritte Grundsatz befasst sich mit der Führung: «Alle Nicht-Qualität ist die Folge von Management-(Fehl-)Entscheidungen!» Die Pflege und Sicherung von Qualität muss von den Vorgesetzten vorgelebt werden. «Never try to push a rope» heisst es bei Hewlett Packard. Also: ziehen statt stossen!

Der Aufstieg zum Campo Tenica war spannend und lehrreich. Die drei Grundsätze sind einfach und können problemlos auf den Tourismus übertragen werden. Aber der Weg zu mehr Qualität (oder zu weniger Nicht-Qualität) muss selber begangen werden, Schritt für Schritt, Stufe um Stufe. Hie und da ist er mühsam. Doch er lohnt sich: Der Wegrand ist abwechslungsreich und die Aussicht fantastisch. Wer klug ist, beginnt zu ziehen. Wer wartet, wird gestossen – verstossen.

Hansruedi Müller

Qualitäts-Programm des Schweizer Tourismus

Das Projekt ‹Qualitäts-Programm des Schweizer Tourismus›, das 1998 von den wichtigsten touristischen Dachverbänden lanciert wurde und 2021 ausläuft, hatte zum Ziel, in den Betrieben das Qualitätsbewusstsein zu steigern und die Service- und Führungsqualität weiterzuentwickeln. Die Universität Bern hat praxisnahe Hilfsmittel entwickelt, mit denen sich Unternehmer und Unternehmerinnen im Tourismus auf den Weg des Qualitätsmanagements begeben können (vgl. Müller 2004).

Das erarbeitete ‹Qualitäts-Gütesiegel für den Schweizer Tourismus› verläuft auf drei Stufen und basiert auf dem EFQM-Modell. Es beinhaltete in einer folgende Schwerpunkte (STV 2008):
- *Stufe I: Qualitätsentwicklung mit Schwerpunkt Servicequalität: Vermittlung einer Grundlage zum Qualitätsmanagement mit Instrumenten zur kontinuierlichen Entwicklung der Servicequalität.*
- *Stufe II: Qualitätssicherung mit Schwerpunkt Führungsqualität: Systematisierung der Qualitätsanstrengungen und stärkere Verankerung der Qualitätsorientierung unter den Mitarbeitenden. Stufe II stellt einen Zwischenschritt auf dem Weg zu einem umfassenden Qualitätsmanagement-System auf Stufe III dar.*
- *Stufe III: Umfassendes Qualitätsmanagement-System (QMS/TQM)*

Mit Hilfe dieses dreistufigen Programms wurden touristische Betriebe sukzessive an ein Qualitätsmanagement-System herangeführt mit dem Vorteil, je nach Wahl der Stufe das formale Anspruchsniveau selbst zu wählen. Dabei spielten die Schulungen eine wichtige Rolle, indem die Teilnehmenden den Umgang mit den bereitgestellten Instrumenten und Hilfsmitteln lernten.

Im Qualitäts-Programm wurden immer wieder leichte Anpassungen an aktuelle Entwicklungen vorgenommen: Pflichtmodule wurden optional, Qualitätsaspekte zu spezifischen Themen (z. B. ökologische Aspekte) wurden angepasst oder das Obligatorium für die Stufe I wurde aufgehoben.

Von 1998 bis 2020 konnte das Qualitäts-Gütesiegel insgesamt 9501 Mal vergeben werden. Rund 71% der Auszeichnungen fielen dabei auf Stufe I, 15% auf Stufe II und 14% auf Stufe III. Als Vorbereitung auf die Umsetzung des Programms liessen sich 12'724 Personen zu Q-Coaches resp. Q-Trainer ausbilden (Auskunft STV). 2023 wurde das Qualitäts-Programm des Schweizer Tourismus eingestellt.

Abbildung 52 Überblick über die Stufe I

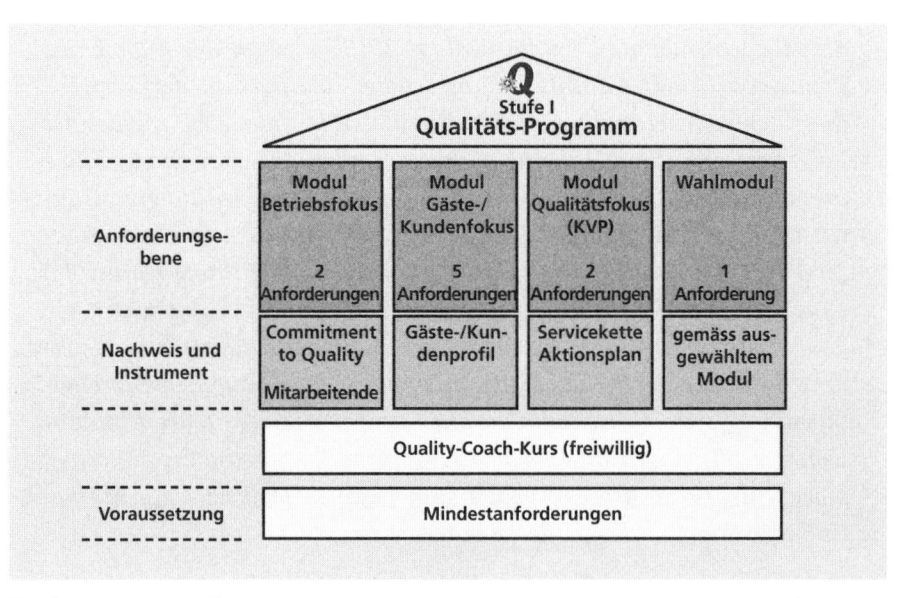

	Stufe I Qualitäts-Programm			
Anforderungsebene	Modul Betriebsfokus	Modul Gäste-/Kundenfokus	Modul Qualitätsfokus (KVP)	Wahlmodul
	2 Anforderungen	5 Anforderungen	2 Anforderungen	1 Anforderung
Nachweis und Instrument	Commitment to Quality Mitarbeitende	Gäste-/Kundenprofil	Servicekette Aktionsplan	gemäss ausgewähltem Modul
	Quality-Coach-Kurs (freiwillig)			
Voraussetzung	Mindestanforderungen			

Quelle: Eigene Darstellung

Zwischenruf

Mut zur Qualität trotz Digitalisierungs-Hektik

Mit dem Aufkommen des Internets wurde die Digitalisierung bereits in den 90er-Jahren für Massen im Dienstleistungsbereich nutzbar und hat zum beschleunigten Austausch von Daten und Informationen geführt. Noch vor einigen Jahren hat dieser beschleunigte Austausch stationär zu Hause oder im Büro vor dem PC stattgefunden. Spätestens mit der Einführung von Smartphones und der Breitbandabdeckung ist er auch mobil möglich.

Bezüglich des Datenaustauschs sind der Start von Bewertungsplattformen (1999), das Aufkommen von sozialen Netzwerken (2003) oder die Boomphase der digitalen Reiseportale (2007) für die touristischen Leistungsträger nennenswerte Meilensteine aus den Anfängen. In neu-

erer Zeit beschäftigen uns Mobilisierung und Geo-Targeting (2012), die Möglichkeiten der Virtual Reality (2013) oder gar der Augmented Reality (2014). Diese Entwicklung schlägt sich auch in der Verwendung der Internetnutzung nieder: Benützten im Jahr 2000 gemäss der Reiseanalyse noch 10% der deutschen Urlauber das Internet zur Information, taten dies 2019 bereits 67%. Auch bei der Buchung vertrauten im Jahr 2000 gerade mal 2% der Deutschen dem Internet, während 2019 bereits 49% das Internet für eine Reisebuchung benutzten. Darüber wird viel diskutiert. Es könnte der Eindruck entstehen, die Tourismuswelt würde durch diese Digitalisierung fundamental verändert. In dieser hektischen Zeit gilt es aber, das Phänomen der Digitalisierung systematisch einzuordnen und die Konsequenzen zu hinterfragen. Tut man dies nach den ‹sieben P's› (product, promotion, placement, price, process, people and physical facilities) des Marketing-Mix lässt sich Folgendes ableiten:

Der Tourismus kann von der Digitalisierung in Bereichen wie der Produktpolitik (product) mit einem erweiterten Innovationspotenzial (bspw. Skigebiets-App), Produktverbesserungen (bspw. digitale Gästekarten) oder einem differenzierten Aufbau der Marke (bspw. mit Videos) stark profitieren. Zusätzlich besteht bei der Promotion (promotion) das Potenzial für einen ideenreicheren, kostengünstigeren, technisch auch für KMU einfach replizierbaren Kommunikations-Mix. Gefordert sind dabei massgeschneiderte Inhalte und deren klare Präsentation. Auch im Bereich der Prozessoptimierung (process) besteht mit einer gezielteren Steuerung sowie einer Verbesserung der Dienstleistungsprozesse im Betrieb und zwischen Betrieben positives Entwicklungspotenzial. Zudem bestehen Chancen, das Personal (people) im Aufbau des Vertrauens mit den Gästen aktiv und empathisch (bspw. mit Social Media) einzubinden.

Gefordert wird der Tourismus aber eindeutig in den Bereichen Preis (price) und Distribution (placement). Bei der Preispolitik stünde die Türe zu einem kurzfristigen, temporären und differenzierten Pricing durch die Digitalisierung offen und wird auch vielerorts erprobt. Im Zu-

sammenhang mit der Qualität, des für das Hochpreisland Schweiz so zentralen Aspekts, relativiert sich diese neue Möglichkeit jedoch stark. Sie verliert an Durchschlagskraft, weil die Preise der touristischen Leistungen für die Kunden transparenter und vergleichbarer werden.

Eindeutig am stärksten gefordert ist der Tourismus im Distributionsbereich (placement). Eine Distributionsstrategie mit vielseitigen Absatzkanälen über Partnern wie Tour Operator oder Hotelketten und den damit verbundenen Kommissionsabgaben ist für den Tourismus nichts Neues. Neuer ist die Tatsache, dass die ‹Fremdkanäle› mit den Online-Giganten Booking, Expedia und HRS zunehmen und ständig an Bedeutung zu Ungunsten des kostengünstigeren Eigenvertriebes gewinnen. Das sich bietende Innovationspotenzial im Tourismus wird weitgehend von global aktiven Intermediären genutzt. Ihre Marktmacht wird laufend dominanter. Sie schränkt die Entscheidungskompetenz in der Distributionsstrategie ein. Ein nicht Mitmachen würde viel Mut und eine Portion Gelassenheit erfordern.

Insgesamt bietet die Digitalisierung für den Tourismus beim Produkt, der Kommunikation und den Geschäftsprozessen sowie dem Personal vielfältige Innovations- und Entwicklungspotenziale, die es mit gut ausgebildetem und emphatischem Personal für qualitativ hochstehende Tourismusdienstleistungen zu nützen gilt. Diese Entwicklung wird von Scharmützeln und hektischen Diskussionen an der Preis- und Distributionsfront begleitet. Mit einer Tiefpreisstrategie liess sich im Schweizer Tourismus schon in der Vergangenheit nicht punkten. Und dies wird auch in Zukunft tendenziell so bleiben. Vielmehr muss mithilfe der Digitalisierung der Qualitätsweg geschickt und zielführend weiterverfolgt werden, um mit einem attraktiven Preis-Leistungsverhältnis die Gäste aus Nah und Fern zu überzeugen. Im Zentrum wird auch in Zukunft das einzigartige Natur- und Kulturpotenzial bleiben. Bestimmt werden gewisse Prozesse, Abläufe und Serviceleistungen noch vermehrt von künstlicher Intelligenz unterstützt. Doch der Tourismus bleibt ein ‹People Business›.

Monika Bandi Tanner

7.9 Erlebnis-Setting

7.9.1 Die Wahrnehmung von Erlebnissen

Scheurer (2003) hat die Bedeutung von Erlebnis-Inszenierung für touristische Destinationen untersucht. Das Konzept des Erlebnis-Settings geht von der Erkenntnis aus, dass Erlebnisse durch Ereignisse ausgelöst oder mindestens begünstigt werden. Unter Setting verstehen wir einen Schauplatz oder eine Situation. Was bedeutet dies nun für die Angebotsgestaltung in touristischen Destinationen?

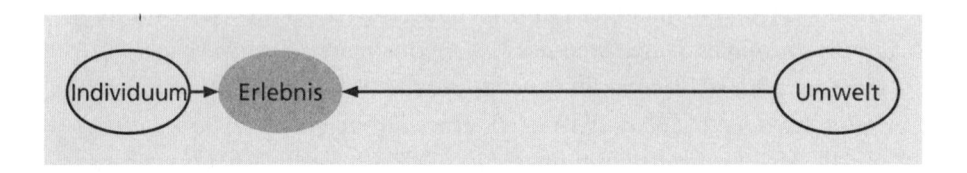

Das Erlebnis des Besuchers in einem bestimmten Setting steht im Zentrum der Betrachtungen. Umweltreize in diesem Setting können sowohl positive als auch negative Erlebnisse auslösen.

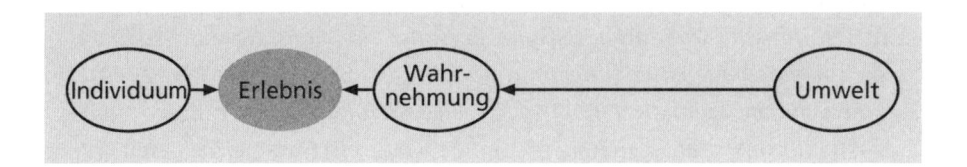

Eine wesentliche Voraussetzung ist, dass die auslösenden Umweltreize überhaupt wahrgenommen werden. Eine Umwelt wird nicht nur visuell in Farbe, Form, Textur, Bewegung, Tiefen- und Horizontstruktur wahrgenommen, sondern gleichzeitig multisensual über die Hör-, Tast-, Geschmacks- und Geruchssinne. Allerdings geht der grösste Teil unserer Wahrnehmungen über das Auge. Die Wahrnehmung einer realen Umgebung ist ein subjektiver Vorgang. Was als Empfindung tatsächlich wahrgenommen oder sich als Raumerlebnis entwickelt, ist nicht nur bestimmt durch die Sache selber. Sie werden durch das Wahrnehmungsvermögen einerseits und durch Erwartungen oder Erfahrungen andererseits beeinflusst.

7. Touristisches Angebot

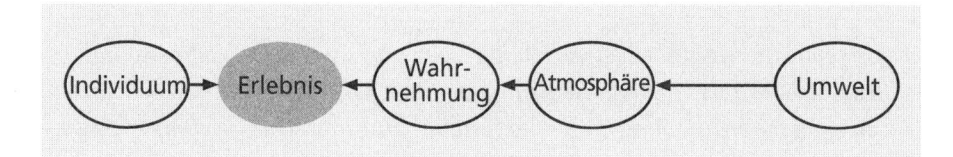

Individuum → Erlebnis ← Wahrnehmung ← Atmosphäre ← Umwelt

Die Gesamtheit der Einzelreize und Reizkonstellationen in einem bestimmten Setting erzeugt eine bestimmte emotionale Wirkung. Diese emotionale Wirkung einer Umwelt kann als ‹Atmosphäre› bezeichnet werden. Da Individuen möglichst Umwelten aufsuchen, die für sie positive Gefühle auslösen und gegenteilige eher meiden, ist die Betrachtung der atmosphärischen Umwelt eine entscheidende Voraussetzung zur Optimierung des Ferienerlebnisses. Es reicht nicht nur, Ereignisse zu schaffen – die passende Gesamtatmosphäre ist entscheidend. Die emotionale Wirkung einer bestimmten räumlichen Situation kann mit Hilfe eines Modells mit den Achsen Lust-Unlust und Erregung-Ruhe erhoben werden. Dabei lassen sich vier Hauptatmosphären unterscheiden (vgl. Schober 1995, S. 26 sowie Anhang Kap. 14.5):

- *Anregende Atmosphäre:* anziehend-erregend
- *Beruhigende Atmosphäre:* anziehend-beruhigend
- *Bedrückende Atmosphäre:* abweisend-beruhigend
- *Aggressive Atmosphäre:* abweisend-erregend

Zwischenruf

Erlebnisse! Erlebnisse?

Es scheint, dass sich die Freizeitgesellschaft von gestern zu einer eigentlichen Erlebnisgesellschaft entwickelt hat. Der homo ludens spiele mit zunehmender Verbissenheit, stellt Gerhard Schulze in seinem Buch ‹Die Erlebnisgesellschaft› fest. Offensichtlich ist, dass der Gast von heute zunehmend erlebnisorientiert handelt.

Doch was sind Erlebnisse? Die Psychologie umschreibt sie als selbstbezügliche, ‹innere› Ereignisse, die bildhaft wahrgenommen werden und vorerst nur subjektiv eine Bedeutung haben. Sie sind intensiviertes

Erleben und damit selbstwertsteigernd, denn wer viele Erlebnisse hat, lebt kein banales Leben. Sie sind aber auch unwillkürlich und werden eher passiv erduldet als aktiv hergestellt. Und Vorsicht: Erlebnisse sind noch keine Erfahrungen. Erfahrung gewinnt man durch wiederholte, reflektierte und damit verarbeitete Erlebnisse. Also: Erlebnisse setzen Ereignisse voraus, die aber erst durch Erkenntnisse zur persönlichen Erfahrung werden. Die ‹E› der Erlebnisgesellschaft ‹Ereignis (Episode) ⇨ Erlebnis (Emotion, Eindruck, Erinnerung) ⇨ Erkenntnis ⇨ Erfahrung› deuten darauf hin, dass Erlebnisse von Dienstleistungsbetrieben kaum hergestellt werden können. Hingegen kann eine besonders günstige Atmosphäre geschaffen werden, die Erlebnisse begünstigt. Zudem können über die geschickte, narrative Aufbereitung von Informationen (Geschichten erzählen) Erkenntnisse gewonnen werden, die zu persönlichen Erfahrungen führen. Ziel der Erlebnis-Inszenierung muss es sein, möglichst viele positive Erinnerungen zu generieren.

Mit Hilfe der Theorie des Erlebnis-Settings wird versucht aufzuzeigen, was es zur Begünstigung der Erlebnisqualität braucht: Ein Thema, eine klare Zielgruppenwahl, das Ansprechen aller Sinne durch ein Gesamtkunstwerk von Materialien, Düften, Farben, Musik und Ästhetik, die Stimmigkeit der gesamten Dienstleistungskette und die Kreation von eigentlichen Szenen.

Bei solchen Überlegungen wird offensichtlich, dass am Anfang jedes Erlebnisprojektes hohe Unsicherheit und am Ende ein nicht zu unterschätzendes Enttäuschungsrisiko steht. Gefordert sind Innovationsfähigkeit und Risikobereitschaft.

Hansruedi Müller

Innerhalb eines bestimmten Settings gibt er meist einige dominierende Reize. Wir können sie als Atmosphäreträger bezeichnen (vgl. Schober 1995): Atmosphärestifter wirken emotional positiv, d.h. sie sind lustfördernd und je nach Atmosphärefeld erregend/aktivierend oder beruhigend. Demgegenüber beeinflussen Atmosphärekiller das Atmosphärefeld negativ. Daneben gibt es Faktoren mit einer neutralen emotionalen Wirkung. Sie stimulieren die Atmosphäre weder positiv noch negativ.

Die Wirkfaktoren lassen sich unterscheiden in konstante Faktoren wie zum Beispiel das Landschaftsbild und variable Faktoren wie zum Beispiel das Wetter. Weiter kann unterschieden werden in direkte Wirkfaktoren, die über Sinnesreize wahrgenommen werden wie Farbe, Licht, Formen, Töne, Geschmack oder Gerüche und indirekte Wirkfaktoren wie Images, Assoziationen und Vorstellungen, die schon vor Ankunft entstehen und als Erwartungen oder Motive einen indirekten Einfluss auf die Wahrnehmung haben.

Abbildung 53 Atmosphäre im Zentrum der Erlebnis-Settings

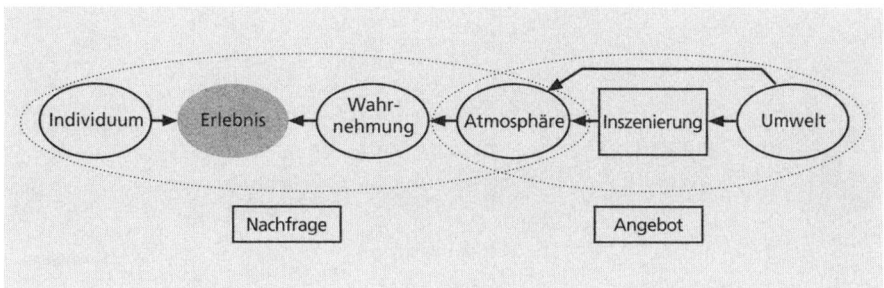

Quelle: Müller/Scheurer 2007, S. 12

Einige der Umweltreize können mittels Angebotsgestaltung beeinflusst oder gestaltet werden, andere, wie beispielsweise das Klima oder das Wetter, nicht. Ziel der touristischen Angebotsgestaltung muss es aber sein, in einem bestimmten Raum eine Atmosphäre zu schaffen, die dem Besucher positive Erlebnisse ermöglicht. Dies kann man mittels Inszenierung erreichen. *Inszenierung* ist das Instrumentarium des Erlebnis-Settings zur Schaffung einer zielgruppenorientierten Atmosphäre.

7.9.2 Die Inszenierungs-Instrumente zur Gestaltung eines Erlebnis-Settings

Für die Erlebnis-Inszenierung wurde an der Uni Bern ein Modell mit sieben Inszenierungs-Instrumenten erarbeitet. Es basiert auf einer Evaluation der Erfolgsfaktoren von Freizeitparks (vgl. Müller/Scheurer 2007, S. 12):

Abbildung 54 Das Erlebnis-Setting im Überblick

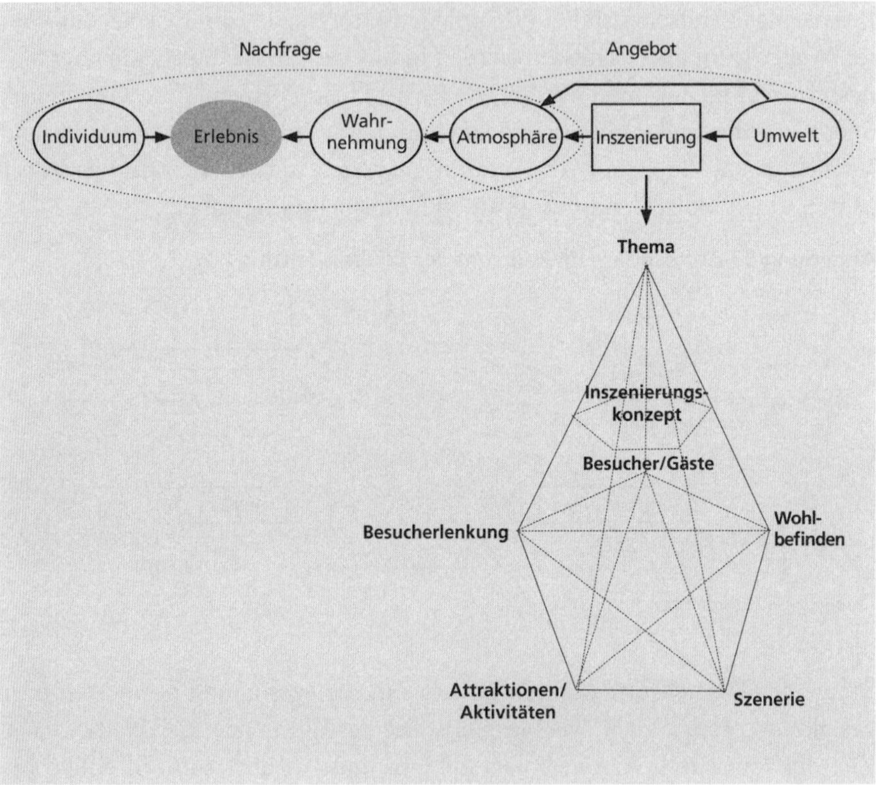

Quelle: Müller, Scheurer 2007, S. 16

- *Thema:* Das Thema sorgt für Kohärenz und hat einen starken Einfluss auf die Zielgruppen, die sich dadurch angesprochen fühlen. Themen sollen authentisch sein und dienen der Markenbildung (Branding). Der beste Nährboden von Themen mit Alleinstellungscharakter sind Kultur, Geschichte und die Welt der Sagen und Mythen einer Destination. Komplexe Dienstleistungsbündel, wie dies in Destinationen der Fall ist, ermöglichen eine Vielzahl von Themen. Die Themen sind in eine Hierarchie zu bringen und mit einem Dach- oder Kernthema zu verknüpfen. Die übrigen Inszenierungsinstrumente sind entsprechend den Themen auszugestalten.

- *Inszenierungskonzept:* Im Inszenierungskonzept werden die einzelnen Inszenierungselemente aufeinander abgestimmt. Die potentiellen Zielgruppen müssen eingegrenzt und systematisch untersucht werden, um die Erwartungen und Verhaltensweisen der Gäste zu kennen. Die Erarbeitung eines Inszenierungskonzeptes bietet eine gute Plattform, um die verschiedenen Akteure, die bei der Optimierung der Erlebnisinszenierung beteiligt sind, zu koordinieren.
- *Attraktionen und Aktivitäten:* Mit Hilfe von Attraktionen und Aktivitäten werden Ereignisse geschaffen, die Erlebnisse ermöglichen. Sie sollen zum Thema passen, den Gästeerwartungen und -bedürfnissen entsprechen und durch die übrigen Inszenierungsinstrumente unterstützt werden. Zu den Attraktionen gehören Bergbahnen ebenso wie Wellness- oder Sportanlagen, Museen, Kinderspielplätze, Freizeitparks, Sehenswürdigkeiten oder Events.
- *Szenerie:* Die Szenerie in Ferienorten wird durch die natürlichen Hintergrundreize dominiert. Insbesondere Landschaft, Wetter und Licht haben grossen Einfluss auf die Szenerie. Sie wird aber auch durch Architektur, Beleuchtung, Landschaftseingriffe oder Möblierungen aller Art gestaltet oder verunstaltet. Die Wahrnehmung der Szenerie wird stark von den Erwartungen der Gäste geprägt. Durch die emotionale Wirkung unterstützt die Szenerie den ‹dramaturgischen› Ablauf, also die Besucherlenkung, und die Wirkungen von Attraktionen und Aktivitäten.
- *Besucherlenkung:* Mit Hilfe dieses Instruments wird versucht, die Gästeströme zu lenken. Insbesondere das Informationskonzept mit der Signalisierung gehört dazu. Die Besucherströme können aber auch durch gestalterische Elemente wie Tore, Rastplätze oder Aussichtsplattformen beeinflusst werden. Durch den gekonnten Ablauf von Attraktionen und Aktivitäten kann die Besucherlenkung dramaturgisch aufgeladen werden.
- *Wohlbefinden:* Erlebnisse werden nur dann positiv wahrgenommen, wenn sich der Gast wohl fühlt. Die physiologischen Grundbedürfnisse müssen gedeckt und die Sicherheit gewährt sein. Im Wohlfühlmanagement geht es sowohl um Toilettenanlagen, Verpflegungsstätten, Wickelräume und der

gleichen wie auch um Vorkehrungen, dass in Ruhe fotografiert oder eine ganze Gruppe informiert werden kann. Das Wohlfühlmanagement ist eng mit der Besucherlenkung verknüpft.
- *Besucher/Gäste:* Die Besucher resp. die Gäste entscheiden letztlich, ob ein Erlebnis positiv oder negativ in Erinnerung bleibt. Sie haben zielgruppenspezifische Bedürfnisse und durch das Thema bestimmte Erwartungen, die durch Attraktionen und Aktivitäten, die Szenerie und das Wohlfühlmanagement erfüllt werden sollten. Es lohnt sich also, Gäste in ihrem Ver halten gut zu beobachten. Gäste sind oder werden aber immer auch Teil der Attraktion und haben auf vielfältige Art und Weise das Bedürfnis, sich selbst in Szene zu setzen. Heute spricht man von der Co-Creation, also die aktive oder passive Involvierung und Partizipation der Gäste in das Erlebnis-Setting.

Die pyramidenartige Darstellung der Inszenierungs-Instrumente zeigt drei hierarchische Ebenen:
- Das Thema als *Leitinstrument*
- Das Inszenierungskonzept als *Planungs- und Koordinationsinstrument*
- Die Attraktionen/Aktivitäten, die Szenerie, die Besucherlenkung, das Wohlfühlmanagement und die Besucher/Gäste als *atmosphärische Unterstützungsinstrumente*

Die Inszenierungs-Instrumente sind miteinander vernetzt: Erst die Berücksichtigung aller Instrumente macht ein Erlebnis-Setting komplett und kann die verschiedenen Anforderungen erfüllen (Müller/Scheurer 2007).

(Ein Hilfsblatt für die Ermittlung des Handlungsbedarfs bezüglich Erlebnis-Setting steht im Anhang Kapitel 14.3 zur Verfügung.)

7.10 Nachhaltigkeits-Management – Unternehmensverantwortung

Seit dem Umweltgipfel von Rio 1992 ist Nachhaltigkeit im politischen Diskurs ein omnipräsentes Thema (vgl. Kap. 12.3). Es brauchte eine gewisse Zeit, bis das Thema Nachhaltigkeit auch im betriebswirtschaftlichen Umfeld ankam. Man spricht hier von ‹Unternehmensverantwortung›, von ‹Corporate Social Responsibility CSR› (oder auch als Synonym verstanden von der ‹Corporate Responsibility CR›) oder von ‹Nachhaltigkeits-Management›.

7.10.1 Corporate Responsibility

2010 veröffentlichte die International Standardisation Organisation die Leitlinien ISO 26000. Sie sollen Orientierung geben, was unter CSR resp. CR zu verstehen ist und wie sich Unternehmungen verhalten sollten, damit sie als umwelt- und sozialverantwortlich angesehen werden können.

ISO 26000 ist keine zertifizierbare Norm wie beispielsweise ISO 9001 (Qualitätsmanagementsystem) oder ISO 14001 (Umweltmanagementsystem). In den Zielsetzungen der Leitlinien heisst es dazu:
- «CSR is the willingness of an organization to incorporate social and environmental considerations in its decision-making and be accountable for the impacts of its decisions and activities on society and the environment.»
- «CSR is integrated throughout the organization, is practiced in its relationships and takes into account the interests of stakeholders.»
- «ISO 26000 is not a management system standard. It is not intended or appropriate for certification purposes or regulatory or contractual use.»

ISO 26000 gliedert sich in sieben Abschnitte. Im Zentrum stehen einerseits die sieben Grundsätze unternehmerischer Verantwortung (von der Rechenschaftspflicht über Transparenz oder ethisches Verhalten bis zur Rechtsstaatlichkeit), andererseits die Handlungsfelder zu sieben Kernthemen (Core Subjects):
- Organizational Governance (Organisationsführung)
- Human Rights (Menschenrechte)
- Labour Practices (Arbeitspraktiken)
- Environment (Umwelt, Ökologie)
- Fair Operating Practices (faire Geschäftspraktiken)
- Consumer Issues (Konsumentenanliegen)
- Community Involvement (Einbindung der Gemeinschaft).

ISO 26000 skizziert den freiwilligen und selbstverantwortlichen Beitrag von Unternehmungen zu einer nachhaltigen Entwicklung, der über die gesetzlichen Anforderungen hinausgeht und ökologische, gesellschaftliche, aber auch wirtschaftliche Aspekte wie den Austausch mit den relevanten Anspruchsgruppen einbezieht. Das CR-Konzept gewinnt zunehmend an Bedeutung, insbesondere durch ein gestiegenes Interesse des Kapitalmarktes, der Risiken im Zusammenhang mit Unternehmensverantwortung im Risikomanagement stärker gewichtet.

7.10.2 Nachhaltigkeits-Management

Mit der Agenda 2030 für eine nachhaltige Entwicklung mit 17 Zielbereichen und 169 Unterzielen hat die UNO 2016 eine globale Strategie lanciert, um die Welt auf einen Transformationspfad zu lenken (vgl. Kap. 12.4.6). Auch der Tourismus ist aufgefordert, einen aktiven Beitrag zur Erreichung der Sustainable Development Goals (SDGs) zu leisten und entlang einer Nachhaltigkeitsstrategie umzusetzen. Zwar spät, doch gewinnt in den letzten Jahren Nachhaltigkeit auch in der Wirtschaft und bei den Konsumenten an Bedeutung und ist im Zusammenhang mit einer umfassenden Destinationsentwicklung von hoher Relevanz.

Im Kontext des Tourismus werden unter ‹Nachhaltigkeits-Management› Bestrebungen von Betrieben und Organisationen verstanden, die
- neben der wirtschaftlichen Leistungsfähigkeit (Stärkung der regionalen Wirtschaft, langfristige Investitionsplanung u. a. m.)
- auch die ökologische Verantwortung (Energieeffizienz und Nutzung erneuerbarer Energien, Minimierung nachteiliger Auswirkungen auf die natürlichen Ressourcen wie Natur und Landschaft, Luft, Wasser, Boden u. a. m.)
- und die gesellschaftliche Solidarität (Gleichbehandlung, Gesundheit, Lebensqualität, Bildung, Partizipation u. a. m.)
- sowie das Gestaltungsrecht resp. die Beibehaltung der Handlungsoptionen zukünftiger Generationen (Enkelverträglichkeit)

berücksichtigen.

Abbildung 55 Das Nachhaltigkeits-Management-Dreieck

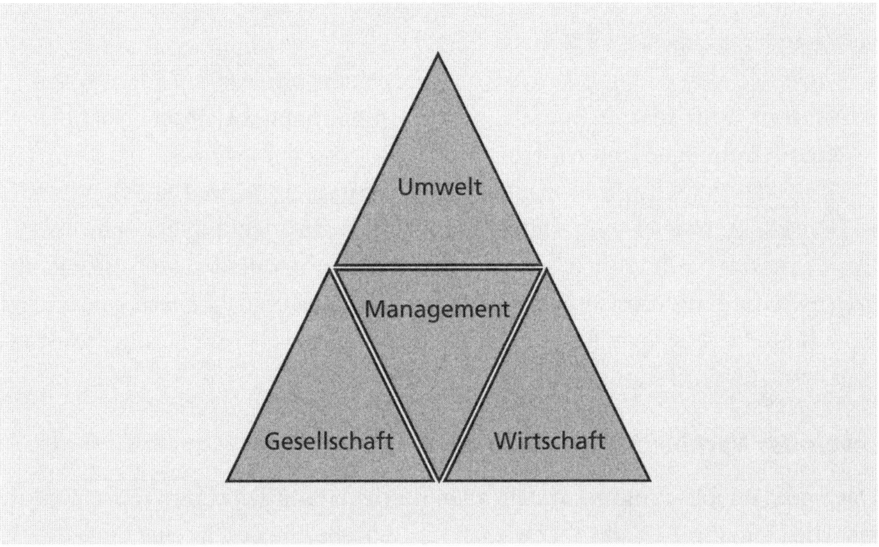

Quelle: Eigene Darstellung

7.10.3 Swisstainable – Das Nachhaltigkeitsprogramm des Schweizer Tourismus

Eine glaubwürdige strategische Positionierung der Schweiz im Nachhaltigkeitsbereich und die kohärente Umsetzung passt zum Tourismusland Schweiz und hat ein hohes Differenzierungspotenzial. Es gibt in der Schweiz bereits zahlreiche touristische Anbieter, die sich für eine nachhaltige Entwicklung engagieren. Allerdings ist es für den Gast schwierig, die unterschiedlichen Angebote in Bezug auf Nachhaltigkeitskriterien einzuordnen.

Dreizehn Dachorganisationen des Schweizer Tourismus lancierten 2021 das Swisstainable-Programm. Sie möchten einerseits die touristischen Leistungsträger motivieren, sich für eine nachhaltigere Entwicklung des Tourismuslandes Schweiz zu engagieren und andererseits die Nachhaltigkeits-Bestrebungen und -Aktivitäten für den Gast besser sichtbar machen. Swisstainable wurde von Schweiz Tourismus entwickelt, unterstützt von der Hochschule Luzern (HSLU) und der Universität Bern. Nachfolgend ein Auszug aus dem Leitfaden zum Nachhaltigkeits-Programm (Swisstainable 2021):

Ziele des Nachhaltigkeits-Programms

Swisstainable – das Nachhaltigkeits-Programm des Schweizer Tourismus – verfolgt vier strategische Ziele:
- *Nachfrage:* den Gästen Orientierung über nachhaltigere Angebote geben
- Angebot: touristische Betriebe und Destinationen bei ihren Nachhaltigkeitsbestrebungen unterstützen
- *Vermarktung:* Schweiz als nachhaltige Destination weltweit positionieren
- *Umwelt:* Beitrag leisten zu einer nachhaltigen Entwicklung der Schweiz

Der Fokus des Nachhaltigkeits-Programms wird auf touristische Leistungsträger sowie Organisationen gelegt. Dazu gehören touristische und tourismusnahe Betriebe wie auch Tourismusorganisationen (TO) und Destinationsmanagement-Organisationen (DMO).

Levels des Nachhaltigkeits-Programms

Das Swisstainable-Programm steht allen Betrieben des Schweizer Tourismus offen. Die Teilnahme ist sowohl möglich für Betriebe, die bereits eine umfassende Nachhaltigkeits-Zertifizierung aufweisen, als auch für Betriebe, die sich erst auf den Weg in Richtung einer nachhaltigeren Entwicklung gemacht haben.

Um die unterschiedlichen Voraussetzungen und den unterschiedlichen Grad des Engagements berücksichtigen zu können, ist das Nachhaltigkeits-Programm in drei Levels gegliedert.

Level I – committed

Level I richtet sich an Betriebe, die (noch) keine Zertifizierungen oder andere Nachhaltigkeitsnachweise vorweisen, sich aber zu einer nachhaltigen Unternehmensführung bekennen – deshalb ‹committed› – und ihren Betrieb laufend in Richtung Nachhaltigkeit weiterentwickeln. Die konkreten Anforderungen sind:
- Unterzeichnung des Commitments zu einer nachhaltigen Entwicklung
- Bezeichnung der für die Nachhaltigkeit beauftragten Person oder des dafür verantwortlichen Teams
- Durchführung einer Nachhaltigkeits-Analyse (Selbstdeklaration) mit Hilfe des Nachhaltigkeits-Checks
- Bezeichnung von mindestens 3 konkreten Massnahmen, die innerhalb der nächsten 24 Monate umgesetzt werden.

Level II – engaged

Level II richtet sich an Betriebe, die sich zu einer nachhaltigen Unternehmensführung bekennen und ihren Betrieb bereits in Richtung Nachhaltigkeit entwickeln haben. Level II kann von Betrieben erlangt werden, die bereits einen oder mehrere anerkannte Nachhaltigkeitsnachweise vorweisen – deshalb ‹engaged›. In Ergänzung zu Level I sind bei Level II also bereits einzelne nachgewiesene inhaltliche Fokussierungen vorhanden. Berücksichtigt werden Nachweise, die ein spezifisches Engagement in mindestens einem Nachhaltigkeitsbereich aufweisen resp. eine Kombination zweier solcher Nachweise (gemäss einer Liste anerkannter Nachweise). Die konkreten Anforderungen sind:

- Unterzeichnung des Commitments zu einer nachhaltigen Entwicklung
- Bezeichnung der für die Nachhaltigkeit beauftragten Person oder des dafür verantwortlichen Teams
- Durchführen einer Nachhaltigkeits-Analyse (Selbstdeklaration) mit Hilfe des Nachhaltigkeits-Checks
- Einreichen eines externen Nachweises resp. einer Kombination von mind. zwei Nachweisen von konkret implementierten Nachhaltigkeits-Aspekten
- Bezeichnung von mind. 3 konkreten Massnahmen zu unterschiedlichen Nachhaltigkeits-Aspekten, die innerhalb der nächsten 24 Monate umgesetzt werden.

Level III – leading

Level III richtet sich an Betriebe, die sich schon seit einiger Zeit zu einer nachhaltigen Unternehmensführung bekennen und ihren Betrieb laufend in Richtung Nachhaltigkeit weiterentwickeln – deshalb ‹leading›. Sie kann von Betrieben erlangt werden, die bereits eine anerkannte Nachhaltigkeits-Zertifizierung vorweisen können (gemäss einer Liste anerkannter Nachweise).

Berücksichtigt werden umfassende Zertifizierungen, die alle Dimensionen der Nachhaltigkeit abdecken und regelmässig extern überprüft werden. Die konkreten Anforderungen sind:

- Unterzeichnung des Commitments zu einer nachhaltigen Entwicklung
- Bezeichnung der für die Nachhaltigkeit beauftragten Person oder des dafür verantwortlichen Teams
- Dokumentation eines anerkannten Nachhaltigkeits-Nachweises für Level III
- Optional: Durchführen einer Nachhaltigkeits-Analyse (Selbstdeklaration) mit Hilfe des Nachhaltigkeits-Checks.

Abbildung 56 Drei Levels von Swisstainable

	Nachhaltigkeits-Commitment	Nachhaltigkeits-Check	Nachhaltigkeits-Massnahmen	Nachhaltigkeits-Nachweise
Level I *committed*	✓	✓	✓	
Level II *engaged*	✓	✓	✓	✓
Level III *leading*	✓			✓

Quelle: Swisstainable-Leitfaden 2021, S. 8

Das Swisstainable-Commitment

Alle grossen Dachverbände des Schweizer Tourismus haben sich auf das folgende Nachhaltigkeits-Commitment geeinigt. Will ein Betrieb / eine Organisation einen der drei Levels von Swisstainable erreichen, so muss er dieses Commitment unterzeichnen und verpflichtet sich damit, in allen Dimensionen der Nachhaltigkeit einen Beitrag zu einer nachhaltigen Entwicklung des Schweizer Tourismus zu leisten.

Präambel

- Wir sind uns der Verantwortung für eine nachhaltige Entwicklung unseres Betriebs/unserer Organisation bewusst und setzen alles daran, dass unsere Enkelkinder unsere Destination in ihrer faszinierenden Schönheit und Vielfalt noch bereisen und erleben können – Nachhaltigkeit verstanden als 'Enkelverträglichkeit'.
- Wir leisten damit einen Beitrag zur Umsetzung der 17 von der UNO verabschiedeten Sustainable Development Goals SDG, der Strategie Nachhaltige Entwicklung 2030 des Bundesrates sowie zur Positionierung der Schweiz als nachhaltiges Tourismusland.
- Wir berücksichtigen bei allen unseren Entscheidungen stets ökologische, soziale und ökonomische Aspekte und steuern diese mit einem umsichtigen Management.

Umwelt

1. *Natur & Landschaft:* Wir sind uns der zentralen Rolle der hohen landschaftlichen und baukulturellen Qualitäten für einen attraktiven Tourismus bewusst und nutzen diese Chancen bei der Angebotsentwicklung und Vermarktung. Wir respektieren sensible Naturräume und Schutzgebiete, fördern die Biodiversität, konzentrieren touristische Projekte auf wenig sensible Räume und tragen zu einer nachhaltigen Raumentwicklung bei.
2. *Wasser, Luft & Boden:* Wir erhöhen laufend die Ressourcen-Effizienz, insbesondere beim Einsatz natürlicher Ressourcen wie Wasser, Luft und Boden.
3. *Energie & Klima:* Wir optimieren den Energieverbrauch durch bewusste Beschaffungs- und Investitionsentscheidungen, fördern erneuerbare Energieträger und reduzieren klimaschädliche Emissionen.
4. *Mobilität:* Wir unterstützen attraktive multimodale und umweltschonende Mobilitätsangebote zum Nutzen unserer Gäste und zur Reduktion von Umweltbelastungen.
5. *Abfall:* Wir minimieren den Abfall durch Vermeidung, Reduktion, Recycling und getrennte Entsorgung.

Gesellschaft

6. *Bevölkerung & Kultur:* Wir helfen mit, die regionale Identität sowie regionale Kreisläufe zu stärken. Wir beziehen die lokale Bevölkerung in unsere Vorhaben ein, fördern die regionale Kultur und ermöglichen den Austausch zwischen den Gästen und der Bevölkerung.
7. *Spezifische Gästebedürfnisse:* Wir gehen auf spezifische Gästebedürfnisse ein, berücksichtigen insbesondere Familienfreundlichkeit, Barrierefreiheit oder Lebensmittelunverträglichkeiten und ergänzen laufend unsere Angebote.
8. *Arbeitsbedingungen & Chancengleichheit:* Wir bieten faire Arbeitsbedingungen, optimieren den Beschäftigungsgrad der Mitarbeitenden, fördern sowohl die Partizipation als auch die Weiterbildung unserer Mitarbeitenden, achten auf Chancengleichheit sowie Life Balance und tragen zur sozialen und interkulturellen Integration bei.
9. *Gästeinformation & Gastfreundschaft:* Wir lassen unsere Gäste Nachhaltigkeit erleben, informieren sie über unsere diesbezüglichen Bestrebungen, animieren sie zu einem rücksichtsvollen Verhalten und überraschen sie mit unserer zuvorkommenden Gastfreundschaft.

Wirtschaft

10. *Marktbearbeitung:* Wir berücksichtigen in der Marktbearbeitung die ökologischen Auswirkungen der Anreise, stärken die Nahmärkte und streben einen ausgewogenen Gästemix an.
11. *Arbeitsplätze & Kooperationen:* Wir setzen uns aktiv für die Weiterentwicklung des Tourismus als wichtige Existenzgrundlage ein, bieten attraktive Arbeitsplätze, halten Gesamtarbeitsverträge ein, verhalten uns kooperativ und pflegen faire Partnerschaften.
12. *Innovationen & Rentabilität:* Wir fördern nachhaltige Innovationen, erarbeiten eine genügende Rentabilität und berücksichtigen bei Investitionen die wirtschaftliche Tragfähigkeit sowie die Umwelt- und Sozialverträglichkeit.

Dieses Commitment ist vom Geschäftsführer/CEO sowie von der/dem Nachhaltigkeits-Beauftragte/n zu unterschreiben. Dabei versichern sie, die Nachhaltigkeits-Bestrebungen explizit in der Geschäftsstrategie zu verankern, sie nach innen und aussen zu kommunizieren, sie mit Massnahmen zu konkretisieren und sie zielstrebig umzusetzen.

Der Swisstainable-Nachhaltigkeits-Check

Beim Nachhaltigkeits-Check handelt es sich um eine Selbstanalyse, die möglichst zusammen mit der Geschäftsleitung und/oder dem Nachhaltigkeits-Team gemacht wird. Zu jedem der 12 Aspekte des Commitments werden zwei Teilaspekte hinterfragt und deren Umsetzung im eigenen Betrieb bewertet (Swisstainable 2021, S. 13).

Die Einschätzungen zu den Nachhaltigkeits-Aspekten werden in einem Spider-Diagramm visualisiert. Bei einer genügend grossen Anzahl teilnehmender Betriebe in der entsprechenden Leistungsträger-Kategorie wird ein Benchmark hinterlegt, der einen Vergleich ermöglicht. Die Auswertung mit dem Spider-Diagramm bildet die Grundlage für die zu planenden Massnahmen.

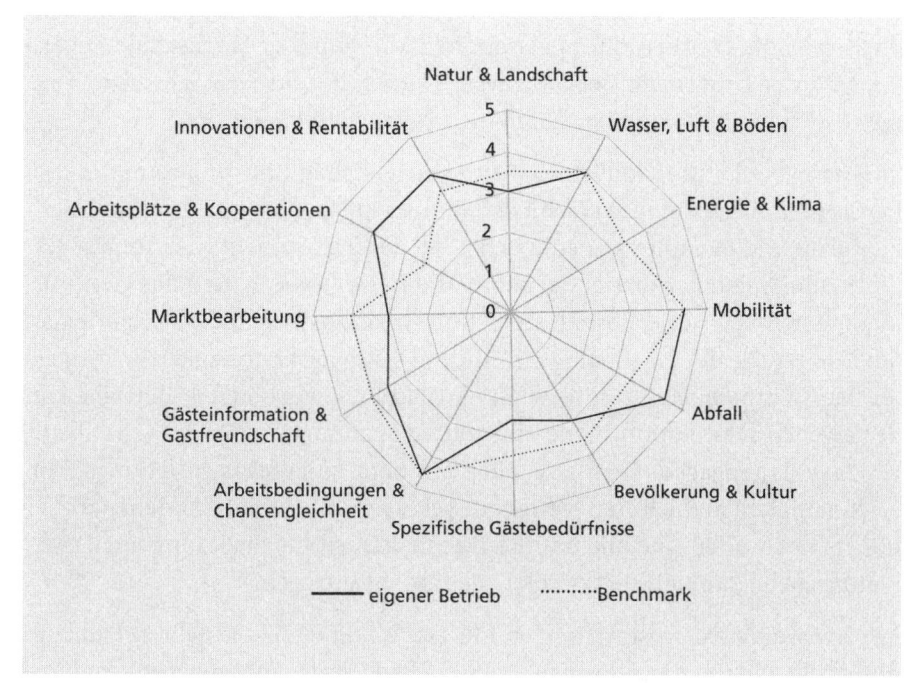

Abbildung 57 Spider-Diagramm zum Nachhaltigkeits-Check (Beispiel)

Quelle: Swisstainable-Leitfaden 2021, S.13

Nutzen des Nachhaltigkeits-Programms

Der Nutzen einer Teilnahme am Nachhaltigkeits-Programm ist vielfältig:
- Den eigenen Betrieb bezüglich Nachhaltigkeit überprüfen und weiterentwickeln
- Sich als verantwortungsvoller Betrieb positionieren
- Von Schweiz Tourismus und weiteren touristischen Dachorganisationen als verantwortungsvoller Betrieb propagiert werden
- Auf dem Arbeitsmarkt erfolgreicher sein
- Einen wichtigen Beitrag zur nachhaltigen Entwicklung der Schweiz leisten.

Swisstainable für Destinationen

2023 wurde das Swisstainable-Basisprogramm für Betriebe mit einem Destinationsansatz erweitert. Mit der Ergänzung erhalten Destinationen im Rahmen des Programms konkrete Instrumente in die Hand, wie sie eine nachhaltige Entwicklung gezielt vorantreiben können. Sie können sich so als verantwortungsvolle Destination positionieren und einen wichtigen Beitrag für einen nachhaltigen Schweizer Tourismus leisten. Entwickelt wurde ‹Swisstainable Destination› in Zusammenarbeit mit der Hochschule Luzern (HSLU), der Universität Bern, Schweiz Tourismus und dem Schweizer Tourismus-Verband, unterstützt durch die Branchenverbände.

Swisstainable Destination ist wie beim betrieblichen Basisprogramm in drei Levels gegliedert, um die verschiedenen Ausgangspunkte in Bezug auf Nachhaltigkeit und den unterschiedlichen Grad des Engagements der Tourismusdestinationen zu berücksichtigen. Bei allen drei Levels bilden das Commitment, der Aufbau und Betrieb einer Koordinationsstelle für Nachhaltigkeit, die Einbettung der Nachhaltigkeit in der Destinationsstrategie, ein konkreter Massnahmenplan, eine gewisse Anzahl an Swisstainable-Betrieben in der eigenen Destination sowie eine aktive Kommunikation die Grundlage. Ab Level II ‹engaged› wird zusätzlich ein kontinuierliches Monitoring von Nachhaltigkeitsindikatoren verlangt. Verfügen die Destinationen darüber hinaus noch über eine anerkannte Nachhaltigkeitszertifizierung auf Destinationsebene, können sie Level III ‹leading› beantragen.

Mit Swisstainable Destination wurde ein weiterer Grundstein gelegt, um die Kräfte entlang der gesamten touristischen Wertschöpfungskette zu bündeln und alle touristischen Akteurinnen und Akteure auf die Reise zu einem nachhaltigeren Tourismusland Schweiz zu nehmen. In Vorbereitung ist eine weitere Ergänzung von Swisstainable für Events.

7.11 Ortsansässige Bevölkerung

Zum touristischen Angebot gehört im weitesten Sinne auch die Bevölkerung. Erst durch sie erhalten die Tourismusorte und die touristischen Betriebe Leben. Die Wichtigkeit der ‹Allgemeinen Faktoren des menschlichen Seins und Tuns› innerhalb des ursprünglichen Angebots wurde in Kapitel 7.1 angedeutet. «Die Begegnung von Mensch zu Mensch ist in der Fremdenverkehrspsychologie genauso bedeutsam wie die Einwirkung von Raum, Farbe, Anordnung und nicht zuletzt der Landschaft auf die menschliche Psyche. Erst die Gesamtheit positiver Eindrücke schafft den wirklich zufriedenen Gast.» (Zinnburg 1978, S. 62)

7.11.1 Lebensraum der Bevölkerung

Bei den Aufgaben einer Destinationsmanagement-Organisation rückt der ‹Lebensraum der Bevölkerung› mehr und mehr in den Fokus, insbesondere beim Auftreten von Overtourismus-Problemen. Während der im Kapitel 7.4 beschriebene ‹Erlebnisraum› dem hauptsächlichen Aufenthaltsraum der Gäste und der durch Attraktionen und touristische Angebote ausgelösten Gästeströme entspricht, handelt es sich beim Lebensraum um den Lebensmittelpunkt der ortsansässigen Bevölkerung. Im Lebensraum wohnt und arbeitet die Bevölkerung und verbringt einen grossen Teil ihrer Freizeit. Der Erlebnis- und Lebensraum überlappen sich insbesondere im Bereich des Freizeitraums der Bevölkerung. Ein attraktiver Lebensraum ist auch wichtig, um Arbeitskräfte anzuziehen. In diesen überlappenden Räumen können Interessen- und Nutzungskonflikte entstehen. Bei jedem Entwicklungsprojekt mit Gästefokus ist auch die Verträglichkeit mit der Bevölkerung in ihrem Lebensraum zu berücksichtigen, um die Tourismusakzeptanz hochzuhalten und nicht zu beeinträchtigen (Stettler/Müller 2024, S. 64).

7.11.2 Betroffenentypologie

Die ortsansässige Bevölkerung kann aufgrund der Beziehung, die einzelne Gruppen zum Tourismus haben, etwa wie folgt charakterisiert werden:
- *Angestellte in den touristischen Betrieben:* Die erste Gruppe umfasst jene Ortsansässige, die in dauerndem und direktem Kontakt zu den Touristen stehen, die Angestellten in den touristischen Betrieben also. Touristen sind ihnen willkommen, weil sie Beschäftigung und Einkommen bringen.
- *Eigentümer der Tourismusunternehmungen:* Eine zweite Gruppe von Ortsansässige bilden die Eigentümer der Tourismusunternehmungen so wie das indirekt tourismusabhängige einheimische Gewerbe ohne ständigen Kontakt zu den Touristen, z. B. das Baugewerbe. Tourismus ist für sie eine kommerzielle Angelegenheit.
- *Nebenerwerbstätige in touristischen Betrieben:* Eine dritte Gruppe machen jene Bevölkerungsgruppen aus, die zwar direkte und häufige Kontakte mit den Touristen haben, aber nur einen Teil ihres Einkommens aus dem Tourismus beziehen. Ihr Verhältnis zu den Touristen ist schon distanzierter. Man sieht zwar die Vorteile des Tourismus, die Nebenbeschäftigung also, doch werden in dieser Gruppe auch die Nachteile öfter benannt und stärker gewichtet.

- *Ortsansässige ohne direkte Beziehung zum Tourismus:* Zur grossen vierten Gruppe gehören all jene Ortsansässigen, die den Touristen überhaupt nicht oder nur beiläufig begegnen. Hier sind alle Einstellungen möglich: Befürwortung oder Ablehnung, Nichtwissen und Gleichgültigkeit. Wenn das Letztere überwiegt, nennen es die Touristiker ‹fehlendes Tourismusbewusstsein›.
- *Politiker und politische Meinungsmacher:* Die Angehörigen dieser fünften Gruppe möchten vor allem den Wohlstand ihrer Landsleute mehren. Aus diesen wirtschaftlichen Gründen befürworten sie den Tourismus zum grössten Teil.

Die Menschen in touristischen Gebieten sind nicht nur ungleich eingebunden in den Tourismus, sie sind auch ungleich betroffen von den negativen externen Effekten wie Preissteigerungen, Überfüllung, Fremdbestimmung, Lärm, Luftverschmutzung, Landschaftsverbauung etc. Kommt dazu, dass nicht alle Menschen Beeinträchtigungen gleich empfinden. Ferrante (1994, S. 157) hat aufgrund dieser Zusammenhänge eine Betroffenentypologie ausgearbeitet.

Folgende Hypothesen scheinen plausibel:
- Je mehr Beeinträchtigungen (negative externe Effekte) in Kauf genommen werden müssen, umso kritischer ist die Haltung gegenüber dem Tourismus und umso höher der Verständigungsbedarf.
- Je stärker die Einbindung in das touristische Geschehen, umso eher werden negative externe Effekte in Kauf genommen und umso weniger werden sie als Konflikte thematisiert.

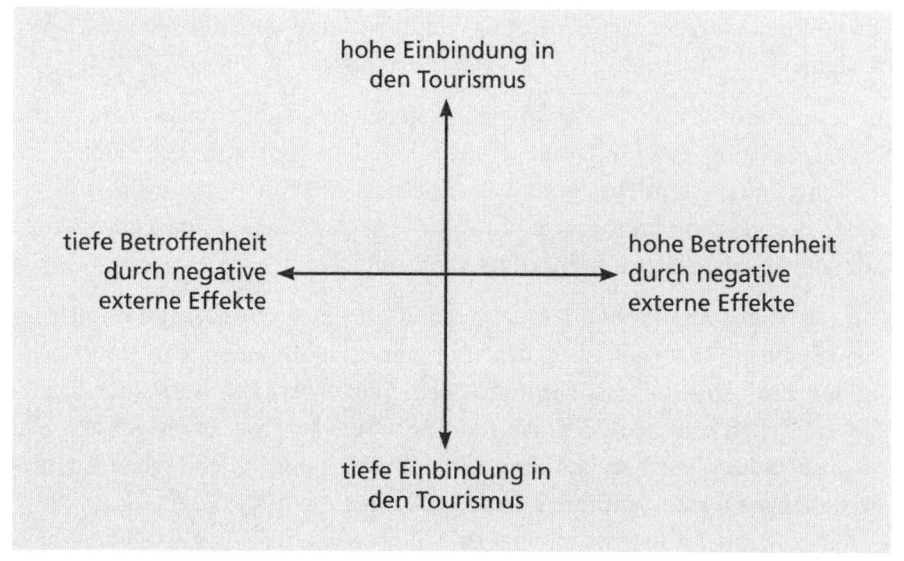

Abbildung 58 Grundschema der Betroffenentypologie

```
                    hohe Einbindung in
                       den Tourismus
                            ▲
                            │
 tiefe Betroffenheit        │        hohe Betroffenheit
 durch negative   ◄─────────┼─────────►  durch negative
 externe Effekte            │        externe Effekte
                            │
                            ▼
                    tiefe Einbindung in
                       den Tourismus
```

Quelle: Ferrante 1994, S. 157

Das kritischste Potenzial müsste demnach hypothetisch im unteren rechten Quadranten, d.h. bei Menschen mit hoher Betroffenheit aber tiefer Einbindung liegen. Das kritische Potenzial, das tatsächlich existiert, liegt aufgrund einer Untersuchung (vgl. Ferrante 1994, S. 259) auch wirklich auf der rechten Seite der Grafik, also bei Menschen mit hoher Betroffenheit, jedoch weniger bei den Menschen mit einer tiefen als vielmehr bei jenen mit einer hohen touristischen Einbindung, also den Touristiker/innen. Ihnen liegt offensichtlich sehr viel an einer sozial- und umweltverträglichen Tourismusentwicklung: Es ist ihr Geschäft, sie identifizieren sich damit.

7.11.3 Tourismusakzeptanz – Tourismusverständnis

Wo sich der Tourismus entwickelt, ist die Bevölkerung beteiligt und gleichzeitig betroffen. Beteiligt ist sie insbesondere an der allgemeinen Wohlstandssteigerung über grössere Einkommen und infrastrukturelle Verbesserungen. Betroffen wird sie von der Einschränkung in ihrer Selbstbestimmung, von den Preissteigerungen, vom Heimatverlust, von der Hektik und von den Beeinträchtigungen der Umwelt. Daraus ergibt sich eine zwiespältige Situation, die Jeanne Hersch einmal wie folgt charakterisierte: «Les indigènes font tout pour que les touristes viennent, et ils voudraient tout faire pour les empecher de venir.»

In Tourismuskreisen ist oft von einer sinkenden Tourismusakzeptanz die Rede. Es scheint, dass immer mehr Menschen dem Tourismus gegenüber eine kritische Haltung einnehmen und dass sich ein Art Tourismusverdrossenheit in der Bevölkerung breit macht. Es sollte jedoch zwischen Tourismusakzeptanz und Tourismusverständnis unterschieden werden:

- In der *Tourismusakzeptanz* (oder auch *Tourismusbewusstsein*) kommt eine ganzheitliche Wahrnehmung des Tourismus mit all seinen Vor- und Nachteilen zum Ausdruck. Es wird nach dem Stellenwert des Tourismus in unserem Leben und nach den Werten des Lebens im Tourismus gefragt. Die Konsequenzen aus den ökonomischen, sozialen und ökologischen Zusammenhängen werden auf ihre normative Richtigkeit hinterfragt.
- Demgegenüber konzentriert sich das *Tourismusverständnis* – es kann auch von einer *Tourismuskompetenz* gesprochen werden – auf die zweifelsohne bedeutenden wirtschaftlichen Zusammenhänge des Tourismus. Das Tourismusverständnis – in Österreich spricht man oft von der Tourismusgesinnung – reflektiert das Wohlwollen resp. Missfallen, das diesem Wirtschaftszweig entgegengebracht wird. Mit der Stärkung des Tourismusverständnisses wird das legitime Ziel verfolgt, für den Tourismus eine positive Stimmung zu schaffen.

Verschiedene Studien kommen zum Schluss, dass die Tourismusakzeptanz resp. das Tourismusbewusstsein in der breiten Bevölkerung im Sinne einer ganzheitlich wahrgenommenen und reflektierten touristischen Entwicklung recht gut ausgeprägt ist. Der mit der touristischen Entwicklung verbundene Nutzen für die Lebensqualität wird von einem grossen Teil der einheimischen Bevölkerung anerkannt und gewürdigt. Die Gefahren der touristischen Entwicklung werden nicht nur unterschiedlich, sondern auch differenziert wahrgenommen. Der Anteil jener, die die touristische Entwicklung pauschal ablehnen, ist klein. Eine weitere Entwicklung, d.h. eine gewisse touristische Dynamik wird von einer grossen Mehrheit begrüsst, doch muss die Entwicklung noch vermehrt in Einklang mit Mensch und Natur gebracht werden. Dennoch ist das Wohlwollen, das diesem Wirtschaftszweig entgegengebracht wird, nicht gestiegen.

Möchte man versuchen, die Tourismusakzeptanz zu beeinflussen, so steht man vor einer sehr anspruchsvollen Aufgabe. Mit Informationen, Zahlen und Fakten über die Zusammenhänge und die Bedeutung des Tourismus kann man zwar das Tourismusverständnis fördern, doch haben sie nur einen beschränkten Einfluss auf das vielschichtige Tourismusbewusstsein in der ortsansässigen Bevölkerung. Erfahrungen zeigen, dass das Wohlwollen gegenüber touristischen Anliegen primär mit folgenden Instrumenten beeinflusst werden kann:

- *Offenes Forum Tourismus*
  - Teilnahme für alle Interessierten
  - Thematisierung der gewünschten touristischen Entwicklung
  - Abbauen von institutionellen Machtstrukturen
  - Regelmässige Durchführung
  - Externe, animierte Moderation
- *Aktionen mit der Bevölkerung*
  - Regelmässige Veranstaltungen und frühzeitige Information über Entwicklungsvorhaben
  - Dienstleistungsangebote für die ortsansässige Bevölkerung
- *Aktionen bei politischen Mandatsträgern*
  - Periodischer Lagebericht über die touristische Entwicklung
- *Aktionen mit den Schulen*
  - ‹Tourismuskoffer› mit Lernmodulen und -mitteln
  - Schulbesuche

(Ausführungen zum Thema Overtourismus siehe Kapitel 11.3)

7.12 Tourismusrecht

So wie der Tourismus ein Querschnittsphänomen darstellt, sind auch die rechtlichen Beziehungen sehr vielfältig und eingebunden in die übergeordnete Rechtsordnung. Im Tourismus spielen das Zivilgesetzbuch, das Obligationenrecht, das Vertragsrecht, das Miet- und Kaufrecht, das Arbeitsrecht, der Werkvertrag oder auch der Datenschutz eine wesentliche Rolle. Ein abgrenzbares ‹Tourismusrecht› gibt es nicht, doch hat der Tourismus im Transportrecht, im Raumplanungs- und Baurecht, im Gesundheits- und Umweltschutz, im Wettbewerbs- und Kartellrecht, im Gewerberecht oder im Konsumentenschutzrecht Bedeutung.

7.12.1 Vielfältige rechtliche Grundlagen

Krepper (2022) hat in seinem Standardwerk ‹Handbuch Tourismusrecht› die vielschichtigen rechtlichen Aspekte zwischen touristischen Akteuren systematisch behandelt und mit konkreten Beispielen veranschaulicht. Er unterscheidet nach

- Restauration und Beherbergung: Gastaufnahme-, Bewirtschaftungs- oder Beherbergungsvertrag, kantonales Gastgewerberecht, Kur- und Tourismustaxen etc.
- Transport: Transport von Personen im Personenbeförderungsgesetz (Betriebs-, Transport-, Tarif- und Fahrplanpflicht, Haftung für Personen- oder Gepäckschäden etc.), Konzessionierung von Transportunternehmen (Eisenbahn, Seilbahnen, Binnenschifffahrt, Luftfahrt), kantonale Taxigesetze etc.
- Veranstaltung touristischer Dienstleistungen: Veranstaltungsvertrag (Innominatkontrakt) als Werkvertrag, Reisebüros als reine Buchungsstelle vs. Reiseveranstalter im Rahmen des Pauschalreiserechts etc.
- Vermittlung touristischer Dienstleistungen: Pauschalreisegesetz (vgl. Kapitel 7.12.2)
- Besondere Rechtsverhältnisse: Incentive-Reisen (gem. Pauschalreisegesetz), Reisen für Menschen mit Beeinträchtigungen (Behindertengleichstellungsgesetz), Outdoor-Risikoaktivitäten wie Canoying, River-Rafting, Bungee-Jumping etc. (BG über das Bergführerwesen und Anbieten weiterer Risikoaktivitäten), Reiseversicherungen (Versicherungsvertrag), Sicherstellung der Reisegelder (Garantiefonds gem. Pauschalreisegesetz) etc.

Krepper (2022, S. 197) kommt zum Schluss, dass einerseits eine internationale Verrechtlichung der Reisewelt (Weiterentwicklung EU-Recht und Übernahme in Bilaterale Abkommen, Luftverkehrsabkommen, Ausbau Konsumentenschutz durch Europäischen Gerichtshof etc.), andererseits eine wachsende Anspruchshaltung der Konsumenten im Gang seien. Zudem spielt der Datenschutz auch im Tourismus eine immer wichtigere Rolle (Vgl. Kapitel 7.7).

7.12.2 Pauschalreiserecht

Seit 1994 ist in der Schweiz das Gesetz über Pauschalreisen in Kraft. Vom Gesetz werden ‹vorfabrizierte› Reisen, die mindestens 24 Stunden dauern oder eine Übernachtung enthalten sowie Transport, Unterkunft und andere touristische Dienstleistungen einschliessen, erfasst. Folgende Punkte werden im Reiserecht geregelt:
- *Katalogverbindlichkeit*: Der Katalog ist grundsätzlich verbindlich und kann nicht geändert werden. Weicht der Reiseveranstalter während der Reise von den Katalogangaben ab, wird er schadenersatzpflichtig.
- *Personenhaftung*: Der Veranstalter haftet unbeschränkt bei Personenschäden. Untersteht die Leistung einem internationalen Abkommen (Flugunfall: Warschauer Abkommen, Schiffsunglück: Athener Abkommen), so kann sich der Veranstalter auf diese berufen.
- *Sicherstellung von Kundengeldern*: Kundengelder sind für den Fall der Zahlungsunfähigkeit oder des Konkurses des Reiseveranstalters sicherzustellen. Zu diesem Zweck hat die Schweizer Reisebranche einen Garantiefonds geschaffen.

Eine wichtige Rolle spielt im Pauschalreisegesetz der Vertrag, der mit dem Prospekt identisch sein muss oder auch zusätzliche Spezialregelungen für den Kunden enthält. Der Veranstalter oder der Vermittler muss dem Konsumenten vor Vertragsabschluss alle Vertragsbedingungen schriftlich mitteilen. Wesentliche Vertragsänderungen, z. B. eine Preiserhöhung von mehr als 10% oder eine Verschiebung des Fluges, müssen dem Kunden vor Abreise mitgeteilt werden. Dieser kann die Änderung annehmen oder ohne Entschädigung vom Vertrag zurücktreten.

Die Konsumenten haben mit dem Pauschalreisegesetz nicht nur Rechte, sondern auch Pflichten: Ein Mangel, der an Ort und Stelle festgestellt wird, muss dem Anbieter direkt über die Reiseleitung oder die örtliche Vertretung möglichst mit Zeugenangaben oder Fotos sofort gemeldet werden. Kann der Schaden nicht behoben oder eine gleichwertige Lösung angeboten werden, wird der Veranstalter schadenersatzpflichtig. Allfälligen Streitigkeiten werden zuerst einer Ombudsstelle des Reisebüro-Verbandes unterbreitet. Kommt keine Einigung zustande, kann der Kunde vor Gericht gehen.

8 Touristische Mittler

Im Kapitel 6.5 haben wir unter ‹Reisevorbereitung› darauf hingewiesen, dass ein grosser Teil der Reisenden ihre Hauptferien nicht direkt beim Anbieter, sondern über einen touristischen Mittler bucht. Durch den Mittler erhält umgekehrt der touristische Anbieter Gelegenheit, seinen Verkaufsweg – auch Distribution genannt – zu diversifizieren. Die Wahl des Verkaufsweges gehört zu den strategischen, d.h. langfristigen Entscheidungen eines Anbieters, denn ein Wechsel ist kurzfristig in der Regel mit vielen Unsicherheiten behaftet.

8.1 Verkaufswege (Distribution)

Unter dem Verkaufsweg wollen wir eine Kette wirtschaftlich selbständiger Unternehmungen verstehen, über welche ein Produkt eines Anbieters durch Kauf und Verkauf seinem letzten Abnehmer zugeführt wird. Grundsätzlich stehen zwei Verkaufswege zur Verfügung.

8.1.1 Direkter Verkaufsweg

Vom direkten Verkaufsweg spricht man dann, wenn der Anbieter sein Produkt oder seine Dienstleistung direkt dem Letztabnehmer verkauft. Häufig findet sich hier auch die Bezeichnung ‹einstufiger› Verkaufsweg. Beim direkten Verkaufsweg sollen nicht nur bereits vorhandene Gäste direkt angesprochen, sondern auch nach neuen Gästen Ausschau gehalten werden, und zwar in eigener Regie. Der Tourismus gehört zu den Wirtschaftszweigen, die ihre Produkte resp. Dienstleistungen zu einem grossen Teil auf dem direkten Verkaufsweg abzusetzen versuchen.

8.1.2 Indirekter Verkaufsweg

Beim indirekten oder mehrstufigen Verkaufsweg schieben sich eine oder mehrere wirtschaftlich selbständige Unternehmungen als Käufer und Wiederverkäufer zwischen den Anbieter und den Letztabnehmer.

Streng interpretiert könnte im Tourismus nur dann von einem indirekten Verkaufsweg gesprochen werden, wenn die touristischen Angebote resp. Anrechte darauf von einem Reisebüro auf eigene Rechnung gekauft, also fest übernommen würden. Dies kommt in der Praxis höchstens bei Reiseveranstaltern vor.

Da jedoch derart subtile Unterscheidungen in der Praxis kaum verstanden würden, bezeichnen wir jegliche Zusammenarbeit mit einem Reisevermittler oder -veranstalter oder einem sonstigen unabhängigen Mittler als indirekten Verkaufsweg.

Für den indirekten Verkaufsweg sprechen – aus touristischer Sicht – vor allem zwei Aspekte: Einerseits fehlt dem Anbieter vielfach die Stärke, um eine eigene zielgruppengerechte Verkaufspolitik zu betreiben. Dies gilt insbesondere in fernen Märkten. Zusätzlich ist sein Kundenkreis in der Regel weit verstreut. Andererseits bedarf die spezialisierte Dienstleistung des einzelnen Anbieters einer Einordnung in ein ‹Gesamtsortiment›. Touristen fragen ein Leistungsbündel und weniger die einzelne Leistung nach. Diesen Vorteilen des indirekten Verkaufswegs steht insbesondere der Nachteil gegenüber, dass der Einfluss der Zwischenhändler auf den Absatz meist gering ist oder gar gänzlich fehlt, sofern sich der Anbieter nicht entsprechend abzusichern weiss.

8.2 Touristische Mittler und ihre Player

Unter touristischen Mittlern wollen wir alle wirtschaftlich selbständigen Unternehmungen und Organisationen verstehen, die zwischen den Tourismus-Produzenten und den Tourismus-Konsumenten als Letztabnehmer eingeschaltet sind.

8.2.1 Reiseveranstalter

Reiseveranstalter, auch Tour Operators oder Wholesalers genannt, stellen verschiedene Dienstleistungen zu einer Einheit, der Reise, zusammen und bieten dieses Dienstleistungspaket (häufig als Pauschalreise bezeichnet) im eigenen Namen dem Publikum an. Die schöpferische Unternehmungsleistung ergibt sich somit aus der Organisation sowie der Kombination verschiedener Einzelleistungen der Verkehrs-, Beherbergungs- und sonstigen Tourismusbetriebe zu einem bedürfnisgerechten Arrangement. Der Verkauf erfolgt entweder direkt an die Kunden oder über Wiederverkäufer (Reisevermittler). Reine Reiseveranstalter, die lediglich Leistungen kombinieren, ohne sie auch direkt zu verkaufen, sind immer seltener geworden.

Abbildung 59 Touristischer Distributionsprozess

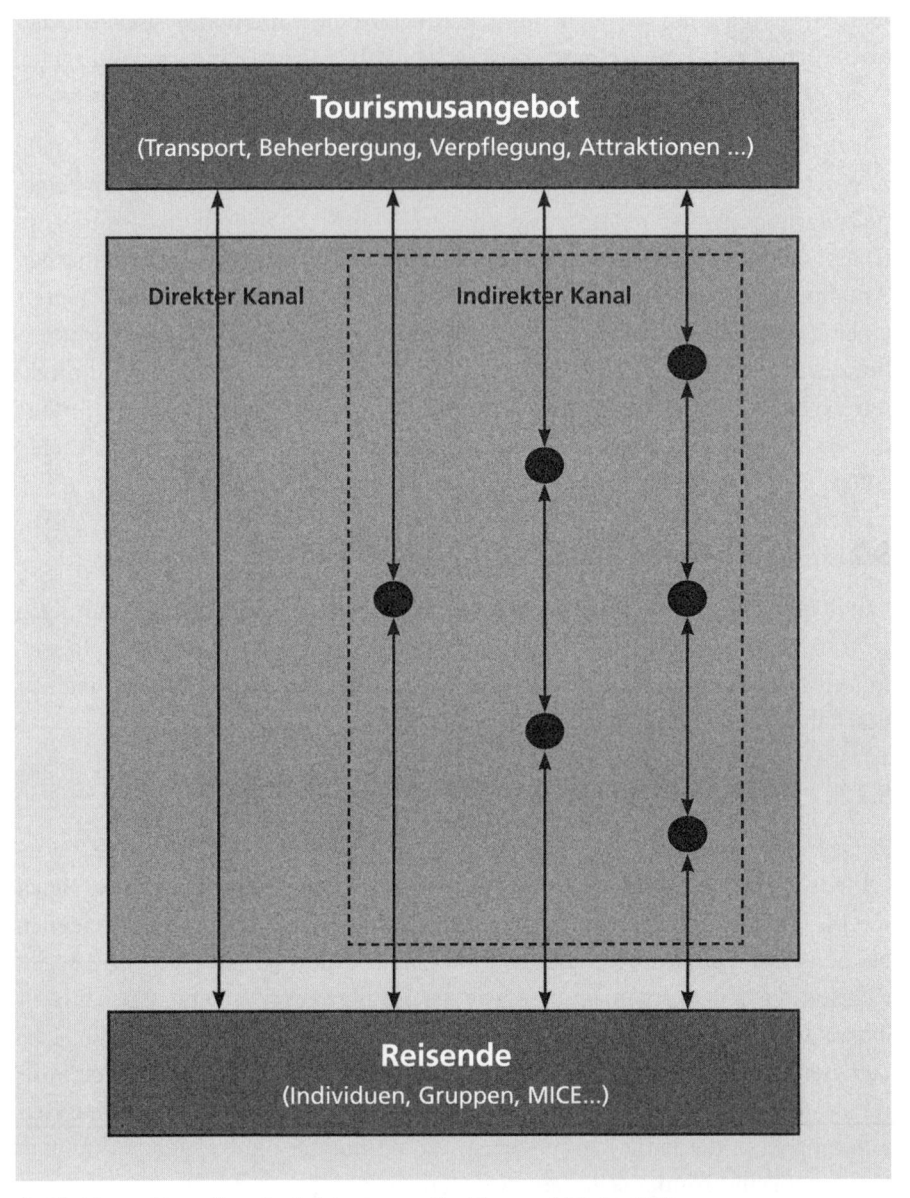

Quelle: Eigene Darstellung in Anlehnung an Goeldner und Ritchie 2011

8.2.2 Reisevermittler

Reisevermittler (Retailer, Reisebüros) stehen als Zwischenglied zwischen dem Reisenden und dem Dienstleistungsunternehmen. Sie vermitteln also sowohl ganze Arrangements von Reiseveranstaltern als auch einzelne Dienstleistungen touristischer Anbieter und stellen den *Kontakt zum Endkunden* her. Ihre hauptsächlichsten Aufgaben können wie folgt zusammengefasst werden:
- *Information:* Auskunftserteilung aller Art, Vermitteln von Prospekten und Katalogen, Durchführung von Werbeveranstaltungen, Beratung der Kunden in Bezug auf Einreise-, Zoll- und Devisenbestimmungen, Impfempfehlungen usw.
- *Verkauf:* Platzreservation, Verkauf von Einzelleistungen (Unterkunft, Reise, Verpflegung, Unterhaltung etc.), Verkauf von Pauschalarrangements, Beschaffung von Visa usw.
- *Zusätzliche Dienstleistungen:* Vielfach erbringen die Reisevermittler zusätzliche Serviceleistungen zur Abrundung ihres Angebotes, z. B. Reisegepäck- und Annulationskosten-Versicherungen, Geldwechsel, Abgabe von Fahr- und Stadtplänen etc.

In der Schweiz hat sich zwischen den Jahren 2000 und 2017 die Anzahl Reisebüros von ca. 3700 auf 1650 verringert. Zwar zeichnet sich in den letzten Jahren eine Stabilisierung ab, doch ist das stationäre Reisebüro weiter unter Druck. Im Zeitalter der Digitalisierung müssen Reisebüros noch vermehrt als Informationsvermittler auf den Nachteilen des Internets aufbauen und Zeitersparnis, Vertrauenswürdigkeit und Sicherheit anbieten.

In einer Studie des CRED-T der Universität Bern (vgl. Bandi et al. 2018) wurde eine Reisebüro-Typologie erarbeitet, bei der die anvisierten Zielgruppen ins Zentrum gestellt werden:
- *Der Erlebnisvermittler:* Das Reisebüro für Abenteurer und Entdecker mit spezifischen Kompetenzen bezüglich Kultur, Natur, Land und Leute; Expertise und Geheimtipps; gute Kenntnisse zur Nachhaltigkeit; Geschichten über persönliche Erlebnisse und Erfahrungen; Visa, Impfungen und länderspezifische Formalitäten.
- *Der Preisgünstige:* Das Reisebüro für budgetorientierte mit spezifischen Kompetenzen bezüglich Schnäppchen-Angebote, Rabatte, preisgünstiger Zeitfenster; Suchfunktionen; Empathie und psychologisches Geschick.

- *Der Geschäftsreisepartner:* Das Reisebüro für Geschäftsreisende mit spezifischen Kompetenzen bezüglich Visa-Prozessen, Gesundheitsvorsorge, Einreiseformalitäten und Last-Minute-Wünschen sowie Handling von grossen Volumen.
- *Der Luxuriöse:* Das Reisebüro für Stilvolle mit spezifischen Kompetenzen bezüglich des Umgangs mit Buchungssystemen, eloquenter Beratung mit Überzeugungskraft; keine Fehler bei Offertstellungen.
- *Der Spezialist:* Das Reisebüro für spezialisierte Reisemotive (Destinationen, Aktivitäten etc.) mit spezifischen Kompetenzen bezüglich des Spezialgebiets, v.a. bei Aktivitäten; persönlichen Erfahrungen; Netzwerke zu Clubs, Fans etc.
- *Der Nachhaltige:* Das Reisebüro für faires Reisen mit spezifischen Kompetenzen bezüglich Klimaschutz, Menschenrechte, umweltschonenden An geboten, Umwelt- und Fairtrade-Labels sowie aller Dimensionen der Tourismuskritik.
- *Der Universelle:* Das Reisebüro für jeden Reisewunsch mit breitgefächertem Reise-Knowhow, wenn auch z.T. nur oberflächlich; Übersicht über Angebote zahlreicher Tour Operators.

Abbildung 60 Die 7 Reisebüro-Typen im Überblick

Quelle: Bandi, Müller, Julen, Pfammatter 2018, S. 8

8.2.3 Globale Informations- und Distributionssysteme

Einerseits steigt die Bedeutung des Internets als touristischer Mittler (z. B. Booking.com) laufend, andererseits werden die elektronischen Informations- und Distributionssysteme immer globaler. Waren sie anfangs noch auf einzelne Transportsysteme fixiert, so haben sie sich heute zu ‹Global Distribution Systems GDS› entwickelt. Diese Plattformen bieten weltweit nebst Flug Tickets immer mehr Hotelübernachtungen oder Mietwagenreservationen als Teilleistungen an. Die laufend weiterentwickelten Plattformen (Interfaces) ermöglichen auf immer schnellere und einfachere Art und Weise Online-Informationen, -Reservationen und -Bewertungen für den Endkunden.

Jäggi (2019) hat die komplexe IT-Systemumgebung eines Reisebüros wie folgt gegliedert:
- *Flugbuchungssysteme:* Galileo, Amadeus, Sabre
- *Flug-Consolidator-Systeme:* TUI Air Cruiser, Kuoni, Hotelplan Ticketxpress, FTI Fare Wizard etc.
- *Veranstalterbuchungssysteme:* CETS, Tour Online; Hotelplan HIT Partner, TUI Iris.plus, FTI 360° etc.
- *Hotelbettenbanken:* Webbeds, GTA/Travelcube; Booking.com for Agents, Expedia TAAP
- *Cruise-Buchungssysteme*
- *Rental Cars und Motorhomes*
- *Bahnbuchungssysteme*

8.2.4 Kooperative Tourismusorganisationen

Unter den kooperativen Tourismusorganisationen interessieren uns an dieser Stelle vor allem die Tourismusbüros (DMO, u. a. m.) als Institutionen von Gebietskörperschaften (Gemeinden, Regionen, Kantone, Länder), die in der Schweiz meist als privatrechtliche Gesellschaften mit öffentlicher Unterstützung organisiert sind. Ihnen fallen nebst der Angebotsgestaltung und den Serviceleistungen vor Ort hauptsächlich Marktbearbeitungsaufgaben für das Reiseziel in den Gästeherkunftsländern zu (vgl. dazu Kapitel 7.3).

8.2.5 Sales Representatives

Sales Representatives sind am ehesten mit dem Handelsvertreter der Industrie zu vergleichen. Sales Representatives, am häufigsten für Hotels und Hotel-

ketten eingesetzt, sind Agenten und arbeiten im Allgemeinen auf Provisions- oder fixer Basis. Sie werden hauptsächlich mit folgenden Aufgaben betraut:
- *Marktforschung und Werbung:* z. B. periodische Ablieferung von Marktberichten und -analysen, Kontaktpflege mit Massenmedien, Inseratebetreuung.
- *Verkaufsvorbereitung:* z. B. Kontaktaufnahme mit Reisebüros, damit ein bestimmtes Angebot in ihr Programm aufgenommen wird.
- *Verkaufsvermittlung:* z. B. selbständige Vornahme von Buchungen oder entsprechende Vermittlung an Reisebüros.

8.2.6 Weitere Mittler

Fragt man Touristen, wo sie ihre Urlaubsreisen bzw. bestimmte Teilleistungen davon gebucht haben, so zeigen die Antworten, dass nebst den bereits erwähnten weitere Reisemittler eine wichtige Rolle spielen. Erwähnenswert sind insbesondere Vereine, Clubs, Kirche, Schulen und Zeitungen, die gesamthaft einen grossen Teil der vermittelten Reisen ausmachen. Bei der Durchführung solcher Reisen nehmen jedoch die Organisatoren vielfach Leistungen der kommerziellen Reiseveranstalter in Anspruch.

8.3 Bedeutung der touristischen Mittler

Angesichts der Tatsache, dass zwischen den touristischen Anbietern und einem grossen Teil ihrer Absatzmärkte eine ansehnliche Distanz liegt, wäre es naheliegend, dass die Mittler im Tourismus eine wichtige Rolle spielen. So erstaunt es, wie wenig bisher die einzelnen Anbieter die zur Verfügung stehenden Verkaufswege systematisch untersucht und benutzt haben. Dabei sind die Vorteile des Einsatzes von Mittlern nicht von der Hand zu weisen:
- *Für den Touristen:* Information und Beratung am oder in der Nähe des Wohnortes, Auswahl- und Vergleichsmöglichkeiten im Rahmen eines Sortiments; Möglichkeit, alle nachgefragten Teilleistungen auf einmal zu kaufen; Sicherheit; Zeitersparnis.
- *Für den Anbieter:* Distanz für Angebot am Wohnort des Kunden fällt weg, weniger Verkaufskontakte erforderlich, Absatz auf breiterer Front, grössere Erfahrung der Mittler auf bestimmten Märkten, Einzelangebot tritt in den Rahmen eines Leistungspaketes.

Die rein quantitative Bedeutung der touristischen Mittler wurde bereits in den beiden Abschnitten ‹Reiseentscheidung› und ‹Reisevorbereitung› erwähnt (vgl. Kap. 6.5). Auch wenn weniger als die Hälfte der Übernachtungsgäste ihre Ferien bei einem Reisemittler bucht, ist ihre touristische Bedeutung und damit ihre Verantwortung wegen ihrer breiten Werbe- und Informationstätigkeit sowie ihrer Grosskonzernstrukturen relativ hoch.

Angesichts der Tatsache, dass Touristen immer reiseerfahrener werden und die Digitalisierung in der Reiseinformation und -organisation noch vermehrt Eingang finden wird, stellt sich die Frage, ob wir einer ‹reisebürolosen Gesellschaft› entgegengehen. Obwohl diese Frage eine gewisse Berechtigung hat, sprechen einige Gründe dagegen, so vor allem, weil
- die Urlaubsreisen, besonders auch Fernreisen, weiter zunehmen,
- das Informations- und Beratungsbedürfnis der Touristen wächst (Urlaub ‹nach Mass›),
- Touristen bei der Auswahl der Reiseziele kritischer werden, also verschiedene Angebote überprüfen möchten,
- auf Verbilligungseffekte der Reise (durch grosse Abschlüsse der Veranstalter) nicht verzichtet werden will,
- die Beliebtheit der ‹Clubferien-Formel›, der ‹All-inclusive-Angebote› oder der ‹Dynamic-Packaging-Möglichkeiten› weiter zunimmt,
- die Zeitersparnis und die Buchungssicherheit für immer mehr Leute eine zentrale Rolle spielen.

Das Reisebüro kann also seine Chance wahrnehmen, wenn es
- nicht reine ‹Katalogverteilstelle› ist,
- die digitalen Möglichkeiten der Kundenbeziehungen (CRM) verstärkt nutzt,
- dem Kunden umfassende und kompetente Beratung bietet (möglichst aufgrund eigener Kenntnisse und Erfahrungen),
- multimedial sowie im persönlichen Gespräch prägnant und ehrlich informiert,
- in unsicherer werdenden Zeiten Sicherheit vermittelt (24-Stunden-Errreichbarkeit, Sicherstellung von Kundengeldern etc.),
- den Konsumentenschutz (Reiserecht) verstärkt als Chance nutzt,
- sich noch ausgeprägter nach den (individuellen) Kundenbedürfnissen richtet (dynamische Bausteinangebote).

III TOURISMUSPOLITIK

*« Wer will,
dass die Welt so bleibt, wie sie ist,
will nicht, dass sie bleibt.»*

Erich Fried

ZUM INHALT
Im dritten Teil dieses Buches geht es um die politischen Dimensionen im Tourismus:

Kapitel 9
setzt sich mit dem Begriff, den Zielsetzungen und Strategien, den Trägern und Instrumenten der schweizerischen Tourismuspolitik auseinander.

Kapitel 10
gibt einen kurzen Überblick über die internationalen Organisationen, die sich mit Tourismuspolitik befassen.

9 Schweizerische Tourismuspolitik

9.1 Legitimation und Entwicklung der Tourismuspolitik

9.1.1 Begriff

Krapf (1961, S. 8) definierte einst Tourismuspolitik als «Handeln organisierter Gemeinschaften im Fremdenverkehr zur Förderung seiner Ertragsfähigkeit und seiner ausserwirtschaftlichen Ziele». Heute wird Tourismuspolitik viel weiter gefasst.

Ganz allgemein kann Tourismuspolitik als ‹Auseinandersetzung über öffentliche Angelegenheiten› bezeichnet werden. «Sie besteht aus der Sicht der Akteure des Tourismus darin, staatlichen Einfluss und Macht für gewisse Ziele einzelner Verbände und Branchen zu gewinnen. Aus staatlicher Sicht geht es um die Sicherung von öffentlichen Interessen, welche im Bereich des Tourismus auf dem Spiel stehen.» (Keller 1994) Dabei folge die Politik in einer Demokratie nicht der Logik der Rationalität, sondern den Prinzipien der Mehrheitsbildung und Konsensfindung. Kurz: Politik ist, was eine Mehrheit findet.

Es kann zwischen direkter und indirekter Tourismuspolitik unterschieden werden:
- *Direkte Tourismuspolitik* oder Tourismuspolitik im engeren Sinn umfasst alle tourismusspezifischen Aktionen, die hauptsächlich oder ausschliesslich aus dem Tourismus heraus begründet werden.
- *Indirekte Tourismuspolitik* oder Tourismuspolitik im weiteren Sinne umfasst all jene Massnahmen, die nicht in erster Linie den Tourismus zum Gegenstand haben, diesen aber – über blosse Einzelprobleme hinausgehend – als Wirtschaftszweig massgeblich tangieren. Indirekte Tourismuspolitik kann somit Konjunkturpolitik, Währungspolitik, Regionalpolitik, Verkehrspolitik, Bodenpolitik, Umweltpolitik, Kulturpolitik und anderes mehr sein.

9.1.2 Legitimation der Tourismuspolitik

Verschiedene Kreise bedauern, dass immer mehr Lebensbereiche Gegenstand der Politik werden. Entpolitisierung, Liberalisierung resp. Deregulierung heissen die Zauberworte. Dennoch gibt es verschiedene Gründe, die eine Tourismuspolitik legitimieren:

- *Marktversagen:* Die an individuellen, kurzfristigen Gewinnen orientierte Tourismuswirtschaft macht öko-soziale Rahmenbedingungen erforderlich, die sich am Gemeinwohl orientieren. Die Gefahr von Marktversagen bezüglich öffentlicher Güter, Externalitäten und monopolistischen Strukturen soll gehemmt werden.
- *Öffentliches Interesse:* Der Tourismus übernimmt wichtige gesellschaftspolitische Funktionen (z. B. Beitrag zur kulturellen Identität) und kommerzialisiert öffentliche Güter (z. B. Kultur, Umwelt).
- *Regionalpolitische Bedeutung:* Tourismus übernimmt in strukturschwachen Regionen die Funktion einer Leitindustrie und hilft, unerwünschte wirtschaftliche Disparitäten abzubauen.
- *Transaktionskosten*: Tourismus als einer der wenigen Wirtschaftssektoren, die sich über die Ausgaben der Nachfrager definieren, benötigt einen hohen Koordinationsaufwand des entsprechenden Dienstleistungsbündels. Bei der Ausschöpfung der potentiellen touristischen Nachfrage entstehen hohe Transaktionskosten.
- *Konkurrenznachteile:* Alle anderen Staaten fördern den Tourismus ebenfalls in erheblichem Ausmass. Ein Abseitsstehen würde dem Tourismus im eigenen Land resp. in der einen Region Konkurrenznachteile bringen.

Diese Aufzählung zeigt, dass es genügend Gründe gibt, eine eigenständige Tourismuspolitik zu fordern. Dabei ist zu beachten, dass sie
- als ‹Public-Private-Partnership› (PPP) in Form einer strategischen Umsetzungsplattform aufgebaut ist,
- eine möglichst wirksame Kombination von ‹bottom up›- und ‹top down›-Initiativen durchsetzt,
- sich auf strategisch notwendige Anreize für privatwirtschaftliche Initiativen konzentriert,
- Effizienzprinzipien verfolgt, also marktnahe Massnahmen gefördert werden und sie sich an Wirkungen orientiert.

Die Tourismuspolitik hat zwei unterschiedliche Ausrichtungen: Indem sie die Rahmenbedingungen zu beeinflussen sucht, ist sie Querschnittspolitik. Unter Bedingungen globaler und unvollkommener Konkurrenz genügt diese tourismusübergreifende Querschnittspolitik nicht mehr. Es braucht eine eigenständige touristische Sektoralpolitik, welche bestehende Marktversagen beseitigt.

Sektoralpolitik im Bereich des Tourismus ist betriebs- und branchenübergreifend. Sie hat innerhalb des Tourismussektors ebenfalls eine Querschnittsfunktion. Damit hat Tourismuspolitik einen doppelten Querschnittscharakter: nach aussen im Bereich der Rahmenbedingungen, nach innen im marktnahen Bereich des Tourismus.

Prinzip der Subsidiarität

Der Grundsatz der Subsidiarität beruht auf der Einsicht, dass bei der Erfüllung gemeinsamer Aufgaben die Selbstverwirklichung des Menschen am besten sichergestellt ist, wenn den kleinen, überschaubaren Lebenskreisen wie Familie, Gemeinde, Kanton der Vorrang zukommt, soweit sie dazu fähig sind. Sowohl vom Standpunkt einer freiheitlichen wie auch einer föderalistischen Gesellschaftsordnung wird sich eine Tourismuspolitik nach dem ordnungspolitischen Grundprinzip der Subsidiarität richten müssen.

Das Prinzip der Subsidiarität steht demnach einer öffentlichen Tourismuspolitik keinesfalls im Wege. Vielmehr legitimiert es die öffentliche Hand, private tourismuspolitische Bestrebungen zu unterstützen, die mit der genannten Gesamtzielsetzung in Einklang stehen. Wo keine oder nur ungenügende private Bestrebungen solcher Art erkennbar vorhanden sind, muss die öffentliche Hand selbst aktiv werden.

9.1.3 Entwicklung der schweizerischen Tourismuspolitik

Es lassen sich sechs Entwicklungsperioden der schweizerischen Tourismuspolitik unterscheiden:

Periode des touristischen Laisser-faire

Zeitpunkt: Bis in die 2. Hälfte des 19. Jahrhunderts völliges Fehlen tourismuspolitischer Ansätze

Periode der Organisation des Tourismus

Zeitpunkt: Ende des 19. Jahrhunderts
Ursache: Starkes Anwachsen der Hotelkapazitäten
Folgen: 1857   Gründung 1. Swiss Alpine Club (GB)
            1861   1. Gruppenreise von Thomas Cook in die Schweiz

9. Schweizerische Tourismuspolitik

1882	Gründung Schweizer Hotelier-Verein
1886	Gründung Union Helvetia
1889	Zusammenschluss Privatbahn-Organisationen
1891	Zusammenschluss Schweiz. Wirteverband
1893	Zusammenschluss der Verkehrsvereine
1900	Zusammenschluss der Kursaalgesellschaften
1924	Aufhebung des Autofahrverbots im Kanton GR
1924	Gründung des Vereins Schweizer Jugendherbergen

Periode des Interventionismus

Zeitpunkt: Ab Anfangs 20. Jahrhundert
Ursache: 1. Weltkrieg
Folgen:
- 1915 Verordnung des Bundesrates betreffend Schutz der Hotellerie (Hotelbauverbot, Stundung von Zinsen)
- 1917 Gründung der nationalen Vereinigung Schweizerische Zentralstelle für Reiseverkehr (heute Schweiz Tourismus)
- 1921 Konstituierung der Schweizerischen Hotel-Treuhand-Gesellschaft (heute Schweizerische Gesellschaft für Hotelkredit SGH)

Periode des Abbaus staatlicher Zwangseingriffe und verstärkter Selbsthilfe

Zeitpunkt: Ab 50er-Jahre
Ursache: Aufschwung nach dem 2. Weltkrieg
Folgen:
- 1952 Aufhebung des Hotelbauverbotes sowie der Sonderbauvorschriften bei Sanierungen
- 1954 Reprivatisierung des Hotelkredits und Ausbau des Bürgschaftsgedankens
- 1968 Aufhebungs des Übernachtungsverbots für Automobilisten in Jugendherbergen

Periode gezielter ordnungs- und strukturpolitischer Eingriffe

Zeitpunkt: Ab Mitte 60er-Jahre
Ursache: Verstärkte internationale Konkurrenz und Sättigungserscheinungen
Folgen:
- 1964 1. Tourismusförderungsgesetz im Kanton Bern

Ab 1975   Regionale Entwicklungskonzepte im Berggebiet
1979   1. Schweizerisches Tourismuskonzept
Ab 1990   Regionale Entwicklungskonzepte 2. Generation
1992   Schlechtwetterentschädigung für touristische Betriebe
1994   Gesetz über Pauschalreisen

Periode der wachstumsorientierten Standortpolitik

Zeitpunkt: Ab 90er-Jahre
Ursache: Konjunktureinbruch
Folgen: 1989   Leitbild und 2. Tourismusförderungsgesetz im Kanton Bern
            1993   Aufhebung des Spielbankenverbotes
            1995   Neustrukturierung Schweiz Tourismus
            1996   Mehrwertsteuer-Sondersatz für die Beherbergung
            1996   1. Bericht über die Tourismuspolitik des Bundes
            1997   Förderung von Innovation und Zusammenarbeit im Tourismus
            2002   2. Tourismusbericht des Bundes: Verbesserung von Struktur und Qualität des Angebotes
            2008   Neue Regionalpolitik NRP
            2010   Wachstumsstrategie für den Tourismusstandort Schweiz
            2017   Tourismusstrategie des Bundes
            2021   Tourismusstrategie des Bundes

Während der erste Tourismusbericht des Bundes 1996 den Hauptakzent auf die Verbesserung der Standortattraktivität mit den Schwerpunkten ‹Kooperation› und ‹Innovation› legte und im Bericht 2010 das Wachstum im Zentrum stand, verschoben sich die Hauptakzente in den neusten Tourismusstrategien 2017 und 2021 auf eine verstärkte Fokussierung auf Querschnittsthemen wie Digitalisierung, Nachhaltigkeit oder Wissenstransfer sowie auf die Umsetzung von Aktivitäten.

Die Tourismuspolitik wird damit nicht als Sektoral- oder Industriepolitik, sondern, als Gemeinschaftsaufgabe verstanden.

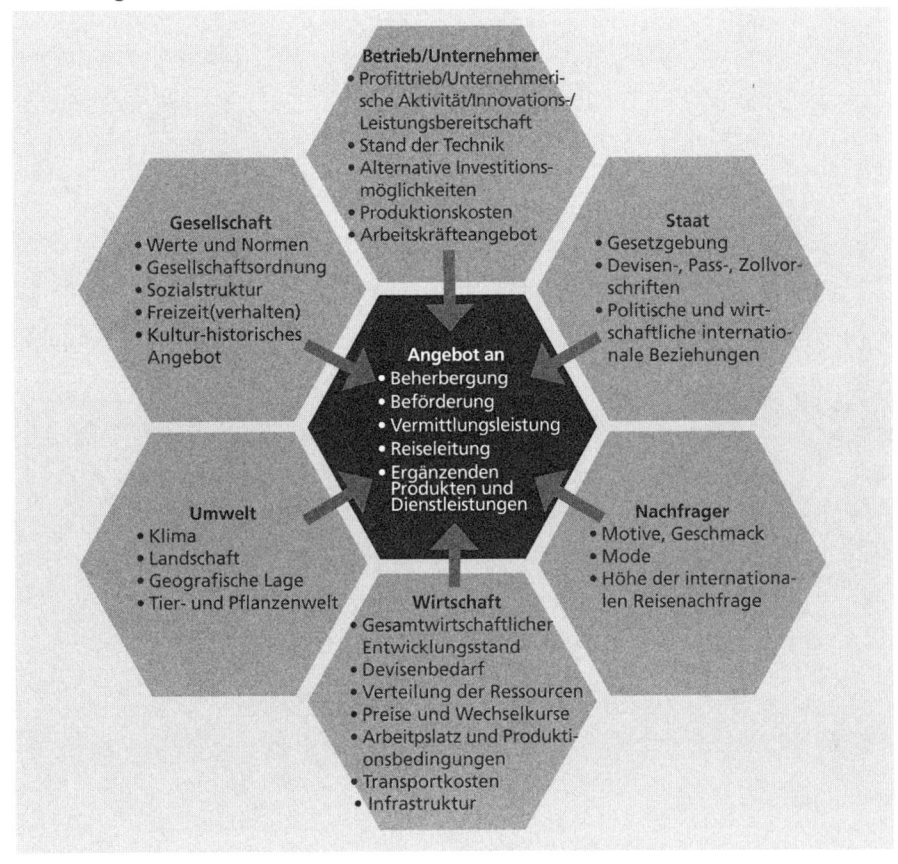

Abbildung 61 Ganzheitliches oder modulares Modell der Tourismuspolitik

Betrieb/Unternehmer
- Profittrieb/Unternehmerische Aktivität/Innovations-/Leistungsbereitschaft
- Stand der Technik
- Alternative Investitionsmöglichkeiten
- Produktionskosten
- Arbeitskräfteangebot

Gesellschaft
- Werte und Normen
- Gesellschaftsordnung
- Sozialstruktur
- Freizeit(verhalten)
- Kultur-historisches Angebot

Staat
- Gesetzgebung
- Devisen-, Pass-, Zollvorschriften
- Politische und wirtschaftliche internationale Beziehungen

Angebot an
- Beherbergung
- Beförderung
- Vermittlungsleistung
- Reiseleitung
- Ergänzenden Produkten und Dienstleistungen

Umwelt
- Klima
- Landschaft
- Geografische Lage
- Tier- und Pflanzenwelt

Nachfrager
- Motive, Geschmack
- Mode
- Höhe der internationalen Reisenachfrage

Wirtschaft
- Gesamtwirtschaftlicher Entwicklungsstand
- Devisenbedarf
- Verteilung der Ressourcen
- Preise und Wechselkurse
- Arbeitsplatz und Produktionsbedingungen
- Transportkosten
- Infrastruktur

Quelle: Freyer 2015, S. 464

9.2 Ziele und Strategien der Tourismuspolitik

9.2.1 Allgemeine Stossrichtungen und Zielsetzungen

Generell können vier tourismuspolitische Handlungsfelder ins Zentrum gestellt werden:
- Voraussetzungen für erfolgreiches Wirtschaften schaffen
- Standortattraktivität verbessern
- Marktauftritt der (Tourismus-)Wirtschaft stärken
- Konfliktpotenziale abbauen

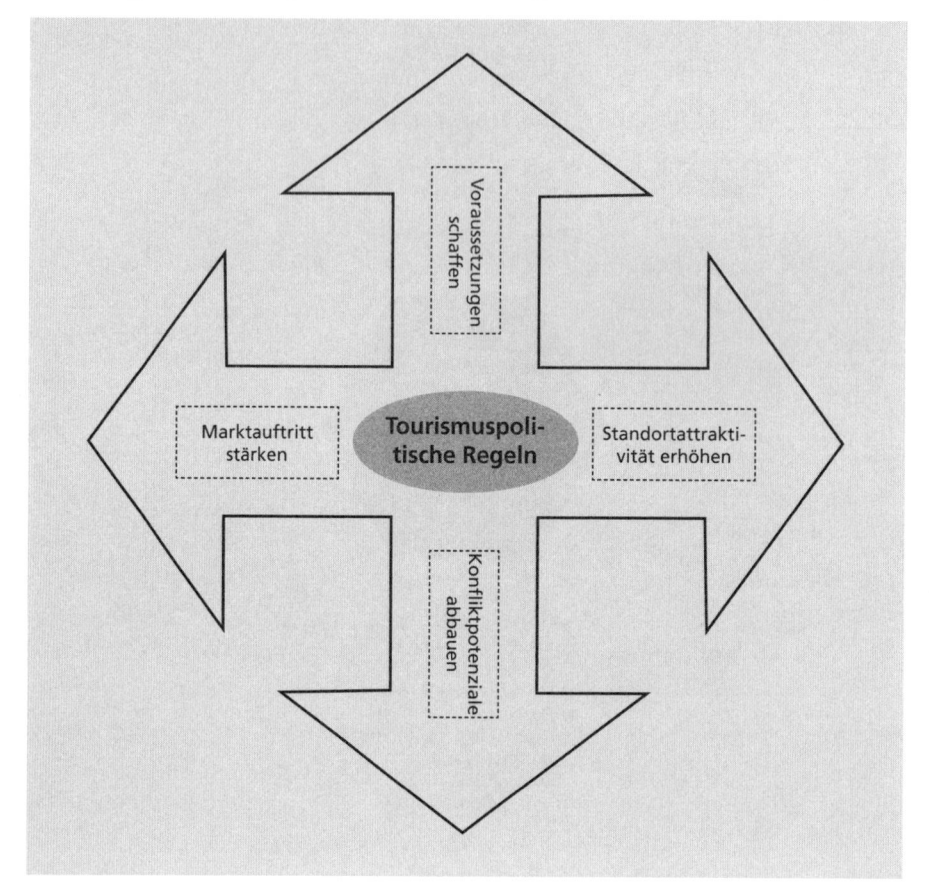

Abbildung 62 Tourismuspolitische Stossrichtungen

Arrows diagram with center "Tourismuspolitische Regeln" and four directions: Voraussetzungen schaffen (up), Standortattraktivität erhöhen (right), Konfliktpotenziale abbauen (down), Marktauftritt stärken (left)

Quelle: Eigene Darstellung

Die vier oben genannten Handlungsfelder können durch zwölf tourismuspolitische Ziele/Strategien mit entsprechenden Massnahmen konkretisiert werden:

Voraussetzungen schaffen: Wirkungsvolle tourismuspolitische Impulse geben, Voraussetzungen für erfolgreiches Wirtschaften schaffen

Standortattraktivität erhöhen: Einen Kompetenzvorsprung zur Konkurrenz erreichen, marktgerechte touristische Infrastrukturen schaffen, mit Qualität und Spitzenleistungen Preisnachteile kompensieren

Marktauftritt stärken: Kooperationen fördern und Effizienz steigern, integrierte Marktbearbeitung unterstützen, Instrumente zur Beobachtung der Tourismusentwicklung optimieren

Konfliktpotenziale abbauen: Schonender Umgang mit Umwelt und Natur, den Raum ordnen und nachhaltig nutzen, Gastfreundlichkeit pflegen und Tourismusverständnis heben

9.2.2 Tourismuspolitische Konzepte und Berichte 1979, 1996, 2002, 2010 und 2017

Tourismuskonzept 1979

Das Schweizerische Tourismuskonzept aus dem Jahr 1979 war der eigentliche Vorreiter einer nachhaltigen Tourismuspolitik. Das Konzept baute auf einem ganzheitlichen Bezugsrahmen auf und deckte die tourismuspolitisch bedeutsamen Aspekte im Gesellschafts-, Wirtschafts- und Umweltbereich ab, lange bevor ‹Nachhaltigkeit› zum Modebegriff wurde. Die im Konzept enthaltenen tourismuspolitischen Ziele wurden aus folgenden übergeordneten Zielen abgeleitet:

Gesellschaftsbereich

- Förderung der Freizeit als Voraussetzung menschlicher Selbstverwirklichung
- Verbesserung der körperlich-seelischen Gesundheit des Menschen
- Gerechtere Verteilung der Einkommen und der freien Zeit – Verbesserung der Lebensbedingungen im In- und Ausland
- Förderung der Verständigung und Zusammenarbeit zwischen den Völkern

Wirtschaftsbereich

- Anstreben von Vollbeschäftigung
- Steigerung des wirtschaftlichen Wachstums
- Ausgleich der Zahlungsbilanz
- Verwirklichung eines möglichst stabilen Preisniveaus

Umweltbereich

- Sicherung eines stabilen ökologischen Gleichgewichts
- Schonende und geordnete Nutzung der Umwelt

- Erhaltung harmonischer Landschaftsräume – Sparsamer Verbrauch beschränkter Ressourcen

Das Gesamtziel der Tourismuspolitik wurde damals wie folgt umschrieben und hat noch heute Gültigkeit: (Schweizerisches Tourismuskonzept 1979, S. 58)

«Gewährleistung einer optimalen Befriedigung der vielfältigen touristischen Bedürfnisse für Menschen aller Volksschichten im Rahmen leistungsfähiger touristischer Einrichtungen und einer intakten Umwelt. Dabei sind die Interessen der ortsansässigen Bevölkerung zu berücksichtigen.»

In der folgenden Abbildung sind die tourismuspolitischen Ziele exemplarisch wiedergegeben. Dieses breit gefächerte Zielsystem bildet den Ausgangspunkt für eine nachhaltige, d.h. auf gesellschaftliche, wirtschaftliche und ökologische Gegebenheiten bzw. Wünschbarkeiten ausgerichtete Tourismuspolitik von Behörden und touristischen Organisationen.

Das Schweizerische Tourismuskonzept war in erster Linie ein Zielkonzept. Es diente folgenden Zwecken:
- Orientierungshilfe für Behörden und Private
- Koordinationsinstrument für den Vollzug tourismusrelevanter Sachgeschäfte auf Bundesebene
- Regierungsinstrument für den Bundesrat

Das Tourismuskonzept von damals hat ganz wesentlich zur Schaffung einer ‹unité de doctrine› innerhalb der schweizerischen Tourismuspolitik beigetragen. Es wurde von allen wichtigen touristischen Organisationen der Schweiz anerkannt. Dieser hohe Akzeptanzgrad war aber nur deshalb zu erreichen, weil bestehende Zielkonflikte nicht ausdiskutiert und keine Zielprioritäten gesetzt wurden.

9. Schweizerische Tourismuspolitik

Abbildung 63 Ziele der schweizerischen Tourismuspolitik 1979

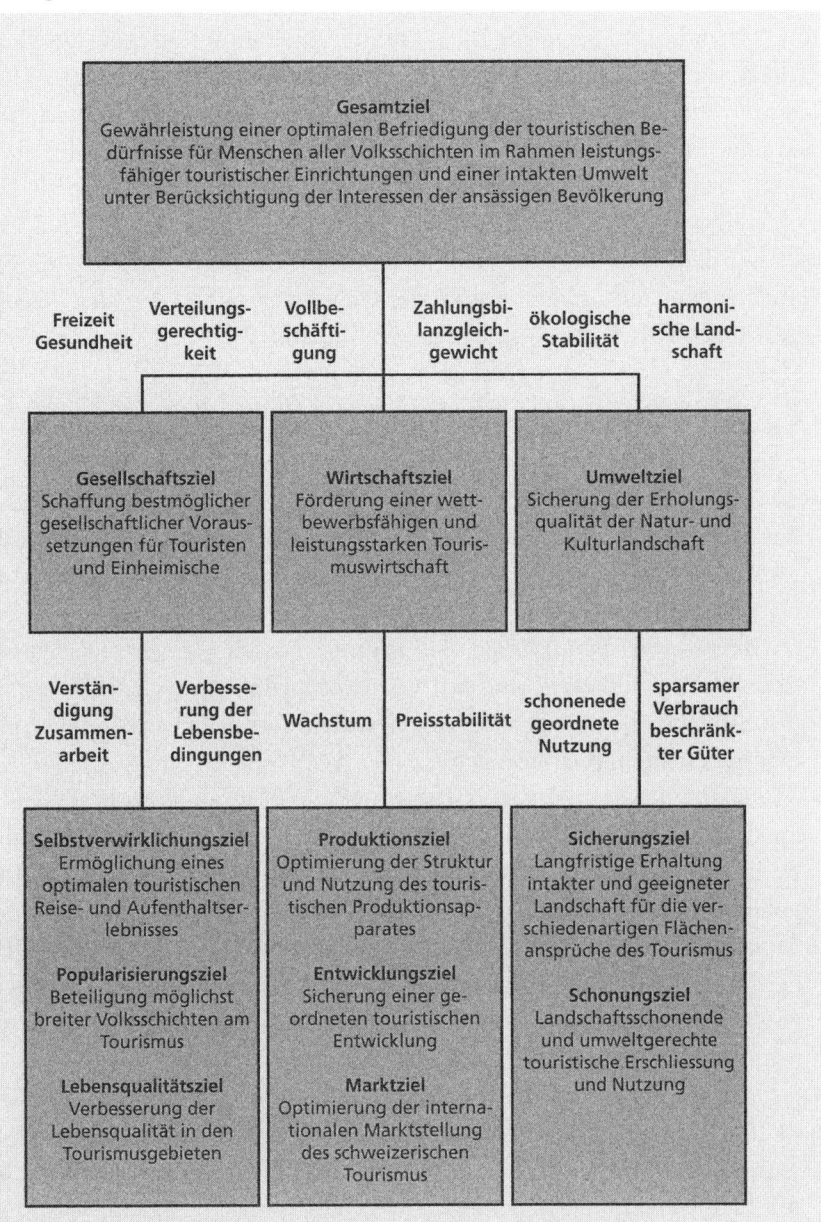

Gesamtziel
Gewährleistung einer optimalen Befriedigung der touristischen Bedürfnisse für Menschen aller Volksschichten im Rahmen leistungsfähiger touristischer Einrichtungen und einer intakten Umwelt unter Berücksichtigung der Interessen der ansässigen Bevölkerung

Freizeit Gesundheit | Verteilungsgerechtigkeit | Vollbeschäftigung | Zahlungsbilanzgleichgewicht | ökologische Stabilität | harmonische Landschaft

Gesellschaftsziel
Schaffung bestmöglicher gesellschaftlicher Voraussetzungen für Touristen und Einheimische

Wirtschaftsziel
Förderung einer wettbewerbsfähigen und leistungsstarken Tourismuswirtschaft

Umweltziel
Sicherung der Erholungsqualität der Natur- und Kulturlandschaft

Verständigung Zusammenarbeit | Verbesserung der Lebensbedingungen | Wachstum | Preisstabilität | schonende geordnete Nutzung | sparsamer Verbrauch beschränkter Güter

Selbstverwirklichungsziel
Ermöglichung eines optimalen touristischen Reise- und Aufenthaltserlebnisses

Popularisierungsziel
Beteiligung möglichst breiter Volksschichten am Tourismus

Lebensqualitätsziel
Verbesserung der Lebensqualität in den Tourismusgebieten

Produktionsziel
Optimierung der Struktur und Nutzung des touristischen Produktionsapparates

Entwicklungsziel
Sicherung einer geordneten touristischen Entwicklung

Marktziel
Optimierung der internationalen Marktstellung des schweizerischen Tourismus

Sicherungsziel
Langfristige Erhaltung intakter und geeigneter Landschaft für die verschiedenartigen Flächenansprüche des Tourismus

Schonungsziel
Landschaftsschonende und umweltgerechte touristische Erschliessung und Nutzung

Quelle: Das Schweizerische Tourismuskonzept, Bern 1979, S. 60f.

Ziele und Wirklichkeit

Eine Gegenüberstellung der Ziele und der realen touristischen Entwicklung brachte ganz erhebliche Diskrepanzen zu Tage. So wurde beispielsweise im Konzept die «gegenseitige Abstimmung der einzelnen Angebotselemente» postuliert. In Wirklichkeit ist aber die Parahotellerie viel schneller gewachsen als die Hotellerie, nahmen die Zweitwohnungen schneller zu als die Ferienwohnungen und die Kapazitäten der Transportanlagen stiegen vor allem im Zuge der Erneuerung rapid an. Oder es wurde die «Festlegung der örtlich verschiedenen optimalen Ausbaugrenzen, ausgerichtet auf den jeweiligen beschränkenden Faktor» gefordert. In Tat und Wahrheit hat keine einzige Tourismusgemeinde ihre Ausbaugrenzen verbindlich festgelegt.

Folgende Ursachen sind für das Auseinanderklaffen von Zielen und Wirklichkeit in der touristischen Entwicklung verantwortlich – auch heute noch:
- *Unverbindlichkeit der Ziele:* Im marktwirtschaftlichen, liberalen System haben Konzepte, Leitbilder u. a. für die einzelnen privaten Wirtschaftssubjekte bloss den Charakter von Orientierungshilfen, nicht aber von verbindlichen Weisungen.
- *Vorrang der wirtschaftlichen Betrachtung:* Forschung, Theorie, berufliche Ausbildung und Politik sind im Tourismus primär wirtschaftlich orientiert. Gesellschaftliche und ökologische Herausforderungen werden meist nur als externe Effekte mit einbezogen.
- *Dominanz der kurzfristigen Gewinnoptik:* Wie in anderen Branchen steht auch im Tourismus das kurzfristige Gewinn- und Umsatzstreben im Vordergrund, wobei meistens das Rentabilitätsdenken mit Umsatz- und Mengendenken verwechselt wird.
- *Mangelnde Kooperationsbereitschaft der Träger:* Obwohl allgemein bekannt ist, dass Touristen ganze Leistungsbündel nachfragen, mangelt es an einer gelebten Kooperationskultur unter den Leistungsträgern. In erster Linie werden Eigeninteressen wahrgenommen.
- *Interessenkongruenz zwischen Behörde und (Bau-)Gewerbe:* Die Behörden in Tourismusgemeinden rekrutieren sich stark aus Gewerbekreisen. Daraus entstehen Wachstumsallianzen. Volkswirtschaftliches Wachstum wird häufig mit Bauinvestitionen gleichgestellt.
- *Mangelnder Wille zum Einsatz von Steuerungsinstrumenten:* Zahlreiche Lenkungsinstrumente sind zu wenig bekannt, sind nicht mehrheitsfähig oder werden nicht zweckmässig eingesetzt.

9. Schweizerische Tourismuspolitik

Bericht über die Tourismuspolitik des Bundes 1996

Im «Bericht über die Tourismuspolitik des Bundes» (SECO 1996) wurden keine expliziten Ziele mehr festgeschrieben. Die umfassenden Lenkungsziele der 70er-Jahre mussten einer Förderungsstrategie weichen. Das neue Förderungskonzept wurde wie folgt umschrieben:

«Der Weg für die Schweiz als Tourismusland:
- *Nach aussen eine weltweit bekannte Destination – mit einer überzeugenden Kommunikations- und Marketingstrategie und einem gemeinsamen Marktauftritt.*
- *Nach innen eine partnerschaftliche Leistungserbringung – mit innovativen und qualitativ hochstehenden Dienstleistungen von Weltruf.»*
(Tourismuspolitik des Bundes 1996, S. 49)

Konkretes Resultat war das neue Innovationsförderungs-Instrument ‹Innotour›, mit dem seit 1997 touristische Innovationen und Kooperationen unterstützt werden können.

Bericht zur Tourismusförderung des Bundes 2002

Im Bericht ‹Tourismusförderung des Bundes› (SECO 2002) wurden die Grundzüge der neuen Tourismusförderung wie folgt umschrieben: «Mit einer gezielten Förderung sollen neue Produkte entwickelt, die Qualität gesichert sowie die Nachteile der kleingewerblichen Strukturen über Kooperationen verringert werden. Dabei gilt es, bestehende endogene Wachstumsmöglichkeiten mit der Stärkung der Innovationsfähigkeit und der Investitionskraft zu nutzen. Mit der Tourismusförderung sollen die Landesteile gestärkt werden, welche kaum andere Entwicklungsmöglichkeiten als den Tourismus aufweisen. Dabei wird kein ungesundes Breitenwachstum gefördert. Vielmehr sollen nur Vorhaben unterstützt werden, die sowohl landschafts- als auch umweltschonend sind und zudem zur langfristigen Überlebensfähigkeit der touristischen Betriebe beitragen. Auf diese Weise sollen in den Tourismusgebieten attraktive Arbeitsplätze geschaffen und die Lebensqualität der ortsansässigen Bevölkerung weiter verbessert werden.» (SECO 2002, S. 25)

Wachstumsstrategie für den Tourismusstandort Schweiz 2010

2010 wurde die ‹Wachstumsstrategie für den Tourismusstandort Schweiz› mit den folgenden Zielen verabschiedet:

Zur Erreichung der tourismuspolitischen Ziele des Bundes stützt sich die Tourismuspolitik auf vier Kernstrategien: Mittels eines strategischen Issue Managements (Strategie 1) und einer verstärkten Wahrnehmung der Querschnittsaufgaben (Strategie 2) sollen die Rahmenbedingungen für die Tourismusunternehmen bestmöglich ausgestaltet werden. Die Tourismus-Standortförderung soll mithelfen, die Attraktivität des Angebots zu steigern (Strategie 3) und den Marktauftritt des Tourismuslandes Schweiz zu stärken (Strategie 4) (SECO 2010, S. 6).

Abbildung 64 Überblick über die Tourismuspolitik des Bundes 2010

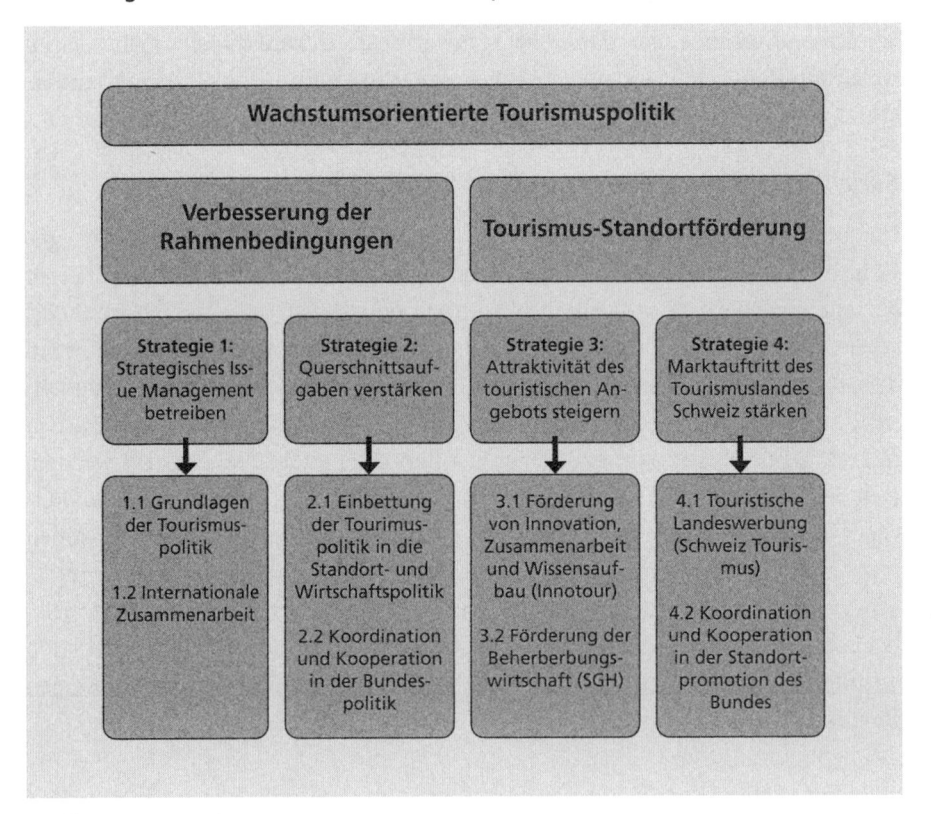

```
                    Wachstumsorientierte Tourismuspolitik

         Verbesserung der                    Tourismus-Standortförderung
         Rahmenbedingungen

    Strategie 1:        Strategie 2:         Strategie 3:         Strategie 4:
    Strategisches Iss-  Querschnittsauf-     Attraktivität des    Marktauftritt des
    ue Management       gaben verstärken     touristischen An-    Tourismuslandes
    betreiben                                gebots steigern      Schweiz stärken

    1.1 Grundlagen      2.1 Einbettung       3.1 Förderung        4.1 Touristische
    der Tourismus-      der Tourismus-       von Innovation,      Landeswerbung
    politik             politik in die       Zusammenarbeit       (Schweiz Touris-
                        Standort- und        und Wissensauf-      mus)
    1.2 Internationale  Wirtschaftspolitik   bau (Innotour)
    Zusammenarbeit                                                4.2 Koordination
                        2.2 Koordination     3.2 Förderung der    und Kooperation
                        und Kooperation      Beherberbungs-       in der Standort-
                        in der Bundes-       wirtschaft (SGH)     promotion des
                        politik                                   Bundes
```

Quelle: SECO 2010, S. 45

9. Schweizerische Tourismuspolitik

Tourismusstrategie des Bundes 2017

In der Tourismusstrategie des Bundes aus dem Jahr 2017 wurden die Ziesetzungen wie folgt zusammengefasst:
- Rahmenbedingungen verbessern
- Unternehmertum fördern
- Chancen der Digitalisierung nutzen
- Attraktivität des Angebotes und den Markauftritt stärken (SECO 2017)

Wesentliche Neuerungen in der Tourismuspolitik des Bundes waren:
- *Schwerpunktsetzung:* Ein besonderes Gewicht wurde dem Querschnittscharakter der Tourismuspolitik beigemessen. Dabei spielte die Koordination innerhalb des Bundes und zwischen den Staatsebenen eine herausragende Rolle.
- *Fokussierung Mitteleinsatz:* Der Förderfokus lag auf Produktionssteigerungen und Unternehmertum. Es sollen integrierte Lösungen zur Nutzung von Synergiepotenzialen und Kooperationsmöglichkeiten gefördert werden.
- *Querschnittsthema Digitalisierung:* Im Zentrum stand die digitale Transformation von Geschäftsprozessen, von Geschäftsmodellen und in der Marktbearbeitung.
- *Umsetzungsorientierung:* Die neue Tourismusstrategie war operativ ausgerichtet, flexibel ausgestaltet und beinhaltete konkrete Umsetzungsakitvitäten.

Die zentralen Elemente der Tourismuspolitik wurden in einem Überblick mit einer Vision, vier Zielen und acht Handlungsfeldern dargestellt:

Handlungsfeld 1: Koordination und Kooperation: Wahrnehmung ämter- und departementsübergreifender Querschnittsaufgaben, Weiterentwicklung der Dialog- und Koordinationspattform

Handlungsfeld 2: Tourismusfreundliches Regulierungsumfeld: Intensivierung von Entlastungsmassnahmen bei tourismusrelevanten Regulierungen

Handlungsfeld 3: Produktivität der Unternehmer: Intensivierung der Start-up-Förderung und des Coachings, Verbessern der Strategiefähigkeit und -orientierung touristischer Betriebe

Handlungsfeld 4: Touristischer Arbeitsmarkt: Erschliessung der Potenziale zur Stärkung des touristischen Arbeitsmarktes

Handlungsfeld 5: Digitale Transformation von Geschäftsprozessen: Förderung von Digitalisierungsprojekten und des Wissenstransfers, Weiterentwickung von Daten und Statistiken

Abbildung 65 Bundesstellen mit hoher Relevanz zum Tourismus

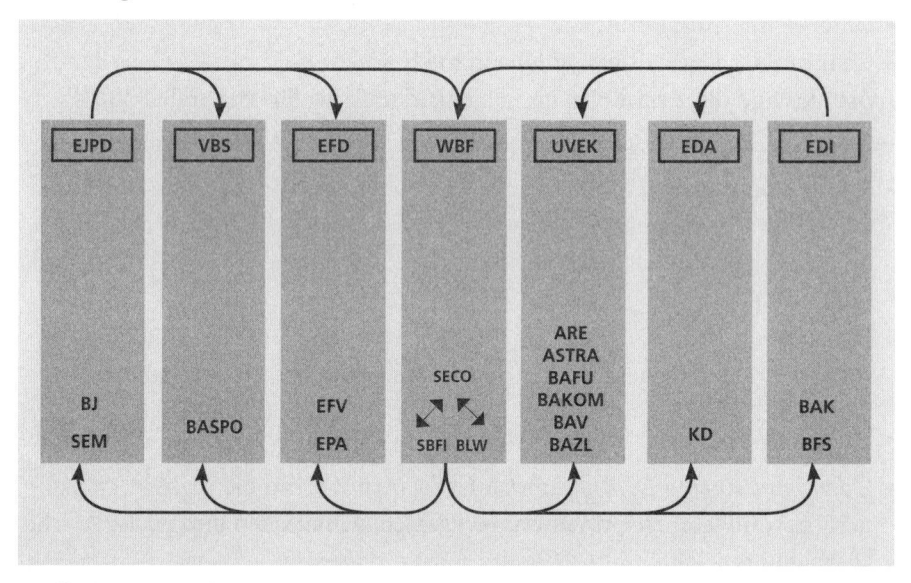

Quelle: SECO 2017, S. 34

Handlungsfeld 6: Digitale Transformation der Marktbearbeitung: Weiterentwicklung von myswitzerland.com

Handlungsfeld 7: Investitionsförderung: Erarbeitung einer Auslegeordnung zur aktuellen Investitionsförderung

Handlungsfeld 8: Grossevents als Impulsgeber: Begleiten von sportlichen Grossevents

9.2.3 Aktuelle Tourismusstrategie des Bundes 2021

Die Vision der aktuellen Tourismusstrategie des Bundes aus dem Jahr 2021 ist wie folgt formuliert: «Die Tourismuswirtschaft ist international wettbewerbsfähig und der Tourismusstandort Schweiz attraktiv und leistungsfähig» (vgl. SECO 2021, S. 39). Die Ziele wurden gegenüber der Tourismusstrategie 2017 auf fünf erweitert, die Handlungsfelder auf 15:

- *Rahmenbedingungen verbessern*
  - Wissenstransfer und Vernetzung über das Tourismusforum Schweiz (TFS) verstärken
  - Zu einem tourismusfreundlichen Regulierungsumfeld beitragen
  - Internationale Zusammenarbeit systematisieren und projektbezogen vertiefen
- *Unternehmertum fördern*
  - Strukturwandel im Tourismus unterstützen
  - Strategiefähigkeit und -orientierung der touristischen Akteure stärken
  - Potenziale des touristischen Arbeitsmarktes erschliessen
- *Zur nachhaltigen Entwicklung beitragen*
  - Baukultur, Landschaftsqualität und Biodiversität erhalten und in Wert setzen
  - Anpassungen an den Klimawandel unterstützen
  - Umsetzung ‹Swisstainable› unterstützen
- *Chancen der Digitalisierung nutzen*
  - Digitale Transformation und Wissenstransfer fördern
  - Mehrwerte in der Anwendung von Daten und Statistiken schaffen
  - Monitoring strategischer Digitalisierungsthemen sicherstellen
- *Attraktivität des Angebotes und den Marktauftritt stärken*
  - Zum Erhalt der Wettbewerbsfähigkeit der touristischen Infrastrukturen beitragen
  - Convenience und Qualität für die Gäste steigern
  - Wiederbelebung des Städte- und Geschäftstourismus unterstützen

Jedes dieser fünf Ziele und 15 ‹Aktivitäten› werden ausführlich beschrieben und konkretisiert. Dabei spielen die vier Förderinstrumente eine zentrale Rolle:

- *Innotour* – die touristische Förderung von Innovationen, Kooperationen und des Wissensaufbaus,
- *Schweiz Tourismus* – die nationale Marketingorganisation,
- *Schweizerische Gesellschaft für Hotelkredit (SGH)* – die öffentlich-rechtliche Genossenschaft zur Gewährung von zinsfreien Darlehen für Beherbergungsbetriebe in alpinen Destinationen,
- *Neue Regionalpolitik (NRP)* – die Standort- und Innovationsförderung zur Stärkung der Wettbewerbsfähigkeit der Regionen.

Die Tourismusstrategie des Bundes 2021 basiert weiterhin auf den vier Grundsätzen: Schwerpunktsetzung, Umsetzungsorientierung, Zielgruppenorientierung und Subsidiarität (SECO 2021, S. 39).

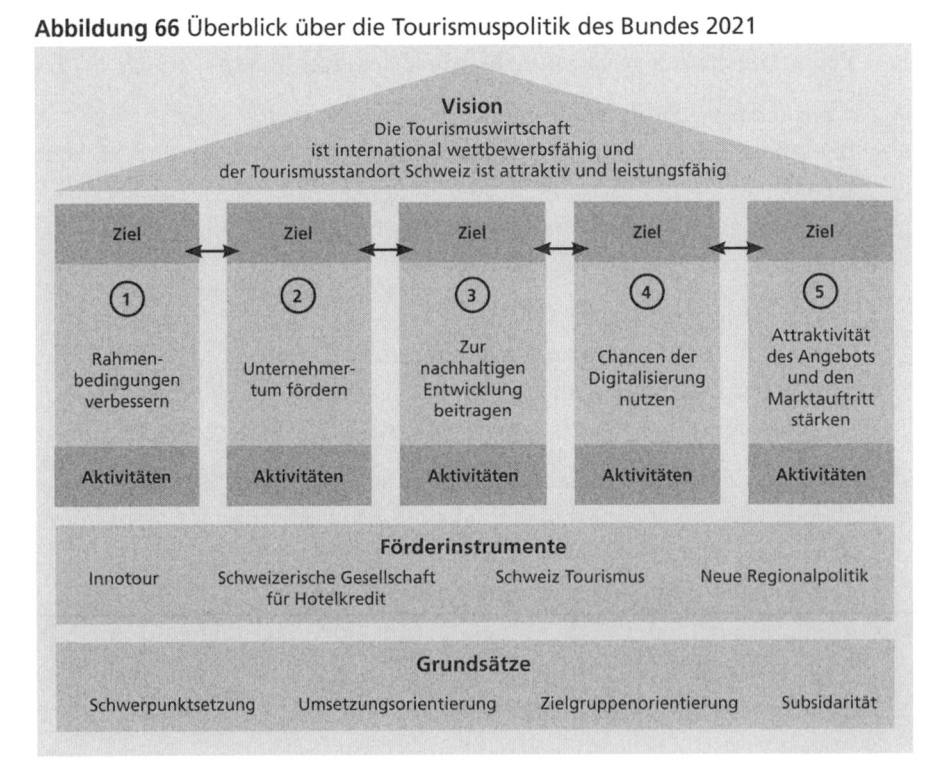

Abbildung 66 Überblick über die Tourismuspolitik des Bundes 2021

SECO 2021: Tourismusstrategie des Bundes, Bern 2021, S. 39

Zwischenruf

Kooperation als Erfolgs- und Überlebensstrategie

Kooperation ist in aller Munde. Die einen sehen darin eine Überlebensstrategie, die andern einen Weg zum Erfolg. Kooperationen sind jedoch nur dann erfolgreich, wenn einige Voraussetzungen erfüllt sind. Erstens: Es muss eine Win-Win-Situation entstehen, bei der alle Kooperationspartner Vorteile haben. Zweitens: Es muss Aussicht auf Kosteneinsparungen oder auf die Verhinderung einer ruinösen Wettbewerbssituation bestehen. Drittens: Die Kooperationsfähigkeit der Führungskräfte muss hoch sein. Wenn der Leidensdruck alleiniger Motivator zu einer Kooperation ist, sind die Erfolgsaussichten düster.

Im Volksmund heisst es: «Wer ins selbe Boot steigt, muss dasselbe Ziel haben.» Einige Grundsätze sollen aufzeigen, was zu beachten ist, wenn Kooperationen eingegangen werden:

- *Weitsicht statt Zwang: Es lohnt sich, rechtzeitig und immer wieder die verschiedenen Kooperationsmöglichkeiten zu überprüfen und nicht zu warten, bis man durch Veränderungen der Rahmenbedingungen gezwungen wird, Kooperationen einzugehen.*
- *Krea(k)tiv nach Kooperationsmöglichkeiten suchen: Das Aufsuchen von Kooperationsmöglichkeiten ist ein wichtiges Innovationsfeld, das mit allen Regeln der Innovationskunst zu bearbeiten ist.*
- *Die Kooperationsfelder abstecken: Oft kommen Kooperationen zustande, ohne dass die Prioritätenordnung der eigenen Zielsetzungen geklärt ist. Nur wenn aktiv nach den prioritären Kooperationsfeldern gesucht wird, führen Kooperationen zu einem Effizienzgewinn.*
- *Die Kooperationsfähigkeit der Partner überprüfen: Für erfolgreiche Kooperationen braucht es sowohl kooperationswillige wie auch kooperationsfähige Partner. Personelle Konstellationen sind beinahe so wichtig wie sachliche.*
- *Gemeinsam Ziele erarbeiten und festlegen: Kooperationen zeichnen sich dadurch aus, dass kaum Hierarchien existieren. Deshalb ist der Prozess einer gemeinsamen und kontinuierlichen Ziel- und Konsensfindung zentral.*

- *Projektorientiertes Handeln: Aktionsorientiertes Handeln ist oft einem ausgeklügelten konzeptionellen Ansatz vorzuziehen. Damit wird eine mögliche Kooperation auf den Prüfstand der Praxis gestellt. Systematische Erfolgskontrollen helfen, die Kooperation ständig weiterzuentwickeln.*
- *Überholte und ineffiziente Kooperationen auflösen: Oft ist es schwer, Kooperationen aufzulösen, denn Tradition bindet. Doch eingegangene Kooperationen sind ständig zu überprüfen und überholte oder ineffizient gewordene Kooperationen sind wieder aufzulösen.*

Bei Kooperationen ist es wie in der Liebe: Nur wenn ein inneres Feuer brennt, wenn immer wieder Neues ausprobiert wird und wenn Vertrauen und Hochachtung gepaart sind, können gemeinsam ‹Berge versetzt› werden.

Hansruedi Müller

9.3 Träger der Tourismuspolitik

Die Träger der Tourismuspolitik können generell in drei Gruppen geteilt werden (vgl. Freyer 2015, S. 466ff.):
- *Staatliche Träger:* Öffentliche Entscheidungsträger auf allen Ebenen und in unterschiedlichen Ministerien resp. Departementen.
- *Private Träger:* Entweder reine marktwirtschaftlich orientierte Privatbetriebe (Beherbergung, Touroperators, Bergbahnen etc.) oder überwiegend im privatwirtschaftlichen Interesse handelnde Institutionen (Branchenverbände, z.T. Tourismusvereine etc.)
- *Mischformen:* Organisationen mit einem gemeinwirtschaftlichen Auftrag sowie Gebietsgemeinschaften oder Verbraucherorganisationen, die gemische Mitglieder und vor allem auch Finanzierungsstrukturen haben.

Nachfolgend werden die wichtigsten Träger der Tourismuspolitik in der Schweiz auf nationaler, kantonaler und lokaler Ebene kurz beschrieben.

9. Schweizerische Tourismuspolitik

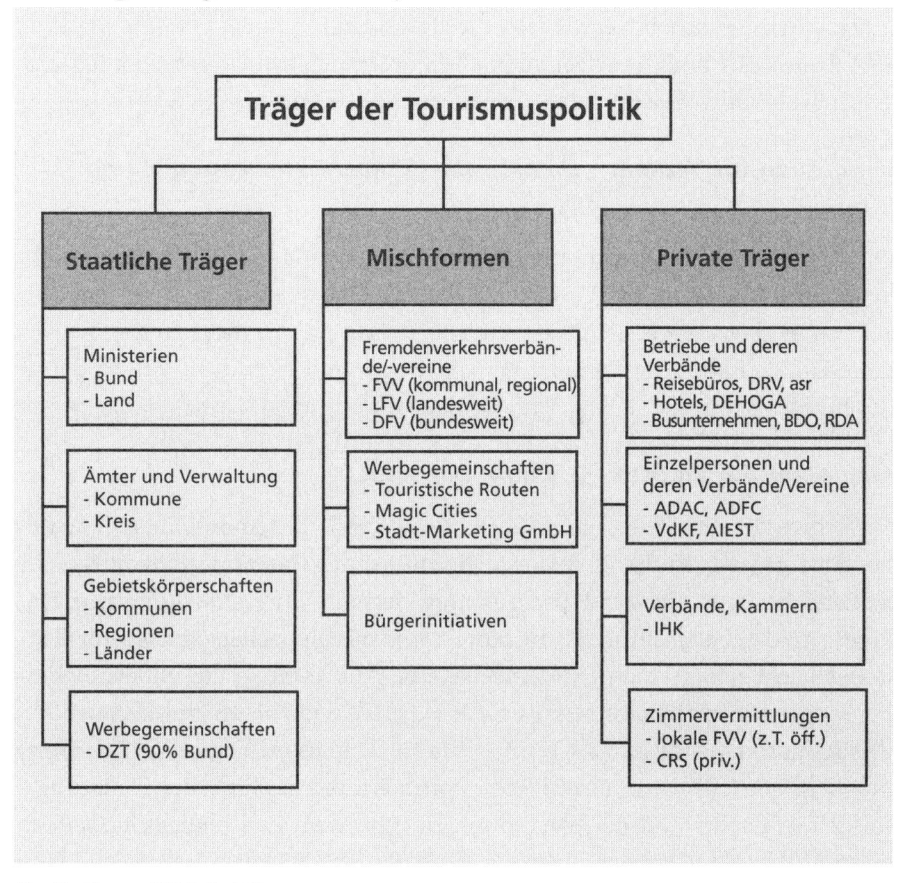

Abbildung 67 Träger der Tourismuspolitik

```
                    Träger der Tourismuspolitik
         ┌──────────────────────┼──────────────────────┐
   Staatliche Träger        Mischformen           Private Träger

   Ministerien          Fremdenverkehrsverbän-   Betriebe und deren
   - Bund               de/-vereine              Verbände
   - Land               - FVV (kommunal, regional)  - Reisebüros, DRV, asr
                        - LFV (landesweit)       - Hotels, DEHOGA
                        - DFV (bundesweit)       - Busunternehmen, BDO, RDA

   Ämter und Verwaltung Werbegemeinschaften      Einzelpersonen und
   - Kommune            - Touristische Routen    deren Verbände/Vereine
   - Kreis              - Magic Cities           - ADAC, ADFC
                        - Stadt-Marketing GmbH   - VdKF, AIEST

   Gebietskörperschaften
   - Kommunen           Bürgerinitiativen        Verbände, Kammern
   - Regionen                                    - IHK
   - Länder

   Werbegemeinschaften                           Zimmervermittlungen
   - DZT (90% Bund)                              - lokale FVV (z.T. öff.)
                                                 - CRS (priv.)
```

Quelle: Freyer 2015, S. 468

9.3.1 Nationale Ebene: Staatliche Institutionen

Staatssekretariat für Wirtschaft (SECO) – Tourismus

Das Ressort für Tourismuspolitik innerhalb des SECO ist die zentrale Stelle für Tourismus der Bundesverwaltung. Dem Ressort für Tourismuspolitik kommen folgende wichtige Aufgaben zu:

- Erarbeitung von Grundlagen und Politikformulierung
- Vertretung tourismuspolitischer Interessen auf nationaler und internationaler Ebene

- Wahrnehmung der Aufsicht des Bundes gegenüber Schweiz Tourismus und der Schweizerischen Gesellschaft für Hotelkredit
- Vollzug des Bundesgesetzes über die Förderung von Innovation, Zusammenarbeit und Wissensaufbau im Tourismus (Innotour).

Bundesamt für Verkehr – Dienststelle ‹Seilbahnkonzessionen und Skilifte›

Die Konzessionierung von Luftseilbahnen untersteht dem Postregal und obliegt dem Bundesamt für Verkehr. Sie basiert auf dem einem eigenständigen Seilbahngesetz, das am 1.1.2007 in Kraft getreten ist. Für den Bau und Betrieb von Skiliften haben die Kantone Vorschriften zu erlassen, die der Bewilligung des Bundes bedürfen.

Bundesamt für Statistik – Sektion Tourismus

Die schweizerische Tourismusstatistik wurde 1933 durch Beschluss der Bundesversammlung eingeführt und gleichzeitig das damalige Eidgenössische Statistische Amt mit der Durchführung betraut. Vorerst wurden nur Ankünfte und Übernachtungen in Hotel- und Kurbetrieben erfasst. Im Laufe der Jahre erfolgte dann stufenweise eine Ausdehnung auf andere Beherbergungsformen (insbesondere ab 1965 auf Chalets, Ferienwohnungen und Privatzimmer). Indessen ist auch heute noch keine vollständige Erhebung möglich. 2003 wollte man aus Kostengründen die gesamte Beherbergungsstatistik einstellen. Nach Verhandlungen (und dem Zwischenjahr 2004 mit einer Stichprobenerhebung) wurde die HESTA 2005 auf neue methodische und finanzielle Beine gestellt und 2016 die Parahotellerie-Statistik PASTA eingeführt.

Parlamentarische Gruppe für Tourismus und Verkehr

Der Parlamentarischen Gruppe für Tourismus gehören viele der Parlamentsmitglieder an. Hauptzweck der Gruppe ist die Information der Mitglieder der eidgenössischen Räte über Probleme des Tourismus und des Verkehrs (Vorträge, Podiumsgespräche, Studienreisen etc.).

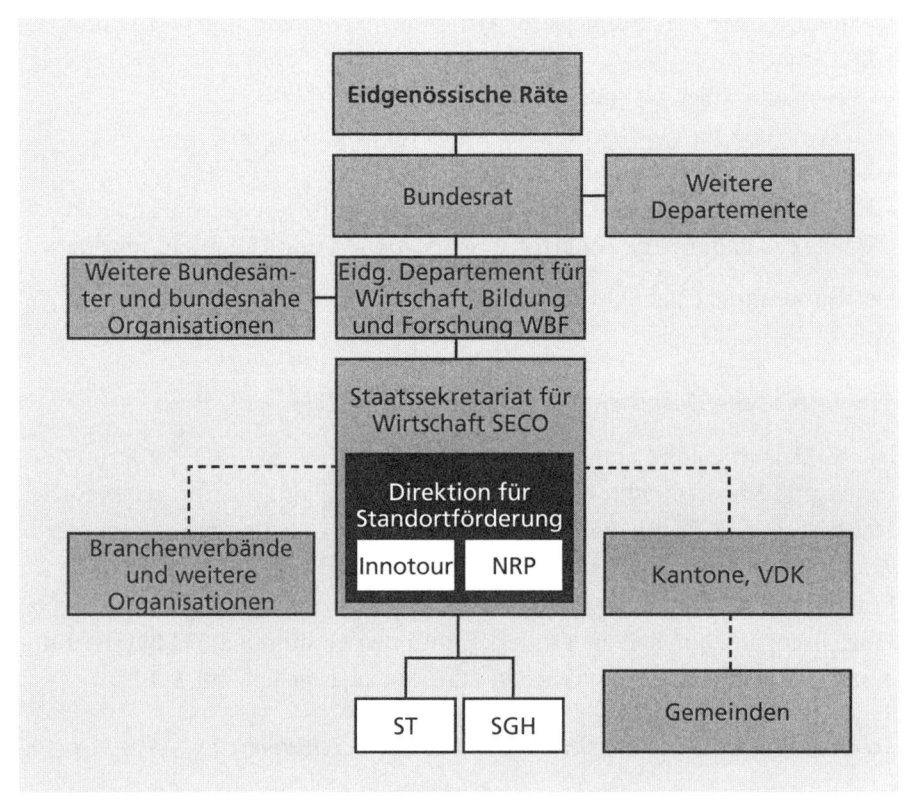

Abbildung 68 Träger, Akteure und Förderinstrumente der Schweizer Tourismuspolitik

Quelle: SECO 2021, S. 71

9.3.2 Öffentlich-rechtliche Körperschaften

Schweiz Tourismus (ST)

1917 wurde die nationale Vereinigung ‹Schweizerische Zentralstelle für Reiseverkehr› gegründet. 1955 wurde die Schweizerische Vekehrszentrale (SVZ) als Körperschaft des öffentlichen Rechts errichtet. 1995 erfolgte eine Neustrukturierung und Umbenennung in Schweiz Tourismus. Die Finanzierung erfolgt überwiegend aus Bundesgeldern. Zu den zentralen Aufgaben von Schweiz Tourismus gehören:
- Verfolgung der Entwicklung der Märkte und Beratung der Anbieter bei der Gestaltung marktgerechter Dienstleistungen

- Erarbeitung und Verbreitung von Werbebotschaften
- Nutzung oder Schaffung werbewirksamer Ereignisse und Betreuung der Medien
- Information über das touristische Angebot
- Hilfestellung für die touristischen Anbieter beim Vertrieb
- Unterstützung der Marktbearbeitung
- Koordination des Marktauftrittes und Zusammenarbeit mit anderen am Image des Landes interessierten Organisationen und Unternehmungen

Der Bund unterstützt Schweiz Tourismus in der Periode 2024-2027 mit 233 Mio. CHF.

Schweizerische Gesellschaft für Hotelkredit (SGH)

Die SGH wurde 1967 aufgrund des Bundesgesetzes über die Förderung des Hotel- und Kurortskredites (1966) als Genossenschaft des öffentlichen Rechts errichtet. Die SGH arbeitete bisher überwiegend mit Bundesmitteln, wurde jedoch 2003 umstrukturiert und hat sich neu positioniert. Die SGH kann für Erneuerung/Neubau/Erwerb von Beherbergungs- und weiteren touristischen Einrichtungen Darlehen zu Sonderkonditionen gewähren. 2024 hat der Bundesrat die Totalrevision des Gesetztes in Auftrag gegeben (vgl. 9.4.1).

Schweizerische Bundesbahnen und Postauto Schweiz

Sowohl die SBB als auch Postauto Schweiz sind mit ihrem weit verzweigten Verteilungsnetz und einer Reihe tourismusrelevanter Dienste zu den bedeutenden Trägern tourismuspolitischer Massnahmen zu zählen.

9.3.3 Privatrechtliche Organisationen

Schweizer Tourismus-Verband (STV)

Der Schweizer Tourismus-Verband wurde 1932 als privatrechtlicher Verein mit Sitz in Bern gegründet. Seine Mitglieder setzen sich aus praktisch allen interessierten Tourismusbereichen zusammen. Der Verband bezweckt die Förderung des schweizerischen Tourismus und eine langfristige Verbesserung des Angebotes der Schweiz insbesondere durch:
- Wahrung der Interessen der Tourismuswirtschaft (touristisches Lobbying)
- Mitsprache bei allen tourismuspolitischen Entscheiden (tourismuspolitischer Dachverband)

- Informations- und Beratungstätigkeit im Bereich Angebotsgestaltung (Labels)
- Mithilfe bei touristischen Planungen
- Regelmässige Publikationen

Der STV hat sich 2023 Leitlinien mit fünf strategischen Handlungsfeldern gegeben: *Nachhaltigkeit* entlang der gesamten Customer Journey, *Qualitätsleader* für alle Gästegruppen, *Innovationen* in allen Bereichen der touristischen Wertschöpfungskette, *Investitionsförderung* zur Attraktivierung des Angebotes sowie die Unterstützung der Leistungsträger auf dem digitalen *Transformationsprozess*.

Hotelleriesuisse

Der ehemalige Schweizer Hotelier-Verein (SHV) wurde 1882 mit Sitz in Bern gegründet. Heute vereint hotelleriesuisse rund die Hälfte der Hotelbetriebe, insbesondere die grösseren. Hotelleriesuisse versteht sich als Kompetenzzentrum für die Schweizer Beherbergungsbranche und vertritt als Unternehmerverband die Interessen und Anliegen gegenüber Behörden, Wirtschaftsorganisationen und in der Öffentlichkeit. Zum Aufgabenkreis zählen weiter:
- Behandlung von wirtschaftlichen, technischen, organisatorischen, arbeitsrechtlichen und sozialen Fragen
- Beratung und Unterstützung der Sektionen und Mitglieder in allen beruflichen Angelegenheiten
- Aus- und Weiterbildung der in der Hotellerie und im Gastgewerbe beschäftigten Personen auf allen Stufen
- Herausgabe der Fachblätter ‹hotel revue htr›, ‹H&G› und anderer Zeitschriften

GastroSuisse

Der ehemalige Schweizer Wirteverband vereint rund 20'000 Mitglieder aus dem breiten Feld des Gastgewerbes (Hotels, Pensionen, Gasthöfe, Restaurants und Cafés). GastroSuisse ist in Kantonalsektionen und Fachgruppen organisiert, die dem grössten gastgewerblichen Arbeitgeberverband angehören. Seine Stärken beschreibt er wie folgt:
- Massgeschneiderte Lösungen – alles aus einer Hand
- Umfassendes, professionelles Dienstleistungsangebot – für jeden Betriebstyp und jede Betriebsgrösse
- Kompetente und effiziente Beratung – branchengerecht
- Preiswerte Leistungen – und stets innovativ

Reka (Schweizer Reisekasse)

Die Reka wurde 1939 gegründet und bezweckt als Organisation (Genossenschaft) des Sozialtourismus die Förderung und Erleichterung von Ferien und Reisen insbesondere in der Schweiz. Der Check-Umsatz beläuft sich heute auf rund 500 Mio. Franken. Zudem betreibt die Reka drei eigene Hotels, elf Reka-Feriendörfer sowie sieben Reka-Ferienwohnungsanlagen. Die insgesamt 6000 Betten sind zu rund 66% ausgelastet. Es werden gegen eine Million Logiernächte erzielt. Zudem kommen jährlich hunderte von Familien in den Genuss von Reka-Gratisferien.

Weitere privat-rechtliche Organisationen

- Agrotourismus Schweiz
- Bed & Breakfast Switzerland
- Fair unterwegs, Basel
- Heilbäder und Kurhäuser Schweiz
- Hotel & Gastro Union (HGU): Schweizerischer Zentralverband der Hotel- und Restaurantangestellten
- Interessengemeinschaft der Höheren Fachschulen für Tourismus Schweiz
- Netzwerk Schweizer Pärke
- Parahotellerie Schweiz
- Regionaldirektorenkonferenz (RDK)
- Schneesportinitiative Schweiz – GoSnow.ch
- Schweizer Jugendherbergen
- Schweizer Bergführerverband
- Schweizer Reise-Verband (SRV): Zusammenschluss qualifizierter, in der Schweiz niedergelassener Reisebüros und Touroperators
- Schweizer Wanderwege
- Schweizerische Arbeitsgemeinschaft für die Berggebiete (SAB)
- Seilbahnen Schweiz (SBS)
- Stiftung SchweizMobil
- Swisscamps – Verband Schweizerischer Campings
- Swiss Congress
- Swiss Hostels
- Swiss Snowsports (Schweizerischer Skischulverband)
- Verband Schweizer Tourismus-Manager (VSTM)

- Verband Schweizerischer Schifffahrtsunternehmen (VSSU)
- Verband öffentlicher Verkehr (VöV) – Dachverband konzessionierter Transportunternehmen usw.

9.3.4 Kantonale, regionale und kommunale Ebene

Kantonale Ämter für Tourismus

Auf kantonaler Ebene werden tourismuspolitische Anliegen durch bestehende Departemente der Kantonsverwaltungen (i.d.R. Wirtschafts- oder Volkswirtschaftsdepartement) wahrgenommen. In einzelnen Kantonen (Bern, Wallis, Graubünden, Tessin, St. Gallen) gibt es spezielle Amtsstellen resp. Abteilungen für Tourismus.

Kantone können zweckbestimmte Steuern resp. Abgaben zur Förderung des Tourismus bestimmen (z. B. Beherbergungsabgaben) und den Gemeinden zugestehen, individuelle Abgaben zu beschliessen (z. B. Kurtaxen oder Tourismusförderungsabgaben). Die Begründungen sind vielfältig: Bereitstellung öffentlicher Güter, Destinationsförderung, Korrektur von negativen Externalitäten etc.

Viele Kantone haben eine eigene Tourismusstrategie erarbeitet. Am Beispiel des Kantons Bern hat die Forschungsstelle Tourismus der Universität Bern (Bandi Tanner et al. 2024) ein ‹Tourismushaus› erarbeitet, das sich an der Tourismusstrategie des Bundes orientiert und Grundsätze, Ziele, Strategien und mögliche Aktionsfelder einer kantonalen Tourismusstrategie zur Diskussion stellt.

Abbildung 69 Tourismushaus einer kantonalen Tourismuspolitik

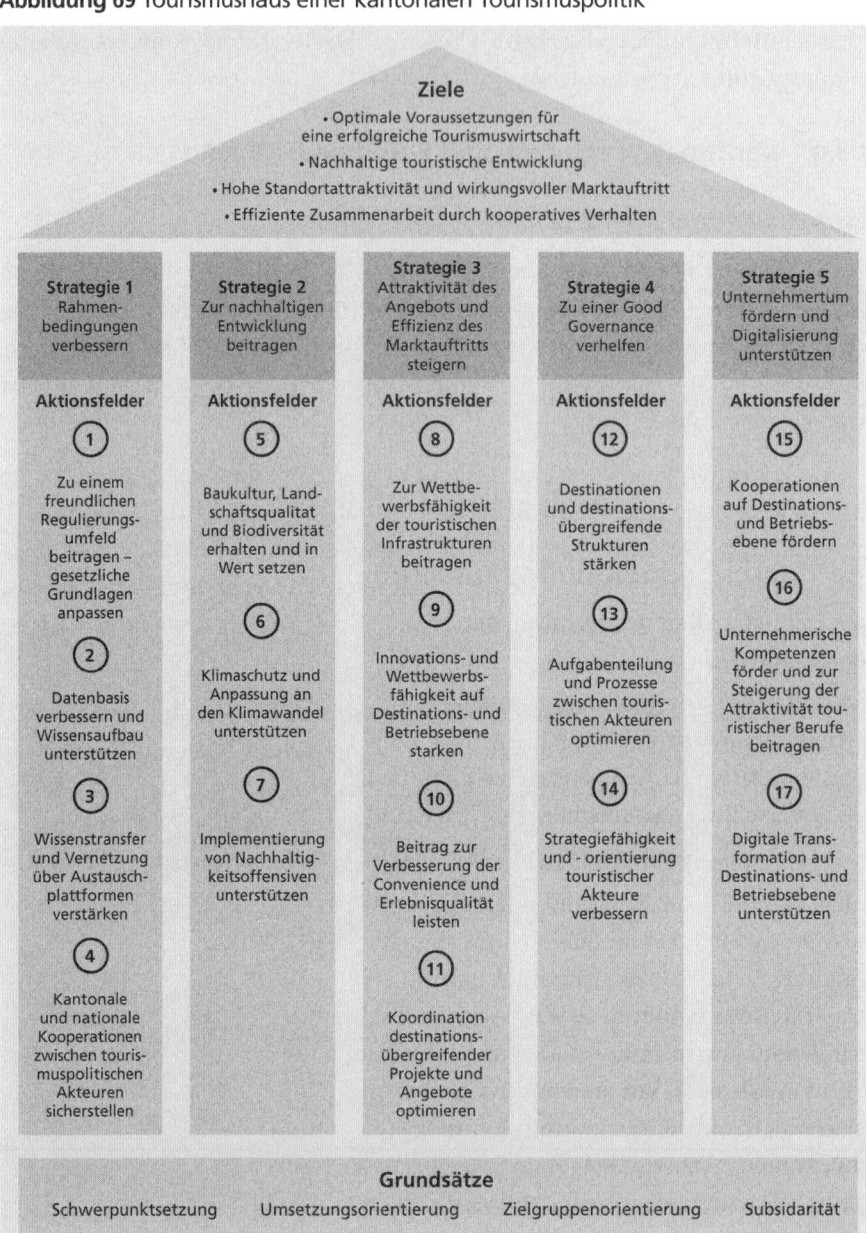

Ziele
- Optimale Voraussetzungen für eine erfolgreiche Tourismuswirtschaft
- Nachhaltige touristische Entwicklung
- Hohe Standortattraktivität und wirkungsvoller Marktauftritt
- Effiziente Zusammenarbeit durch kooperatives Verhalten

Strategie 1
Rahmenbedingungen verbessern

Aktionsfelder

(1) Zu einem freundlichen Regulierungsumfeld beitragen – gesetzliche Grundlagen anpassen

(2) Datenbasis verbessern und Wissensaufbau unterstützen

(3) Wissenstransfer und Vernetzung über Austauschplattformen verstärken

(4) Kantonale und nationale Kooperationen zwischen tourismuspolitischen Akteuren sicherstellen

Strategie 2
Zur nachhaltigen Entwicklung beitragen

Aktionsfelder

(5) Baukultur, Landschaftsqualität und Biodiversität erhalten und in Wert setzen

(6) Klimaschutz und Anpassung an den Klimawandel unterstützen

(7) Implementierung von Nachhaltigkeitsoffensiven unterstützen

Strategie 3
Attraktivität des Angebots und Effizienz des Marktauftritts steigern

Aktionsfelder

(8) Zur Wettbewerbsfähigkeit der touristischen Infrastrukturen beitragen

(9) Innovations- und Wettbewerbsfähigkeit auf Destinations- und Betriebsebene starken

(10) Beitrag zur Verbesserung der Convenience und Erlebnisqualität leisten

(11) Koordination destinationsübergreifender Projekte und Angebote optimieren

Strategie 4
Zu einer Good Governance verhelfen

Aktionsfelder

(12) Destinationen und destinationsübergreifende Strukturen stärken

(13) Aufgabenteilung und Prozesse zwischen touristischen Akteuren optimieren

(14) Strategiefähigkeit und -orientierung touristischer Akteure verbessern

Strategie 5
Unternehmertum fördern und Digitalisierung unterstützen

Aktionsfelder

(15) Kooperationen auf Destinations- und Betriebsebene fördern

(16) Unternehmerische Kompetenzen förder und zur Steigerung der Attraktivität touristischer Berufe beitragen

(17) Digitale Transformation auf Destinations- und Betriebsebene unterstützen

Grundsätze
Schwerpunktsetzung | Umsetzungsorientierung | Zielgruppenorientierung | Subsidiarität

Quelle: Bandi Tanner et al. 2024

Die 17 Aktionsfelder einer kantonalen Tourismuspolitik können wie folgt kurz konkretisiert werden:

1. Zu einem freundlichen Regulierungsumfeld beitragen und gesetzliche Grundlagen anpassen, insbesondere das Tourismusgesetz und die dazugehörige Verordnung periodisch aktualisieren.
2. Datenbasis verbessern und Wissensaufbau unterstützen, insbesondere bezüglich übergeordneter Themenfeldern wie Digitalisierung, Nachhaltigkeit oder regulatorische Entwicklungen durch eine Verbesserung der Datenbasis und deren Verfügbarkeit.
3. Wissenstransfer und Vernetzung über Austauschplattformen verstärken, insbesondere über regelmässig stattfindende Veranstaltungen.
4. Kantonale und nationale Kooperationen zwischen tourismuspolitischen Akteuren sicherstellen, insbesondere auf den Ebenen der Raumordnung & Planung, der Bewilligungsverfahren, der Umweltpolitik, der Verkehrs- und Mobilitätsplanung sowie der nationalen Tourismuspolitik.
5. Baukultur, Landschaftsqualität und Biodiversität erhalten und in Wert setzen, insbesondere durch die Förderung konkreter Projekte von Destinationen und touristischen Leistungsträgern im Rahmen der NRP.
6. Klimaschutz und Anpassung an den Klimawandel unterstützen, sowohl in Form von Verminderungs- wie auch von Anpassungsmassnahmen sowie der Unterstützung des Wissenstransfers.
7. Implementierung von Nachhaltigkeitsoffensiven unterstützen, insbesondere die Teilnahme möglichst vieler Leistungsträger und Destinationen am Nachhaltigkeitsprogramm des Schweizer Tourismus ‹Swisstainable› unterstützen.
8. Zur Wettbewerbsfähigkeit der touristischen Infrastruktur beitragen, insbesondere durch eine vielfältige Sport-, Erlebnis- und Kulturinfrastruktur sowie die Stärkung der bestehenden Kongress-, Ausstellungs- und Event-Infrastruktur.
9. Innovations- und Wettbewerbsfähigkeit auf Destinations- und Betriebsebene stärken, insbesondere durch gezielte Anreize zur Förderung der Innovationskultur.

10. Beitrag zur Verbesserung der Convenience und Erlebnisqualität leisten, insbesondere durch miteinander verknüpfte Angebote und Produkte, die – digital unterstützt – zu einem ganzheitlichen Erlebnis aus einer Hand beitragen.
11. Koordination destinationsübergreifender Projekte und Angebote optimieren, insbesondere Medienreisen, Gästekarten oder Micro-Touring-Angebote wie Langwandern oder Biketouren.
12. Destinationen und destinationsübergreifende Strukturen stärken, insbesondere die flexible Zusammenarbeit der Akteure entlang wichtiger Gästeströme fördern.
13. Aufgabenteilung und Prozesse zwischen touristischen Akteuren optimieren, insbesondere Projekte zur Klärung der Governance unterstützen.
14. Strategiefähigkeit und -orientierung touristischer Akteure verbessern, insbesondere Workshops sowie die persönliche Weiterbildung fördern.
15. Kooperationen auf Destinations- und Betriebsebene fördern, insbesondere durch die Nutzung der Zusammenarbeitspotenziale sowie der Förderung von Austauschplattformen.
16. Unternehmerische Kompetenzen fördern und zur Steigerung der Attraktivität touristischer Berufe beitragen, insbesondere mit Hilfe von Projekten, um Quereinstiege zu erleichtern, die Diversität zu stärken, neue Arbeitszeitmodelle zu testen oder einen Kultur- und Führungswandel zu forcieren.
17. Digitale Transformation auf Destinations- und Betriebsebene unterstützen, insbesondere durch die Förderung des Know-how-Transfers sowie neuer Geschäftsmodelle.

Um die inhaltlichen Ziele zu erreichen, die im Rahmen des Tourismushauses vorgeschlagen werden, ist eine Adaption der Governance bezüglich der Zusammenarbeit unter den vielschichtigen touristischen Akteuren ins Zentrum zu stellen. Dies betrifft insbesondere die Destinationsstrukturen, die Finanzierung und ihre Verwendung sowie die Aufgaben- und Rollenteilung zwischen den kantonalen Tourismusorganisationen, den Destinationen sowie den Leistungsträgern (Bandi Tanner et al. 2024).

Der *Kanton Graubünden* hat sich in seiner «Tourismusstrategie 2024» ebenfalls an der Tourismusstrategie des Bundes 2021 orientiert und die folgenden vier Handlungsfelder, acht Stossrichtungen und 24 Schwerpunkte formuliert (Kanton Graubünden AWT 2024):

- *Handlungsfeld 1:* Unternehmertum und Innovation im Bündner Tourismus stärken
  - Unternehmerische Leistungen unterstützen
    - Akteure bei der Meisterung der Herausforderungen unterstützen
    - Kooperationen stärken und Nutzung von Synergien intensivieren
    - Förderinstrumente der Tourismusentwicklung weiterentwickeln
  - Grundlagen für die Tourismusentwicklung in Graubünden verbessern
    - Rahmenbedingungen für unternehmerisches Handeln optimal nutzen
  - Wissen generieren und Entscheidungsgrundlagen verbessern
  - Die Destinationsentwicklung in Graubünden weiter fördern
- *Handlungsfeld 2:* Die Angebotsqualität der Tourismusregion Graubünden weiterentwickeln
  - Wettbewerbsfähige touristische Infrastrukturen fördern
    - Die Realisierung von Beherbergungsinfrastrukturen unterstützen
    - Die Realisierung von Transport- und Schneeanlagen unterstützen
    - Die Realisierung von Sportanlagen von kantonaler und nationaler Bedeutung unterstützen
    - Die Realisierung von weiteren wichtigen Tourismusinfrastrukturen unterstützen
  - Zusammenspiel von Mobilitätsformen fördern
    - Die Vernetzung zwischen Alltags- und Freizeitverkehr fördern
    - Touristische Entwicklungsprojekte unterstützen
- *Handlungsfeld 3:* Zur Diversifizierung des Tourismusangebots in Graubünden beitragen
  - Schneeunabhängige Tourismusangebote fördern
    - Den Kulturtourismus in Graubünden fördern
    - Genuss, Kulinarik und Regionalität als touristisches Potenzial nutzen
    - Aktivitäten im Gesundheits- und Geschäftstourismus stärken
    - Lücken für einen Ganzjahrestourismus schliessen

- Das touristische Angebot dem Klimawandel und den veränderten gesellschaftlichen Bedürfnissen anpassen
  - Die Chancen des Klimawandels gewinnbringend nutzen und Risiken minimieren
  - Die Kombination von Arbeit und Erholung touristisch nutzbar machen
  - Gesellschaftliche Trends verfolgen und in Wert setzen
- *Handlungsfeld 4:* Die Nachfrage nach Angeboten der Tourismusregion Graubünden erhöhen
  - Veranstaltungen als Standortfaktor fördern
    - Die Durchführung von Grossveranstaltungen unterstützen
    - Ein Veranstalter-Netzwerk aufbauen
  - Neue Gäste für Graubünden gewinnen
    - Graubünden-Ferien als kantonale Marketingorganisation weiterentwickeln
    - Die Regionenmarke graubünden weiterentwickeln
    - Opportunitäten zur Erschliessung neuer Gästegruppen prüfen

Touristische Forschungs- und Bildungsinstitutionen

1941 wurden gleichzeitig an der Universität Bern das Forschungsinstitut für Fremdenverkehr (FIF) und an der Hochschule St. Gallen das Institut für Fremdenverkehr und Verkehrswirtschaft (IFV) gegründet. Das FIF befasste sich auch mit Freizeitfragen ganz allgemein. Entsprechend dieser Erweiterung des Forschungsfeldes wurde das FIF 1986 umgetauft in Forschungsinstitut für Freizeit und Tourismus. Das IFV der Universität St. Gallen/HSG wandelte sich 1998 in das Institut für öffentliche Dienstleistungen und Tourismus (IDT) und später in das Institut für Systemisches Management und Public Governance (IMP). Aus dem FIF der Uni Bern wurde 2012 die Forschungsstelle Tourismus (CRED-T), integriert in das Center for Regional Economic Development (CRED) der Uni Bern.

Die wichtigsten Tätigkeitsbereiche des CRED-T wie auch des IMP sind:
- Wissenschaftliche Erforschung und Bearbeitung von den Tourismus betreffenden Fragen
- Behandlung des Tourismus im Rahmen der Vorlesungen Seminare und Abschlussarbeiten an der Universität Bern

- Ausübung praktischer Beratungs- und Gutachtertätigkeit
- Aufbereitung von Informationen zu allen einschlägigen Fragen zum Tourismus

Seit einigen Jahren hat sich auch an der Universität Lugano sowie an den Fachhochschulen in Chur, Luzern, Lausanne und Wallis die Tourismus-, Mobilitäts- resp. Hospitality-Forschung etabliert. Dazu kommen die Höheren Tourismus-Fachschulen in Luzern, Zürich und Samedan sowie verschiedene Hotelfachschulen mit mehrjährigen Lehrgängen, wobei die EHL Hospitality Business School in Lausanne den Status einer Fachhochschule erlangt hat. Zudem gibt es mehrere eidgenössisch anerkannte Berufsprüfungen und Höhere Fachprüfungen (dipl. Restaurateur, dipl. öV-Experte etc.)

Kommunale Stellen für Tourismus

Auf lokaler Ebene sind es die Exekutiven der Gemeinden (Gemeinderäte, Gemeindeverwaltungen) sowie spezielle Kommissionen, die sich mit tourismuspolitischen Fragen befassen.

Kantonale und regionale Tourismusvereine/-verbände

In fast allen Kantonen bestehen kantonale Tourismusbüros, -vereine oder -verbände. Daneben haben sich in einzelnen Kantonen die Verbände der Hotellerie, der Gastronomie, der Bergbahnen, der Destinationen sowie grosse Leistungsträger in ‹Tourismus Allianzen› zusammengeschlossen, um die touristischen Interessen gebündelt einzubringen.

Auf regionaler Ebene gibt es dreizehn von Schweiz Tourismus anerkannten touristischen Hauptregionen (Aargau, Basel, Bern, Fribourg, Genève, Graubünden, Jura + Drei-Seen-Land, Luzern, Ostschweiz, Ticino, Vaud, Wallis, Zürich), die in der Regionaldirektoren-Konferenz (RDK) zusammengeschlossen sind.

Destinationsmanagement-Organisationen (DMO)

Verschiedene lokale Tourismusvereine haben sich zu subregionalen Destinationsmanagement-Organisationen oder reinen Marketingkooperationen zusammengeschlossen, Dachmarken gebildet und sich so auf die neuen umfassenden Gästebedürfnisse und den härter werdenden Konkurrenzkampf eingestellt (vgl. Kap. 7.3).

Lokale Tourismusorganisationen

Auf lokaler Ebene gibt es in der Schweiz noch immer über 200 Tourismus- oder Verkehrsvereine, deren Aufgabe die Wahrung der jeweiligen lokalen Interessen ist. Dachorganisation der lokalen und subregionalen Tourismusorganisationen ist der Verband Schweizerischer Tourismusmanager (VSTM).

Touristische Unternehmungen

Bahnen, Beherbergungsgewerbe, Parahotellerie, Gastronomie, Konferenz- und Kongresseinrichtungen, Ausstellungsbetriebe, Reiseveranstalter, Reisemittler usw. Auch in diesem Bereich gibt es unzählige Marketingkooperationen.

Zwischenruf

Effizientes Lobbying

Wie oft wird in Tourismuskreisen über das Ungenügen des tourismuspolitischen Lobbyings debattiert. Es wird bedauert, dass tourismuspolitische Anliegen in den Parlamenten kaum eine Stimme haben und deshalb tourismuspolitische Vorlagen einen schweren Stand haben. Ist dem wirklich so oder gehört das zum üblichen Gebaren einer Branche, die in einem starken Strukturwandel steckt?

Wer den tourismuspolitischen Leistungsausweis der letzten Jahre bilanziert, kommt zum Schluss, dass sich die Erfolge – mindestens auf Bundesebene – sehen lassen: Innotour wurde neu geschaffen und ausgebaut, der ordnungspolitisch fragwürdige Mehrwertsteuer Sondersatz wurde mehrmals verlängert, die SGH erhielt trotz starken Gegenstimmen immer wieder

Kredite und Schweiz Tourismus wird mit einem deutlich höheren Bundesbeitrag unterstützt als in vergangenen Jahren. Und all dies in einer Zeit, in der hüben und drüben gespart und gestrichen wird. Vieles deutet darauf hin, dass das touristische Lobbying viel besser ist als sein Ruf.

In einer Studie an der Uni Bern von Brigitte Zaugg wurden diese Zusammenhänge unter die Lupe genommen. Sie orientiert sich an den Grundsätzen der Neuen Politischen Ökonomie (Public Choice Theory). Diese Theorie geht im Kern davon aus, dass die komplexer werdenden Beziehungen zwischen Politik und Wirtschaft zu höheren Informationsbedürfnissen in allen politischen Gremien führen. Lobbying bietet sich als Instrument zum Abbau von Informationsdefiziten geradezu an. Dabei werden Informationen als Tauschgut verstanden, denn gut Informierte können ihren Einfluss verstärken. Zudem ermöglicht Lobbying die Erarbeitung praktikabler Gesetze mit hoher Akzeptanz und breitem Konsens. Lobbying wird trotz gewisser Imageprobleme immer häufiger als unverzichtbare Form der Basisdemokratie und legitimes Element in der politischen Willensbildung betrachtet.

Möchte der Einfluss auf tourismuspolitische Entscheidungsprozesse zur Durchsetzung partikulärer Interesse zusätzlich verstärkt werden, so stellt sich die Frage, wie das Lobbying verändert werden könnte, um noch erfolgreicher zu sein. Die Studie sieht diesbezüglich vier zentrale Ansatzpunkte: 1. Aufbau und Pflege eines dauerhaften Beziehungsnetzes, 2. laufende Aufbereitung fundierter und am Gemeinwohl orientierter Informationen und regelmässiger Informationsaustausch, 3. Vorbereitung möglichst konkreter Verbesserungsvorschläge mit Eigenleistungen und 4. Bildung von strategischen Partnerschaften und Bündelung der Aufgaben. Wenn «Politik ist, was eine Mehrheit findet», hat auch Lobbying weniger mit Sachlogik zu tun als vielmehr damit, Wege vorzubereiten, um Mehrheiten zu erreichen.

Hansruedi Müller

9.4 Instrumente der Tourismuspolitik

Die folgende Zusammenstellung des tourismusrelevanten Instrumentariums auf Bundesebene erhebt keinen Anspruch auf Vollständigkeit. Sie verdeutlicht aber, wie komplex die tourismuspolitische Materie ist und dass Tourismuspolitik eine ausgesprochene Querschnittsaufgabe darstellt. In Anlehnung an die Unterscheidung zwischen direkter und indirekter Tourismuspolitik differenzieren wir in der Folge nach direkten (primär auf den Tourismus ausgerichteten) und indirekten (den Tourismus in wesentlichen Bereichen tangierenden) Instrumenten.

9.4.1 Direkte Instrumente resp. Rechtsgrundlagen

Grundlagen der Tourismuspolitik

Grundlage: Tourismusstrategie des Bundes (SECO 2021)

Zweck: Mit seiner Tourismuspolitik will der Bundesrat zu einer international wettbewerbsfähigen Tourismuswirtschaft sowie einem attraktiven und leistungsfähigen Tourismusstandort Schweiz beitragen (vgl. Kap. 9.2.3)

Förderung von Innovation, Zusammenarbeit und Wissensaufbau

Grundlage: Bundesbeschluss über die Finanzierung der Förderung von Innovation, Zusammenarbeit und Wissensaufbau im Tourismus (2015)

Zweck: Finanzhilfe für Förderung von Innovationen, Zusammenarbeit und Wissensaufbau im Tourismus, insbesondere zur Entwicklung neuer Produkte, Ausrüstungen und Vertriebskanäle, zur Verbesserung der bestehenden Dienstleistungen und zur Schaffung organisatorischer Strukturen, die eine Steigerung der Effizienz ermöglichen.

Aktuell: Wurde für die Periode 2024-2027 mit einem Betrag von 45 Mio. CHF verlängert. Der Bundesanteil bei Innotour-Projekten wurde von 50% auf maximal 70% erhöht.

9. Schweizerische Tourismuspolitik

Konzessionierung von Seilbahnen

Grundlage: Seilbahngesetz vom 1.1.2007 (Früher: Bundesverordnung über die Konzessionierung von Luftseilbahnen)

Zweck: Koordination und Überwachung der Seilbahnentwicklung als touristische Leitindustrie (insbesondere im Berggebiet)

Aktuell: Gewährung einer grösstmöglichen Sicherheit; Konzentration zusätzlicher Erschliessung auf Entwicklungsräume; Beschränkung der mechanischen Erschliessung des Hochgebirges auf wenige Gebiete mit überdurchschnittlicher Eignung; Förderung einer zweckmässigen Erschliessungsplanung; Sicherung eines landschaftsschonenden Baus und Betriebs; Ausrichtung auf Marktmöglichkeiten; Förderung wirtschaftlich gesunder Transportunternehmen.

Touristische Werbung

Grundlage: Bundesgesetz über Schweiz Tourismus (1955) / Verordnung über Schweiz Tourismus (2016)

Zweck: Vierstufige touristische Werbung (Unternehmen, Ort, Region, Land) mit Auftrag an Schweiz Tourismus bezüglich ‹Landeswerbung›

Träger: Schweiz Tourismus (vgl. Kap. 10.3)

Aktuell: In der Periode 2024-2027 unterstützt der Bund Schweiz Tourismus mit 233 Mio. CHF.

Hotel- und Kurortskredite

Grundlage: Bundesgesetz über die Förderung der Beherbergungswirtschaft (2003)

Zweck: Förderung der Beherbergungswirtschaft

Träger: Schweizerische Gesellschaft für Hotelkredit (vgl. Kap. 10.3)

Aktuell: Strategische Neuorientierung mit Teilprivatisierung der Schweizerischen Gesellschaft für Hotelkredit; 2003 wurde ein Sanierungskredit von gegen 80 Mio. Franken gewährt. Im März

2024 hat der Bundesrat die Totalrevision des Gesetzes in die Vernehmlassung gegeben. Die Branche würde es begrüssen, dass zukünftig auch städtische Beherbergungsbetriebe von den SGH-Darlehen profitieren könnten. Zudem soll im Rahmen eines Impulsprogramms die energetische Sanierung von Hotels im Alpenraum mit À-fonds-perdu-Beiträgen unterstützt werden. Beides wird vom Bundesrat abgelehnt und ist Teil der politischen Debatte.

Sondersatz Mehrwertsteuer für Beherbergungsleistungen

Grundlage: Bundesverfassung Artikel 196, Ziffer 14

Bundesgesetz über die Einführung der Mehrwertsteuer für Beherbergungsbetriebe vom 6.10.1996

Zweck: Der MWST-Sondersatz bezieht sich ausschliesslich auf Beherbergungsleistungen und ist zu gewähren, weil sie in erheblichem Ausmass von Ausländern konsumiert werden und die Wettbewerbsfähigkeit es erfordert.

Aktuell: Zusammen mit dem ‹Finanzpaket› wurde der MwSt.-Sondersatz per 2005 in der Finanzordnung bis 2027 fest verankert. Der Sondersatz von zurzeit 3,8% wird ordnungspolitisch als fragwürdig betrachtet, weil er einen einzelnen Wirtschaftssektor begünstigt. Auch das Exportargument ist nur einseitig haltbar, denn Exportgüter sind nur im Exportland steuerfrei, werden aber normalerweise im Importland besteuert. Im Tourismus fallen Produktion und Konsum zusammen. Da jedoch in den meisten europäischen Staaten ebenfalls ein Sondersatz besteht, wäre der Schweizer Tourismus ohne Sondersatz benachteiligt und die Wettbewerbsfähigkeit gefährdet.

Gesamtarbeitsvertrag des Gastgewerbes

Grundlage: Bundesbeschluss über die Allgemeinverbindlichkeit des Landes-Gesamtarbeitsvertrages des Gastgewerbes (1999; div. Revisionen)

Zweck: Allgemeine Durchsetzung wichtiger Regelungen in den Bereichen Entlöhnung, Arbeitszeit und Arbeitsversicherungen

Aktuell: Der Gesamtarbeitsvertrag zwischen SHV/GastroSuisse und den Gewerkschaften wurde 1996 aufgekündigt und 1998 neu vereinbart und wird laufend aktualisiert.

Touristische Berufsbildung

Grundlage: Verordnung über Mindestvorschriften für die Anerkennung von Bildungsgängen und Nachdiplomstudien der Höheren Fachschulen (2017)

Zweck: Förderung der touristischen Ausbildung

Tourismusstatistik

Grundlage: Verordnung über die Durchführung von statistischen Erhebungen (1993)

Zweck: Gewinnung statistischer Unterlagen über Umfang, Entwicklung und Struktur von Tourismusangebot und -nachfrage auf nationaler, regionaler und lokaler Ebene. Zentrale Instrumente sind die HESTA sowie die PASTA.

Aktuell: Einrichtung des Satellitenkontos ‹Tourismus› in der volkswirtschaftlichen Gesamtrechnung; seit 2005 Teilfinanzierung durch den Tourismussektor und die Kantone; Anpassung der Tourismusstatistik an EU- und WTO-Standards

9.4.2 Indirekte Instrumente

Aussenpolitik

Grundlage: Bundesgesetz und Bundesverordnung über die Begrenzung der Zahl der erwerbstätigen Ausländer (1931; div. Revisionen)

Zweck: Stabilisierung des Ausländeranteils in der Schweiz

Aktuell: Umsetzung der 2014 angenommenen Volksinitiative ‹Gegen Masseneinwanderung› sowie laufende Anpassungen im Rahmen der EU-Verhandlungen im Rahmen der Personenfreizügigkeit.

Grundstückserwerb durch Ausländer

Grundlage: Bundesbeschluss über die Bewilligungspflicht für den Erwerb von Grundstücken durch Personen im Ausland (1961: Lex von Moos; 1972: Lex Celio; 1973: Lex Furgler; 1985: Lex Friedrich; 1992: Lex Koller)

Zweck: Verhinderung der Überfremdung des einheimischen Bodens (insbesondere aus Spekulationsmotiven) über ein System von Bewilligungskontingenten

Aktuell: Verhandlungen betreffend Gleichbehandlung aller EU-Bürger beim Erwerb von Grundstücken; Ablehnung einer Volksinitiative (1995) zur Lockerung der Lex-Friedrich; im Rahmen der bilateralen Verhandlungen mit der EU gibt es Bestrebungen, die Lex Koller aufzuheben.

Neue Regionalpolitik (NRP)

Grundlage: Bundesgesetz Neue Regionalpolitik des Bundes (2006) (früher: Investitionshilfe für Berggebiete (IHG))

Zweck: Mit der NRP, die per 2008 in Kraft trat, unterstützen Bund und Kantone das Berggebiet, den weiteren ländlichen Raum und die Grenzregionen bei der Bewältigung des Strukturwandels. Als Programm der Standortförderung unterstützt die NRP Initiativen, Programme und Projekte, die das Unternehmertum fördern, die Innovationsfähigkeit der KMU sowie die regionale Wertschöpfung steigern und auf diese Weise die Wettbewerbsfähigkeit dieser Räume nachhaltig erhöhen. Damit leistet die NRP einen Beitrag zur Schaffung und Erhaltung von Arbeitsplätzen in den Zielgebieten. Indirekt trägt die NRP dazu bei, die dezentrale Besiedlung in der Schweiz zu erhalten und regionale Disparitäten abzubauen.

Die NRP umfasst drei sich ergänzende strategische Ausrichtungen:
- *Projektförderung:* Hauptpfeiler bildet die direkte Förderung von Initiativen, Programmen und Projekten sowie von wertschöpfungsorientierten Infrastrukturvorhaben. Zu diesem Zweck gewähren Bund und Kantone Finanzhilfen und Darlehen. Die operative Verantwortung für die Umsetzung liegt bei den Kantonen. Neben kantonalen und kantonsübergreifenden Projekten werden im Rahmen von *Interreg A* auch grenzüberschreitende Projekte gefördert.

- *Koordination Sektoralpolitiken:* Damit wird als flankierende Massnahme die Abstimmung der Regionalpolitik mit weiteren raumrelevanten Politiken des Bundes angestrebt. Ziel ist es, die Mittel und Massnahmen zu koordinieren und Synergien zu nutzen. Die Federführung liegt beim Bund. Zudem unterstützt der Bund auch die Teilnahme von Schweizer Projektpartnern an den ETZ-Programmen *Interreg B* (transnationale Zusammenarbeit), *URBACT* und *ESPON*. Auch wird das *Pilotprogramm Handlungsräume Wirtschaft (PHR),* das stadtland-übergreifende wirtschaftsorientierte Projekte in den Handlungsräumen gemäss Raumkonzept Schweiz unterstützt, umgesetzt.

- *Wissenssystem:* Zentrale Massnahme ist die nationale *Netzwerkstelle regiosuisse*. Im Auftrag des Bundes betreibt regiosuisse ein umfassendes Wissensmanagement zur NRP und zur Regional- und Raumentwicklung und fördert die Qualifizierung und Vernetzung der an der Umsetzung der NRP-, der Agglomerationspolitik und der Politik für die ländlichen Räume und Berggebiete beteiligten Akteure. Zudem werden Grundlagenarbeiten und Pilotprojekte zur Weiterentwicklung der NRP unterstützt.

Aktuell: 2024 ist die dritte achtjährige Förderperiode ausgelöst worden. In der ersten Förderperiode 2008–2015 konnten rund 48% aller geförderten Projekte dem Tourismus zugeordnet werden. Seit 2020 liegt ein verstärkter Fokus auf dem Bereich ‹Digitalisierung›. Für die Periode 2024-2027 stellt der Bund 200 Mio. CHF für Darlehen sowie 200 Mio. CHF für À-fonds-perdu-Beiträge zur Verfügung.

Raumplanung

Grundlage: Bundesverfassung Art. 24; Bundesgesetz über die Raumplanung (1979); neue Raumplanungsverordnung (2000)

Zweck: Haushälterische und geordnete Nutzung des Bodens

Aktuell: Laufende Teil-Revisionen, vor allem bezüglich ‹Bauen ausserhalb des Baugebietes› zur Ermöglichung wirtschaftlicher Entwicklungen für die Landwirtschaft und Umnutzungen.

Natur- und Heimatschutz

Grundlage: Bundesgesetz und Bundesverordnung über den Natur- und Heimatschutz (1966)

Zweck: Schutz heimatlicher Landschafts- und Ortsbilder, geschichtlicher Stätten und Natur-/Kulturdenkmäler

Aktuell: Umfassender Biotopschutz: Hochmoor- und Flachmoorverordnung, ausscheiden von Grossschutzgebieten (Nationalpärke, Regionale Naturpärke und Naturerlebnispärke)

Gewässerschutz

Grundlage: Bundesgesetz über den Schutz der Gewässer gegen Verunreinigung (1991)

Zweck: Umfassender Gewässerschutz

Aktuell: Diskussion um Restwassermengen sowie finanzielle Ausgleichszahlungen an Gemeinden, die auf eine Nutzung der Wasserkraft ihrer Fliessgewässer verzichten

Fischereiwesen

Grundlage: Bundesgesetz über die Fischerei (1991)

Zweck: Bewilligungspflicht für technische Eingriffe bei Gewässern (z. B. Verbauungen, Uferrodungen, Wasserentnahme etc.)

Aktuell: Wasserbeschaffung für Beschneiungsanlagen

Forstwesen

Grundlage: Waldgesetz (1991)

Zweck: Gewährleistung der Schutz-, Wohlfahrts- und Nutzfunktion des Waldes

Aktuell: Rodungsbewilligungen und Aufforstungvorschriften bei touristischen Projekten (insbesondere Skisport)

Umweltschutz

Grundlage: Bundesgesetz über den Umweltschutz (1983); Lärmschutzverordnung (1986); Luftreinhalteverordnung (1985) Verordnung über die Umweltverträglichkeitsprüfung (1988); CO_2-Gesetz

Zweck: Umfassender Schutz der Umwelt vor und für Menschen

Aktuell: Umweltverträglichkeitsprüfung für touristische Grossprojekte (inkl. Beschneiungsanlagen ab 5 Hektaren); Totalrevision des CO_2-Gesetzes für die Zeit nach 2020

Fuss- und Wanderwege

Grundlage: Bundesgesetz über Fuss- und Wanderwege (1985)

Zweck: Planung, Anlage und Erhaltung zusammenhängender Fuss- und Wanderwege, die vorwiegend der Erholung dienen

Öffentlicher/privater Verkehr

Grundlage: Diverse Gesetzgebungen im Bereich des öffentlichen Verkehrs und des Strassenbaus

Zweck: Förderung des öffentlichen Verkehrs und Ausbau des Nationalstrassennetzes

Reisevertrag

Grundlage: Gesetz über Pauschalreisen (1994)

Zweck: Vom Gesetz werden ‹vorfabrizierte› Reisen, die mindestens 24 Stunden dauern oder eine Übernachtung enthalten sowie Transport, Unterkunft und andere touristische Dienstleistungen einschliessen, erfasst. Das Gesetz regelt insbesondere die Katalogverbindlichkeit, die unbeschränkte Haftung bei Personenschäden sowie die Sicherstellung von Kundengeldern im Falle der Zahlungsunfähigkeit oder des Konkurses des Reiseveranstalters (vgl. Kap. 7.12)

Zwischenruf

Von Rahmenbedingungen und Chancen

Immer wieder ziehen mit politischen Vorstössen, Initiativen und Abstimmungen auch für den Tourismus dichte Wolken auf, die in der Folge für einen härteren Wind sorgen. Ab und zu beschleicht einen das Gefühl, dass sich die Politik oder vielmehr die tourismuspolitischen Rahmenbedingungen gegen den Tourismus entwickeln. Erst mit einer sorgfältigen Analyse lassen sich Umrisse von potenziell nutzbaren Chancen erkennen.

Mit dem Anstieg der Inflation insbesondere in den umliegenden Ländern zogen neue Wolken auf. Im Jahr 2023 erreichte die durchschnittliche Jahresinflation in der Schweiz 2,1%, obwohl die SNB die Zinssätze zweimal angehoben hat. Die erhöhte Inflation wirkte sich auf die Preise für Energie, Wohnraum und Konsumgüter erheblich aus. Während die Inflation in der Eurozone und den USA deutlich höher war, konnte die Schweiz die Situation durch ihre stabilere Wirtschaftsstruktur und eine geringere Abhängigkeit von fossilen Brennstoffen abmildern. Nichtsdestotrotz standen die touristischen Akteure vor der Herausforderung, sich an diese veränderten wirtschaftlichen Bedingungen anzu-

passen und haben infolgedessen ihre Preise angepasst. Somit wurden auch die Reiseausgaben und die Nachfrage der Touristinnen und Touristen beeinflusst. Während auf die Inflation kaum Einfluss genommen werden kann, liegt die Bewältigung des Wandels in den Händen der touristischen Akteure. Eine handlungsorientierte Herangehensweise zur Entwicklung neuer Geschäftsmodelle ist bestimmt konstruktiver und zielführender als das Stöhnen über die Situation.

Auch der Fachkräftemangel, welcher durch die Erfahrung aus der COVID-19-Pandemie nochmals verschärft wurde, stellt in der Schweiz eine zunehmende Herausforderung dar. Die Problematik wird durch die Demografie, das Abwandern von Fachkräften in andere Sektoren oder durch die gesunkene Attraktivität des Tourismus als Arbeitgeber verschärft. Der Mangel an qualifizierten Arbeitskräften hat nicht nur Auswirkungen auf die Wirtschaft, sondern auch auf die Qualität und Verfügbarkeit von Dienstleistungen und somit auch auf die Gästezufriedenheit. Um auf diese Entwicklung zu reagieren, wurde vom Bund die Fachkräfteinitiative gestartet, welche sich auf die Ausschöpfung des inländischen Fachkräftepotenzials fokussiert. Zudem wurden Massnahmen ergriffen, um die Zuwanderung von Fachkräften zu erleichtern. Strukturelle Bedingungen wie die Vereinbarkeit von Beruf und Familie, welche die Attraktivität des Tourismus als Arbeitgeber beeinflussen, stellen jedoch langfristige Herausforderungen dar, die nicht kurzfristig gelöst werden können. Sie erfordern vielmehr kontinuierliche Anstrengungen.

Bei der Bewältigung solcher Herausforderungen kann die Wissenschaft nur bedingt und eher indirekt aber mit klarem Blick im Sinne von Analysen und Diskursen die touristische Entwicklung begleiten. Die Bewältigung des bevorstehenden Strukturwandels liegt primär in den Händen der Betriebe und sekundär der Politik. Mit fundierten Weiterbildungsangeboten können jedoch auch Hochschulen dazu beitragen, das Humankapital zu stärken und damit die Branche indirekt beim anstehenden Strukturwandel zu unterstützen.

Monika Bandi Tanner

10 Internationale Tourismuspolitik

Weltweit beschäftigen sich heute rund 200 internationale Organisationen mit Tourismus, viele davon allerdings im Rahmen umfassenderer Aufgaben. Im Folgenden unterscheiden wir zwischen gouvernementalen (staatlichen) und nicht-gouvernementalen Organisationen.

10.1 Gouvernementale Organisationen

World Tourism Organization (UNWTO – neu UN-Tourism)

Die UN-Tourism befasst sich seit 1976 ausschliesslich und koordinierend mit Tourismusfragen. Der UN-Tourism (Sitz in Madrid) gehören 158 Staaten, sechs assoziierte Mitglieder sowie über 500 Organisationen an. Sie ist Mitglied des Systems der UNO und wird von der Staatengemeinschaft als federführende intergouvernementale Organisation des Tourismus anerkannt. Enge Beziehungen bestehen insbesondere zum Entwicklungsprogramm der Vereinten Nationen (UNDP): Die UN-Tourism ist ‹ausführende Agentur› des UNDP für touristische Entwicklungsprojekte. Zunehmend werden auch Beziehungen mit Spezialorganisationen der UNO eingegangen, die in den Bereichen Gesellschaft (z. B. UNESCO), Umwelt (z. B. UNEP) oder Wirtschaft (z. B. ILO) für den Tourismus Rahmenbedingungen setzen. Zudem ist die UN-Tourism mit zahlreichen privaten internationalen Organisationen verbunden. Hauptaufgaben der UN-Tourism sind:
- Erarbeitung von Grundlagen (Studien und Statistiken)
- Konsensfindung (Tagungen und Seminare)
- Projektarbeiten (Experteneinsätze, Projektberatung, Schulung)

Kürzlich hat die UN-Tourism 11 Strategien und 68 Massnahmen zum Verständnis und zur Steuerung des Besucherwachstums verabschiedet, z. B. gemeinsame strategische Vision aller Beteiligten, zeitliche und geografische Verteilung der Besucherströme, Verbesserung des Profits für die lokale Bevölkerung, Verbesserung der Infrastrukturen, Optimierung des Monitorings etc.

Tourismuskomitee der OECD

Im Tourismuskomitee der OECD (gegründet 1948, Sitz in Paris) sind 36 westliche Industrieländer vertreten. Diese Länder vereinen rund 80 Prozent des

10. Internationale Tourismuspolitik

touristischen Weltmarktes und sind mehrheitlich auch in der UNWTO vertreten – einschliesslich der Schweiz. Das Tourismuskomitee bemühte sich bisher insbesondere um:
- Abbau der Grenzformalitäten
- Erleichterung des internationalen Motorfahrzeugverkehrs
- Erleichterung der internationalen Werbung
- Abschaffung der Devisenrestriktionen
- Erarbeitung von Statistiken und Berichten

Das OECD-Tourismusprogramm 2019 enthält folgende Schwerpunkte:
- Monitoring and Evaluation der Tourismuspolitik mit dem Ziel einer wirkungsvolleren Performance
- Tourismus in der digitalen Wirtschaft
- Nachhaltigkeit in der touristischen Entwicklung

Tourismus im Europäischen Fonds für regionale Entwicklung

Der Europäische Fonds für regionale Entwicklung (EFRE) fördert die Wettbewerbsfähigkeit, Nachhaltigkeit und die Qualität des Tourismus auf regionaler und lokaler Ebene. Eine enge Verbindung besteht zur Nutzung und Entwicklung natürlicher, historischer und kultureller Reichtümer sowie zur Entwicklung, Innovation und Diversifikation von Produkten und Dienstleistungen. Im Programmplanungszeitraum 2014–2020 ist Tourismus ist nicht als thematisches Ziel in den Europäischen Struktur- und Investitionsfonds eingegangen, da er eher ein Mittel oder einen Sektor als ein Ziel darstellt, doch bestehen viele Möglichkeiten für touristische Investitionen. Die Kommission hat einen thematischen Leitfaden für Tourismusinvestitionen veröffentlicht.

Internationale Alpenschutzkonferenz

Die 1989 einberufene Konferenz der sieben Alpenstaaten zum Schutz des Alpenraumes bezweckte die Erarbeitung einer verbindlichen Alpenschutzkonvention. Im Zentrum stehen die Themen Naturschutz und Landschaftspflege, Verkehr, Berglandwirtschaft, Tourismus, Raumplanung, Wirtschaft und Bevölkerung. Es wurden neun thematische ‹Protokolle› (u. a. zum Tourismus) verfasst, diskutiert und bereinigt, doch wurden nicht alle von den acht Alpenländern ratifiziert. 2006 wurden zwei Ministerdeklarationen zu den Themen ‹Bevölkerung und Kultur› sowie ‹Klimawandel› verabschiedet.

10.2 Nicht-Gouvernementale Organisationen

World Travel and Tourism Council (WTTC)

Das WTTC mit Sitz in London versteht sich als Vereinigung der globalen Tourismusindustrie. Mitglieder sind rund 170 CEOs, Präsidenten und Direktoren aus aller Welt. Ziel des WTTC ist es, den Tourismus als globalen Wirtschaftssektor bekannt zu machen sowie die Interessenvertretung bei wichtigen Partnern.

International Air Transport Association (IATA)

Zusammenschluss der Liniengesellschaften des Luftverkehrs (Sitz: Montreal). Ursprünglich kam die IATA einem Preiskartell gleich, das jedoch aufgegeben werden musste. Bedeutsam für internationalen Tourismus.

European Travel Commission (ETC)

Vereinigung von 36 europäischen, nationalen Tourismuswerbestellen (Sitz: Dublin). Zweck: Förderung von Werbung/Public Relations (insbesondere USA).

Bureau International du Tourisme Social (BITS)

Organisation zur Interessenvertretung des Sozialtourismus gegenüber Behörden und Drittpersonen mit Sitz in Brüssel.

Internationale Vereinigung wissenschaftlicher Tourismusexperten (AIEST)

Rund 300 Mitglieder aus beinahe 50 Staaten mit Sitz in St. Gallen. Zweck: Förderung der wissenschaftlichen Tätigkeit, Unterstützung der Forschung, Durchführung von Kongressen, Veröffentlichung von Publikationen.

Internationale Alpenschutzkommission (CIPRA)

1952 gegründete Gruppe privater Organisationen mit Sitz in Vaduz (LIE), die sich mit Fragen des Natur- und Landschaftsschutzes, der Landschaftspflege und der Raumordnung speziell in den Alpenländern beschäftigt.

10. Internationale Tourismuspolitik

Internationale Berufsverbände

- Fédération Universelle des Associations Internationale de l'Hôtellerie (AIH, Paris)
- Internationale Organisation gastgewerblicher Landesverbände (HORECA, Zürich)
- Association européenne des directeurs d'écoles hôtelières (EUHOFA, Lausanne)
- World Association of Travel Agencies (WATA, Genf)

Abbildung 70 Träger der internationalen Tourismuspolitik

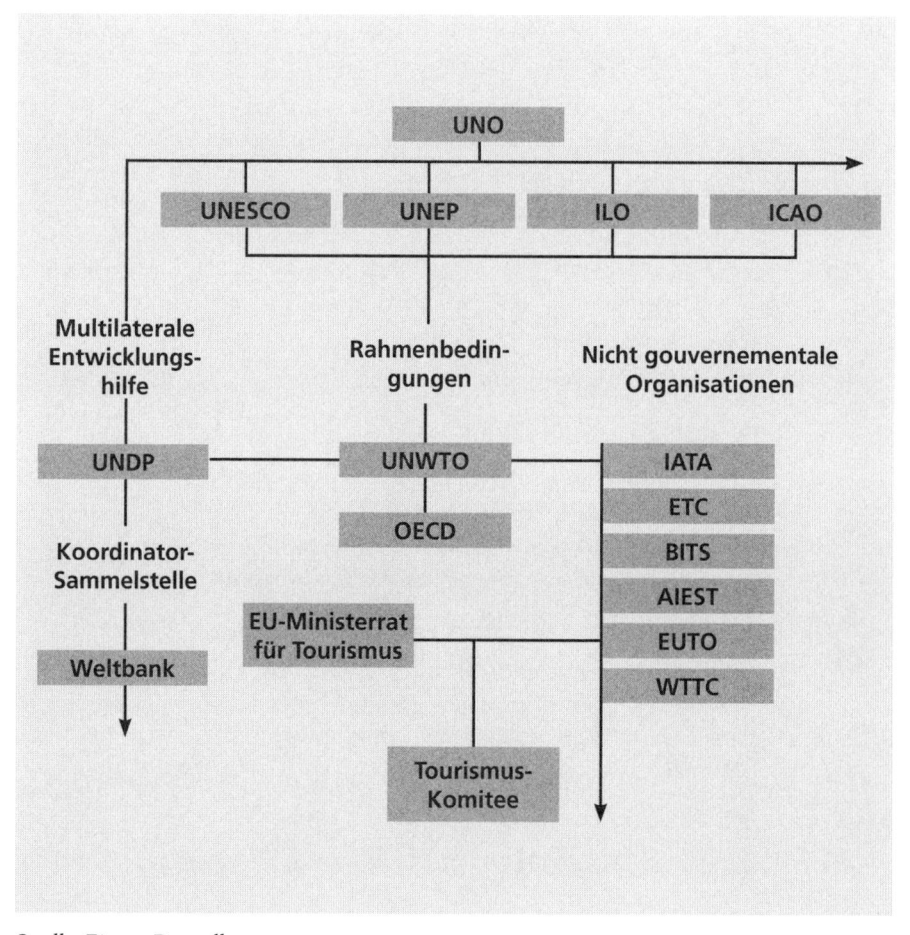

Quelle: Eigene Darstellung

IV TOURISMUSPERSPEKTIVEN

*«Was wir wollen, ist nicht eine wahrscheinliche Zukunft erraten,
aber eine wünschbare Zukunft vorbereiten,
und vielleicht sogar weiter gehen und versuchen,
eine wünschbare Zukunft wahrscheinlich zu machen.»*

Jacques de Bourbon-Busset

*«Es ist nicht unsere Schuld, dass die Welt so ist, wie sie ist.
Es ist nur unsere Schuld, wenn sie so bleibt.»*

Michael Elsener, Satiriker

ZUM INHALT
Im vierten und letzten Teil dieser Grundlagen befassen wir uns mit Zukunftsdimensionen des Tourismus:

Kapitel 11
behandelt verschiedene Prognosemethoden, zeigt zentrale Herausforderung für den Tourismus auf und skizziert Trends im Reiseverhalten.

Kapitel 12
beschreibt verschiedene Ansätze der Tourismuskritik, umreisst die Grundzüge einer nachhaltigen touristischen Entwicklung, zeigt verschiedene ethische Aspekte auf schliesst mit der Problematik des Um-Handelns.

Kapitel 13
setzt sich mit der Zeit nach der Corona-Pandemie und dem Faktor Zeit ganz allgemein auseinander und zeigt Zeitvisionen für morgen auf.

11 Tourismusperspektiven

Tourismus ist nicht eine Welt für sich, die eigenen Gesetzen gehorcht. Vielmehr ist er in ein vielfältiges Netz sozioökonomischer Bedingungen und Beziehungen eingebunden und wird von daher beeinflusst (vgl. Kap. 2). Eine differenzierte Analyse möglicher Entwicklungen des Tourismus ist deshalb nur unter Berücksichtigung der sich abzeichnenden gesamtgesellschaftlichen Veränderungen und Herausforderungen möglich.

11.1 Prognosemethoden

Methodisch lassen sich grundsätzlich zwei Prognoseansätze unterscheiden:

11.1.1 Trendprognosen

Die Trendprognosen haben die Herleitung wahrscheinlicher Zukunftsentwicklungen zum Ziel. Innerhalb des Trendansatzes lassen sich vereinfacht wiederum zwei Prognoserichtungen unterscheiden:

Quantitativ-mathematische Trendverfahren

Hierzu zählen Prognoseverfahren, die auf der Grundlage von Erfahrungsdaten mit Hilfe mathematischer Modelle zukünftige Entwicklungen herzuleiten versuchen. Zu den bekanntesten Verfahren dieser Art gehören:
- *Lineare Trendextrapolation:* lineare Extrapolation von Erfahrungswerten
- *Regressionsanalyse:* Projektion von Erfahrungswerten im funktionalen Zusammenhang mit einer oder mehreren, die zu prognostizierende Grösse bestimmenden Variablen; z. B. mit Hilfe der Methode der kleinsten Quadrate

Qualitativ-intuitive Trendverfahren

Im Unterschied zu den mathematischen Methoden, die auf analytischen Verfahren der Informationsgewinnung beruhen, basieren diese Prognosemethoden auf intuitiven Verfahren der Informationsgewinnung. Diese Verfahren erlauben zudem auch den Einbezug von qualitativen Aspekten in die Zukunftsbetrachtung. Die bekannteste qualitativintuitive Trendmethode stellt die Expertenbefragung dar:
- *Einstufige Expertenbefragung:* Ein oder mehrere Experten werden unabhängig voneinander oder zu einer Diskussionsrunde zusammengefasst zum gleichen

Prognosegegenstand nach ihrer Meinung befragt.
- *Mehrstufige Expertenbefragung (Delphi-Methode)*: Bei der Delphi-Methode werden einer anonymen Gruppe von Experten schriftlich Fragen über bestimmte zukünftige Entwicklungen gestellt. Die Antworten der Experten werden zusammengefasst und statistisch ausgewertet. In der zweiten Runde werden die Ergebnisse der ersten Runde allen Mitgliedern der Expertengruppe wieder zugestellt, verbunden mit der Aufforderung, eine erneute Prognose unter Berücksichtigung dieser Resultate vorzunehmen. Antworten, die dabei stark vom Durchschnitt abweichen, müssen von den Experten zudem begründet werden. In einer (möglichen) dritten Befragungsrunde werden den Experten neben der Resultaten der zweiten Runde auch die Begründungen für abweichende Einschätzungen als Information für die erneute Einschätzung zukünftiger Entwicklungen zur Verfügung gestellt.

11.1.2 Szenariomethode

Unter einem Szenario versteht man ein gedachtes Entwicklungsbild, zu dem der Entwicklungsrahmen, also die äusseren Bedingungen, ebenso gehört wie die interne Entwicklungshaltung der Akteure und die Auswirkungen im betrachteten System. Im Unterschied zu den Trendverfahren, welche gestützt auf die bisherige Entwicklung eine möglichst wahrscheinliche Zukunft vorauszusagen versuchen, befasst sich die Szenariomethode also mit verschiedenen denkbaren Zukunftsentwicklungen. Zu den besonderen Merkmalen der Szenariomethode gehören:
- Vernetzte Darstellung zukünftiger Zustände
- Konsistente und plausible Herleitung von Zukunftsbildern
- Keine Festlegung von Eintreffenswahrscheinlichkeiten

Die Gedanken werden oft in so genannten ‹Zukunftslaboren› in sieben systematischen Schritten geordnet:
- Was ist das Kernproblem?
- Was sind die zentralen Faktoren, die das Problem beeinflussen?
- Wie entwickeln sich die einzelnen Faktoren im Betrachtungszeiraum und wie beeinflussen sich die Faktoren gegenseitig?
- Welche Szenarien decken die unterschiedlichen Entwicklungen der Einflussfaktoren ab?
- Gibt es Ereignisse – so genannte Wildcards – die einzelne oder alle Szenarien rudimentär verändern könnten?

- Welche Szenarien möchte man betrachten?
- Welche Handlungsoptionen folgen den unterschiedlichen Szenarien?

11.1.3 Ziel von Prognosen

Unabhängig von der Methode befassen sich alle Prognosen mit ein und demselben Forschungsgegenstand, nämlich der Zukunft. Prognosen erlauben uns, künftige Entwicklungen und sich daraus ergebende Chancen und Probleme vorauszudenken, sinnvolle Ziele zu setzen und entsprechende Massnahmen rechtzeitig einzuleiten. Prognosen stellen somit in erster Linie Entscheidungsgrundlagen für zukünftiges Handeln dar.

Wichtig scheint dabei die Feststellung, dass Prognosen trotz der Theorie der ‹self-fulfilling prophecy› sich in der Regel nicht von selbst erfüllen. Bezüglich zukünftiger Entwicklung gibt es, abgesehen von naturbestimmten Abläufen, keine schicksalhaften Eigengesetzlichkeiten, die unabänderlich und unweigerlich früher oder später zu einer bestimmten Zukunft führen. Vielmehr kommt es zu einem grossen Teil auf die jeweils handelnden Menschen selbst an, welche zukünftigen Entwicklungen Realität werden. Die Zukunft bringt letztlich meist das, was die Mehrheit der beteiligten Menschen als wünschbar erachtet und worauf sie deshalb auch hinwirkt.

Ist man sich dieser relativen Macht bezüglich der Gestaltbarkeit der Zukunft bewusst, stellt sich als primäre Frage, welchen zukünftigen Zustand es anzustreben gilt. Diese Vorstellungen – oder besser Zielsetzungen – über eine wünschbare zukünftige Entwicklung setzen Entscheidungen (z. B. einen geschäftspolitischen Entscheid in der Unternehmung oder einen gesellschaftspolitischen Entscheid in der Öffentlichkeit) voraus. Und für solche Entscheidungen liefern Prognosen eine wichtige Grundlage. Dabei gilt es nicht so sehr, das Eintreffen von beschränkt gültigen Prognosen abzuwarten, sondern sich als Mitträger von Entscheiden für oder ggf. gegen das Eintreten prognostizierter Ereignisse zu engagieren. Prognosen werden schliesslich oft auch zum Zweck des Nicht-Eintretens erstellt.

11.1.4 Möglichkeiten und Grenzen der Prognostik

Trotz der Wichtigkeit und Nützlichkeit stossen Tourismusprognosen an Grenzen. Sie liegen für Zukunftsaussagen unmittelbar nach der Gegenwart bzw. treten bereits in der Gegenwart hervor (Prideaux et al. 2003, S. 476). Heute aufgestellte Hypothesen können morgen nicht falsifiziert werden, da sich die Rahmenbedingungen verändert haben. Im Prinzip ist eine Vorhersage der Zukunft gar nicht möglich, doch lassen sich partielle und daher unvollständige Zukunftsaussagen aufstellen. Die Bewältigung der riesigen Komplexität der Zukunft setzt jedoch voraus, dass die Aussagen auf Zeit und Raum beschränkt werden, das untersuchte System vereinfacht und/oder modelliert wird und Kenntnisse aus der Vergangenheit einbezogen werden (Gordon 1992, S. 26). Quantitativ-mathematische Prognosen können insgesamt unter einer Scheingenauigkeit leiden, da Trendextrapolationen, selbst wenn sie auf statistischen Kennzahlen aus der Gegenwart und der Vergangenheit basieren, nicht zu sicheren Aussagen über die Zukunft führen. Dies zum Beispiel, weil treibende Faktoren der touristischen Nachfrage über die Zeit nicht unverändert wirken oder unerwartete natürliche oder gesellschaftliche Ereignisse (z. B. Terroranschläge oder Naturkatastrophen) zu einschneidenden Veränderungen führen können. Qualitative Prognosen ihrerseits haben den Nachteil, dass sie durch die Subjektivität der Einschätzungen (z. B. basierend auf Expertenmeinungen) zu falschen bzw. vom Sample abhängigen Aussagen für die Zukunft führen. Eine Kombination von quantitativen und qualitativen Ansätzen der Zukunftsforschung ist daher in Bezug auf das komplexe Phänomen des Tourismus sinnvoll, insbesondere auch weil die Verfügbarkeit von Datengrundlagen häufig relativ eingeschränkt ist. So kann es beispielsweise sinnvoll sein, aus quantitativ-analytischen Prognosemodellen abgeleitete Zukunftsaussagen für den Tourismus anhand von Expertenbefragungen zu validieren.

Zwischenruf

Szenarien – wo geht die Reise hin?

Krisen zwingen Experten, Politik, Führungskräfte aus der Wirtschaft, ja eine breite Öffentlichkeit immer wieder, in Szenarien zu denken. Auch Touristiker standen zum Beispiel während der Pandemie vor der Frage, wie sie sich weiterentwickelt, wann welche Lockerungen möglich und welche Auflagen zu befolgen sind, welche Gäste mit welchen Bedürfnissen kommen werden, mit welchen Angeboten wir die der Freiheit beraubten Menschen begeistern können? Aber auch, wie wir uns in der zu erwartenden ‹Marketingschlacht› Aufmerksamkeit erlangen und von unseren Mitbewerbern abheben können? Bei derart vielschichtigen Fragen mit ungewissem Ausgang eignet sich die Szenario-Methode ausserordentlich gut, denn sie verlangt nur Annahmen, ohne dass die Wahrscheinlichkeit des Eintretens vorausgesagt werden muss. In einem vom Vorstand von Gstaad Saanenland Tourismus diskutierten Grundlagenpapier ist beispielsweise nachzulesen, dass bei potenziellen Gästen ein Nachholbedarf bestehe und Verpasstes zu einem gewissen Teil nachgeholt werde, dass persönliche Kontakte, soziale Netzwerke oder befreite Erlebnisse wichtiger werden und dass eine neue Neigung entstehe für besinnliche, persönliche, authentische, regionale, natürliche, inspirierende Erlebnisse. Auch wird einleitend mit einem Auszug aus dem vielbeachteten Artikel von Matthias Horx von Mitte April 2020 Hoffnung gemacht: «Wenn wir dann die Prozedur überstanden haben, kommt es zum Coping-Gefühl: Die Welt wirkt wieder jung und frisch und wir sind plötzlich voller Tatendrang. ... Nach einer Zeit der Fassungslosigkeit und Angst entsteht eine innere Kraft, ... eine Art Neu-Sein.»

Was aber ist zu berücksichtigen bei der Entwicklung von Szenarien? Es muss festgelegt werden, welche Aspekte eine massgebende Rolle spielen. Üblich ist, in drei bis vier unterschiedlichen Dynamiken zu denken, in einer optimistischen, in einer realistischen und einer pessimistischen. Dabei werden Annahmen getroffen, die für alle Szenarien konstant gehalten, und andere, die je nach Szenario variiert werden. Als Kon-

stante für alle Szenarien kann beispielsweise das eingangs erwähnte Gästeverhalten angenommen werden: Die Konzentration auf die Binnennachfrage, die Kompensationserscheinungen, der Verzicht auf Fern- und Städtereisen, auf Ferien am Mittelmeer und auf Kreuzfahrten und die damit verbundene Popularität der alpinen Destinationen, aber auch jene des Zweitwohnungstourismus. Als variabel müssen jedoch unterschiedliche Annahmen beispielsweise zum epidemiologischen Verlauf einer Pandemie mit oder ohne 2. oder gar 3. Welle, zur Aufhebung von Lockdowns mit einschneidenden Auflagen, zu Lockerungen im internationalen Tourismus sowie zur konjunkturellen Situation in den Quellmärkten getroffen werden.

Das systematische Denken in Szenarien mit den unterschiedlichsten Annahmen ermöglicht spannende Lernerfahrungen, vor allem, wenn die Konsequenzen in Teams abgeleitet werden. Derartige Zukunftsreflexionen bilden eine gute Grundlage für eine kreative Weiterentwicklungsstrategie. Mit Innotour besteht auch ein geeignetes Förderinstrument, bei innovativen Ideen unterstützt zu werden.

Monika Bandi Tanner

11.2 Sich verändernde Rahmenbedingungen

Die Zukunft des Tourismus mit ihren vielfältigen Herausforderungen wird bestimmt durch den Einfluss von einschneidenden globalen Veränderungen bzw. Megatrends. Sie verändern die Rahmenbedingungen, die speziell für touristische Anbieter von Bedeutung sind, aber auch das Reiseverhalten (vgl. Abb. 71).

Von *Megatrends* spricht man, wenn es sich um komplexe Veränderungen auf globaler Basis handelt, die in allen Lebensbereichen eine Rolle spielen und über mehrere Jahrzehnte wirksam sind. Megatrends sind die eigentlichen Antriebskräfte der künftigen Entwicklung. Sie müssen nicht 'vorausgesagt' werden, denn sie sind schon da und markieren Veränderungen, die uns schon eine Zeit lang prägen und noch lange Zeit prägen werden. Megatrends sind Tiefenströmungen des Wandels und verändern die Welt – zwar langsam, dafür aber grundlegend und langfristig (Weibel 2019, S. 138).

Sie können einen direkten Einfluss auf den Tourismus als Ganzes haben und/oder die externen Rahmenbedingungen des Tourismus beeinflussen. Andererseits verändern sie das Reiseverhalten. Megatrends stellen die touristischen Akteure vor zentrale Herausforderungen.

11. Tourismusperspektiven

Abbildung 71 Treiber der zukünftigen Entwicklung des Tourismus

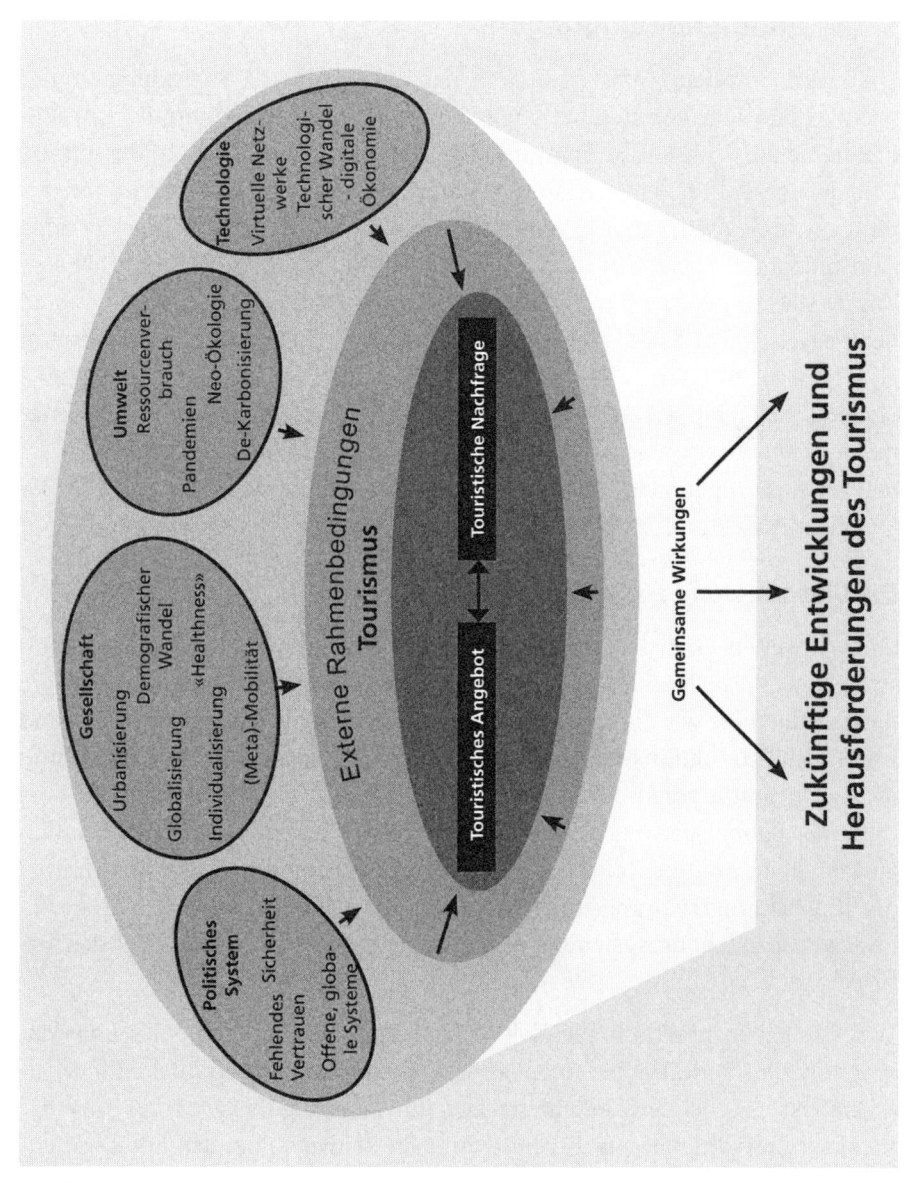

Quelle: Eigene Darstellung

11.3 Herausforderungen durch veränderte Rahmenbedingungen

Die Geschichte lehrt uns, dass es in der touristischen Entwicklung immer wieder Einbrüche gegeben hat. Zwischen dem 2. Weltkrieg und der Corona-Pandemie 2020 waren die Schwankungen in Westeuropa jedoch nur minim. Und dies, obwohl sich heute zahlreiche Veränderungen im näheren und weiteren Umfeld des Tourismus besonders turbulent vollziehen. Nicht nur der neue Konsument ist quicklebendig geworden, auch die ganze Gesellschaft hat sich immer stärker fragmentiert. Politische Grenzen wurden aufgelöst und andere neu festgelegt. Die Erde wächst über weltweite Globalisierungsautomatismen zu einem eigentlichen ‹Global Village› zusammen. Auch die vermeintliche ökologische Stabilität scheint immer instabiler zu werden. Obwohl wir immer mehr wissen über unsere Welt, sie bereisen, erforschen und ergründen, werden die Zusammenhänge immer komplexer und unverständlicher. Kurz: Der Querschnittssektor Tourismus steht vor grossen Herausforderungen.

Die Globalisierung als Herausforderung

Die weltweiten Globalisierungstendenzen haben grosse Veränderungen mit sich gebracht: die Nachfrage, die Arbeitskräfte, das Knowhow, das Kapital. Sie fliessen dorthin, wo die grössten Zukunftshoffnungen liegen. Entsprechend haben sich Produktionsweisen, Unternehmensstrategien, Marketingpläne und Managementstile vereinheitlicht. Der Tourismus war und ist noch immer Vorreiter der Globalisierung. Touristische Angebote, ja ganze Reiseziele wurden austauschbar, kontinentale und interkontinentale Verkehrsnetze bestimmten die Entwicklungsrichtung und -geschwindigkeit, Distributionskanäle beziehungsweise Buchungssysteme wurden zunehmend zum entscheidenden Erfolgsfaktor.

Weltweit haben praktisch alle Volkswirtschaften den Tourismus als Entwicklungsförderer entdeckt. Die so entstandenen Überkapazitäten in allen touristischen Sparten – bei den Verkehrsträgern, im Beherbergungssektor, in Kur- und Wellness-Einrichtungen, in Erlebnis- und Freizeitparks, bei den Sporteinrichtungen, bei den Eventangeboten – wurden zum Motor der Globalisierung.

Die Corona-Krise 2020–2022 legte offen, welche Risiken mit der Globalisierung einher gehen: Einerseits die schnelle und globale Ausbreitung des Covid-19-Virus, andererseits die gegenseitige Abhängigkeit innerhalb komplexer Lieferketten.

Plötzlich sind elementare Voraussetzungen für das Funktionieren des Gesundheitssystems oder der Versorgung mit Gütern des täglichen Gebrauchs nicht mehr sichergestellt. Die Krise machte deutlich, dass ein massvoller Rückbau der globalen Abhängigkeiten notwendig ist.

Digitalisierung als Herausforderung

Die Digitalisierung der Wirtschaft führt zu einer Umgestaltung der Unternehmen. Durch die Auswirkungen der technischen Entwicklung entstehen neue Asymmetrien in der Bildung, den Kompetenzen und den Entwicklungsbedürfnissen. Zudem steigt die Transparenz, was zu geringeren Markteintritts- und Marktausweitungsbarrieren für Unternehmen führt (OECD 2017). Branchenstrukturen verschwimmen immer mehr, indem branchenfremde Anbieter touristische Dienstleistungen anbieten. Es entstehen aber auch Synergie- und Kooperationspotenziale auf Basis gemeinsamer Prozesse, die durch effiziente Schnittstellen ermöglicht und genutzt werden können. Interaktionen werden zunehmend in virtuelle Räume verlegt. Zudem verbessert die Digitalisierung die Erfassung, das Verständnis und die Vorhersehbarkeit des Phänomens ‹Tourismus› (vgl. Laesser et al. 2021).

Die Entstehung von offenen und virtuellen Netzwerken beeinflusst viele Bereiche der menschlichen Interaktionen, bspw. die Arbeitswelt hin zu ‹New Work›. Dieser Begriff ist durch die Veränderungen der Arbeitswelt, der Bildung, der Vernetzung und der Erreichbarkeit charakterisiert. Die Entstehung einer Wissenskultur ist eine Folge daraus. Verschiedene technologische Trends werden den Tourismus in hohem Masse beeinflussen. Die Entstehung einer Wissenskultur ist eine Folge daraus. Verschiedene technologische Trends werden den Tourismus in hohem Masse beeinflussen (Gartner 2024): die künstliche Intelligenz, Plattformen sowie Cloud-Plattformen oder das ‹Machine Learning›. Die künstliche Intelligenz beispielsweise wird schon seit vielen Jahrzehnten erforscht, aber neue technologische Entwicklung haben grosse Fortschritte insbesondere im Bereich von NLP und LLM erbracht (vgl. Kap. 7.7). Dies erfordert hohe analytische Kompetenzen der Mitarbeitenden. Aus heutiger Sicht liegt dabei die Herausforderung viel weniger bei der technischen Bewältigung als vielmehr bei der organisatorischen Umsetzung. Der Anspruch an das Führungs- und Fachwissen wird dabei stark gefordert und wird mehr und mehr zu einem Schlüsselfaktor.

Viele Prozesse werden in Teams erbracht. Deshalb werden Sozialkompetenzen, Team- und Kommunikationsfähigkeiten zu Schlüsselqualifikationen. Für den Tourismus bleiben menschliche Qualitäten bzw. Soft Skills von Bedeutung und sind weitgehend unersetzbar. Die Befürchtung ist aber gross, dass digital affine Fachkräfte andere, produktivere Sektoren bevorzugen und der Tourismus Mühe hat, digital mitzuhalten. Eine weitere Gefahr ist die Verdrängung von Arbeitsplätzen durch die Digitalisierung, wobei der Nutzen von Technologien für die Beschäftigten auch zukünftig als Vorteil gesehen wird (Carvalho, Ivanov 2024).

Veränderte Arbeitsmarktsituation als Herausforderung

Der harte Wettbewerb um Toptalente und Fachkräfte ist auch im Tourismus immer stärker spürbar. Der Mangel an gut ausgebildeten Mitarbeitenden spitzt sich zu. Die Attraktivität der touristischen Berufe muss gesteigert werden, um auf dem Arbeitsmarkt konkurrenzfähig zu bleiben. ‹Employer Branding›, attraktive Arbeitsverträge, Talentmanagement, Empowerment, eine wertschätzende Führungskultur, eine gesunde Fehlerkultur, eine offene Kommunikation, Arbeitszeitflexibilität oder Life-Balance für die Mitarbeitenden werden immer wichtiger. Kreative Ideen sind gefragt. Peclard (2024, S. 317) schlägt vor, die Aus- und Weiterbildung zu dynamisieren, die Löhne mit Anreizen zu attraktivieren, die Arbeitszeitmodelle zu flexibilisieren, die Führungs- und Unternehmenskultur zeitgemäss zu gestalten und erlebnisreiche Teamevent zu organisieren.

Demografischer Wandel als Herausforderung

Einerseits muss wegen der Geburtenrückgänge in vielen Ländern von stagnierenden bis nur noch leicht wachsenden Bevölkerungszahlen ausgegangen werden, andererseits werden sich die Partnerschaftsverhältnisse und die demographische Zusammensetzung der Bevölkerung stark verändern: Während sich der Anteil der Jugendlichen in den nächsten Jahren verkleinern wird, steigt der Anteil der älteren Bevölkerung um bis zu einem Prozent pro Jahr. Immer weniger Jugendliche, jedoch immer mehr aktive Senioren und vor allem Seniorinnen mit relativ viel Zeit und Geld und einer steigenden Lebenserwartung werden den Freizeit- und Reisemarkt bestimmen.

Der Wertewandel als Herausforderung

Auch der Wertewandel verläuft turbulent. Er wird geprägt durch eine hedonistische Grundhaltung, Erlebnisse, Lust, Genuss und Ausleben stehen im Zentrum. Die gemeinsame Wertebasis, die unsere Gesellschaft zusammenhält, wird immer dünner. Nicht nur der Individualismus bestimmt die Konfettigesellschaft, sondern auch die vielen Szenen, Milieus, Netzwerke und Clans mit ihren eigenen Wertemustern.

Die so genannte Mega-Generation macht sich lautstark bemerkbar. Ihre Werte sind insbesondere:
- grosse materielle Ansprüche,
- sinkende Bereitschaft, dafür auch besonderes zu leisten,
- Forderung von mehr Freiheit in allen Lebensbereichen,
- zunehmender Eskapismus,
- abnehmende Hemmungen und sinkende Anweisungsakzeptanz,
- Individualismus in der Masse.

In Szenen der Mega-Generation wächst das Dilemma zwischen Mitmachen bis zur Erschöpfung oder Ausschluss aus dem Netzwerk. Die Gefahr, zum ‹Dropout› zu werden, wird grösser. Diese stark hedonistisch geprägten Grundwerte sind jedoch gepaart mit einem gewissen Zukunftspessimismus insbesondere bei Jugendlichen und jungen Erwachsenen ob all der Krisenherde unserer Zeit.

Die Mobilität als Herausforderung

Der Motorisierungsgrad der Bevölkerung nimmt laufend zu. Und mit ihm die Bereitschaft, in der Freizeit mobil zu sein. Der Anteil der Freizeitmobilität ist von rund 30% in den 60er-Jahren auf über 50% gewachsen. Dies führt bei voraussichtlich weiterhin schlecht koordinierten Schulferienordnungen ungewollt aber unweigerlich zu noch grösseren Verkehrsproblemen, zu eigentlichen Verkehrsinfarkten. Trotzdem ist bei einem Grossteil der Bevölkerung eine Änderung im Mobilitätsverhalten mit Ausnahme einer starken Elektrifizierung und einem wachsenden ‹Langsamverkehr› kaum zu erwarten. Staus gehören immer mehr zum Ferienritual. Der Anteil der ‹Mobilitätsmüden› wird nur langsam wachsen.

Der Klimawandel als Herausforderung

Die Umweltdiskussion verschärft sich von zwei Seiten her: Ökologische Belastungsgrenzen werden vielerorts mehr und mehr erreicht. Die Folgen sind schon heute sicht- und spürbar. Andererseits hat gerade in den letzten Jahren in breiten Bevölkerungskreisen ein Prozess der Umweltsensibilisierung eingesetzt. In diesem Zusammenhang spricht man von der ‹Neo-Ökologie›: Gemeint ist das steigende Bewusstsein der Menschen für das Zusammenspiel zwischen den menschlichen Aktivitäten und der Umwelt. Wie zahlreiche Untersuchungen zeigen, werden Feriengäste immer umweltsensibler, wenn auch auf eine opportunistische Art und Weise: Sie nehmen Umweltschäden insbesondere dann wahr, wenn das eigene ‹Ferienglück› gefährdet ist.

Entscheidend für die touristische Entwicklung ist der Klimawandel. Das Dilemma für den Tourismus ist deshalb besonders gross, weil der Tourismus nicht nur Betroffener der globalen Erwärmung ist, sondern auch ein zentraler Verursacher (vgl. Kap. 5.7 sowie 14.2).

Der weltweite CO_2-Fussabdruck des Tourismus im Jahr 2019 betrug 5.4 Gigatonnen CO_2e (WTTC-UNEP-UNFCCC 2021). CO_2-Äquivalente (CO_2e) sind eine Masseinheit zur Vereinheitlichung der Klimawirkung der unterschiedlichen Treibhausgase. Nach einem starken Rückgang des Tourismus und der Emissionen aufgrund der COVID-19-Pandemie, werden die Tourismusaktivitäten im Jahr 2024 voraussichtlich das Niveau von 2019 erstmals wieder übertreffen (Gössling und Scott 2024). Damit ist der Tourismus für 8-11% der globalen Treibhausgasemissionen verantwortlich.

Prognosen (z. B. Gössling, Humpe 2024) machen deutlich, welche Zukunftsverantwortung dem Tourismus in der Klimapolitik zukommt, denn die ‹weisse Industrie› entwickelt sich zum bedeutungsvollsten Treiber des Klimawandels.

Zwischenruf

Klimaterror

Immer wieder werden wir von Schlagzeilen wie «Treibhauseffekt zerstört längerfristig unzählige Skigebiete» oder «Ohne Gegensteuer geht's in den Kollaps» aufgeschreckt.

Die Häufung der Horrormeldungen ist bedrohlich. Es ist zu befürchten, dass sie genau das Gegenteil bewirken, dass sie abstumpfen, dass sie vermehrt ignoriert werden und dass damit dem Thema die Ernsthaftigkeit genommen wird. Peter Sloterdijk, der deutsche Philosoph, spricht von einer zunehmenden Katastrophenmüdigkeit.

Die Psychologie hat dafür auch eine Erklärung: Die Dissonanztheorie. Sie besagt stark verkürzt, dass Menschen grundsätzlich bereit seien, das Soll, also ihre Ziele, dem Ist, also den veränderten Herausforderungen anzupassen. Wenn jedoch zwischen Ist und Soll über längere Zeit eine grosse Dissonanz bestehe, also eine Abweichung, sei es durch Zielsetzungen, die unerreichbar sind, oder durch mühsame Anstrengungen, die nicht zum Ziel führen, so neige der Mensch dazu, diese Dissonanz abzubauen. Das Soll wird ganz einfach dem Ist angepasst.

Im Zusammenhang mit dem Klimawandel wäre es fatal, wenn durch Horrormeldungen die Ernsthaftigkeit dieser Herausforderung vermindert würde. Denn Klimaforscher sind sich mindestens in zwei Punkten weitestgehend einig: Erstens, dass ein überwiegender Beitrag zum veränderten Treibhauseffekt menschgemacht ist und zweitens, dass dies zu vermehrten Wetterturbulenzen führen wird: Extremereignisse durch Niederschlag, Hitzeperioden, Trockenheit, Kälte oder Stürme werden zunehmen. Überschwemmungen, Lawinenwinter, Hitzesommer, Wassermangel, Orkane und Tornados lassen grüssen. Horrormeldungen?

Hansruedi Müller

Die Massenfreizeit als Herausforderung

Die Freizeit wird für Erwerbstätige insgesamt noch zunehmen, vor allem durch zusätzliche freie Tage und durch längere, zum Teil unbezahlte Urlaube. Es scheint, dass unsere Gesellschaft nebst dem Massenwohlstand und dem Massentourismus auch von einer Art Massenfreizeit geprägt wird. Freizeit wird für immer mehr Menschen zur süchtigen Medienzeit, zur fortgesetzten Konsumzeit im Sinne von Shopping, Kino und Essengehen, zur nimmermüden Aktivzeit oder zur hektischen Mobilitätszeit. Nur wenigen gelingt es, Freizeit vermehrt auch als Sozialzeit, als Kultur- und Bildungszeit oder als Musse zu verstehen.

Overtourismus als Herausforderung

All diese Herausforderungen tragen dazu bei, dass ‹Overtourismus› in all seinen Ausprägungen zu einem zentralen Thema geworden ist. Mit Overtourismus sind touristische Auswirkung gemeint, welche die Lebensqualität der lokalen Bevölkerung und/oder die Qualität des Besucher-Erlebnisses übermässig auf negative Art beeinflusst (UNWTO 2018, S. 4). Dabei können unterschiedliche Problembereiche ausgemacht werden (vgl. Stettler 2023):

- Unmut in der lokalen Bevölkerung
- Entwertung des touristischen Erlebnisses
- Überbelastung der Infrastruktur
- Gefährdung von Umwelt und Natur
- Bedrohung von Kultur und kulturellem Erbe

Bei Overtourismus geht es nicht nur um die bekannten Hotspots wie Venedig, Barcelona, Amsterdam oder Luzern, sondern auch um sensible Situationen und Räume, die für einen übermässigen Andrang von Touristen nicht geeignet sind: die Halbinsel Iseltwald am Brienzersee, der Lauenensee bei Gstaad, den Zytgloggeturm in der Berner Altstadt oder den Chalandamarz im Oberengadin, das heisst überall dort, wo soziale oder ökologische Belastungsgrenzen regelmässig überschritten werden. Proteste wie im Frühling 2024 auf den kanarischen Inseln (Der Bund, 22.04.2024, S. 22) nehmen weltweit zu. Sawiris (2024, S. 369), der Investor zahlreicher Resorts, u. a. in Andermatt, schreibt: «Overtourismus ist kein flächendeckendes Problem, sondern es leuchten mal hier und mal dort rote Warnlichter auf. Jede touristische Destination sollte sich präventiv damit befassen und beobachten, wo und wann Overtourismus entstehen kann und welche Lenkungsmassnahmen notwendig sind.» Die UNOWTO (2018) schlägt elf Strategien vor, die von einer besseren räumlichen und zeitlichen Verteilung der Besucherströme über neue Attraktionen und Besucherflüsse, einer stärkeren Diversifizierung bis zu höheren Nutzen für die Bevölkerung reichen.

Abbildung 72 Vermeiden und managen von Overtourismus

Steuern	1. Örtliche Verteilung im Land, in Stadt oder Ort
	2. Zeitlich verteilen aufs ganze Jahr
	3. Neue Routen und Attraktionen schaffen
	4. Gäste-Zielgruppe diversifizieren
	5. Regulieren und limitieren
Nutzen	6. Lokaler wirtschaftlicher Nutzen sichern (Jobs, Umsatz im Ort)
	7. Erlebnisnutzen stiften, die Bevölkerung nutzt und schätzt (Events, Kultur etc.)
	8. Infrastruktur als Nutzen für Bevölkerung (Strassen, Skigebiete, Bäder etc.)
Dialog	9. Dialog mit Bevölkerung (akzeptanzfördernd, interkulturelle Kompetenz)
	10. Dialog mit Gästen (Sensibilisierung auf lokale Gepflogenheiten)

Quelle: Nydegger 2023 in: Nydegger/Müller 2024, S. 370

11.4 Veränderungen im Reiseverhalten

11.4.1 Reisetrends

Die Turbulenzen im näheren und weiteren Umfeld des Freizeitmenschen prägen auch sein Reiseverhalten.
Die zwölf wichtigsten Trends, die das Reise- und Buchungsverhalten des modernen Touristen bestimmen, können wie folgt zusammengefasst werden:
1. *Trend zur Individualisierung:* Gesucht werden flexiblere Reiseangebote für unabhängiges Reisen nach eigenen Vorstellungen.
2. *Trend zu Sicherheit und hohem Anspruch:* Gesucht werden (vermeintlich) sichere Reisen, die Kultur und Bildung vermitteln. Sowohl rein passive Erholung wie hyperaktiver Sport sind out.

3. *Trend zum Erlebnis:* Gesucht werden Angebote mit intensiven Erlebnissen und viel Abwechslung. Co-Produktion, die vermehrt Gäste in Szene setzen – gewinnt an Bedeutung.
4. *Trend zu mehr Wohlbefinden in den Ferien:* Gesucht werden Angebote, die den überreizten Menschen ganzheitlich beseelen: Wellnessangebote mit gesunder Ernährung, körperlicher Bewegung, Schönheitspflege, vielfältigsten Therapieformen und viel Erholung.
5. *Trend zu lehrreichen Reiseerfahrungen:* Gesucht werden Reisen, auf denen viel Neues erfahren und Bekanntes vertieft werden kann.
6. *Trend zu mobilerem Reiseverhalten:* Gesucht werden Reiseangebote mit Unterwegssein als Hauptattraktion: ‹Touring›
7. *Trend zum Reisen abseits der Massen:* Gesucht werden Reiseziele abseits der ausgetretenen Touristenrouten. Wer es sich einrichten kann, reist in der Nebensaison.
8. *Trend zu Wärme in der Ferne:* Gesucht werden Reiseziele mit Sonnengarantie, insbesondere in der nasskalten Nebensaison und abseits von Hotspots.
9. *Trend zu preisgünstigen Reisen:* Gesucht werden preisgünstige Angebote, die es erlauben, mehrfach zu verreisen. Als Drahtzieher gelten Überkapazitäten und Buchungsplattformen.
10. *Trend zu spontanen Reiseentscheiden:* Gesucht werden Angebote mit Überraschungseffekt, die kurzfristig gebucht werden können.
11. *Trend zu digitalem Komfort:* Gesucht werden Online-Angebote mit digitalen Guides, einer hohen Convenience oder Gepäck-Tracking über Mobile-Apps als Zugabe.
12. *Trend zu Natur und einem geschärften Nachhaltigkeitsbewusstsein:* Gesucht werden Reiseziele und Angebote in der Natur und mit einem glaubwürdigen Nachhaltigkeitsversprechen.

11. Tourismusperspektiven

Diese Beschreibung der touristischen Zukunft verdeutlicht, dass sich einige Konflikte noch zuspitzen werden, insbesondere
- der wachsende Druck auf die letzten natürlichen Reservate,
- die grösser werdenden Reisedistanzen und damit der zunehmende Energieverbrauch mit seinen gravierenden Folgen,
- der anhaltende ‹Exotismus› mit seinen kulturellen und gesundheitlichen Gefahren für Reisende und Bereiste,
- die zunehmende Tendenz, dass Ferien zum Fast Food-Artikel verkommen.

Vieles deutet darauf hin, dass sich die Grenzen des touristischen Wachstums mehr und mehr bemerkbar machen.

Abbildung 73 Megatrends im Tourismus

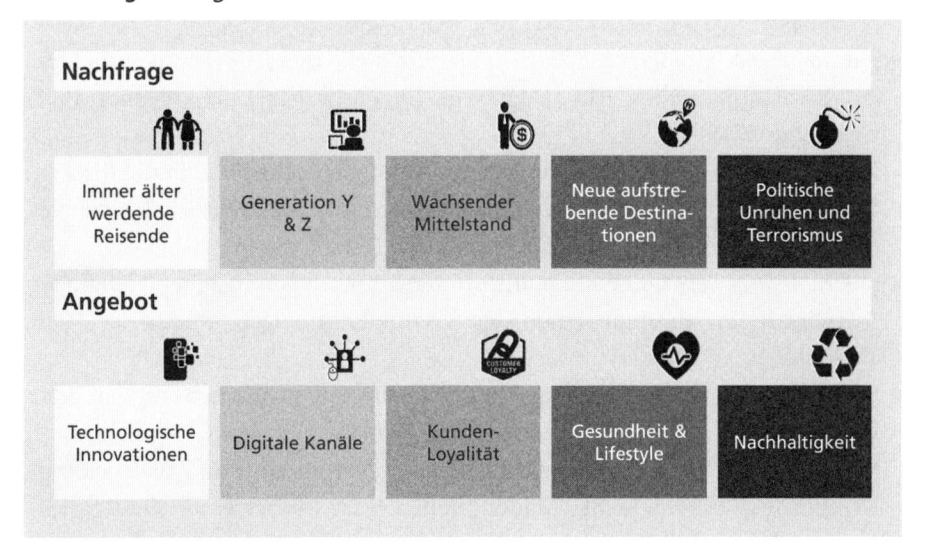

Nachfrage				
Immer älter werdende Reisende	Generation Y & Z	Wachsender Mittelstand	Neue aufstrebende Destinationen	Politische Unruhen und Terrorismus

Angebot				
Technologische Innovationen	Digitale Kanäle	Kunden-Loyalität	Gesundheit & Lifestyle	Nachhaltigkeit

Quelle: Horwath HTL 2023

12 Tourismusentwicklung

12.1 Tourismuskritik

Die Kritik an der touristischen Entwicklung ist so alt wie der Tourismus selbst. Der aktuelle Stand der Tourismuskritik kann mit folgenden fünf Feststellungen umrissen werden:

1. Die Tourismuskritik steckt in einer Orientierungskrise

Die Tourismuskritik kann zeitlich und inhaltlich in die folgenden fünf Grundströmungen unterteilt werden:
- Die *elitäre oder schwarze Tourismuskritik* wendet sich gegen den Tourismus breiter Bevölkerungsschichten (vgl. Nebel 1950).
- Die *ideologische oder rote Tourismuskritik* stellt den Tourismus als Flucht aus dem industriellen Alltag dar (vgl. Enzensberger 1958, Wagner 1978, Krippendorf 1984).
- Die *ökologische oder grüne Tourismuskritik* konzentriert sich auf die direkten und indirekten Auswirkungen des Tourismus auf die natürliche Umwelt (vgl. Krippendorf 1975, Weiss 1981, Müller 2007, Gössling 2011).
- Die *Kritik am Ferntourismus* kritisiert den Tourismus mit seinen vielfältigen Auswirkungen als neue Form des Kolonialismus (vgl. Renschler 1985, Vorlaufer 1996, www.fairunterwegs.ch).
- Die *Kritik der Bereisten* bringt das Unbehagen vor allem bezüglich allen Formen von Overtourismus sowie gegenüber der rasanten quantitativen touristischen Entwicklung aus der Sicht der Zielgebiete zum Ausdruck (vgl. Krippendorf 1984, S. 128f., Mäder 1985, S.103f., Huber et al. 1990, S. 13f., Ferrante 1994, 217f.).

Es scheint, dass mit diesen fünf Grundströmungen der Tourismuskritik alle zu kritisierenden Aspekte aufgezeigt werden. Auch wenn bestimmte Anliegen nicht oft genug vorgebracht werden können, darf sich die Tourismuskritik nicht in Wiederholungen erschöpfen. Sie muss sich neu orientieren.

2. Die Touristiker haben die Kritik gehört und gelernt, mit ihr umzugehen

Destinationsmanager, Reiseveranstalter und touristische Anbieter in den Zielgebieten mussten sich – wohl oder übel – im Verlaufe der Zeit mit allen Schattierungen der Tourismuskritik auseinandersetzen. In dieser Auseinandersetzung wurden beidseitig rein ideologisch geprägte Standpunkte entlarvt und Einsichten gewonnen. Auch wenn man sich heute noch oft auf Gemeinplätzen bewegt, darf behauptet werden, dass viele Touristiker ihre ursprünglich abwehrende Haltung gegenüber der Tourismuskritik abgelegt haben. Sie stellen sich der Kritik, akzeptieren sie in einzelnen Punkten, suchen aktiv eine Zusammenarbeit mit Kritikern, verlangen konstruktive Verbesserungsvorschläge.

3. Die kritisierten Tatbestände haben sich als neue Profilierungsfelder für Touristiker entpuppt

Im Verlaufe der Angleichungsprozesse unter den touristischen Anbietern haben sensible Unternehmer jüngstens auch gemerkt, dass die Tourismuskritik neue Profilierungsfelder bietet. Ein Nachhaltigkeits-Image als Reiseveranstalter oder Hotelier, als Ferienort oder Tourismusverband bringt viel Anerkennung und erhöhte Absatzchancen. ‹Ethik rentiert›. Es darf deshalb nicht erstaunen, dass Umwelt-, Nachhaltigkeits- oder CSR-Beauftragte in der Öffentlichkeit bestens bekannt sind. Ihre Auftritte in den Medien und an Veranstaltungen sind beste Werbung.

4. Die Touristiker müssen den Aussagen Taten folgen lassen

Die Antworten der touristischen Anbieter auf die Tourismuskritik tönen zwar verständnisvoll und oft auch überzeugend, doch sind sie bis anhin weitgehend im Aussagebereich stecken geblieben. An den Taten, nicht nur an den Worten, sollte man zukünftig erkennen, ob die ernstzunehmende Tourismuskritik ernst genommen worden ist und ob daraus einsichtige Handlungsweisen entstanden sind.

5. Die Tourismuskritik muss vermehrt die Glaubwürdigkeit der Aussagen der Touristiker überprüfen

Wenn die Tourismuskritiker wieder vermehrt ernst genommen werden möchten, so müssen sie ihre eigenen Werthaltungen und Standpunkte offenlegen. Blosse Ideologien haben ebenso ausgedient wie reine Schlagworte wie ‹Sanfter Tourismus› oder ‹Nachhaltigkeit›. Vor allem die grüne Tourismuskritik muss zu einem ethischen Diskurs finden, denn im Zusammenhang mit Overtourismus-Phänomenen sowie dem Klimawandel ist die Auseinandersetzung nochmals etwas anspruchsvoller geworden.

Für die Tourismuskritiker hat sich ein neues Aufgabenfeld eröffnet, nämlich darauf zu achten, ob die Aussagen und Versprechungen der touristischen Anbieter einerseits glaubwürdig sind und andererseits ein überzeugender Wille besteht, sie nachhaltig umzusetzen. Eine äusserst schwierige Aufgabe.

12.2 Sanfter Tourismus und qualitatives Wachstum

1980 veröffentlichte der Futurologe Jungk seine Gegenüberstellung ‹Hartes Reisen – Sanftes Reisen›. Damit nahm er die hauptsächlichen Kritikpunkte, die im engen Fachkreis bereits Mitte der 70er-Jahre diskutiert wurde (vgl. Krippendorf 1975) auf und begründete eine neue touristische Philosophie. Zu einer Intensivierung der Fachdiskussion zum Themenkreis ‹Sanfter Tourismus› ist es aber erst in den 80er-Jahren gekommen, vor allem als Folge des zunehmenden Unbehagens gegenüber der rasanten quantitativen Tourismusentwicklung und der damit verbundenen Verunsicherung in verschiedenen Kreisen, gerade auch bei der Bevölkerung in den touristischen Zielgebieten.

Der Begriff ‹Sanfter Tourismus› wurde oft missverstanden. Noch heute dominiert in breiten Kreisen diesbezüglich die Vorstellung vom Alternativtouristen, der mit seinem grünen Rucksack durch die Wälder streift. Hinter der Idee des sanften, harmonisierten, angepassten oder verantwortungsvollen Tourismus steckt aber ein weit umfassenderes Begriffsverständnis: Mit dem Begriff Sanfter Tourismus wurde eine eigentliche Bewegung im Sinne einer neuen touristischen Geisteshaltung oder Ethik verstanden. Im Unterschied zur harten Tourismusentwicklung nach vorwiegend wirtschaftlichen und technischen Zweckmässigkeiten beinhaltet die Idee einer sanften Tourismusentwicklung den gleichgewichtigen Einbezug der Forderungen nach wirtschaftlicher Ergiebigkeit, nach intakter Umwelt sowie nach Berücksichtigung der Bedürfnisse aller beteiligten Menschen, insbesondere auch der einheimischen Bevölkerung.

Anzustreben ist eine Tourismusentwicklung im Gleichgewicht: Vier Zielbereiche – intakte Landschaft, intakte Soziokultur der Einheimischen, optimale Erholung der Gäste und wirtschaftliche Wertschöpfung – stehen gleichberechtigt nebeneinander. Umwelt- und sozialverantwortlicher oder sanfter Tourismus heisst, dieses ‹magische Viereck› zu harmonisieren und in dem Sinne zu optimieren, dass bei möglichst geringen negativen Auswirkungen die positiven Beziehungen zwischen allen Grössen maximiert werden.

Anlässlich von Tagungen und Kongressen sowie in verschiedenen wissenschaftlichen Publikationen wurden zahlreiche Forderungskataloge formuliert, wie ein anderer, ein umwelt- und sozialverantwortlicher, ein sanfter Tourismus aussehen müsste (vgl. hierzu Krippendorf 1984, S. 176f., CIPRA 1984, Toblach 1985, Tourismus mit Einsicht TmE 1991, Weaver 2007, Harris 2012 etc.).

Parallel zur Diskussion um einen sanften Tourismus entstand auch die Vision eines ‹Qualitativen Wachstums›. Es wird etwas umständlich umschrieben als jede Zunahme der Lebensqualität, das heisst des wirtschaftlichen Wohlstandes und des subjektiven Wohlbefindens, die mit geringerem Einsatz an nicht vermehrbaren Ressourcen sowie abnehmenden Belastungen der Umwelt und der Menschen erzielt wird (vgl. Krippendorf/Müller 1984, S. 73).

Beim qualitativen Wachstum geht es also um die Suche nach einer möglichst günstigen Zusammensetzung wichtiger touristischer Angebote in der Destination, bei der die Belastung des Naturhaushaltes erträglich bleibt, das wirtschaftliche Einkommen gesichert wird und bei der gleichzeitig möglichst geringe soziale Spannungen und kulturelle Konflikte entstehen. Die Diskussion um das qualitative Wachstum wurde in den 90er-Jahren von der Debatte um eine nachhaltige Entwicklung abgelöst.

12.3 Nachhaltige touristische Entwicklung

12.3.1 Generelles Verständnis von Nachhaltigkeit

Wie im Kapitel 9.2 dargestellt, wurde bereits mit dem Schweizerischen Tourismuskonzept aus dem Jahr 1979 mit seinem auf gesellschaftliche, wirtschaftliche und ökologische Aspekte ausgerichteten Zielsystem eine nachhaltige Entwicklung angestrebt.

Heute ist Nachhaltigkeit in aller Munde. Nachhaltigkeit ist ein in der Forstwirtschaft des 19. Jahrhunderts entwickelter Begriff. Darunter wurde verstanden, dass pro Zeiteinheit nur soviel Holz geschlagen werden darf, wie insgesamt wieder nachwächst – quantitativ und qualitativ. Der Begriff der Nachhaltigkeit wurde auf andere Ressourcenbereiche übertragen und erlebte insbesondere in der Folge des Umweltgipfels von Rio 1992 eine Renaissance. Im so genannten

Brundtlandbericht der UNO wird eine nachhaltige Entwicklung wie folgt beschrieben: «Sustainable development is development that meets the needs of the present without compromising the ability of future generations to meet their own needs.» Dies entspricht auch der aktuellen Beschreibung einer nachhaltigen Entwicklung des Bundesamtes für Raumentwicklung ARE: «Nachhaltige Entwicklung ist eine Entwicklung, welche die heutigen Bedürfnisse zu decken vermag, ohne für künftige Generationen die Möglichkeit zu schmälern, ihre eigenen Bedürfnisse zu decken.»

Seit dem Umweltgipfel 1992 wurde sehr viel über Nachhaltigkeit nachgedacht, geschrieben und diskutiert. Mittlerweile verhält es sich mit der Frage «was ist Nachhaltigkeit?» ähnlich wie mit der Frage, «was ist Zeit?» Dazu meinte einst der heilige Augustinus: «Wenn niemand mich danach fragt, weiss ich's, will ich's aber einem Fragenden erklären, weiss ich's nicht.»

Holzinger (1999) hat eine nachhaltige Entwicklung wie folgt beschrieben: «Nachhaltigkeit bedeutet die Wahl von Lebens- und Wirtschaftsweisen, die von allen Erdenbürger beansprucht werden können ohne das globale Ökosystem zu zerstören und die sicherstellen, dass auch spätere Generationen noch über intakte Lebensgrundlagen verfügen.» Er weist darauf hin, dass Nachhaltigkeit daher ein ganzheitliches Verständnis von Umsteuerung erfordert, das ökologische, wirtschaftliche, soziale, politische und kulturelle Aspekte umfasst und das bei Veränderungen in den Wohlstandsländern ansetzt.

12.3.2 Harte und weiche Nachhaltigkeit

In der Wissenschaft wird zwischen harter/starker und weicher/schwacher Nachhaltigkeit unterschieden. Bei der *weichen Nachhaltigkeit* wird davon ausgegangen, dass Natur durch Kapital ersetzt und letztlich alles auf die Frage der Ressourceneffizienz reduziert werden kann. Bei der *harten* (oder auch starken resp. konsequenten) *Nachhaltigkeit* lässt sich Natur nicht ersetzen, regionale Belastungsgrenzen resp. natürliche Knappheiten sind zu respektieren.

Daly (1999) weist in seinem Buch ‹Wirtschaft jenseits von Wachstum› auf das Dilemma bezüglich der nicht erneuerbaren Ressourcen hin und deutet die Handlungskonsequenzen an, wenn er schreibt: «Obwohl wir in nicht erneuerbare Ressourcen nicht investieren können, können wir deren Ausschöpfung so organisieren, dass wir die direkten, passiven Investitionen in erneuerbare Ressourcen erhöhen und die indirekten, aktiven Investitionen in Massnahmen zur Erhöhung der Durchlaufproduktivität, die das ‹Warten› leichter machen» (Daly 1999, S. 120). Nachhaltige Entwicklung heisst, die ökologisch-ökonomische Gesamteffizienz zu steigern. Sie lässt sich durch das folgende Verhältnis darstellen:

$$\frac{\textit{Gewonnene Leistungen des von Menschen produzierten Kapitals (MPK)}}{\textit{Aufgegebene Leistungen des natürlichen Kapitals (NK)}}$$

Gemäss Daly dürfte von einer nachhaltigen touristischen Entwicklung nur gesprochen werden, wenn pro zusätzlichen Wertschöpfungs-Franken resp. -Euro (oder einfacher pro zusätzliche Logiernacht) weniger Umweltbelastungen entstehen resp. Ressourcen verbraucht werden als bisher.

Die World Tourism Organization umschreibt einen Nachhaltigen Tourismus «as a form of tourism which improves the quality of life of host communities, provides high-quality experience for the visitors and maintains the quality of the environment on which both the host community and visitors depend» (UNWTO 1993). Diese Definition ist insofern problematisch, weil von einer nachhaltigen Tourismusform und nicht von einer nachhaltigen touristischen Entwicklung ausgegangen wird. Deshalb schlagen wir die folgende Definition vor:

Unter nachhaltiger Entwicklung wird jener Zuwachs der Lebensqualität – das heisst des wirtschaftlichen Wohlstandes und des subjektiven Wohlbefindens – verstanden, der mit geringerem Einsatz an nicht vermehrbaren Ressourcen sowie einer abnehmenden Belastung der Umwelt und der Menschen erzielt wird, mit dem Ziel, die Optionen zukünftiger Generationen nicht zu beschneiden.

Dabei sind drei Nachhaltigkeitsstrategien gleichzeitig zu verfolgen:

- Steigerung der Effizienz des Ressourceneinsatzes primär durch technische Lösungen,
- Popularisierung von Suffizienz, der Einsparung von Ressourcen durch Reduktion oder Verzicht im Sinne von ‹weniger ist mehr›,
- Verbesserung der Konsistenz durch die Nutzung umweltverträglicherer Stoffkreisläufe.

Nachhaltigkeit ist niemals erreicht und deshalb ein ständiger Prozess. Nachhaltiger werden kann jedoch jeder Anbieter, ob im Luxus- oder im Low-cost-Bereich.

12.3.3 Fünfeck-Pyramide einer nachhaltigen touristischen Entwicklung

Im Zentrum einer nachhaltigen touristischen Entwicklung steht eine magische Fünfeck-Pyramide. Die Eckpunkte des Zielsystems sind:
- *Wirtschaftlicher Wohlstand:* Einkommen, Wertschöpfung, Abbau von unerwünschten Disparitäten etc.
- *Subjektives Wohlbefinden:* Selbstverantwortung und -verwirklichung, kulturelle Identität, Anpassungsfähigkeit etc.
  Wirtschaftlicher Wohlstand und subjektives Wohlbefinden sind die beiden Eckwerte der Lebensqualität.
- *Gästebedürfnisse:* Optimale Befriedigung vielfältiger Gästebedürfnisse resp. Gästeerwartungen, Gästesegmentierung etc.
  Die optimale Erfüllung der Gästeerwartungen ist das Minimalverständnis des Marketings und des Qualitätsmanagements sowie Voraussetzung für den wirtschaftlichen Wohlstand.
- *Intakte Natur:* Ressourcenschutz, natürliche Vielfalt, Landschaftsbild, Berücksichtigung von Belastungsgrenzen etc.
- *Intakte Kultur:* Vielfalt des kulturellen Schaffens, Kulturgüterschutz, Netzwerke etc.

Diese fünf Dimensionen stehen in einer wechselseitigen Abhängigkeit, bedingen einander und beeinflussen sich gegenseitig. Sie entsprechen auch den Dimensionen des qualitativen Wachstums. In der Nachhaltigkeitsdiskussion neu dazugekommen ist der Generationenvertrag. Man spricht deshalb auch von der ‹Enkelverträglichkeit› oder der ‹Enkeltauglichkeit›:
- *Zukünftige Generationen:* Gestaltungsrecht resp. Beibehaltung der Handlungsoptionen zukünftiger Generationen im Sinne eines Generationenvertrags.

Um langfristig die touristische Prosperität sicherzustellen, müssen sich die touristischen Produktionskosten quantitativ und qualitativ an den Wertsteigerungen sowie am Anpassungsvermögen von Natur und Kultur orientieren.

Abbildung 74 Magische Fünfeck-Pyramide einer nachhaltigen touristischen Entwicklung

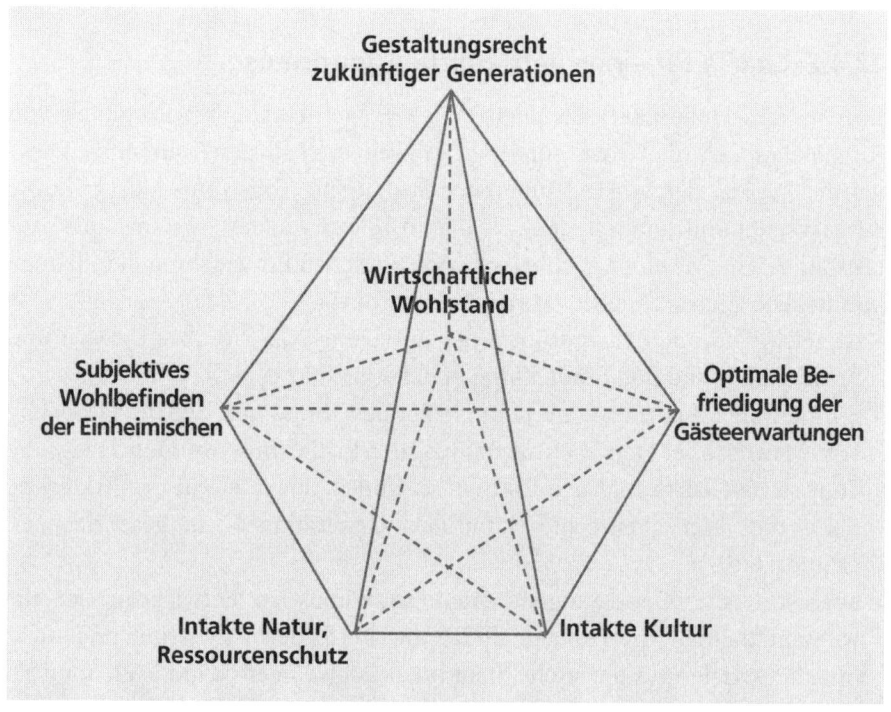

[Diagramm: Pyramide mit Spitze "Gestaltungsrecht zukünftiger Generationen"; Basis-Ecken: "Subjektives Wohlbefinden der Einheimischen", "Optimale Befriedigung der Gästeerwartungen", "Intakte Natur, Ressourcenschutz", "Intakte Kultur"; Mitte: "Wirtschaftlicher Wohlstand"]

Quelle: Eigene Darstellung

12.4 Politische Commitments für eine nachhaltige touristische Entwicklung

12.4.1 Agenda 21

An der UN-Erdgipfelkonferenz ‹Environment and Development› in Rio 1992 wurde mit der Agenda 21 ein umfassendes Massnahmenprogramm verabschiedet, das von 182 Staaten ratifiziert wurde. Fünf Jahre nach dem Umweltgipfel fand 1997 eine Nachfolge-Konferenz in New York statt, an der erstmals auch die Umweltverträglichkeit des Tourismus auf der Tagesordnung stand.

Auf der 7. Nachfolgekonferenz der Kommission für nachhaltige Entwicklung (CSD) 1999 in New York wurde der Tourismus als Schwerpunkt gewählt. Offizielle Stellen und NGO nahmen die Gelegenheit wahr, um Grundsätze, Forderungen und Aktionsprogramme aufzustellen, die sich primär gegen Missbräuche richteten und zu einem ‹Global Code of Ethics for Tourism› führen soll.

12.4.2 Charta für einen verträglichen Tourismus

Ein weiteres Dokument, das auch in der Folge des Umwelt-Erdgipfels von Rio entstand, ist die Charta für einen umweltverträglichen Tourismus. Diese wurde 1995 an der World Conference Sustainable Tourismus auf Lanzarote ausgearbeitet und verabschiedet. Sie hält in 18 Punkten fest, was man als ‹konsensfähige Theorie einer nachhaltigen touristischen Entwicklung› bezeichnen könnte. Die Charta für einen verträglichen Tourismus

- ist geleitet von den Grundsätzen der Erklärung von Rio über Umwelt und Entwicklung und den Empfehlungen der Agenda 21,
- erinnert an Erklärungen auf dem Gebiet des Tourismus, wie die Erklärung von Manila über den Welttourismus, die Erklärung von Den Haag, die Tourismus-Charta und den Tourismus-Kodex, sowie die in der Erklärung über die Menschenrechte künftiger Generationen festgeschriebenen Grundsätze,
- anerkennt die Zielsetzungen, einen Tourismus zu entwickeln, der die wirtschaftlichen Erwartungen und Umwelterfordernisse erfüllt und nicht nur die soziale und physische Struktur des jeweiligen Standortes, sondern auch die ortsansässige Bevölkerung achtet,
- appelliert an die internationale Völkergemeinschaft und fordert vor allem die Regierungen, andere staatliche Stellen, Entscheidungsträger und Experten im Bereich des Tourismus, mit dem Tourismus befasste staatliche und private Organisationen und Institutionen sowie die Touristen selbst nachdrücklich auf, sich die Grundsätze und Zielsetzungen zueigen zu machen.

12.4.3 Alpenkonvention

Die Alpen sind seit langem Gegenstand vieler nationaler Schutzbestimmungen. Mitte der achtziger Jahre reifte die Einsicht, dass bei den vielen internationalen Verflechtungen im Alpenraum, ein wirksamer Schutz der Alpen nur mit einer grenzüberschreitenden Zusammenarbeit zu erreichen ist. Wichtige Rollen beim Zustandekommen der Alpenkonvention spielten das EU-Parlament, die Internationale Alpenschutzkommission (CIPRA) und die Arbeitsgemeinschaft der zentralen Alpenländer (Arge Alp) (CIPRA 1998, S. 374). Die verschiedenen Protokolle der Alpenkonvention (u. a. Tourismusprotokoll) kommen dem Anspruch an eine nachhaltige Entwicklung nahe.

12.4.4 Global Code of Ethics (GCE)

Die World Tourism Organization UNWTO hat im Jahr 2000 einen globalen Ethikkodex für den Tourismus verabschiedet. Nachfolgend eine Zusammenfassung:

GCE Art. 1: Der Beitrag des Tourismus zu gegenseitigem Verständnis und Respekt zwischen Völkern und Gesellschaften
- Förderung von Toleranz und Respekt,
- Touristen im Einklang mit Eigenheiten der Gastregionen; verhindern von Straftaten und Verpflichtung, sich mit Besonderheiten der besuchten Länder vertraut zu machen,
- Gastgeber machen sich mit Lebensstilen der Touristen vertraut,
- Behörden schützen Eigentum, Sicherheit und Gesundheit.

GCE Art. 2: Der Tourismus als möglicher Weg zu individueller und kollektiver Erfüllung
- Tourismus als privilegierter Weg zu individueller und kollektiver Erfüllung – Mittel zur Selbsterziehung,
- Fördern von Menschenrechten und von Rechten sensibler Gruppen,
- Bekämpfen von Ausbeutung von Menschen in jeder Form,
- Aufnahme des Tourismus mit Vorteilen und Gefahren in Lehrpläne.

GCD Art. 3: Der Tourismus als Faktor für eine nachhaltige Entwicklung
- Schutz der natürlichen Umwelt mit dem Ziel, ein gesundes, kontinuierliches und nachhaltiges Wirtschaftswachstum zu erreichen,
- Priorität für touristische Formen, die Ressourcen schützen,
- Staffelung von Touristenströmen,
- Schützen von Naturerbe, Ökosystemen und Artenvielfalt,
- Förderung von Natur- und Ökotourismus.

GCD Art. 4: Der Tourismus als Nutzer des Kulturerbes der Menschheit und Beitrag zu dessen Pflege

- Schutz des künstlerischen, archäologischen und kulturellen Erbes,
- Verwenden von Eintrittsgeldern für Unterhalt und Verschönerung,
- Unterstützung von althergebrachtem Kunsthandwerk und Folklore,

GCE Art. 5: Der Tourismus als Aktivität, die für das Gastland und seine Bevölkerungsgruppen förderlich ist
- Einbinden der örtlichen Bevölkerung in touristische Aktivitäten,
- Heben des Lebensstandards der Bevölkerung durch tourismuspolitische Bestrebungen,
- Besondere Aufmerksamkeit für Küstengebiete,
- Transparenz und Objektivität über künftige Pläne und Auswirkungen – fördern des Dialogs mit der Bevölkerung.

GCE Art. 6: Pflichten der an der touristischen Entwicklung beteiligten Anspruchsgruppen
- Aufbereiten von objektiven und zuverlässigen Informationen über Reisebedingungen, Gastfreundschaft und Aufenthalt,
- Pflicht zur Berichterstattung über Sicherheits-, Unfall- und Gesundheitsrisiken,
- Sicherstellen des Rücktransports bei Zahlungsunfähigkeit,
- Zuverlässige und ausgewogene Berichterstattung durch Fachmedien.

GCE Art. 7: Das Recht auf Tourismus
- Recht auf unmittelbaren und persönlichen Zugang zur Entdeckung und zum Genuss der Ressourcen für alle Bewohner der Welt in gleicher Weise,
- Universelles Recht auf Freizeit, Tourismus und Erholung, d.h. auf regelmässigen bezahlten Urlaub und Begrenzung der Arbeitszeit,
- Ausbau des Sozialtourismus mit staatlicher Unterstützung.

GCE Art. 8: Touristische Freizügigkeit
- Bewegungsfreiheit unter Beachtung des Völkerrechts und der nationalen Gesetze; ermöglichen von Reisen ohne unverhältnismässige Formalitäten oder Diskriminierung,
- Zugang zu allen verfügbaren Formen der Kommunikation,
- Vertraulichkeit über persönliche Daten und Informationen,
- Höchstmögliche Freizügigkeit bezüglich Währung.

GCE Art. 9: Die Rechte der Beschäftigten und Unternehmer in der Tourismusindustrie
- Garantie der Grundrechte der Angestellten und Selbständigen,

12. Tourismusentwicklung

- Recht auf angemessene berufliche Grundausbildung und Fortbildung sowie Pflicht, diese zu erwerben,
- Angemessener sozialer Schutz,
- Freie Berufsausübung im Tourismus – Erfahrungsaustausch,
- Verzicht auf Ausnutzung von Vormachtstellungen – Solidarität bei der Entwicklung,
- Pflege von partnerschaftlichen Beziehungen.

GCE Art.10: Umsetzung der Grundsätze des Globalen Ethikkodexes für den Tourismus
- Zusammenarbeit zwischen öffentlichen und privaten Trägern,
- Anerkennung der Rolle der int. Organisationen (UNWTO) und der NGOs,
- ‹Weltausschuss für Tourismusethik› als unparteiisches Gremium.

12.4.5 Agenda 2030 für eine nachhaltige Entwicklung (UNO 2016)

Die 17 Ziele für nachhaltige Entwicklung mit ihren 169 Unterzielen sind das Kernstück der Agenda 2030. Sie tragen der wirtschaftlichen, sozialen und ökologischen Dimension der nachhaltigen Entwicklung in ausgewogener Weise Rechnung und führen erstmals Armutsbekämpfung und nachhaltige Entwicklung in einer Agenda zusammen.

Die Sustainable Development Goals (SDG) sollen bis 2030 global und von allen UNO-Mitgliedstaaten erreicht werden. Alle Staaten sind gleichermassen aufgefordert, die drängenden Herausforderungen der Welt gemeinsam zu lösen. Zudem sollen Anreize geschaffen werden, damit nichtstaatliche Akteure vermehrt einen aktiven Beitrag zur nachhaltigen Entwicklung leisten.

Abbildung 75 Sustainable Development Goals der UNO

Quelle: UNO 2015

1. Armut in allen ihren Formen und überall beenden
2. Den Hunger beenden, Ernährungssicherheit und eine bessere Ernährung erreichen und eine nachhaltige Landwirtschaft fördern
3. Ein gesundes Leben für alle Menschen jeden Alters gewährleisten und ihr Wohlergehen fördern
4. Inklusive, gleichberechtigte und hochwertige Bildung gewährleisten und Möglichkeiten lebenslangen Lernens für alle fördern
5. Geschlechtergleichstellung erreichen und alle Frauen und Mädchen zur Selbstbestimmung befähigen
6. Verfügbarkeit und nachhaltige Bewirtschaftung von Wasser und Sanitärversorgung für alle gewährleisten
7. Zugang zu bezahlbarer, verlässlicher, nachhaltiger und moderner Energie für alle sichern

8. Dauerhaftes, breitenwirksames und nachhaltiges Wirtschaftswachstum, produktive Vollbeschäftigung und menschenwürdige Arbeit für alle fördern
9. Eine widerstandsfähige Infrastruktur aufbauen, breitenwirksame und nachhaltige Industrialisierung fördern und Innovationen unterstützen
10. Ungleichheit in und zwischen Ländern verringern
11. Städte und Siedlungen inklusiv, sicher, widerstandsfähig und nachhaltig gestalten
12. Nachhaltige Konsum- und Produktionsmuster sicherstellen
13. Umgehend Massnahmen zur Bekämpfung des Klimawandels und seiner Auswirkungen ergreifen
14. Ozeane, Meere und Meeresressourcen im Sinne nachhaltiger Entwicklung erhalten und nachhaltig nutzen
15. Landökosysteme schützen, wiederherstellen und ihre nachhaltige Nutzung fördern, Wälder nachhaltig bewirtschaften, Wüstenbildung bekämpfen, Bodendegradation beenden und umkehren und dem Verlust der biologischen Vielfalt ein Ende setzen
16. Friedliche und inklusive Gesellschaften für eine nachhaltige Entwicklung fördern, allen Menschen Zugang zur Justiz ermöglichen und leistungsfähige, rechenschaftspflichtige und inklusive Institutionen auf allen Ebenen aufbauen
17. Umsetzungsmittel stärken und die globale Partnerschaft für nachhaltige Entwicklung mit neuem Leben erfüllen

Unter drei Zielen der Agenda 2030 wird der Tourismus explizit erwähnt:
- Zielvorgabe 8.9: Bis 2030 Politiken zur Förderung eines nachhaltigen Tourismus erarbeiten und umsetzen, der Arbeitsplätze schafft und die lokale Kultur und lokale Produkte fördert.
- Zielvorgabe 12.b: Instrumente zur Beobachtung der Auswirkungen eines nachhaltigen Tourismus, der Arbeitsplätze schafft und die lokale Kultur und lokale Produkte fördert, auf die nachhaltige Entwicklung entwickeln und anwenden.
- Zielvorgabe 14.7: Bis 2030 die sich aus der nachhaltigen Nutzung der Meeresressourcen ergebenden wirtschaftlichen Vorteile für die kleinen Inselentwicklungsländer und die am wenigsten entwickelten Länder erhöhen, namentlich durch nachhaltiges Management der Fischerei, der Aquakultur und des Tourismus.

Bei genauerer Analyse der 17 Ziele und 169 Zielvorgaben zeigt sich, dass der Tourismus in fast allen Zielen Anknüpfungspunkte findet. Als Querschnittsthema kann er zur Erreichung sämtlicher Ziele einen klaren Beitrag leisten und muss in seiner Entwicklung gleichzeitig alle globalen Herausforderungen stetig reflektieren (Monshausen et al. 2016).

12.4.6 Globale Kriterien für Nachhaltigkeit im Tourismus

Ausgehend von den 17 SDGs hat das Global Sustainable Tourismus Council (GSTC) einen Mindeststandard (für touristische Destinationen) geschaffen, an dem sich jeder touristische Betrieb, der Nachhaltigkeit anstrebt, orientieren kann. Es wird ein interdisziplinärer, ganzheitlicher und integrativer Ansatz mit vier Hauptzielen verfolgt:

1. *Wirkungsvolles Nachhaltigkeitsmanagement:* a) Nachhaltige Destinationsstrategie, b) Organisation des Destinationsmanagements, c) Monitoring, d) Saisonales Management, e) Anpassung an den Klimawandel, f) Verzeichnis des touristischen Bestandes und der Attraktionen, g) Planungsregelungen, h) Zugang für alle, i) Erwerb von Immobilien, j) Besucherzufriedenheit, k) Nachhaltigkeitsstandards, l) Sicherheit, m) Krisen- und Notfallmanagement, n) Werbung
2. *Maximierung des sozialen und wirtschaftlichen Nutzens für die lokale Bevölkerung:* a) Wirtschaftliche Überwachung, b) Lokale Karrierechancen, c) Beteiligung der Öffentlichkeit, d) Meinung der lokalen Bevölkerung, e) Lokaler Zugang, f) Tourismussensibilisierung, g) Verhinderung von Ausbeutung, h) Unterstützung der Bevölkerung, i) Unterstützung lokaler Unternehmen und fairer Handel
3. *Maximierung des Nutzens für die lokale Bevölkerung und die Besucher, Bewahrung des kulturellen Erbes:* a) Schutz von Sehenswürdigkeiten, b) Besuchermanagement, c) Besucherverhalten, d) Denkmalschutz und Denkmalpflege, e) Informationen zu Sehenswürdigkeiten, f) Geistiges Eigentum
4. *Maximierung des Nutzens für die Umwelt und die generelle Reduktion negativer Wirkungen in allen genannten Bereichen:* a) Umweltrisiken, b) Schutz von sensibler Natur und Umwelt, c) Schutz wildlebender Tiere und Pflanzen, d) Treibhausgasemissionen, e) Energiesparen, f) Wassermanagement, g) Sicherstellung der Wasserversorgung, h) Wasserqualität,

i) Abwasser, j) Abfallreduktion, k) Licht- und Lärmschutz, l) Umweltschonender Transport

Die Kriterien werden vom GSTC überwacht und sollen den folgenden Nutzen stiften:

- Sie dienen als grundlegende Leitlinien für Destinationen, die anstreben, nachhaltiger zu werden
- Sie helfen Konsumenten gute nachhaltige Destinationen zu erkennen
- Sie dienen als gemeinsamer Nenner für Informationsmedien, um Destinationen, die einen nachhaltigen Tourismus anbieten, zu erkennen und die Öffentlichkeit über deren Nachhaltigkeit zu informieren
- Sie helfen Zertifizierungs- und anderen freiwilligen Programmen auf Destinationsebene, dass ihre Standards einem breit akzeptierten Mindeststandard entsprechen
- Sie dienen Regierungs- und Nichtregierungsorganisationen sowie Initiativen des privaten Sektors als Ausgangspunkt zur Entwicklung von eigenen Anforderungen für nachhaltige touristische Angebote
- Sie dienen als Mindestkriterien für Aus- und Weiterbildungseinrichtungen, Höhere Fachschulen oder Universitäten.

Die Kriterien geben an, was getan werden sollte, aber nicht, wie es umgesetzt werden soll oder ob Ziele erreicht werden. Sie sind als Beginn eines Prozesses gedacht, um Nachhaltigkeit als Standard in allen Tourismusformen umzusetzen.

12.4.7 Nachhaltigkeit in der Tourismuspolitik des Bundes

In der Tourismusstrategie des Bundes gehört die Nachhaltigkeit zu den fünf obersten Zielsetzungen (vgl. Kapitel 9.2.3). Dabei wird die zentrale Bedeutung der Erhaltung und Stärkung der landschaftlichen und baukulturellen Qualitäten des Tourismusstandortes Schweiz hervorgehoben. Auch wird darauf hingewiesen, dass intakte Natur- und Kulturlandschaften, historische Städte und Ortsbilder, herausragende Stätten und Museen sowie eine ausgeprägte kulturelle Vielfalt im Hinblick auf lebendige Traditionen sowie das zeitgenössische Schaffen eine wichtige Grundlage des Tourismus darstellen. Diese Grundlagen gelte es langfristig zu erhalten und zu stärken.

Zudem sei als wichtige Dimension darauf zu achten, dass die im Rahmen der Tourismuspolitik des Bundes umgesetzten Massnahmen zur Erreichung der Agenda 2030 für nachhaltige Entwicklung beitragen (vgl. Kap. 12.4.7). Explizit wird die Unterstützung der Anpassungsmassnahmen an den Klimawandel sowie der Umsetzung des Nachhaltigkeitsprogramms ‹Swisstainable› erwähnt (SECO 2021, S. 53). Swisstainable wurde 2021 – auf Initiative von Schweiz Tourismus – mitten in der Coronapandemie von den führenden Dachverbänden des Schweizer Tourismus lanciert (vgl. Kap. 7.10.3). Basis des Programms ist das Nachhaltigkeits-Commitment. Es beinhaltet Aussagen zu den Werten und zur Verantwortung des Betriebs / der Organisation. Mit der Unterzeichnung des Commitments bekennen sich die Branchenverbände sowie alle teilnehmenden Betriebe dazu, in allen Dimensionen der Nachhaltigkeit einen Beitrag zu einer nachhaltigen Entwicklung des Schweizer Tourismus zu leisten (vgl. Swisstainable 2021).

12.4.8 Messung einer nachhaltigen Tourismusentwicklung

Die Umsetzung eines am Prinzip der Nachhaltigkeit orientierten Tourismus ist nur möglich, wenn überprüfbare Messwerte bzw. Indikatoren vorliegen, anhand derer Tourismusdestinationen oder einzelne Akteure ihre Fortschritte analysieren können (Rein/Strasdas 2015, S. 293f.). Bereits in der 1992 in Rio verabschiedeten ‹Agenda 21› (vgl. Kapitel 12.4.1) wird gefordert, ein System aussagekräftiger und auf internationaler Ebene koordinierter Indikatoren zur Messung der nachhaltigen Entwicklung aufzubauen.

Auf globaler, nationaler, regionaler und lokaler Ebene existieren verschiedene Indikatorensysteme, die es erlauben zu beobachten, inwieweit die angestrebten Ziele einer nachhaltigen Entwicklung erreicht werden. Im Folgenden werden drei Indikatorensysteme zur Messung der nachhaltigen Entwicklung auf Gesamtebene und im Spezifischen für den Tourismus kurz vorgestellt.

Monitoring der Nachhaltigen Entwicklung (MONET)

Zur Messung der nachhaltigen Entwicklung der Schweiz haben die drei Bundesämter BFS, BAFU und ARE in Zusammenarbeit mit Fachexperten das Indikatorensystem MONET (Monitoring der nachhaltigen Entwicklung) entwickelt. Für die drei gleichrangigen Zieldimensionen ‹gesellschaftliche Solidarität›, ‹wirtschaftliche Leistungsfähigkeit› und ‹ökologische Verantwortung› wurden Prinzipien der nachhaltigen Entwicklung formuliert, für die spezifische Indikatoren festgelegt werden konnten. So stellen beispielsweise der Schutz und die Förderung der Gesundheit des Menschen ein Prinzip der Zieldimension der gesellschaftlichen Solidarität dar. Aufgrund der Agenda 2030 der Vereinten Nationen (vgl. Kap. 12.4.5) wurde das Monitoring 2017 angepasst und umfasst nun 85 Indikatoren. Die Indikatoren werden in regelmässigen Abständen aktualisiert (BFS/BUWAL/ARE 2003, 16ff.; BFS 2015, S. 24; BFS 2018d).

European Tourism Indicator System (ETIS) for Sustainable Management at Destination Level

Das von der Europäischen Kommission entwickelte Europäische Tourismusindikatorensystem ist ein Instrument zur Messung und besseren Erreichung einer nachhaltigen Tourismusentwicklung auf Destinationsebene. Insgesamt basiert es auf 43 Kernindikatoren. Ausserdem können fakultativ Zusatzindikatoren hinzugezogen werden. Die tourismusbezogenen Indikatoren decken die drei etablierten Säulen einer nachhaltigen Entwicklung anhand der Kategorien ‹wirtschaftlicher Wert›, ‹soziale und kulturelle Auswirkungen› sowie ‹Umweltauswirkungen› ab (vgl. Abb. 76). Zusätzlich enthält das Messinstrument Indikatoren zur Kategorie ‹Destinationsmanagement›. Diese greifen Themen im Zusammenhang mit Entscheidungsfindung und Kommunikation auf, welche zu einem nachhaltigen Tourismusmanagement in der Destination beitragen (EC 2016).

Abbildung 76 ETIS-Kernindikatoren pro Kategorie und Kriterium

Kategorie	Anzahl Kernindikatoren	Beispiele für Kernindikatoren
Destinationsmanagement	3	Anteil (in %) der Tourismusunternehmen/-einrichtungen in der Destination mit einer freiwilligen Zertifizierung/Kennzeichnung von Umwelt-/Qualitäts-/Nachhaltigkeitsmassnahmen und/oder SVU-Massnahmen Anteil (in %) der Besucher, die angeben, dass sie mit dem Gesamterlebnis in der Destination zufrieden sind
Wirtschaftlicher Wert	10	Durchschnittliche Aufenthaltsdauer der Touristen (Nächte) Anteil der direkten Beschäftigung im Tourismus an der gesamten Beschäftigung der Destination in % Tagesausgaben der Übernachtungsgäste
Soziale und kulturelle Auswirkungen	13	Anzahl der Gäste/Besucher pro 100 Einwohner Anteil (in %) der touristischen Attraktionen, die für Menschen mit Behinderung zugänglich sind und/oder an einem anerkannten Zertifizierungssystem für die Barrierefreiheit teilnehmen Anteil (in %) der Einheimischen, welche mit dem Einfluss des Tourismus auf die Identität der Destinationen zufrieden sind
Umweltauswirkungen	17	Durchschnittlich von den Touristen zurückgelegte Strecke zwischen Wohnort und der Destination (in km) Energieverbrauch pro Übernachtungsgast gegenüber dem allgemeinen Energieverbrauch pro Person und Nacht Anteil der touristischen Betriebe, welche etwas unternehmen, um den Wasserverbrauch zu reduzieren

Quelle: EC 2016

Monitoring in touristischen Destinationen

Um die Entwicklung in touristischen Destinationen im Auge zu behalten, mögliche Herausforderungen frühzeitig zu erkennen und Massnahmen ableiten zu können, ist für Swisstainable Level II ‹engaged› sowie Level III ‹leading› der Stand der nachhaltigen Entwicklung in der Destination regelmässig zu überprüfen. Dabei geht es nicht um die Vergleichbarkeit mit anderen Destinationen, sondern um das Stärken des Bewusstseins, dass eine nachhaltige Entwicklung nie abgeschlossen ist, und dass sie ständig mit neuen Impulsen verstärkt werden muss.

12. Tourismusentwicklung

Da die Datenverfügbarkeit eine grosse Herausforderung darstellt, weil viele Daten auf Destinationsebene nicht vorhanden sind oder nur mit grossem Aufwand erhoben werden könnten, bezieht sich das Monitoring im Rahmen von Swisstainable nicht auf die laufende Überwachung von quantitativen Nachhaltigkeits-Schlüsselindikatoren, sondern auf die systematische Erhebung der qualitativen Einschätzungen der Veränderung der Nachhaltigkeits-Schlüsselbereiche durch die Anspruchsgruppen. Konkret heisst das: Destinationen ermitteln im Zweijahresrhythmus bei den wichtigsten Anspruchsgruppen die subjektive Einschätzung der Entwicklung der wichtigsten Schlüsselbereiche der Nachhaltigkeit in den vergangenen zwei Jahren entlang der zwölf Nachhaltigkeitsaspekte des Commitments, begründen diese Einschätzungen mit laufenden resp. umgesetzten Massnahmen und Projekten und reichen diesen Nachweis bei der Prüfstelle ein. Die Einschätzungen müssen mit konkreten Beispielen begründet werden. Die Skala reicht von -1 Rückschritte, 0 keine Fortschritte, +1 kleine Fortschritte, +2 mittlere Fortschritte und +3 grosse Fortschritte. Dabei sind folgende Nachhaltigkeitsaspekte einzuschätzen (entsprechend den zwölf Bereichen des Swisstainable-Commitments):

- *Natur & Landschaft*: Entwicklung Schutzgebiete und Schutzzonen, Förderung der Natur & Landschaft Wasser, Luft & Boden Biodiversität, Konzentration der touristischen Projekte auf wenig sensible Räume, Beitrag zu nachhaltiger Raumentwicklung.
- *Wasser, Luft & Boden*: Erhöhung der Ressourcen-Effizienz, insbesondere beim Einsatz natürlicher Ressourcen wie Wasser, Luft und Boden, Reduktion Luft- und Wasserverschmutzung.
- *Energie & Klima*: Optimierung des Energieverbrauchs durch bewusste Beschaffungs- und Investitionsentscheidungen, Förderung erneuerbare Energieträger, Reduktion klimaschädlicher Emissionen.
- *Mobilität*: Unterstützung attraktiver multimodaler und umweltschonender Mobilitätsangebote, Reduktion von Umweltbelastungen.
- *Abfall*: Minimierung Abfall durch Vermeidung, Reduktion, Recycling und getrennte Entsorgung.
- *Bevölkerung & Kultur*: Stärkung der regionalen Identität sowie der regionalen Kreisläufe, Einbezug der lokalen Bevölkerung, Förderung der regionalen Kultur sowie Austausch zwischen den Gästen und der Bevölkerung.

- *Spezifische Gästebedürfnisse:* Berücksichtigung von spezifischen Gästebedürfnissen, Optimierung der Familienfreundlichkeit, Barrierefreiheit oder Lebensmittel-Unverträglichkeiten mit neuen Angeboten.
- *Arbeitsbedingungen & Chancengleichheit:* Engagement für faire Arbeitsbedingungen, für einen optimalen Beschäftigungsgrad, für Partizipation und Weiterbildung, Chancengleichheit sowie Work-Life-Balance von Mitarbeitenden, Beitrag zur sozialen und interkulturellen Integration.
- *Gästeinformation & Gastfreundschaft:* Beitrag zu nachhaltigen Erlebnissen für unsere Gäste, Information über diesbezügliche Bestrebungen, Animation zu rücksichtsvollem Verhalten, Überraschungen mit zuvorkommender Gastfreundschaft.
- *Marktbearbeitung:* Berücksichtigung ökologischer Auswirkungen in der Marktbearbeitung (Anreise), Stärkung der Nahmärkte und eines ausgewogenen Gästemix.
- *Arbeitsplätze & Kooperationen:* Aktiver Einsatz für die Weiterentwicklung des Tourismus als wichtige Existenzgrundlage, für attraktive Arbeitsplätze, Einhaltung der Gesamtarbeitsverträge, Verstärkung von Kooperationen und Pflege fairer Partnerschaften
- *Innovationen & Wertschöpfung:* Förderung nachhaltiger Innovationen, Erhöhung der regionalen Wertschöpfung, Berücksichtigung wirtschaftlicher Tragfähigkeit sowie der Umwelt- und Sozialverträglichkeit bei Investitionen (Swisstainable 2024, S. 23).

Um die Datenverfügbarkeit im Nachhaltigkeitsbereich zu verbessern, hat das BFS im Rahmen des NITSA Pilotprojekts erstmals eine umfassende Sammlung von Nachhaltigkeitsindikatoren zum Satellitenkonto Tourismus (TSA) veröffentlicht, die ökonomische und ökologische Aspekte des Tourismus von 2014 bis 2019 verknüpfen und wichtige Messgrössen wie Luftverschmutzung, Treibhausgasemissionen und Energieverbrauch umfassen (BFS 2023a).

12.5 Entwicklungsstrategien im Schweizer Tourismus

12.5.1 Tourismusstrategie des Bundes

Die Tourismusstrategie des Bundes (SECO 2021) wurde im Kapitel 9.2 dargestellt. Die folgenden fünf Ziele mit 15 Aktivitäten stehen im Zentrum:
- *Rahmenbedingungen verbessern:* Wissenstransfer, tourismusfreundliches Regulierungsumfeld, internationale Zusammenarbeit
- *Unternehmertum fördern:* Strukturwandel, Strategiefähigkeit und -orientierung des Arbeitsmarktes
- *Zur nachhaltigen Entwicklung beitragen:* Baukultur, Landschaftsqualität und Biodiversität, Klimawandel, ‹Swisstainable›
- *Chancen der Digitalisierung nutzen:* Digitale Transformation und Wissenstransfer, Daten und Statistiken, Monitoring Digitalisierungsthemen
- *Attraktivität des Angebotes und den Marktauftritt stärken:* Wettbewerbsfähigkeit der touristischen Infrastrukturen, Convenience und Qualität, Städte- und Geschäftstourismus

12.5.2 Zwölf Thesen zur Zukunft des Tourismus in den Berggebieten

2018 stellte der Schweizer Tourismus-Verband (STV) gemeinsam mit der Schweizerischen Arbeitsgemeinschaft für die Berggebiete (SAB) ein Thesenpapier zur Zukunft des Tourismus in den Berggebieten zur Diskussion:
1. *Kooperationen:* Ohne Kooperationen sind die Tourismusdestinationen im Berggebiet nicht überlebensfähig
2. *Preisliche Wettbewerbsfähigkeit:* Gleich lange Spiesse steigern die preisliche Wettbewerbsfähigkeit
3. *Angebotsgestaltung:* Ein ganzjähriges Angebot sichert die touristische Wertschöpfung
4. *Digitalisierung:* Digitalisierung darf nicht ein Schlagwort bleiben
5. *Mobilität:* Der Bergtourismus ist auf eine ausgezeichnete Verkehrserschliessung angewiesen
6. *Synergien:* Sektorübergreifende Ansätze schaffen eine Win-win-Situation
7. *Förderinstrumente:* Ein starker Fokus der Förderinstrumente auf Projekte und Angebotsgestaltung ist notwendig
8. *Infrastrukturen:* Öffentliche Investitionen bedürfen übergeordneter Entwicklungsstrategien

9. *Tourismusbewusstsein:* Die Bevölkerung kann einen entscheidenden Beitrag an die Tourismusentwicklung leisten
10. *Touristischer Arbeitsmarkt und Bildung:* Eine bessere Verankerung des Tourismus im Bildungssystem und innovative Beschäftigungsmodelle stärken den touristichen Arbeitsmarkt
11. *Nachhaltigkeit:* Das Bekenntnis zur Nachhaltigkeit sichert die Zukunft des Bergtourismus
12. *Regulierungen:* Der Abbau administrativer Lasten senkt den Kostensockel der Tourismusunternehmen (STV/SAB 2018)

12.6 Forderungen an eine nachhaltige touristische Entwicklung

Jacques de Bourbon-Busset meinte einmal, wir sollten weniger versuchen, eine wahrscheinliche Zukunft zu erraten und vielmehr probieren, eine wünschbare Zukunft vorzubereiten und vielleicht weiterzugehen und eine wünschbare Zukunft wahrscheinlich zu machen. Vor dem Hintergrund der skizzierten Veränderungen und Forderungen und mit dem Ziel, eine wünschbare Zukunft wahrscheinlich zu machen, ist im Tourismus ein Entwicklungspfad zu suchen, der sich an den Prinzipien der Nachhaltigkeit, der Verantwortungsethik und der kulturellen Identität orientiert.

Der Tourismus muss partizipativer und kooperativer werden

Im Tourismus gibt es nicht nur Nutzniesser, sondern auch Betroffene von negativen externen Effekten. In hoch entwickelten Tourismusregionen macht sich insbesondere bei Anzeichen von ‹Overtourism› eine Art Tourismusverdrossenheit breit. Man spricht von einem gesunkenen Tourismusbewusstsein. Um einer solchen Abwehrhaltung präventiv entgegenzuwirken, müssen die Betroffenen zu Beteiligten werden. Und dies setzt eine partizipative Planung voraus.

Der Tourismus muss aber auch unter den Tourismusorganisationen und Leistungsträgern partizipativer werden. Es sind vermehrt horizontale und vertikale Kooperationen einzugehen, um Grösseneffekt (economy of scale) zu erreichen, um Synergien zu nutzen und Konfrontation abzubauen.

Obwohl der Tourismus vielerorts ein hohes Entwicklungsstadium erreicht hat, sind seine Strukturen oft ineffizient. Es wird mühevoll versucht, viel zu viele

Marken zu profilieren, um im wachsenden Konkurrenzkampf zu bestehen. Dabei ist bekannt, dass der Gast kaum interessiert ist an historisch gewachsenen Strukturen. Was er sucht sind umfassende, gut koordinierte Leistungsbündel. Regionale und neigungstouristische Kooperationen sind somit zu fördern. Destinationen sollen sich an den primären Erlebnisräumen ihrer Gäste zusammenzuführen (vgl. Kap. 7.4).

Der Tourismus muss qualitativ besser und erlebnisreicher werden

Von einer qualitativen Tourismusentwicklung sowie von Total Quality Management ist schon lange die Rede. Etwas jünger ist die Diskussion um das Erlebnis-Setting. Diese Diskussion ist sehr wichtig und passend, denn was heute vielerorts angeboten wird, entspricht oft nicht den Gästeerwartungen. Für den anspruchsvoller werdenden Gast ist insbesondere wichtig, dass die gesamte Dienstleistungskette resp. Customer Journey stimmt und eine erlebnisfördernde Atmosphäre herrscht (vgl. Kap. 7.8 und 7.9 sowie Abb 76).

Der Tourismus muss umweltverträglicher werden

Die ökologischen Gefahrenherde der touristischen Entwicklung sind längstens bekannt. Es bleibt, sie ernst zu nehmen und präventiv zu versuchen, Umweltprobleme zu vermeiden. Die in den letzten Jahren entwickelten Hilfsmittel wie Nachhaltigkeitsberichte, Umweltmanagementsysteme, Umwelt-Audits, Corporate Social Responsibility-Systeme (CSR) oder Umweltbeauftragte sind einzusetzen, die Konflikte offen zu legen und nach nachhaltigen Lösungen zu suchen.

Diese Aufgabe ist deshalb sehr anspruchsvoll, weil es zwischen Tourismus und Umwelt einen Grundkonflikt gibt: die Mobilität. Durch die technische Entwicklung der Transportmittel haben sich sowohl die Mobilitätsbereitschaft wie auch die Mobilitätsleistung stark erhöht. Ursächlich ist dafür die immense Steigerung der Geschwindigkeit der Verkehrssysteme verantwortlich. Deshalb ist die Steigerung der Öko-Effizienz der eine, die Reduktion der Geschwindigkeit – die Entschleunigung also – der andere und insgesamt nachhaltigere Ansatz. Im Flugverkehr ist darauf zu achten, dass sowohl über privatwirtschaftliche, als auch über politische Entscheide die Beimischquote von SAF-Treibstoffen (Sustainable Aviation Fuel) kontinuierlich erhöht wird, um gegen 2050 auch in diesem Mobilitäts-Bereich das CO_2-Netto-Null-Ziel zu erreichen (vgl. Kap. 14.2).

Abbildung 77 Qualitätshaus Tourismus

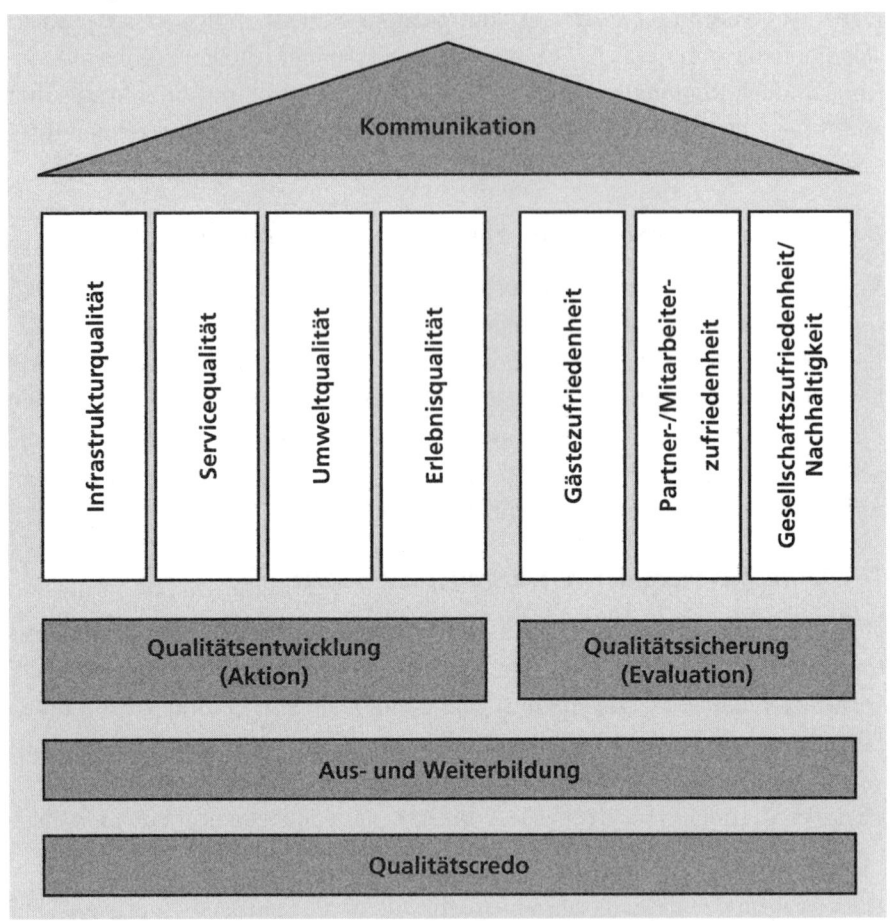

```
                    Kommunikation
┌──────┬──────┬──────┬──────┬──────┬──────┬──────┐
│Infra-│Service-│Umwelt-│Erlebnis-│Gäste-│Partner-/│Gesellschafts-│
│struktur-│qualität│qualität│qualität│zufrieden-│Mitarbeiter-│zufriedenheit/│
│qualität│      │      │      │heit  │zufrieden-│Nachhaltigkeit│
│      │      │      │      │      │heit  │      │
└──────┴──────┴──────┴──────┴──────┴──────┴──────┘
   Qualitätsentwicklung          Qualitätssicherung
        (Aktion)                    (Evaluation)

            Aus- und Weiterbildung

                 Qualitätscredo
```

Quelle: Eigene Darstellung in Anlehnung an Q-Offensive Graubünden 2011

Der Tourismus muss resilienter werden

Insbesondere die Corona-Pandemie hat die hohe Bedeutung des Themas ‹Resilienz› in seiner Vielfalt deutlich gemacht: Die Resilienz von Personen, von Teams, im Management oder von ganzen Destinationen. Die Resilienz zu stärken, also die Widerstandsfähigkeit gegenüber Störungen sowie die Anpassungsfähigkeit an Veränderungen, wird immer wichtiger. Als resilient werden Menschen bezeichnet, die sich durch ein hohes Mass an Akzeptanz, Optimismus, Selbstwirksamkeit, Eigenverantwortung, Netzwerk-, Lösungs- und Zukunftsorientierung auszeichnen (Heller 2013).

Die Resilienz von Teams werden durch Faktoren wie ein starker Zusammenhalt, eine kollektivistische Orientierung sowie gemeinsame Werte (shared values) gestärkt. Um die Resilienz im Management laufend zu optimieren, kann man sich am Business Continuity Management (BCM) der Deutschen Gesellschaft für Qualität (2024) orientieren:

- *Prepare:* Vorbereitung auf mögliche Krisenereignisse, z. B. durch Frühwarnsysteme
- *Prevent:* Abwendung oder Abschwächung von Krisenereignissen durch Reduktion von Risikofaktoren
- *Protect:* Minimieren von negativen Auswirkungen durch physische und virtuelle Schutzsysteme
- *Respond:* Schnelle, gut organisierte und effektive Reaktion auf Ereignisse – Finden von Opportunitäten (Chancen der Krise)
- *Recover:* Erholung und Nutzung von Lerneffekten, um auf künftige Ereignisse besser vorbereitet zu sein

Und zur Erhöhung der Resilienz einer ganzen Destination heisst das Schlüsselwort Diversifikation durch einem gesunden geografischen, thematischen (Reisemotive) und zeitlichen Gästemix (Saisons).

Die vielen Krisenfelder der jüngsten Zeit sind untereinander verknüpft und treffen den Tourismus ausserordentlich stark: Die Nachwirkungen der Corona-Pandemie, eine mögliche Strommangellage, die geopolitischen Konflikte, die Lieferengpässe, die Klimakrise, der starke Schweizer Franken usw. Touristiker und Touristikerinnen müssen sich auf diese Häufung und diese Dynamik einstellen, da sie sie stärker beschäftigen werden als in der Vergangenheit (Nydegger/Müller 2024, S. 10).

Der Tourismus muss authentischer werden

Der (Alpen-)Tourismus war während langer Zeit bekannt durch seine Pioniertaten. Die natürlichen und kulturellen Einzigartigkeiten wurden geschickt genutzt. Doch mehr und mehr werden diese gewachsenen Werte preisgegeben. Unter dem Druck der Globalisierung werden die Angebote uniformierter, Einzigartigkeiten verflachen. Insbesondere der potenzielle Gast des Alpenraums sucht jedoch das Heimische, das Unverwechselbare, das Authentische.

Der Tourismus muss diverser und menschlicher werden

Es ist bekannt, dass divers aufgestellte Teams nicht nur bessere Entscheidungen treffen, sondern auch innovativer sind und durch höhere soziale und emotionale Kompetenzen erfolgreicher performen, die Rekrutierung von Mitarbeitenden vereinfachen, einen verstärkten Team-Zusammenhalt aufweisen und insgesamt resilienter sind. Arbeitgebende können ihre Wettbewerbsfähigkeit im Rahmen der Environmental-Social-Governance-Kriterien (ESG) und ihre Attraktivität durch die Förderung von Diversität steigern, was dem Tourismus, der infolge der Pandemie einen Rückgang in der Attraktivität für Fachkräfte erlebt hat, zugutekommen würde. Diversität muss bewusst gemanaged und gemessen werden. Ein Factsheet zum Diversity Management hilft dabei. Bei jeder Vakanz ist die Frage zu stellen, welche zusätzlichen Weltanschauungen, Hintergründe, Erfahrungen dem Team guttun würden. Dabei greift die reine Frau-Mann-Thematik zu kurz, denn es zum einen darum, eher weichen, emotionalen und eher harten, analytischen Faktoren zu vereinen, zum andern, den Blickwinkel mit Andersdenkenden zu erweitern. Voraussetzung sind Rahmenbedingungen, mit denen die Vereinbarkeit von Beruf und Familie vereinfacht, aber auch die Integration von Menschen mit Beeinträchtigung begünstigt werden. Ist ein Vorstand einer Tourismusorganisation divers zusammengesetzt und gut geführt, werden auch derartige Engagements noch attraktiver.

Der wachsende Kostenspar- und Rentabilitätsdruck, aber auch Methoden wie beispielsweise das Lean-Management haben viele Touristiker und Touristikerinnen zu harten, strategisch denkenden und rational handelnden Führungspersonen gemacht. Menschliche Qualitäten wie Gefühle, Empathie, Herzlichkeit oder Visionsvermögen wurden mehr und mehr verdrängt und kaum genährt und entwickelt. Und dies in einer Branche, in der emotionale Werte, menschliche Wärme und situatives Einfühlungsvermögen höchste Priorität haben müssten.

Jedoch: Eine wünschbare Zukunft wird nur dann wahrscheinlich, wenn man nicht einfach auf andere hofft, sondern selbst den alles entscheidenden Anfang macht: Die kleine persönliche Revolution als Auftakt und Voraussetzung der grossen Veränderung

12.7 Um-Handeln als Herausforderung

An Vorschlägen für eine sanfte, qualitative oder nachhaltige Tourismusentwicklung mangelt es also nicht, wie in den vorangehenden Kapiteln dargelegt wurde. Den wenigen ‹Theoretikern›, deren Therapievorschläge praktisch alle in die gleiche Richtung zielen, steht aber das mächtige Heer der praktischen Entscheidungsträger auf allen Ebenen gegenüber. Obwohl man auch hier oft vom zunehmenden Problembewusstsein spricht, ist man von einer ‹sanften Wende› in der praktischen Politik noch weit entfernt. Das Um-Fühlen und Um-Denken mag zwar vielerorts eingesetzt haben, das Um-Handeln steht aber noch weitgehend aus. Gründe für das noch immer ausstehende Um-Handeln gibt es viele, für jede Akteurebene wieder andere, aber alle hängen zusammen:

Die *Verantwortlichen in den Tourismusgebieten* sprechen zwar alle von einer nachhaltigen Entwicklung, akzeptieren jedoch das parallel einhergehende quantitative Wachstum ohne Bedenken. Das Kapazitätswachstum hält insbesondere bei den touristischen Transportanlagen und den Resorts vielerorts weiter an. Das Alibi heisst Sachzwang.

Die *Tourismusunternehmen* sind keine gemeinnützigen Institutionen. Tourismus ist Geschäft und nicht Wohltätigkeit. So sprechen Tourismuspromotoren. Kurzfristige Gewinnmaximierung ist nach wie vor Trumpf, die langfristige Erhaltung der natürlichen Lebens- und damit auch Wirtschaftsgrundlagen allenfalls ein frommes Bekenntnis. Hie und da hat man sich zwar in der Tourismusbranche etwas dem neuen Wind angepasst. CSR-Beauftragte wurden eingestellt und vereinzelte Hinweise auf rücksichtsvolleres Verhalten angebracht. Doch solange der Gast nicht mehr Verantwortung einfordert, so wird argumentiert, lässt sich beim besten Willen nicht mehr tun.

Aber auch die *Gäste* haben ihren egoistischen Standpunkt. In erster Linie will man seine wohlverdienten Ferien für sich geniessen. Allzu oft dominieren die ‹Have-a-good-time-Ideologie› und die ‹Morgen-sind-wir-schon-wieder-fort-Haltung›. Verantwortung für das eigene Verhalten auf Reisen wird kaum übernommen. Zwar gibt es Hinweise auf eine zunehmende Umweltsensibilisierung, doch handelt es sich dabei meist um eine primär opportunistische Umwelthaltung: man macht sich Sorgen, dass das eigene Ferienglück geschmälert wird.

Allerdings gibt es einige ermutigende Anzeichen, dass ein tiefgreifender Bewusstseinswandel in Gang gekommen ist. Denken wir an die ‹Klimajugend›, so ist der Wunsch, etwas zu verändern und etwas anderes auszuprobieren, heute bei vielen – vor allem jüngeren – Menschen sehr gross, so gross wie vielleicht kaum je zuvor. So halten wir uns denn mit Ernst Bloch (1985) an das ‹Prinzip Hoffnung›, an den Glauben also an die sanfte Gewalt des Bewusstseins, das zur materiellen Gewalt werden kann, sobald es die Massen ergreift – wenn nur die Massen es ergreifen.

13 Perspektiven

13.1 Zeitvisionen: Zeitknappheit versus Zeitgewinn

Arbeitszeitverkürzung und längere Lebenserwartung bescherten dem modernen Menschen in ihrer überwiegenden Mehrzahl viel so genannte ‹Freizeit›. Dennoch scheint in unserer hektischen Welt nichts so knapp zu sein wie die Zeit. ‹Keine Zeit›, so lautet eine der zeittypischen Antworten. Bei Managern und Politikern sind es die sich jagenden Sitzungstermine, bei Mann/Frau von der Strasse die mehr oder weniger synchrone Arbeitszeit sowie zahlreiche private Verpflichtungen und Vorhaben, die das Zeitkorsett immer enger schnüren.

Zeitknappheit und Zeitstress sind zu Phänomenen des modernen Lebens geworden. Und Leben bedeutet heute vor allem Zeit haben zum Konsum – von Nahrungsmitteln, Kultur, Landschaft, Transport, Wissen etc. Konsum aber braucht Zeit, nicht nur zum Kauf, sondern auch zur Nutzung und zur Pflege der erworbenen Güter und Dienstleistungen. Je mehr Besitztümer wir uns leisten können, desto stärker wird unsere Zeit durch den Konsum derselben beansprucht. Gleichzeitig wohnt dem wachsenden Wohlstand die Tendenz zur Erhöhung der Spannung zwischen möglichem und realisierbarem Konsum inne, was den Eindruck der Zeitknappheit noch verstärkt.

Deshalb versuchen wir, Zeit zu gewinnen, wo immer es geht. Zeit gewinnen bedeutet Zeit sparen, heisst die Zeit besser organisieren. Je mehr wir unsere Zeit, unser Arbeits- und Freizeitleben aber organisieren und planen, desto mehr wird über unsere Zeit verfügt, nimmt die erstrebte ‹Zeitsouveränität› ab und das Gefühl der Zeitknappheit zu. Also müssen wir unsere Zeit noch besser managen und bewirtschaften. Oder wir ‹kaufen› uns Zeit in Form von Dienstleistungen, Fertiggerichten, schnelleren Verkehrs- und Kommunikationsmitteln etc., deren Kauf uns wiederum Geld und damit auch Zeit kostet.

Das Dilemma zwischen Zeitknappheit und Zeitgewinn widerspiegelt sich heute aber zunehmend auch in einer gesellschaftlichen Polarisierung der Zeitproblematik: Alte, Behinderte, Arbeitslose und Arbeitsunfähige, deren Fähigkeiten und Leistungen nicht mehr gefragt sind, haben Probleme, ihre Zeit mit Sinn und Befriedigung zu füllen. Demgegenüber beklagen sich viele, die in den Erwerbsprozess eingespannt sind, über einen zunehmenden

Leistungsdruck und Arbeitsstress. Und je mehr die im Arbeitsprozess Integrierten ins gesellschaftliche Zentrum rücken, desto mehr werden die Ausgeschlossenen zu sozialen Randgruppen.

Zur weiteren Verschärfung der Zeitproblematik trägt auch die moderne Informations- und Kommunikationstechnik bei. Sie ermöglicht eine immer dichtere Vernetzung der Welt und bewirkt damit, dass Raum und Zeit zunehmend schmelzen. Zugleich produziert die Welt immer rascher neues Wissen. Innovationen werden immer schneller umgesetzt. Wissen, Zeit und Schnelligkeit prägen unsere Zivilisation und sind die zentralen Elemente einer neuen hypereffizienten ‹Nano-Sekunden-Kultur›.

13.2 Die Utopie der Langsamkeit

Eine rasch wachsende Minderheit träumt von mehr Autonomie und Selbstbestimmung in der Lebensgestaltung, von Zeitflexibilisierung, von neuen Verteilungsformen der Arbeits- und Lebenszeit für Frauen und Männer, von mehr Zeitsouveränität ganz allgemein. Die ‹erstarrte Zeit› soll verflüssigt und natürliche Rhythmen sollen wieder aufgenommen werden. Ganz allgemein soll Zeit weniger bewirtschaftet werden. Viele sprechen von einer ‹Sinngesellschaft› als Zukunftsvision. Bereits heute experimentiert eine kleine Minderheit mit der Kultur der Langsamkeit, indem sie inmitten der allgemeinen Raserei bewusst auf Zeitgewinn verzichtet, Informationskanäle nur selektiv nutzt, entschleunigt fährt, Slowfood geniesst oder lange Schlaufen ungeplanter Zeiten einbaut, um der Zeit mehr Gewinn zu entlocken. Urlaub und Reisen eignen sich dafür ganz besonders.

V ANHANG

> «Wo chiemte mer hi,
> wenn alli seite, wo chiemte mer hi,
> und niemer giengti,
> für einisch z'luege
> wohi dass mer chiem
> we me gieng.»
>
> *Kurt Marti*
> *Schriftsteller und Theologe Bern*

ZUM INHALT

Im Anhang dieser Grundlagen vertiefen wir die folgenden Themen:

Anhang 14.1 Berechnung der touristischen Wertschöpfung

Anhang 14.2 Tourismus und Klimawandel

Anhang 14.3 Hilfsblätter für Erlebnis-Setting

14 Anhang

14.1 Berechnung der touristischen Wertschöpfung

Zur Berechnung der touristischen Wertschöpfung wird zwischen dem Top-down-Ansatz (z. B. Satellitenkonto Tourismus), der primär eine angebotsorientierte Herangehensweise verfolgt, und dem Bottom-up-Ansatz, der sich eher an der Nachfrage orientiert, unterschieden (vgl. Abb. 78). Die beiden Ansätze sind nicht gegensätzlich, sondern stellen vielmehr verschiedene Perspektiven dar. Die meisten Wirkungsanalysen enthalten gleichzeitig Elemente, die der Nachfrage zuzuordnen sind und solche, die aus dem Angebot abgeleitet werden. Oft wird so eine Plausibilisierung der Angebots- mit der Nachfrageseite angestrebt.

Abbildung 78 Top-down- und Bottom-up-Herangehensweise

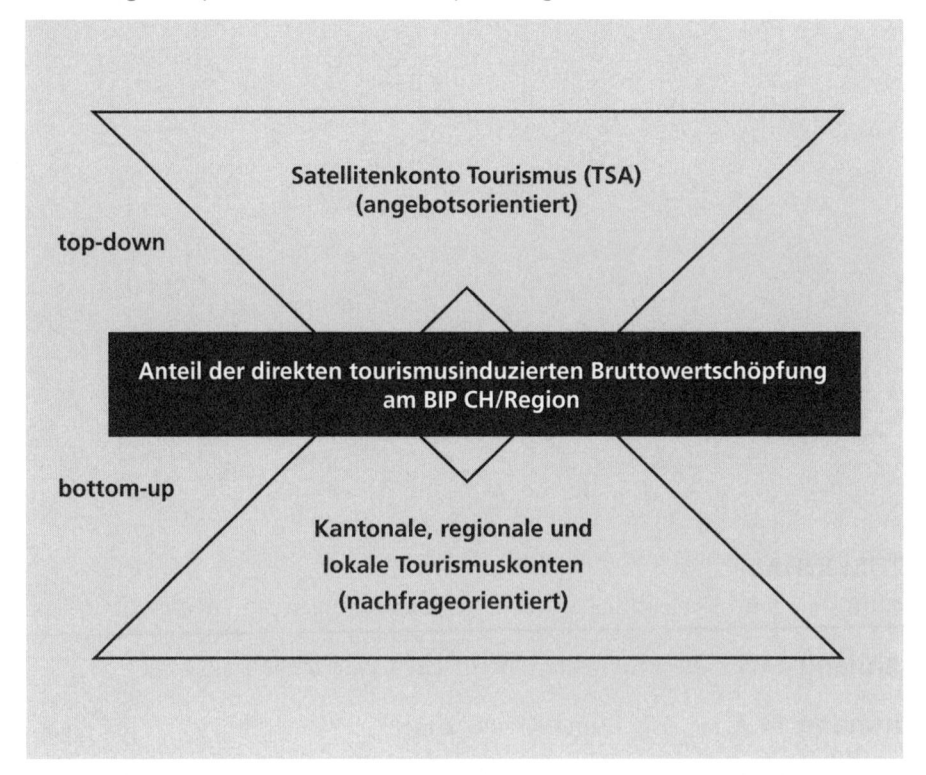

Quelle: Keller, Vuffray 2000

14. Anhang

Im Folgenden werden *dreizehn pragmatische Schritte* vorgestellt, wie die touristische Wertschöpfung für eine Destination bottom-up errechnet werden kann. Das Vorgehen zur Berechnung der touristischen Gesamtnachfrage, Wertschöpfung und Beschäftigung für Destinationen wurde von Rütter und Müller entwickelt (vgl. Rütter, Müller, Guhl, et al. 1995).

Schritt 1: Übersicht über den Gesamtzusammenhang gewinnen

In einem ersten Schritt geht es darum, die Methode als Ganzes zu erfassen und zu verstehen, was die Wertschöpfung des Tourismus eigentlich ist. Im Kapitel 5.6 haben wir dargelegt, wie die ökonomischen Kennzahlen Umsatz (Bruttoproduktionswert), Bruttowertschöpfung und Nettowertschöpfung zusammenhängen bzw. berechnet werden. Die Bruttowertschöpfung einer Volkswirtschaft entspricht dem in einer Periode von allen Unternehmen geschaffenen Wertzuwachs. Rechnerisch ergibt sie sich aus dem um Vorleistungen bereinigten Gesamtumsatz der Unternehmungen. Diese erarbeitete Nettowertschöpfung kann auf die Mitarbeitenden (Löhne und Sozialleistungen), den Staat (Steuern), die Fremdkapitalgeber (Zinsen), die Eigenkapitalgeber (Dividenden) und die Unternehmungen selbst (einbehaltene Gewinne) aufgeteilt werden.

Da nur wenige der für die Wertschöpfungsberechnung benötigten Daten offiziellen Statistiken entnommen werden können, müssen sie mittels Umfragen oder durch Errechnung von Kennzahlen aus der Zusammenführung unterschiedlicher Datenquellen ermittelt werden. Die Methode zeichnet sich ausserdem durch ihre Zweigleisigkeit aus, d.h. es erfolgt eine nachfrageseitige und angebotsseitige Ermittlung der Daten, damit diese zur Plausibilisierung der Resultate verglichen werden können.

Schritt 2: Genaue Fragestellung formulieren

Bevor mit den Berechnungen begonnen werden kann, muss der Untersuchungsgegenstand genau abgegrenzt werden, d.h. es muss festgelegt werden, welchen räumlichen, zeitlichen und inhaltlichen Umfang die Untersuchung haben soll:
- *Räumlich:* Welches Gebiet soll untersucht werden (z. B. Ort, Region, Kanton etc.)?
- *Zeitlich:* Welche Zeitperiode soll einbezogen werden (z. B. Saison, Jahr)?
- *Inhaltlich:* Soll der Beitrag einzelner Wirtschaftszweige (z. B. Beherbergungsgewerbe, Bergbahnen, Reisebüros etc.) zur touristischen Wertschöpfung und Beschäftigung oder der totale touristische Beitrag aller Branchen zur Gesamtwirtschaft ermittelt werden?

Abbildung 79 13 Schritte der Wertschöpfungsberechnung

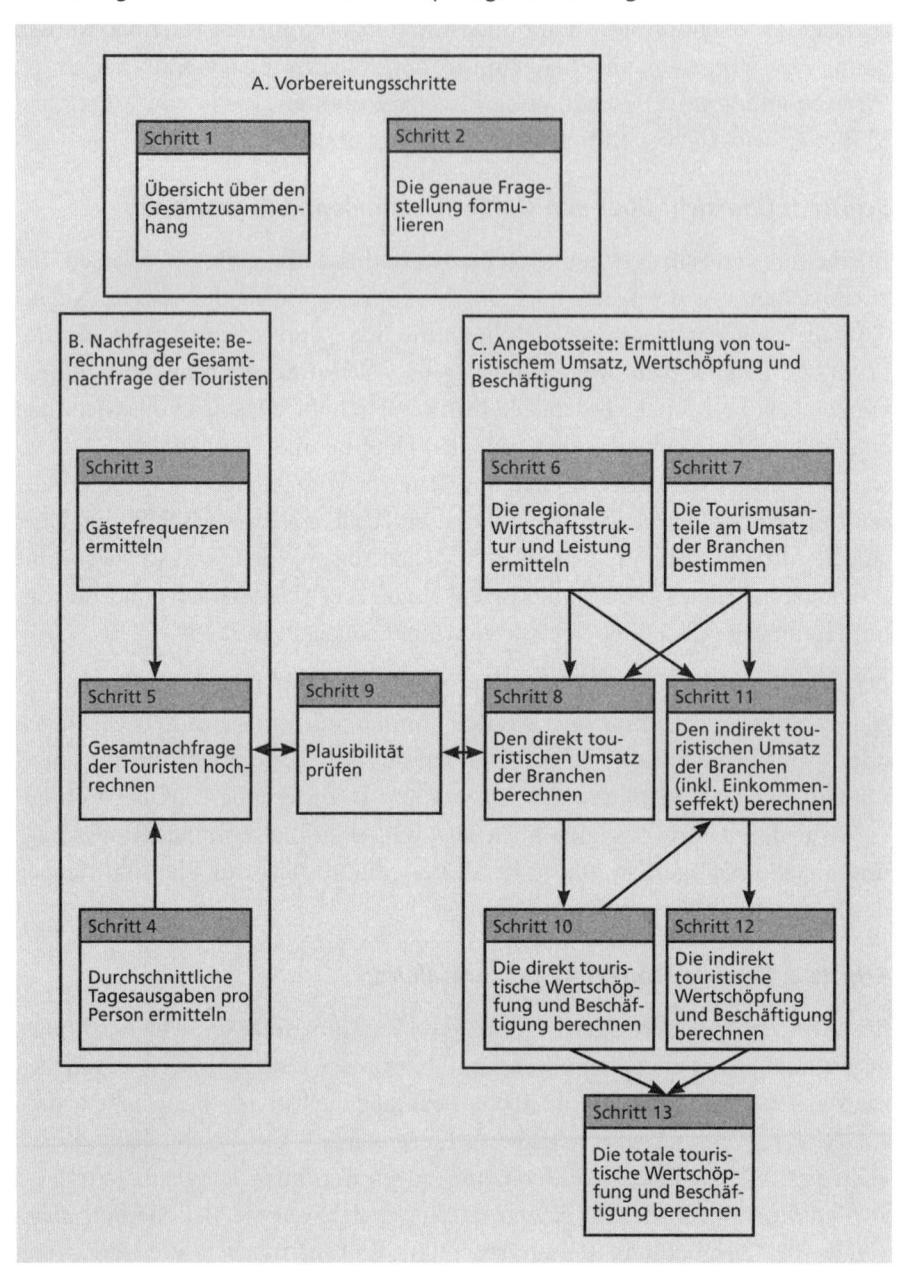

A. Vorbereitungsschritte

Schritt 1: Übersicht über den Gesamtzusammenhang

Schritt 2: Die genaue Fragestellung formulieren

B. Nachfrageseite: Berechnung der Gesamtnachfrage der Touristen

Schritt 3: Gästefrequenzen ermitteln

Schritt 5: Gesamtnachfrage der Touristen hochrechnen

Schritt 4: Durchschnittliche Tagesausgaben pro Person ermitteln

Schritt 9: Plausibilität prüfen

C. Angebotsseite: Ermittlung von touristischem Umsatz, Wertschöpfung und Beschäftigung

Schritt 6: Die regionale Wirtschaftsstruktur und Leistung ermitteln

Schritt 7: Die Tourismusanteile am Umsatz der Branchen bestimmen

Schritt 8: Den direkt touristischen Umsatz der Branchen berechnen

Schritt 11: Den indirekt touristischen Umsatz der Branchen (inkl. Einkommenseffekt) berechnen

Schritt 10: Die direkt touristische Wertschöpfung und Beschäftigung berechnen

Schritt 12: Die indirekt touristische Wertschöpfung und Beschäftigung berechnen

Schritt 13: Die totale touristische Wertschöpfung und Beschäftigung berechnen

Quelle: Rütter, Müller, Guhl, et al. 1995, S. 8

Dazu müssen definitorische Abgrenzungen vorgenommen werden. Es muss beispielsweise festgelegt werden, wer als Tourist gilt, welche Ausgaben als touristische Ausgaben gelten und welche Umsätze als touristische Umsätze gewertet werden.

Schritt 3: Gästefrequenzen ermitteln

Zur Ermittlung der touristischen *Gesamtnachfrage* müssen zunächst die Gästefrequenzen pro Gästekategorie und Saison berechnet werden. Die Gästefrequenzen sind die Summe der Logiernächte von Übernachtungsgästen und der Aufenthaltstage von Tagestouristen.

Dabei ist es empfehlenswert, nach der Saison zu differenzieren, weil die Gästestruktur im Winter und im Sommer sehr unterschiedlich sein kann. Der Beherbergungsstatistik (HESTA) kann lediglich die Gesamtanzahl der Logiernächte von Übernachtungsgästen in Hotels, auf Campingplätzen und in Gruppenunterkünften (inkl. Jugendherbergen) entnommen werden. Zusätzlich dazu werden die Frequenzen in Ferienwohnungen sowie ggf. in privaten Unterkünften (Besuch bei Freunden und Bekannten, AirBnB) basierend auf lokalen Stichproben geschätzt. Die Logiernächte der Hotelgäste werden anschliessend nach Sternekategorien dargestellt. Dies ist in Bezug auf den nächsten Schritt, der Schätzung durchschnittlicher Tagesausgaben, notwendig. Die Logiernächte der übrigen Übernachtungsgäste, welche nicht der HESTA entnommen werden können, müssen anhand vorhandener Kennzahlen über die Grössenordnungen in den verschiedenen Regionen geschätzt werden. Die letzte relevante Gästekategorie sind schliesslich die Tagesgäste. Der Anteil Tagesgäste am Gästetotal kann wiederum nur mittels Umfragen oder vorhandenen Kennzahlen zum frequenzmässigen Verhältnis der beiden Gästegruppen geschätzt werden.

Schritt 4: Durchschnittliche Tagesausgaben pro Person ermitteln

Neben den Gästefrequenzen müssen zur Ermittlung der touristischen Gesamtnachfrage auch die durchschnittlichen Tagesausgaben der Übernachtungs- und Tagesgäste berechnet werden. Je nachdem, welche Vorgehensweise bei der Berechnung der Gesamtnachfrage angewandt wird, werden die Tagesausgaben unterschiedlich detailliert berechnet. Bei der *ausführlichen* Vorgehensweise wird die Ausgabenstruktur der durchschnittlichen Tagesausgaben pro

Person, Gästekategorie und Saison ermittelt, d.h. es wird beispielsweise für Ferienwohnungsgäste berechnet, wie viel sie im Sommer bzw. Winter pro Tag durchschnittlich für Übernachtung, Verpflegung, Reise, Bergbahnen etc. ausgeben. Damit können auch Aussagen dazu gemacht werden, wohin das Geld der Gäste fliesst. Bei der *summarischen* Vorgehensweise wird hingegen auf diese Differenzierung nach Ausgabenkategorien verzichtet, d.h. es werden nur die totalen durchschnittlichen Tagesausgaben pro Person, Gästekategorie und Saison berechnet. Insgesamt müssen alle diese Angaben anhand von Ergebnissen bereits untersuchter Regionen geschätzt oder durch Gästebefragungen erhoben werden. Grundsätzlich muss ausserdem beachtet werden, dass es sich bei den erhobenen Tagesausgaben um Bruttoausgaben handelt, die innerhalb der untersuchten Region getätigt wurden.

Schritt 5: Gesamtnachfrage der Touristen hochrechnen

Anhand der in Schritt 3 und 4 berechneten Gästefrequenzen und Tagesausgaben kann nun die Gesamtnachfrage der Touristen berechnet werden. Dabei werden im *summarischen* Fall pro Gästekategorie und Saison die Gästefrequenzen mit den durchschnittlichen Tagesausgaben pro Person multipliziert, was die Bruttoausgaben pro Gästekategorie ergibt:

- *Bruttoausgaben pro Gästekategorie = Gästefrequenzen x durchschnittliche Tagesausgaben pro Person*

Bei der *ausführlichen* Vorgehensweise wird dieser Schritt zunächst für jede Ausgabenkategorie einzeln durchgeführt. Anschliessend werden die Bruttoausgaben pro Gäste- und Ausgabenkategorie addiert, was das gleiche Gesamttotal der Bruttoausgaben pro Gästekategorie wie bei der summarischen Vorgehensweise ergibt. Von diesen Bruttoausgaben müssen noch die geschätzten ausserhalb der Region getätigten Ausgaben abgezogen und ein geschätzter in der Region anfallender Anteil an Reisekosten (Hin- und Rückreise) addiert werden. Daraus ergibt sich schliesslich die Gesamtnachfrage der Touristen:

- *Bruttoausgaben (pro Gästekategorie)*
  - Ausgaben ausserhalb Region
  = Nettoausgaben
  + Anteil Reisekosten in Region (Hin- und Rückreise)
  = Gesamtnachfrage der Touristen

Schritt 6: Regionale Wirtschaftsstruktur und -leistung ermitteln

Mit Schritt 6 erfolgt ein Perspektivenwechsel von der touristischen Nachfrage zum touristischen Angebot. Es wird die angebotsseitige Ermittlung des touristischen Umsatzes, der Wertschöpfung und Beschäftigung angestrebt. Die Bedeutung des Tourismus für eine Region kann nur ermittelt werden, wenn die gesamte Wirtschaftsleistung der untersuchten Region als Bezugsgrösse zur Verfügung steht. Dafür wird zunächst die regionale Wirtschaftsstruktur (Beschäftigung und Wertschöpfung nach Wirtschaftszweig) auf der Basis von Daten der STATENT-Statistik und des Produktionskontos des Bundesamtes für Statistik (BFS) ermittelt. Weil regionale Daten nur teilweise verfügbar sind, müssen dabei in den meisten Fällen gesamtschweizerische Werte auf die Regionen heruntergebrochen werden. Dazu sind manchmal auch eigene Unternehmensbefragungen notwendig. Daraus kann die Bruttowertschöpfung (BWS) pro Wirtschaftszweig berechnet werden.

- *BWS pro Wirtschaftszweig = BWS pro Beschäftigten x Anzahl Beschäftigte*

Durch Addition der Vorleistungen ergibt sich der Bruttoproduktionswert pro Wirtschaftszweig, welcher später in Schritt 8 benötigt wird:

- *Bruttoproduktionswert pro Wirtschaftszweig = BWS pro Wirschaftszweig + Vorleistungen*

Schliesslich müssen auch noch Vermietungsleistungen von Liegenschaften, welche im Besitz privater Haushalte und Sozialversicherungen sind, berücksichtigt werden. Diese sind aus touristischer Sicht, etwa bei Vermietungen von Zweitwohnungen, wichtig. Das Bruttoinlandsprodukt für die untersuchte Region ergibt sich wie folgt:

- *Regionales BIP = Addition der Bruttowertschöpfung pro Wirschaftszweig + Vermietung von Liegenschaften (privater HH und Sozialversicherungen) + allfällige Berichtigungen*

Schritt 7: Tourismusanteile am Umsatz der Branchen bestimmen

Im Schritt 7 wird der direkte (mit Touristen generierte) und indirekte (mit touristischen Unternehmen realisierte) Tourismusanteil am Umsatz der Branchen ermittelt. Diese müssen entweder mittels Unternehmungs- und Expertenbefragungen bestimmt oder basierend auf Ergebnissen bereits untersuchter Regionen geschätzt werden.

Schritt 8: Direkter touristischer Umsatz der Branchen berechnen

Anhand der regionalen Wirtschaftsstruktur und der direkten Tourismusanteile am Umsatz der Branchen kann der direkt mit Touristen erwirtschaftete Umsatz der verschiedenen Wirtschaftszweige berechnet werden:

- *Direkt touristischer Umsatz pro Wirtschaftszweig = Bruttoproduktionswert pro Wirtschaftszweig x direkter Tourismusanteil am Umsatz des Wirtschaftszweiges*

Daneben muss noch der touristische Umsatzanteil an der Vermietung von Liegenschaften (privater Haushalte und Sozialversicherungen) berücksichtigt werden. Daraus errechnet sich das Total des direkt touristischen Umsatzes der Region wie folgt:

- *Direkt touristischer Umsatz der Region = Addition der direkt touristischen Umsätze pro Wirtschaftszweig + Vermietung der Liegenschaften (privater Haushalte Sozialversicherungen)*

Schritt 9: Plausibilität prüfen

Die umsatzmässige Bedeutung des Tourismus wurde nun sowohl von der Nachfrage- wie auch von der Angebotsseite her berechnet. Da der direkt touristische Umsatz aller Unternehmen der Region grundsätzlich der Gesamtnachfrage der Touristen in der untersuchten Region entsprechen sollte, kann die Plausibilität der Ergebnisse mittels eines Vergleichs von Angebot und Nachfrage geprüft werden. Dies kann einerseits auf der Ebene der Gesamttotale mittels eines Vergleichs der Gesamtnachfrage mit den totalen touristischen Umsätzen erfolgen. Wenn bei der Berechnung der durchschnittlichen Tagesausgaben die ausführliche Vorgehensweise angewandt wurde, kann andererseits zumindest bei einigen Ausgabenkategorien die Gesamtnachfrage mit dem direkten touristischen Umsatz der entsprechenden Wirtschaftszweige verglichen werden. Dies ist zum Beispiel in Bezug auf Übernachtungs- und Verpflegungsausgaben möglich. Insgesamt muss beachtet werden, dass der direkte touristische Umsatz der Region die Gesamtnachfrage übersteigt, wenn der Outgoing-Tourismus (z. B. Ausgaben von Einheimischen bei Reisebüros) und die touristischen Einnahmen überregionaler Unternehmen, welche ausserhalb der Region erzielt wurden (z. B. Transportleistungen) in die Berechnung des direkten touristischen Umsatzes eingeflossen sind.

Schritt 10: Direkte touristische Wertschöpfung und Beschäftigung berechnen

Durch die Berechnung der direkt touristischen Wertschöpfung und der direkt tourismusinduzierten Beschäftigung kann die Bedeutung des Tourismus für die Wirtschaftsleistung und Beschäftigung der Region quantifiziert werden. Die Berechnung der beiden Kennzahlen erfolgt unter folgenden Annahmen:

- *Anteil der direkt touristischen Wertschöpfung an der Wertschöpfung der Branche = Anteil des direkten touristischen Umsatzes am gesamten Umsatz der Branche*
- *Anteil der direkten tourismusinduzierten Beschäftigung an der gesamten Beschäftigung der Branche = Anteil des direkten touristischen Umsatzes am gesamten Umsatz der Branche*

Dadurch ergeben sich die direkte touristische Wertschöpfung bzw. die direkte tourismusinduzierte Beschäftigung der Branchen durch einfache Multiplikationen wie folgt:

- *Direkte touristische Bruttowertschöpfung pro Branche = Bruttowertschöpfung pro Branche x direkter Tourismusanteil am Umsatz der Branche*
- *Direkte tourismusinduzierte Beschäftigung pro Branche = Beschäftigte pro Branche x direkter Tourismusanteil am Umsatz der Branche*

Die jeweiligen Gesamttotale ergeben sich durch die Addition der Branchenwerte sowie des Wertes der Vermietung von Liegenschaften (privater Haushalte und Sozialversicherungen).

Schritt 11: Indirekt touristischer Umsatz der Branchen berechnen

Bis hierher wurde nur der direkt touristische Umsatz der Region berechnet. Zusätzliche indirekte Umsätze werden in allen Branchen über Vorleistungen und Investitionen sowie über den Einkommenseffekt generiert. Vereinfacht könnten für diese beiden indirekten Auswirkungen des direkten touristischen Umsatzes *Multiplikatoren* angenommen werden.

Die Berechnung des Teils des indirekten touristischen Umsatzes der gesamten betrachteten Region, welcher über tourismusinduzierte Vorleistungen und Investitionen generiert wird, kann wie folgt durchgeführt werden:

- *Indirekter touristischer Umsatz (Vorleistungen + Investitionen) = Total direkter touristischer Umsatz x Vorleistungs- und Investitionsmultiplikator*

Demgegenüber berechnet sich der Teil des indirekten touristischen Umsatzes der gesamten betrachteten Region, welcher über den Einkommenseffekt generiert wird, folgendermassen:

- *Indirekter touristischer Umsatz (Einkommen) = direkter touristischer Umsatz + indirekter touristischer Umsatz (Vorleistungen + Investitionen) x Einkommensmultiplikator*

Die Berechnung dieses Teils des indirekten touristischen Umsatzes aller Branchen ist etwas komplexer, da ja Einkommenswirkungen bei touristischen Leistungsträgern wie auch bei Unternehmen, welche mit Letzteren über Vorleistungsgeschäfte und Investitionen verbunden sind, anfallen. Die Addition der beiden berechneten Werte ergibt schliesslich den totalen indirekten touristischen Umsatz aller Branchen:

- *Indirekter touristischer Umsatz (Total) = indirekten touristischer Umsatz (Vorleistungen + Investitionen) + indirekter touristischer Umsatz (Einkommen)*

Schritt 12: Indirekte touristische Wertschöpfung und Beschäftigung berechnen

Falls im Schritt 8 indirekte Tourismusanteile pro Wirtschaftszweig ermittelt wurden, erfolgt die Berechnung der indirekt touristischen Wertschöpfung und Beschäftigung pro Branche analog zu Schritt 10 durch die Multiplikation der Wertschöpfung bzw. Beschäftigung pro Branche mit dem entsprechenden indirekten Tourismusanteil. Sofern keine indirekten Tourismusanteile vorliegen, kann einfachheitshalber ein Bruttowertschöpfungsanteil am indirekt touristischen Umsatz von 50% angenommen werden (dies entspricht ungefähr dem gesamt-schweizerischen Durchschnittswert). Das gleiche Vorgehen wird auch für die tourismusinduzierte Wertschöpfung angewandt, welche durch nicht zuordnungsbare indirekt touristische Umsätze ausgelöst wird (vgl. Schritt 11). Die indirekt touristische Beschäftigung kann in diesen Fällen dadurch berechnet werden, dass die indirekt touristische Bruttowertschöpfung durch die durchschnittliche Bruttowertschöpfung pro Beschäftigten der gesamten Region dividiert wird. Vereinfacht ausgedrückt wird also berechnet, wie viele Beschäftigte nötig sind, um die indirekte touristische Bruttowertschöpfung zu erzielen.

Schritt 13: Totale touristische Wertschöpfung und Beschäftigung berechnen

Die totale, direkt und indirekt durch den Tourismus ausgelöste Bruttowertschöpfung und Beschäftigung ergibt sich durch die Addition der in Schritt 10 und 12 berechneten direkten und indirekten Werte. Dabei gibt die totale touristische Wertschöpfung an, wie viel der gesamten Wirtschaftsleistung einer Region direkt und indirekt vom Tourismus abhängt. Die touristische Beschäftigung hingegen zeigt, wie viele Arbeitsplätze direkt und indirekt dem Tourismus zu verdanken sind (Rütter, Müller, Guhl, et al. 1995).

14.2 Tourismus und Klimawandel

14.2.1 Einführung und Klimaszenarien

Zwischen dem Tourismus und dem Klimawandel sind ausgeprägte Wechselwirkungen beobachtbar: Der Tourismus ist sowohl namhafter Verursacher als auch Betroffener.

Definitionen zu Wetter und Klima

- *Wetter:* Physikalischer Zustand der Atmosphäre zu einem bestimmten Zeitpunkt an einem bestimmten Ort
- *Klima:* Durchschnittlicher physikalischer Zustand bzw. Durchschnitt von Wetterlagen der Atmosphäre zu einem bestimmten Zeitpunkt an einem bestimmten Ort, welcher anhand von Mittelwerten, Varianzen, Extremwerten etc. berechnet wird
- *Klimawandel:* Von einem Klimawandel wird gesprochen, wenn mit statistischen Tests eine Änderung eines bestimmten Klimazustands aufgrund von Änderungen in den Mittelwerten oder der Variabilität festgestellt werden kann, die über eine längere Zeitperiode (meist über ein Jahrzehnt) andauert. Damit gemeint ist also jegliche Veränderung des Klimas im Verlauf der Zeit, sei es aufgrund natürlicher Schwankungen (Variabilität) oder menschlicher Aktivitäten (WMO 2002, S. 87; IPCC 2007, S. 871).

14.2.2 Der Klimawandel im Schweizer Alpenraum

Europa im Allgemeinen und der Alpenraum im Besonderen verzeichnen im Vergleich zum globalen Mittel eine stärker ansteigende Temperatur. Die Gesamtzunahme der Temperatur seit 1864 ist in der Schweiz mehr als doppelt so hoch wie im globalen Mittel (vgl. Abb. 80).

Abbildung 80 Temperaturänderungen 1864 resp. 1961

	Periode (Jahre)	°C gesamt	°C/10 Jahre Land- + Wasseroberfläche	°C/10 Jahre Sommer (Jun-Aug)	°C/10 Jahre Winter (Dez-Feb)
Welt	1864-2016	+0,77	+0,06		
	1961-2016		+0,15		
CH	1864-2016	+2,00	+0,12 (2014)	+0,13	+0,12
	1961-2016		+0,37 (2014)	+0,49	+0,30

Quelle: MeteoSchweiz 2015, S. 42ff., MeteoSchweiz 2017, S. 52ff.

Mögliche Gründe für die grössere durchschnittliche Temperaturzunahme im Schweizer Alpenraum sind vielfältig. Einerseits stellt die *Kontinentalität* eine wichtige Ursache dar. Es ist eine klimatische Gegebenheit, dass die Temperatur über Landmassen allgemein stärker steigt als über Wasseroberflächen, unter anderem weil die Meere einen enormen Wärmespeicher darstellen. Je weiter man ins Innere eines Kontinents kommt, desto geringer wird dieser ausgleichende Einfluss der Meere. Andererseits führt die Abnahme der Schneebedeckung in Gebirgsräumen zu einer Abnahme der Albedo, d.h. einem sinkenden Rückstrahlvermögen der einfallenden Sonnenenergie, die bei Schnee- und Eisflächen besonders hoch ist. Schnee und Eis strahlen den grössten Teil der Sonnenenergie zurück, während Wasser und Boden fast die gesamte Sonnenstrahlung aufnehmen. Dies führt zu einer zusätzlichen Erwärmung. Überdies kann es zu einer Überlagerung interner

Schwankungen im Klimasystem und dadurch zu einer Verstärkung der Erwärmung kommen. Ein Beispiel für eine solche Überlagerung ist die Nordatlantische Oszillation, welche für die Schwankungen der Luftdruckunterschiede zwischen Islandtief und Azorenhoch steht. Dieses Wechselspiel der Luftdruckverteilung übt grossen Einfluss auf das Wetter und damit auf das europäische Klima aus. Insgesamt zeigen höhere Lagen und höhere Breiten tendenziell eine stärkere Temperaturzunahme (OcCC 2002, S. 11; Rebetez/ Reinhard 2008, S. 6).

In der ganzen Schweiz nimmt die Anzahl Sommertage (mind. 25°C) durch kräftige Erwärmungen im Frühling und Sommer seit den 1980er-Jahren signifikant zu. Seit 1988 lagen die Jahresmitteltemperaturen mehrheitlich über dem langjährigen Mittelwert von 1961 bis 1990. Es kann prognostiziert werden, dass bis 2050 viele Auswirkungen aufgrund der erhöhten Temperaturen noch relativ gering sein werden. Nach 2050 muss jedoch mit einschneidenden Veränderungen gerechnet werden. Selbst wenn die globale Temperaturveränderung in Bezug auf vorindustrielle Werte auf weniger als 2°C stabilisiert wird, ist bis Ende des Jahrhunderts mit einer weiteren Zunahme der Erwärmung in der Schweiz von 1,4°C zu rechnen. In Szenarien ohne Interventionsmassnahmen wäre die Erwärmung gar zwei- bis dreimal so gross (Jörg-Hess et al. 2014, S. 33).

Für die Niederschlagsmenge lässt sich schweizweit nur über dem Mittelland eine signifikante Veränderung seit 1864 feststellen. Die Veränderung ist v.a. auf eine Zunahme im Winter zurückzuführen. Bis Ende dieses Jahrhunderts wird eine Niederschlagsabnahme im Sommer erwartet. Laut den aktuellen Klimaszenarien, ausgehend vom Mittel 1981–2010, soll diese gegen 30 Prozent betragen (MeteoSchweiz 2018, S. 62). Aufgrund einer Zunahme der Niederschlagsintensität dürfte die mittlere Niederschlagsmenge und ebenso die Häufigkeit von Starkniederschlägen im Herbst und im Winter zunehmen (Jörg-Hess et al. 2014, S. 34f.).

14.2.3 Auswirkungen des Tourismus auf das Klima

Der Tourismus ist zu einem nicht vernachlässigbaren Teil Verursacher des Klimawandels. Grundsätzlich wird davon ausgegangen, dass dies in Zukunft noch stärker der Fall sein wird. Die Tourismuswirtschaft könnte zumindest in Industrieländern hinsichtlich des CO_2-Ausstosses die gesamte Weltwirtschaft überflügeln. Diese Prognose basiert darauf, dass die weltweite Tourismuswirtschaft insgesamt von starken Wachstumstendenzen geprägt ist. Insgesamt hängen die mit dem Tourismus verbundenen Emissionen stark von der Wahl des Transportmittels und den zurückgelegten Distanzen ab (Gössling 2011, S. 94).

Haupteffekte für das erwartete Wachstum der CO_2-Emissionen des Tourismus

Das erwartete zukünftige Wachstum der CO_2-Emissionen durch den Tourismus basiert auf verschiedenen treibenden Faktoren:
- Wachsende Tourismusnachfrage
- Zunehmender Ferntourismus
- Häufigerer und kürzerer Urlaub

Aus diesen Entwicklungen heraus wird prognostiziert, dass sich die CO_2-Emissionen durch den Flugverkehr etwa verdreifachen, während diejenigen durch den privaten Autoverkehr und den übrigen Verkehr etwa stabil bleiben werden. Deshalb erstaunt es nicht, dass ‹Flugscham› (Flight shame) 2019 zu einem der drei Deutschschweizer Wörter des Jahres gewählt wurde. Da mehr Leute reisen, wird erwartet, dass durch Übernachtungen generierte CO_2-Emissionen zunehmen werden. Je luxuriöser zudem genächtigt wird, desto höher ist gewöhnlich der Energieverbrauch.

Abbildung 81 Verkehrsbedingte Emissionen durch inländische und internationale Touristenankünfte nach Verkehrsträgern 2005, 2016 und 2030 (Mt CO_2)

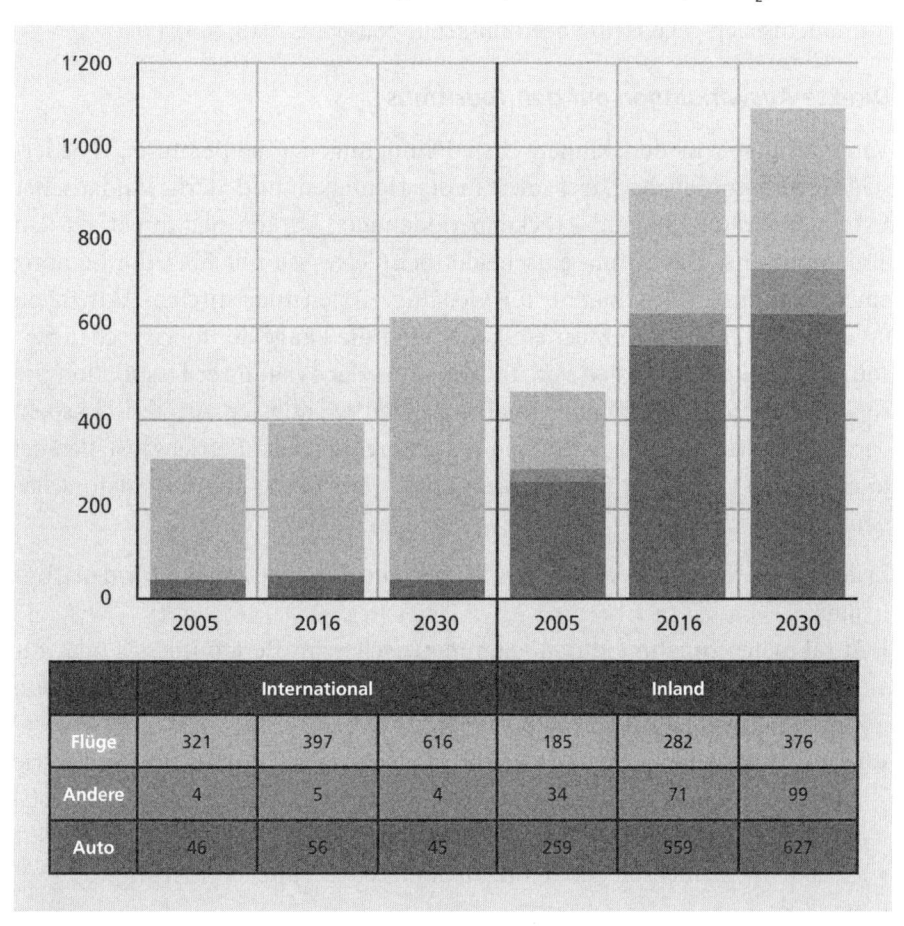

	International			Inland		
	2005	2016	2030	2005	2016	2030
Flüge	321	397	616	185	282	376
Andere	4	5	4	34	71	99
Auto	46	56	45	259	559	627

Quelle: UNWTO 2019b

14.2.4 Auswirkungen des Klimawandels auf den Tourismus

Neben der Verursacherrolle ist der Tourismus eindeutig auch ein Betroffener des Klimawandels. Es wird davon ausgegangen, dass die vielfältigen Auswirkungen vom Klimawandel auf den Tourismus weitverbreitet sein werden, d.h. keine touristische Destination wird vollkommen unbeeinflusst bleiben (Scott et al. 2013, S. 190).

Grundsätzlich können vier grobe Kategorien von potenziellen direkten und indirekten Auswirkungen des Klimawandels auf den Tourismus unterschieden werden, die sich gegenseitig beeinflussen (Scott et al. 2013, S. 191)

Direkte Auswirkungen auf den Tourismus

Veränderungen in den klimatischen Bedingungen (Temperaturen, Niederschläge und Luftfeuchtigkeit) sowie in der Häufigkeit und Stärke klimatischer Extremereignisse (Stürme, Trockenperioden etc.) wirken sich direkt auf den Tourismus aus. Das Klima entscheidet beispielsweise mit über die Eignung einer bestimmten Destination für vielfältige Arten touristischer Aktivitäten (Wintersport, Baden im Meer etc.) oder über die Länge der touristischen Saison. Klimafaktoren werden von Touristen bei der Wahl ihrer Destination berücksichtigt und stellen manchmal sogar den wichtigsten Attraktionsaspekt der Destination dar. Weiter können Extremereignisse zu Betriebsausfällen bei touristischen Leistungsträgern führen, etwa, wenn dadurch Infrastrukturschäden entstehen.

Zweifelsohne entstehen durch den Klimawandel auch Chancen für den Tourismus:
- Attraktivitätszunahme durch «Sommerfrische» im Bergtourismus oder für den Badetourismus an Seen und kühlen Gewässern – man spricht in diesem Zusammenhang auch von «Coolcation»
- Verbesserte Konkurrenzsituation für hoch gelegene Wintersportorte sowie aufgrund veränderter klimatischer Bedingungen in südlich gelegenen Destinationen (z. B. zu grosse Hitze im Mittelmeerraum)
- Attraktivitätszunehme der Städte im Sommer (Mediterranisierung)
- Etc.

Indirekte Auswirkungen über Änderungen im Umweltsystem

Gleichzeitig wirkt sich der Klimawandel indirekt auf die touristische Attraktivität aus, weil das Umweltsystem davon beeinträchtigt wird. Klimabedingte Umweltveränderungen, welche die Anziehungskraft touristischer Destinationen beeinflussen, beziehen sich beispielsweise auf die Wasserverfügbarkeit, die Biodiversität, das Landschaftsbild (z. B. infolge der Gletscherschmelze), die Schneebedingungen, die Rahmenbedingungen für die Landwirtschaft, Überschwemmungen etc.

14. Anhang

Abbildung 82 Indirekte und direkte Auswirkungen vom Klimawandel auf den Tourismus

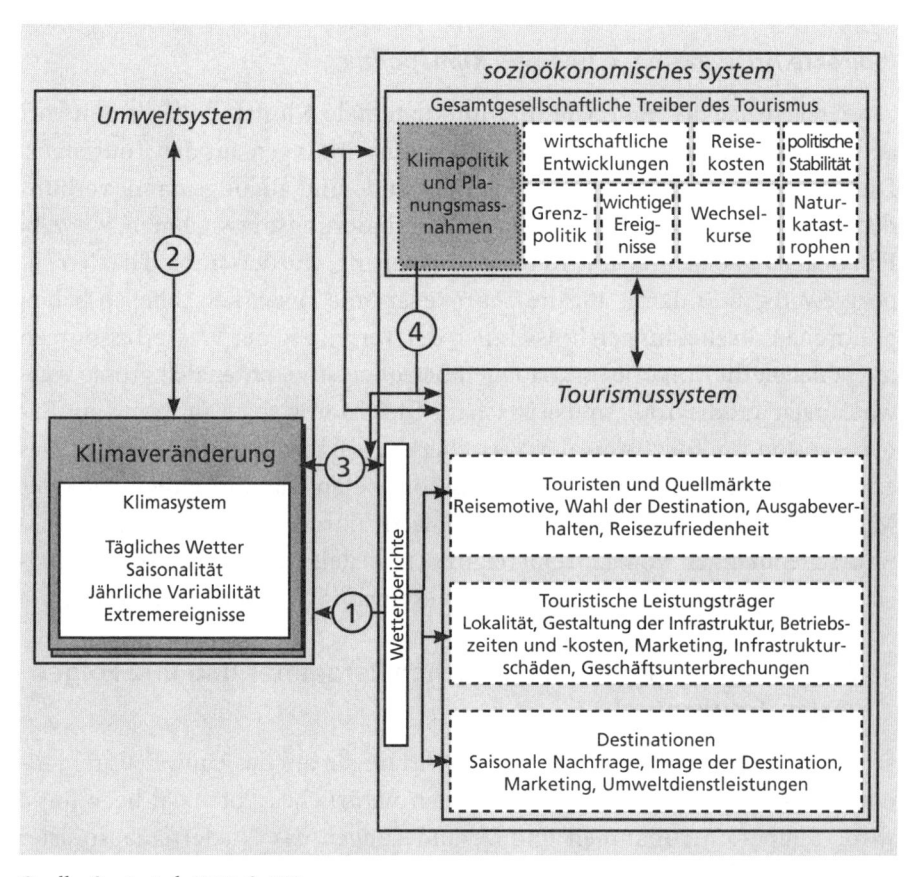

soziökonomisches System
Gesamtgesellschaftliche Treiber des Tourismus

- Klimapolitik und Planungsmassnahmen
- wirtschaftliche Entwicklungen
- Reisekosten
- politische Stabilität
- Grenzpolitik
- wichtige Ereignisse
- Wechselkurse
- Naturkatastrophen

Umweltsystem

Klimaveränderung
Klimasystem
Tägliches Wetter
Saisonalität
Jährliche Variabilität
Extremereignisse

Wetterberichte

Tourismussystem

Touristen und Quellmärkte
Reisemotive, Wahl der Destination, Ausgabeverhalten, Reisezufriedenheit

Touristische Leistungsträger
Lokalität, Gestaltung der Infrastruktur, Betriebszeiten und -kosten, Marketing, Infrastrukturschäden, Geschäftsunterbrechungen

Destinationen
Saisonale Nachfrage, Image der Destination, Marketing, Umweltdienstleistungen

Quelle: Scott et al. 2013, S. 190

Indirekte Auswirkungen über Änderungen im soziökonomischen System

Der Klimawandel hat nachweislich einen Einfluss auf das gesamte soziökonomische System. Dies ist der Fall, weil dadurch beispielsweise das wirtschaftliche Wachstum oder die politische Stabilität von Ländern negativ beeinflusst werden kann. Wenn in Folge des Klimawandels beispielsweise einige Länder unter langanhaltenden Dürreperioden leiden und ihre Ernährungssicherheit nicht mehr gewährleisten können, oder in Inselstaaten durch grossflächige Überschwemmungen Fluchtbewegungen ausgelöst werden, kann dies globale wirtschaftliche und politische Auswirkungen mit sich bringen. Der Tourismus seinerseits ist stark von der wirtschaftlichen und politischen Situation der Zielländer abhängig (Scott et al. 2013, S. 191).

Indirekte Auswirkungen über die Klimapolitik

Schliesslich hat die nationale und internationale Klimapolitik als Antwort auf die klimatischen Herausforderungen Auswirkungen auf den Tourismus. Die Diskussion in Bezug auf die Energiewende und allfällige damit verbundene Energiepreissteigerungen durch Verminderungsmassnahmen, wie z. B. Flugticketabgaben oder eine Kerosinbesteuerung, würden sich auf das Transportgewerbe und damit auf die Touristenströme auswirken. Ebenso haben politische Entscheidungen hinsichtlich der Verteilung der Wasserressourcen in Gebieten, die von Wasserknappheit betroffen sind, potenziell grosse Auswirkungen auf die Tourismuswirtschaft. Gleichzeitig spielt in Bezug auf Betriebskosten im Tourismus der Versicherungssektor eine grosse Rolle. Dies etwa, wenn für Immobilien in Hochrisikogebieten wie Küstenregionen oder Mündungsgebieten die Versicherungskosten durch die höhere Eintretenswahrscheinlichkeit von Extremereignissen ansteigen oder gar keine Versicherungen mehr abgeschlossen werden können (Scott et al. 2013, S. 192).

14.2.5 Veränderung der ökologischen Parameter und ihre Folgen für den Tourismus

Der Klimawandel wirkt sich durch Auswirkungen auf das Umweltsystem indirekt auf den Tourismus aus, da dessen natürliches Potenzial beeinflusst wird. Temperaturzunahmen und Veränderungen der Niederschlagsmuster führen zu Änderungen der Ökosysteme, welche ihrerseits zu Veränderungen im System Tourismus führen und Handlungsbedarf hervorrufen (Lehmann 2013, S. 61).

14. Anhang

Abbildung 83 Wirkungsmodell zum Einfluss der ökologischen Parameter auf den Tourismus

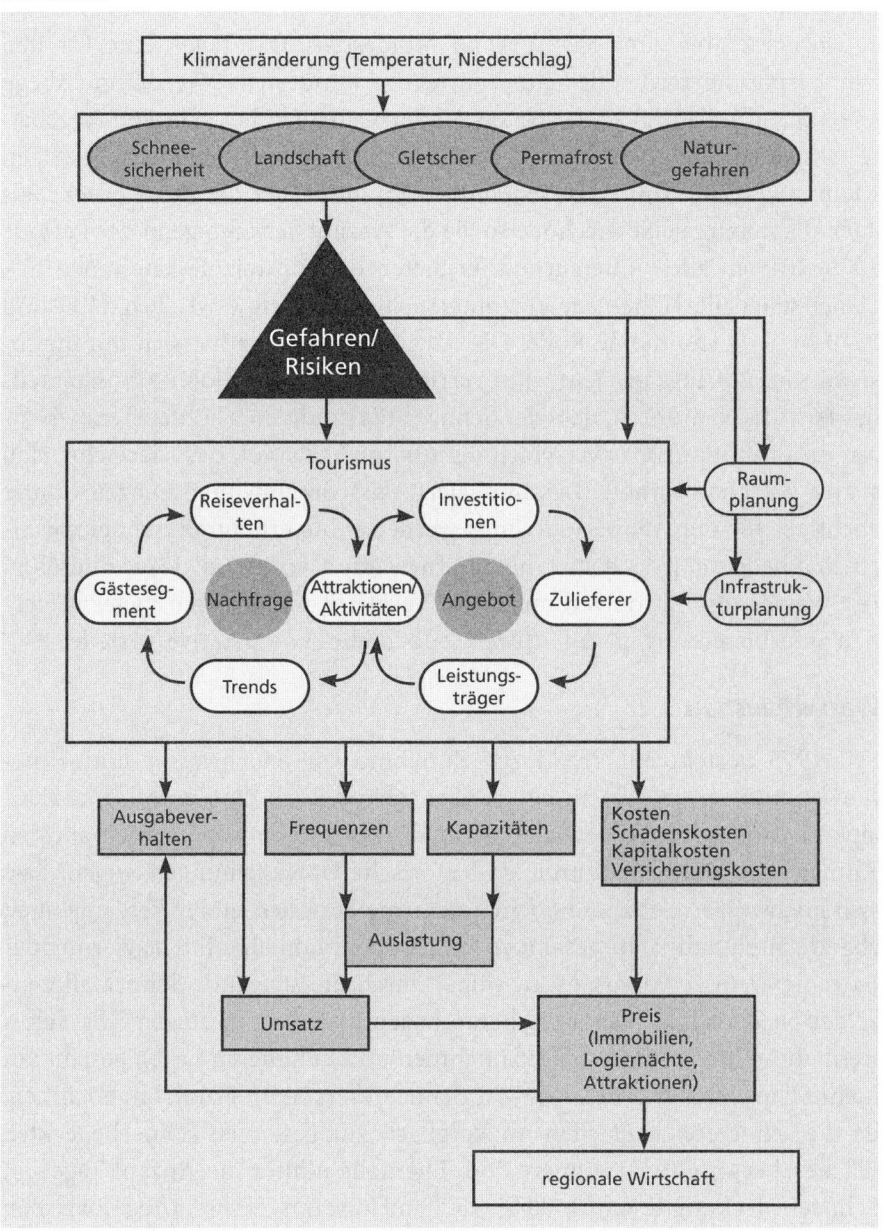

Quelle: Lehmann 2013, S. 67

Schneesicherheit

Ein Gebiet gilt als schneesicher, wenn in mindestens 7 von 10 Wintern vom 1. Dezember bis zum 15. April an mindestens 100 Tagen eine für den Schneesport ausreichende Schneedecke von mindestens 30 cm liegt (Abegg 1996, S.59ff.). Es liegt in der Natur der Sache, dass höher gelegene Skigebiete schneesicherer als tiefer gelegene Skigebiete sind. In einer Studie zeigen Klein et al. (2016) auf, dass jedoch sowohl die Dauer der Schneedecke, als auch die maximale Schneehöhe sowie die Anzahl Schneetage in der Periode 1970–2015 in allen untersuchten Gebieten der Schweiz abgenommen hat. Dabei spielt die Höhenlage der untersuchten Gebiete (zwischen 1139 und 2540 m.ü.M) kaum eine Rolle. Die Anzahl Schneetage hat sich um durchschnittlich 8.9 Tage pro Jahrzehnt verringert. Die Reduktion ist grösstenteils darauf zurückzuführen, dass der Schnee aufgrund der erhöhten Temperaturen im Frühling früher verschwindet und nicht darauf, dass der Schneefall später im Jahr beginnt. Dies impliziert, dass Beschneiungsanlagen immer wichtiger für den Wintertourismus werden. Eine erhöhte Beschneiungsintensität bedeutet jedoch auch höhere Investitionskosten sowie einen grösseren Wasser- und Stromverbrauch. Im Vergleich mit anderen, tiefer gelegenen Skigebieten verfügt die Schweiz jedoch über komparative Vorteile.

Wasserhaushalt

Seit 1975 besteht ein Trend zur Zunahme von Hochwasser und Überschwemmungen im Alpenraum, wobei mehrheitlich die Zentral- und Südalpen betroffen sind. Diese Zunahme ist aber nicht mit Sicherheit auf den Klimawandel zurückzuführen, da historische Untersuchungen zeigen, dass sich hochwasserreiche und hochwasserarme Perioden in der Vergangenheit abgewechselt haben. Insgesamt wird im Alpenraum eine Intensivierung der Extremereignisse vorausgesagt, wobei durch die steigende Schneefallgrenze der Niederschlag auch in höheren Lagen in Form von Regen fällt. Selbst wenn die Winterniederschläge zunehmen und in höheren Lagen gesamthaft mehr Schnee fällt, werden wohl die Schneereserven im Frühjahr abnehmen, da die schneefreien Flächen im Vergleich zur gesamten schneebedeckten Fläche überproportional gross sind. Ebenfalls nimmt die Anzahl Tage mit Schneebedeckung ab (auf 1000 bis 1500 m Höhe um minus 24 Tage zwischen 2020–2049 bzw. um minus 53 Tage zwischen 2070–2100). Der Winter wird

14. Anhang

eher verzögert einsetzen und vor allem sehr viel früher aufhören. Der Anteil der Schneeschmelze am Gesamtabfluss wird daher bereits in der ersten Jahrhunderthälfte um ca. 15% abnehmen (Jörg-Hess 2014, S. 34f.).

Gletscher

Seit dem letzten Gletscherhochstand am Ende der Kleinen Eiszeit um 1850 weichen die Gletscher im europäischen Alpenraum generell zurück. Bis 2010 haben 30–40% ihrer Oberfläche und ca. die Hälfte ihres Volumens verloren. Jährlich verlieren die Gletscher der Alpen gegenwärtig ca. 40 km2 ihrer heute noch verbleibenden Fläche von 1800 km2 und etwa 2 km3 ihres Volumens. Damit werden wesentliche Teile des gegenwärtigen Eisvolumens der Schweizer Gletscher bis zur Jahrhundertmitte abschmelzen. Selbst grosse Gletscher werden in der zweiten Jahrhunderthälfte bis auf kleine Reste verschwinden. In den kommenden Jahrzehnten werden sich als Folge der Gletscherschmelze auf den Gletschern sowie in den Übertiefungen ihrer freigelegten Betten zahlreiche Gletscherseen bilden. Diese stellen infolge der abnehmenden Stabilität der Gebirgslandschaft ein beträchtliches Gefahrenpotential dar, etwa durch Überflutungen. Auf der anderen Seite können die neu entstandenen Gletscherseen zu einer natürlichen touristischen Attraktion werden (Lehmann 2013, S. 64; Haeberli et al. 2013, S. 51).

Permafrost

In der Schweiz sind rund 5% der Landesfläche Permafrostgebiete, was einer rund doppelt so grossen Fläche entspricht wie diejenige der Gletscher. Während des Hitzesommers 2003 wurde zwischen Juni und August eine hohe Zahl an Felsstürzen im gesamten Alpenraum festgestellt, was als wahrscheinliches Anzeichen für die rasche Destabilisierung steiler Permafrosthänge bei starker Erwärmung erachtet wird (Haeberli et al. 2010, S. 1051). Insgesamt bestehen bezüglich der Auswirkungen des Klimawandels auf die Permafrostgebiete jedoch noch beträchtliche Unsicherheiten. Für den Tourismus kann die Degradation des Permafrosts neben den Auswirkungen auf Murgänge zudem einen destabilisierenden Einfluss auf die Fundamente von Gebäuden, Lawinenverbauungen und Seilbahninstallationen haben.

Naturgefahren

Aufgrund der definitionsgemässen Seltenheit von extremen Wetterereignissen ist es schwierig vorauszusagen, ob diese infolge des Klimawandels häufiger werden und damit das Risiko bezüglich Naturgefahren steigt. Der heutige Wissensstand deutet jedoch darauf hin, dass sich die Erwärmung der Atmosphäre auf die Intensität und Häufigkeit von Wetterextremen auswirken wird. Das häufigere Eintreten solcher Ereignisse wird vor allem im Zusammenhang mit der instabilen Gebirgslandschaft infolge der Gletscherschmelze und der Degradation des Permafrostbodens erwartet (Haeberli et al. 2013, S. 17f.).

Landschaft und Vegetation

Die Landschaft bleibt für den Tourismus eines der wichtigsten, wenn nicht gar das wichtigste Angebotselement. Inwiefern sich die Attraktivität der Landschaft durch den Klimawandel verändert, ist kaum prognostizierbar. Einerseits könnte die als wichtig bewertete Vielfalt der Landschaft durch die zunehmende Kargheit grosser Geröllfelder infolge des Gletscherrückzuges oder durch grossflächige Felsstürze zurückgehen. Andererseits kann eine Verschiebung des Vegetationsgürtels oder die Bildung von Gletscherseen in einigen Gebieten zu einer Aufwertung der Landschaft führen. Grundsätzlich wird eine sensible Reaktion der Touristen auf langsame Landschaftsveränderungen durch die menschliche Gewöhnungsdynamik verhindert (Haeberli et al. 2013; Lehmann 2013, S. 66; Rothenbühler 2006, S. 53).

Fazit

Die Auswirkungen des Klimawandels sind nebst ökologischen und sozialen auch eng mit ökonomischen Fragestellungen verknüpft. Sowohl Schadenkosten wie auch Kosten für Anpassungsmassnahmen werden steigen. Diese veränderten Kostenstrukturen können sich negativ auf den Preis für touristische Produkte und Dienstleistungen auswirken, was einen Einfluss auf die Nachfrage hat. Eine Untersuchung hat beispielsweise gezeigt, dass der Wintertourismus im Berner Oberland ohne Anpassung erhebliche Umsatzeinbussen verzeichnen wird. Insgesamt ergeben sich für alle touristischen Leistungsträger Veränderungen in ihren angebotenen Attraktionen und Aktivitäten, welche regional sehr unterschiedlich sein können und wiederum von den Veränderungen der ökologischen Parameter abhängen. Ein starker Gletscherrückgang wird in Destinationen, die als ‹Gletscherdorf› vermarktet werden, besonders weitreichende Veränderungen mit sich bringen. Insgesamt können für den Tourismus vor allem Kosten in Form von Schadenskosten durch Extremereignisse, Kosten für Angebotsveränderungen, zusätzlichen Prämien für Versicherungen sowie höhere Kapital- und Zinskosten aufgrund grösserer Risiken entstehen (Lehmann 2013, S. 68; Müller/Weber 2007, S. 48ff.).

14.2.6 Verminderungs- und Anpassungsstrategien im Tourismus

Die aus den Wechselbeziehungen zwischen Tourismus und Klimawandel resultierenden Herausforderungen machen adäquate Massnahmen notwendig. Einerseits müssen die negativen Auswirkungen des Tourismus auf das Klima möglichst reduziert, andererseits die negativen Effekte des Klimawandels auf den Tourismus abgefedert werden. Dies wird anhand von Verminderungs- und Anpassungsstrategien zu erreichen versucht.

Abbildung 84 Anknüpfungspunkte von Verminderungs- und Anpassungsmassnahmen

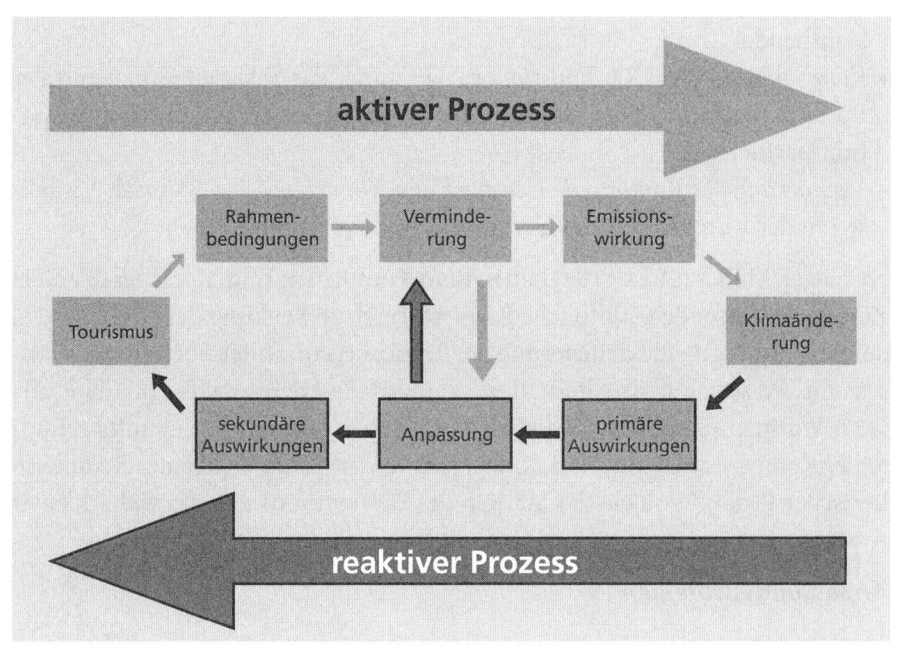

Quelle: Lehmann 2013, S. 28

Verminderungsstrategien

Verminderungsmassnahmen im Tourismus zielen darauf ab, die Emissionswirkung des Tourismus einzudämmen. Verminderung wird allgemein als ‹anthropogene Intervention zur Reduktion der Treibhausgase› (IPCC 2001, S. 716) verstanden und ist somit ein aktiver Prozess zur Eindämmung des Einflusses des Klimawandels. Konkret können Verminderungsmassnahmen verschiedene Ansatzpunkte verfolgen: (Müller/Weber 2007, S. 16ff.)

- *Reduktion von Treibhausgasen*, z. B. durch Förderung erneuerbarer Energien (Holz, Wasser), Dekarbonisierung, Elektrifizierung, Einsatz von synthetischen Treibstoffe (SAF), Abwärmenutzung, bedarfsgerechte Beheizung von Ferienwohnungen
- *Förderung des öffentlichen Verkehrs – Optimierung des Verkehrsmanagements*, z. B. durch attraktivere ÖV-Verbindungen, preisliche Anreize, Gästekarten ÖV-inklusive, preisliche Anreize, Verkehrsmanagement innerorts, Car-Sharing
- *Durchsetzung des Verursacherprinzips*, z. B. durch Begünstigung schadstoffarmer Fahrzeuge, Ticketsteuer, Einbezug des Flugverkehrs in den Emissionshandel
- *Kompensation von CO_2-Emissionen*, z. B. durch das Schaffen klimaneutraler Produkte und Angebote, das Eingehen von Kooperationen mit Kompensationspartnern
- *Verstärkung der Kommunikation über den Klimawandel*, z. B. durch Visualisieren der Klimaänderung oder Stimulieren von Innovationen.

Nydegger/Müller (2024, S. 94) haben Reto Knutti, dem Klimaforscher der ETH Zürich, die folgende ‹Knutti'sche Zauberformel› zu Senkung der Klimagase in den Mund gelegt: «Elektrifizierung des Transports und aller übrigen Antriebssysteme, Wasserstoff als Alternative, synthetische Treibstoffe für den Flugverkehr, Wärmepumpen für die Beheizung, Sequestrierung als Zukunftstechnologie, Kompensation im Notfall, Steigerung der Energieeffizienz, Reduktion tierischer Produkte sowie das Stärken des Bewusstseins anhand vieler kleiner Ansätze.»

Anpassungsstrategien

Anpassungsstrategien haben wie Verminderungsstrategien zum Ziel, den Einfluss des Klimas und insbesondere des Klimawandels zu reduzieren. Im

Gegensatz zu Verminderungsstrategien sind sie jedoch als reaktiver Prozess zu verstehen, da sie versuchen, die zukünftigen Folgen der primären Auswirkungen des Klimawandels durch entsprechende Massnahmen abzufedern. Anpassung bedeutet Angleichung bzw. Umstellung der natürlichen und/oder anthropogenen Systeme aufgrund aktueller oder erwarteter Klimareize oder deren Effekte, um Schäden/Risiken zu reduzieren oder Vorteile/Chancen als Möglichkeiten zu nutzen.

Anpassungsstrategien zur Reduktion des Einflusses des Klimawandels basieren wie Verminderungsstrategien auf verschiedenen Anknüpfungspunkten: (Müller/Weber 2007, S. 2)

- *Gefahrenminimierung,* z. B. durch Verbauungen, Stollen, Warndispositive
- *Angebotsentwicklung, Attraktivierung der Landschaft, Diversifizierung,* z. B. durch Aufwertung der Sommer- und Herbstsaison, Architektur, technische Beschneiung, Indoorangebote
- *Unterstützung der Kommunikation – Sensibilisierung,* z. B. durch Lehrpfade Positionierung, Aufnahme in der Destinationsstrategie.
- *Förderung von Innovationen, Intensivierung der Forschung,* z. B. neue Sportarten und Sommerattraktionen, Ausbau Kulturangebote, Beobachtung von Veränderungen im Gästeverhalten, Umweltmonitoring

Fazit: Die Schweiz muss mehr zum Schutz des Klimas tun, hat 2024 der Europäische Gerichtshof für Menschenrechte (EGMR) entschieden. Die Massnahmen dürften teuer werden, wie eine Studie des Bundesrates (vgl. Der Bund vom 24.04.2024, S. 12) ergibt. Doch die Autoren rechnen vor, dass nichts zu tun keine Alternative darstelle, denn sowohl die Folgekosten wie auch die Mindereinnahmen sind sehr hoch.

Interaktion von Anpassung und Verminderung

Verminderungs- und Anpassungsmassnahmen werden vielfach als Substitute betrachtet, weil sie beide einen Beitrag zur Reduktion des Einflusses des Klimawandels leisten. Tatsächlich bestehen zwischen diesen beiden Optionen jedoch gewisse Wechselbeziehungen bzw. Zielkonflikte. Einerseits können sie in Konkurrenz zueinanderstehen, wenn sie beispielsweise von denselben finanziellen Ressourcen abhängen. Andererseits kann es zu einem positiven Einfluss der einen auf die andere Strategie kommen, wenn entweder Anpassungsmassnahmen direkt zu einer Verminderung der Treibhausgase beitragen oder wenn durch eine Zunahme der Anpassungsmassnahmen die Kosten für Verminderung reduziert werden können sowie umgekehrt. Negative Wechselbeziehungen sind jedoch ebenfalls möglich. Verhindert werden sollte eine sogenannte ‹Maladaptation›, zu der es kommt, wenn Anpassungsmassnahmen durch einen erhöhten Energieverbrauch die Verminderungsbestrebungen negativ beeinflussen. Nachhaltige Anpassungsoptionen sollten daher immer unter Berücksichtigung des Verminderungsprozesses bewertet werden (Müller/ Lehmann 2011, S. 44f.).

14.2.7 Tourismus auf dem Weg zu Netto-Null 2050

Zur Transformation des Tourismus hin zum Netto-Null-Ziel 2050 haben Wirth, Bandi et al. (2024, S. 41ff) anlässlich einer Tagung der Deutschen Gesellschaft für Tourismuswissenschaft e.V. in Bern sechs Thesen zur Diskussion gestellt. Darauf basierend eine kurze Zusammenfassung dieser Forderungen:

1. Mit der Berücksichtigung der UNWTO-Stossrichtungen zur Transformation auf einer strategischen wie auch operativen Ebene wird sichergestellt, dass die Klimaschutzmassnahmen in allen Bereichen des Tourismus aufeinander abgestimmt werden.

2. Auf der nationalen politischen Ebene ist die Schaffung von klaren und kohärenten Rahmenbedingungen (Vorgaben) hinsichtlich des Klimaschutzes sowie von finanziellen Anreizen auf allen Ebenen zentral für die Erreichung des Netto-Null-Zieles.

3. Die Bilanzierung von Treibhausgasemissionen von (touristischen) Unternehmen und Destinationen (sowie die verbindliche Festlegung eines Absenkpfades) ist eine zentrale Voraussetzung, um Netto-Null-Pläne festzulegen, sie zu überprüfen und schliesslich die Netto-Null-Ziele zu erreichen.

4. Zur Festlegung eines einheitlichen Bilanzierungsrahmens ist es notwendig, auf Destinationsebene die Methoden und Verfahren zu klären bezüglich Scopes, An- und Abreise, Art der Emissionen, produktions- resp. konsumbasierte Perspektive, Transparenz sowie Art der Daten und sowohl Bottom-up- wie auch Top-down-Ansätze vorzuschlagen.

5. Die Kompensation von Treibhausgasemissionen soll nur ein kurzfristiges Instrument zur Finanzierung von Verminderungsmassnahmen darstellen. Im Grundsatz muss gelten, Emissionen zu vermeiden, zu reduzieren und nicht vermeidbare Restemissionen erst dann zu kompensieren resp. zu sequestrieren.

6. Da Fernreisen eine Notwendigkeit darstellen oder ein persönliches Bedürfnis bleiben werden, muss die Entwicklung emissionsarmer Treibstoffe und Antriebssysteme vorangetrieben werden. Die internationale Staatengemeinschaft muss die Beimischquote von synthetischen Treibstoffen (SAF) verpflichtend festlegen und dynamisch erhöhen. Die Klimakonferenzen müssen die Anrechenbarkeit und Verfahren klären.

14.3 Hilfsblätter für Erlebnis-Setting (vgl. Kap. 7.9)

Destination

Standort/Situation

Datum, Zeit

Wetter

1. Bewertung der resultierenden Atmosphäre am Standort

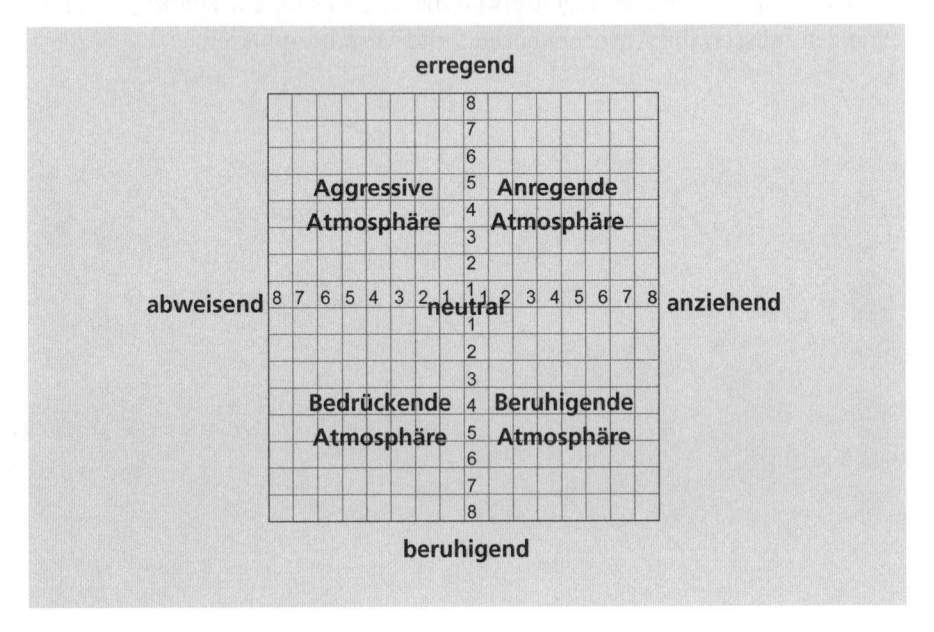

```
                    erregend
                       8
                       7
                       6
           Aggressive  5  Anregende
           Atmosphäre  4  Atmosphäre
                       3
                       2
                       1
abweisend  8 7 6 5 4 3 2 1   1 2 3 4 5 6 7 8  anziehend
                     neutral
                       1
                       2
                       3
           Bedrückende 4  Beruhigende
           Atmosphäre  5  Atmosphäre
                       6
                       7
                       8
                    beruhigend
```

Beschreibung der Atmosphäre, Abgrenzung

14. Anhang

2. Detaillierte Bewertung der Inszenierungselemente

2.1 Thema

Ist eine Reizthematik wahrnehmbar, wenn ja welches Thema/welche Themen?

2.2 Attraktionen/Aktivitäten

Welche Attraktionen sind wahrnehmbar (Art, Dauer, Intensität, angesprochene Sinne, Einbezug der Gäste, Gestaltung usw.)?

2.3 Besucherlenkung

a. Orientierung   einfach   ☐☐☐☐☐   schwierig

Bemerkungen

b. Information   umfassend ☐☐☐☐☐ ungenügend

Bemerkungen
_____
_____
_____

c. Sicherheit   sicher ☐☐☐☐☐ unsicher

Bemerkungen
_____
_____
_____

d. Dramaturgische Elemente zur Erlebnisintensivierung/ Erlebnisverlängerung (gezielte Information, halbgeöffnete Tür, Verzögerung der Zielerreichung, Überraschungseffekt, Unterbrechung der Reize, Gefühlsansteckung, Möglichkeit zum Erlebnisaustausch)

_____
_____
_____
_____

2.4 Wohlbefinden

a. Wartezeiten _____

b. Toiletten _____

c. Restauration _____

14. Anhang 375

d. Ruhemöglichkeiten

e. Crowding

f. Wettersicherheit

g Weiteres

2.5 Szenerie

a. Nahbereich

Reizthematik   einheitlich ☐☐☐☐☐ uneinheitlich

Beschreibung/Bemerkungen

Positive Atmosphäreträger

Negative Atmosphäreträger

b. Fernbereich/Umgebung

Reizthematik   einheitlich ☐☐☐☐☐ uneinheitlich

Beschreibung/Bemerkungen

Positive Atmosphäreträger

Negative Atmosphäreträger

2.6 Gäste

a. Zusammensetzung (Gruppen, Einzelne)

b. Alter

c. Verhalten

d. Reaktionen

3. Evaluation von Potentialen

3.1 Thema

3.2 Attraktionen

3.3 Besucherlenkung

3.4 Wohlbefinden

3.5 Szenerie

3.6 Gäste

3.7 Sonstiges

Quelle: Müller, Scheurer 2007

Literaturverzeichnis

Abegg, B. 1996: Klimaänderung und Tourismus, Klimafolgenforschung am Beispiel des Wintertourismus in den Schweizer Alpen, Zürich 1996

Amaro, S., Duarte, P. 2015: An integrative model of consumers' intentions to purchase travel online. *Tourism management*, 46, 64-79.

Ammann, H. 1987: Freizeit und Kultur, in: Handbuch Sozialwesen Schweiz, Zürich 1987

Ammann, H. 2001: Von Freiwilligkeit sei die Rede – Ein Vorschlag zur Klärung der Begriffe, Hrsg.: Schweizerische Gemeinnützige Gesellschaft, Zürich 2001

ARE (Bundesamt für Raumentwicklung) 2000: Pendlerverkehr – Neue Definitionen der Agglomerationen, Bern 2000

ARE (Bundesamt für Raumentwicklung) 2018: Wohnungsinventar und Zweitwohnungsanteil, Bern 2018

ARE (Bundesamt für Raumentwicklung) 2024: Wohnungsinventar und Zweitwohnungsanteil, Bern 2023

Bächtold, H. G., 2021: Aussichten in den viel Raumtypen, in: Hochparterre, Zürich 3/2021, S. 10f

Baloch, Q. B., Shah, S. N., Iqbal, N., Sheeraz, M., Asadullah, M., Mahar, S., & Khan, A. U. (2023). Impact of tourism development upon environmental sustainability: a suggested framework for sustainable ecotourism. Environmental Science and Pollution Research, 30(3), 5917-5930. https://doi.org/10.1007/s11356-022-22496-w

Bandi Tanner, M., Lehmann Firedli, T., Künzi, A., Müller HR. 2017: Event Performance Index (EPI). Bewertungen von Events für eine transparente Unterstützungspraxdis – Das ‹Saaner-Modell›, Hrsg.: Forschungsstelle Tourismus (CRED-T), Bern 2017

Bandi Tanner, M., Müller, HR., Julen, Ch., Pfammatter, A. 2018: Zukunft des stationären Reisebüros, Hrsg.; Schweizer Reise-Verband, Bern/Zürich 2018

Bandi, M., Roller, M., 2020: Strukturwandel im Schweizer Tourismus – Einfluss der Corona-Krise auf die touristische Nachfrage, die touristische KMU-Strukturen und den touristischen Arbeitsmarkt, Bern 2020

Bandi Tanner, M., Hämmerli, S.J. 2018: Reviewing TripAdvisor and Co.: A quality analysis of hotel review sites, Anatolia, 29(4), 518-528

Beritelli, P., Reinhold, St., Laesser, Chr., Bieger, Th., 2015: The St. Gallen Model for Destination Management, St. Gallen 2015

Literaturverzeichnis

Bandi Tanner, M., Steiner, M., Brügger, J., & Roller, M. 2024: Kantonale Tourismuspolitik – Vergleiche, Grundlagen und Akzente. In: Tourismus-Impulse Nr. 31, Hrsg.: CRED-T Universität Bern, Bern

Bandi Tanner, M., Stürmer, M. 2024: Treiber der digitalen Transformation. In: Schmude, J., Freytag, T., & Bandi Tanner, M. (Hrsg.): Tourismusforschung – Handbuch für Wissenschaft und Praxis (unveröffentlicht). Nomos Verlags GmbH, Baden-Baden.

Berger, Sebastian, Andreas Kilchenmann, Oliver Lenz, und Francisco Schlöder. 2022: «Willing-ness-to-pay for carbon dioxide offsets: Field evidence on revealed prefer?ences in the aviation industry». *Global Environmental Change* 73:102470. doi: 10.1016/j.gloenvcha.2022.102470

BKF (Bundesamt für Konjunkturfragen) 1991: Schweiz Morgen, Bericht der Eidgenössischen Expertenkommission an den Bundesrat, Bern 1991

BFS (Bundesamt für Statistik): Hotel- und Kurbetriebe in der Schweiz, Bern diverse Jahrgänge

BFS (Bundesamt für Statistik): Satellitenkonto Tourismus: Beschäftigung (VZÄ), Tourismusanteil an der Beschäftigung und tourismusbezogene Beschäftigung (VZÄ) in der Schweiz, Neuenburg diverse Jahrgänge

BFS (Bundesamt für Statistik): Strassenfahrzeuge – Motorisierungsgrad nach Kanton, Neuenburg diverse Jahrgänge

BFS (Bundesamt für Statistik): Tabelle ‹Arbeitsvolumenstatistik› (AVOL), Diverse Jahrgänge

BFS (Bundesamt für Statistik): Tourismus in der Schweiz, Bern diverse Jahrgänge

BFS (Bundesamt für Statistik): Reiseverhalten: Nettoreiseintensität, Wohnbevölkerung ab 6 Jahren, Neuenburg diverse Jahrgänge

BFS (Bundesamt für Statistik) 1981: Sozialindikatoren für die Schweiz, Band 1: Gesundheit, Bern 1981

BFS (Bundesamt für Statistik) 1991: Freizeit und Kultur. Mikrozensus 1988 – Grunddaten, Bern 1991

BFS (Bundesamt für Statistik) 1991a: Statistisches Jahrbuch der Schweiz, Bern 1991

BFS (Bundesamt für Statistik) 1993: Eidgenössische Volkszählung 1990 (Pendler), Bern 1993

BFS (Bundesamt für Statistik) 1997/2001: Statistisches Jahrbuch der Schweiz, Bern/Zürich diverse Jahrgänge

BFS (Bundesamt für Statistik) 1996: Freizeit und Tourismus. Umweltstatistik Nr. 4, Bern 1996

BFS (Bundesamt für Statistik) 2012: Valeur – Freizeit, Neuenburg 2012

BFS (Bundesamt für Statistik) 2016: Verkehrsverhalten der Bevölkerung, Synthesetabellen – Ergebnisse des Mikrozensus Mobilität und Verkehr 2015, Neuenburg 2016

BFS (Bundesamt für Statistik) 2017a: Mikrozensus Mobilität und Verkehr 2015, Bern 2017

BFS (Bundesamt für Statistik) 2017b: Haushaltsbudgeterhebung 2012–2014, Neuenburg 2017

BFS (Bundesamt für Statistik) 2020a: Arbeitsmarktindikatoren 2019, Neuenburg 2020

BFS (Bundesamt für Statistik) 2020b: Lebenserwartung 2019, Neuenburg 2020

BFS (Bundesamt für Statistik) 2020c: Taschenstatistik der Schweiz, Neuenburg 2020

BFS (Bundesamt für Statistik) 2020d: Fremdenverkehrsbilanz 1975–2019 (Tabelle und Grafik), Neuenburg 2020

BFS (Bundesamt für Statistik) 2020e: Reisen der Schweizer Wohnbevölkerung 2019, Neuenburg 2020

BFS (Bundesamt für Statistik) 2023: Mobilität und Verkehr – Taschenstatistik 2023, Bern 2023

BFS (Bundesamt für Statistik) 2023a: Nachhaltigkeitsindikatoren zum Satellitenkonto Tourismus (NITSA), Neuenburg 2023

BFS (Bundesamt für Statistik) 2023b: Haushaltsbudgeterhebung 2015-2021, Neuenburg 2023

BFS (Bundesamt für Statistik) 2023c: Arbeitsvolumenstatistik 1991-2022, Neuenburg 2023

BFS (Bundesamt für Statistik) 2023d: Kohortensterbetafeln für die Schweiz (1876-2030), Neuenburg 2023

BFS (Bundesamt für Statistik) 2023e: Fremdenverkehrsbilanz 1995-2022, Neuenburg 2023

BFS (Bundesamt für Statistik) 2023f: Satellitenkonto Tourismus: Touristische Bruttowertschöpfung, Ausgaben und Beschäftigung 2001-2022, Neuenburg 2023

BFS (Bundesamt für Statistik) 2023g: Mikrozensus Mobilität und Verkehr 2021, Bern 2023

BFS (Bundesamt für Statistik) 2023h: Haushaltsbudgeterhebung, Reiseverhalten der Wohnbevölkerung, Neuenburg 2023

Literaturverzeichnis

BFS (Bundesamt für Statistik) 2024a: Motorisierungsgrad 2023, Neuenburg 2024

BFS (Bundesamt für Statistik) 2024b: Pendlermobilität im Jahr 2022, Neuenburg 2024

BFU (Beratungsstelle für Unfallverhütung) 2024: Mehr Freizeit, mehr Unfälle, Medienmitteilung, Bern 09.01.2024

Bieger, T. 2011: Management von Destinationen, München 2011

Bieger, T., Beritelli, P. 2013: Management von Destinationen, Oldenbourg Wissenschaftsverlag, München 2013

Bieger, T., Laesser, Chr. 2005: Travel Market Switzerland, IDT (Hrsg.), St. Gallen 2005

Bieger, T., Laesser, C., Beritelli P. 2013: DMO Modell der 3. Generation, St. Gallen 2013

Bieger, T., Laesser, C., Weinert, R. 2006: Wettbewerbsfähige Strukturen und Aufgabenteilung im Bündner Tourismus – Teil 1: Ausgangsanalyse, St. Gallen 2006

Bieger, T., Müller, HR. et al. 1997: Neue touristische Strukturen in der Schweiz, Bericht einer Arbeitsgruppe VSTD, Samedan 1997

BIGA (Bundesamt für Industrie, Gewerbe und Arbeit) 1994: Verbrauchserhebung 1992, Bern 1994

Bloch, E. 1985: Das Prinzip Hoffnung, Suhrkamp-Taschenbuchausgabe, Frankfurt 1985

BMNT (Bundesministerium für Nachhaltigkeit und Tourismus) 2019: Plan T – Masterplan für Tourismus, Wien 2019

Booking.com 2019: Booking.com reveals 8 Travel Predictions for 2019, zuletzt aufgerufen: 13.06.2019

Brock, A. (2022): Open source law, policy, and practice. New York: Oxford University Press.

Carvalho, I., Ivanov, S. 2024: "ChatGPT for tourism: applications, benefits and risks", Tourism Review, 79(2), 290-303. https://doi.org/10.1108/TR-02-2023-0088

Choudary, S. P., Parker, G. G. P., Van Alystne, M. 2015: Platform scale: How an emerging business model helps startups build large empires with minimum investment. Platform Thinking Labs

Chowdhary, K.R. 2020: Natural Language Processing. In: Fundamentals of Artificial Intelligence. Springer, New Delhi. https://doi.org/10.1007/978-81-322-3972-7_19

CH2011 2011: Swiss Climate Change Scenarios CH2011, published by C2SM, MeteoSwiss, ETH, NCCR Climate, and OcCC, Zurich 2011

Cipra (Commission internationale pour la protéction des régions alpines) 1984: Sanfter Tourismus – Eine Chance für den Alpenraum? Deklaration von Chur 1984, in: Cipra-Info Nr. 4/1984, Vaduz 1984

Cipra (Commission internationale pour la protéction des régions alpines) 1998: Alpenreport – Daten, Fakten, Probleme, Lösungsansätze, Bern/Stuttgart, Wien 1998

Club of Rome 1972: Grenzen des Wachstums, Stuttgart 1972

Club of Rome 2017: Wir sind dran – Was wir ändern müssen, wenn wir bleiben wollen, Autoren: von Weizsäcker, E.U., Wijkmann, A. u. a., München 2017

CRED-T & conim 2020: Digitale Transformation der Destination Gstaad – Grob- und Umsetzungskonzept / Digitalisierungsstrategie, Bern/Zürich 2020

Daly, E. 1999: Wirtschaft jenseits von Wachstum, Salzburg 1999

DANTE (Die Arbeitsgemeinschaft für Nachhaltige Tourismus-Entwicklung) 2002: Tourismus: 10 Leitsätze zu Rio+10, Stuttgart 2002

DemoSCOPE AG 2014: Demoscope News, Ausgabe 2/2014, Adligenswil 2014

Der Bund vom 22.04.2024: Was der Klimaschutz die Schweiz kosten wird, Bern 2024, S. 12

Der Bund vom 22.04.2024: Massenprotest gegen Massentourismus (AFP)

Deutsche Gesellschaft für Qualität 2024: https://blog.dgq.de/organisationale-resilienz-im-strategischen-management-viel-hilft-viel

Domenig, B. 2020: Datenschutzrecht & Urheberrecht, PP-Präsentation im Rahmen des CAS Tourismus und Digitalisierung der Universität Bern vom 10.10.2020

DuMont 2019: Atlas der Reiselust – Inspiration für ein ganzes Leben, DuMont Reiseverlag 2019

Dwyer, L., Forsyth, P., Dwyer, W. 2010: Tourism Economics and Policy, Vol. 3., Channel View Publications, Bristol 2010

EBP 2024: Die Wertschöpfung des Tourismus im Kanton Graubünden 2022/23, Zürich/Chur 2024

EC (European Commission) 2016: The European Tourism Indicator System, Luxembourg 2016

European Commission 2022: Open Data Maturity Report 2022. Data.europa.eu, Luxemburg.

EFQM 1996: Qualitäts-Selbstbewertung – Richtlinien für den öffentlichen Sektor, Hrsg.: European Fondation for Quality Management, Bruxelles 1996

Eggenschwiler, Y. 2019: Welchen Einfluss haben Terroranschläge auf die Tourismusankünfte in der Schweiz? In: Tourismus-Impulse Nr. 22, Hrsg.: CRED-T Universität Bern, Bern 2019

Enzensberger, H.M. 1958: Eine Theorie des Tourismus, in: Einzelheiten I (Suhrkamp), S. 179–206, Frankfurt 1958

Ferrante, C.L. 1994: Konflikt und Diskurs im Ferienort. Wirtschaftsethische Betrachtungen am Fallbeispiel Engelberg, Berner Studien zu Freizeit und Tourismus Nr. 32, Bern 1994

FIF (Forschungsinstitut für Freizeit und Tourismus) 2007: Tourismus-Destination als Erlebniswelt. Ein Leitfaden zur Angebots-Inszenierung, Müller, HR, Scheurer, R., Bern 2007

Flughafen Zürich AG 2020: Zahlen und Fakten 2019, Zürich 2020

Flughafen Zürich AG 2024: Integrierter Bericht 2023, Zürich 2024

Freyer, W. 2011: Tourismus-Marketing – Marktorientiertes Management im Mikro- und Makrobereich der Tourismuswirtschaft, De Gruyter Oldenbourg Verlag, München 2011

Freyer, W. 2015: Tourismus – Einführung in die Fremdenverkehrsökonomie, De Gruyter Oldenbourg Verlag, 11. Auflage, München 2015

FUR 1995/1996/2005: Forschungsgemeinschaft Urlaub und Reisen (Hrsg.): Urlaub und Reisen 1994/1995/2004, Hamburg 1995/1996/2005

FUR 2013: Forschungsgemeinschaft Urlaub und Reisen (Hrsg.): Reiseanalyse 2013, Kiel 2013

FUR 2014: Forschungsgemeinschaft Urlaub und Reisen (Hrsg.): Urlaubsreisetrends 2025, Lohmann, Schmücker, Sonntag, Kiel 2014

FUR 2015: Forschungsgemeinschaft Urlaub und Reisen (Hrsg.): Reiseanalyse 2015, Kiel 2015

FUR 2017: Forschungsgemeinschaft Urlaub und Reisen (Hrsg.): Reiseanalyse 2017 – Kurzfassung der Ergebnisse, Kiel 2017

FUR 2020: Forschungsgemeinschaft Urlaub und Reisen (Hrsg.): Reiseanalyse 2020 – Kurzfassung der Ergebnisse, Kiel 2020

FUR 2021: Forschungsgemeinschaft Urlaub und Reisen (Hrsg.): Reiseanalyse 2021 – Erste ausgewählte Ergebnisse, Kiel 2021

FUR 2023: Forschungsgemeinschaft Urlaub und Reisen (Hrsg.): Reiseanalyse 2023, Kiel 2023

Fuss, K. 1960: Geschichte der Reisebüros, Darmstadt 1960

Gartner 2017: Gartner's Top 10 Strategic Technology Trends for 2017, A Gartner Trend Insight Report, Gartner Inc., 2017

GastroSuisse 2008: Branchenspiegel 2008, Zürich 2008

Giegler, H. 1982: Dimensionen und Determinanten der Freizeit, Opladen 1982

Glücksmann, R. 1930: Die wissenschaftliche Betrachtung des Fremdenverkehrs, in: Zeitschrift für Verkehrswissenschaft Nr. 1/1930, Berlin 1930

Gore, A. 1992: Wege zum Gleichgewicht. Ein Marschallplan für die Erde, Frankfurt a.M. 1992

Gössling, S. 2011: Carbon Management in Tourism, Routledge 2011

Gössling, S., & Humpe, A. (2024). Net-zero aviation: Transition barriers and radical climate policy design implications. Science of the Total Environment, 912, 169107.

Gössling, S., & Scott, D. (2024). Climate change and tourism geographies. Tourism Geographies, 1-11. https://doi.org/10.1080/14616688.2024.2332359

Handelszeitung 2019: Freizeitparks: Milliarden mit Spass, Meyer, Maren, 29.04.2019

Haeberli, W., et al. 2010: Mountain permafrost: development and challenges of a young research field. Journal of Glaciology 56.200: 1043-1058. 2010

Haeberli et al. 2013: Neue Seen als Folge des Gletscherschwundes im Hochgebirge – Chancen und Risiken. Formation des nouveaux lacs suite au recul des glaciers en haute montagne – changes et risques. NFP 61, Zürich 2013

Heller A. 1990: Tourismus – Förderer oder Zerstörer der Kultur? In: Berner Studien zu Freizeit und Tourismus Nr. 26, Bern 1990

Heller, J. 2013: Resilienz: 7 Schlüssel für mehr innere Stärke, München 2013

Herrmann, J., Fritz, H. 2018: Qualitätsmanagement – Lehrbuch für Studium und Praxis, 2. Auflage, Hanser-Verlag, München 2018

Hirsch, G. 1993: Wiso ist ökologisches Handeln mehr als eine Anwendung ökologischen Wissens? In: GAIA 2 1993/3, S. 141–151

Höchli, C., Rütter-Fischbacher, U., Bandi, M., Lehmann, T., Rütter, H. 2013: Die wirtschaftliche Bedeutung des Tourismus im Kanton Bern. Rüschlikon, Bern, 22. April 2013. Auftraggeber: Volkswirtschaftsdirektion Kanton Bern, beco.

Hochparterre, 2021: So wohnt die 10-Millionen-Schweiz, Zürich 3/2021

Horwarth, HTL 2023: German Tourism Trends & Relevant Markets, 2023

Hotel Schweizerhof Bern & THE SPA 2019: Corporate Social Responsibility-Report, Bern 2019

Huber, I., Ledermann, R. 1990: Widerstände der Bereisten in der Schweiz, Bern 1990

Hunziker, W., Krapf, K. 1942: Allgemeine Fremdenverkehrslehre, Zürich 1942

ITD (Institut für Tourismus und Dienstleistungswirtschaft) 1996: Informationsverhalten im Reiseentscheidprozess, unveröffentlicht, Innsbruck 1996

IPCC 2007 – Climate Change 2007: The Physical Science Basis, Contribution of Working Group I to the Fourth Assessment Report of the Intergovernmental Panel on Climate Change, Cambridge University Press, Cambridge, UK and New York, NY, USA 2007

IPBES. (2019). Summary for policymakers of the global assessment report on biodiversity and ecosystem services of the Intergovernmental Science-Policy Platform on Biodiversity and Ecosystem Services. In J. S. S. Díaz, E. S. Brondízio E.S., H. T. Ngo, M. Guèze, J. Agard, A. Arneth, P. Balvanera, K. A. Brauman, S. H. M. Butchart, K. M. A. Chan, L. A. Garibaldi, K. Ichii, J. Liu, S. M. Subramanian, G. F. Midgley, P. Miloslavich, Z. Molnár, D. Obura, A. Pfaff, S. Polasky, A. Purvis, J. Razzaque, B. Reyers, R. Roy Chowdhury, Y. J. Shin, I. J. Visseren-Hamakers, K. J. Willis, C. N. Zayas (Ed.). https://doi.org/10.5281/zenodo.3553579

IPBES. (2022). Methodological Assessment Report on the Diverse Values and Valuation of Nature of the Intergovernmental Science-Policy Platform on Biodiversity and Ecosystem Services. In P. Balvanera, U. Pascual, M. Christie, B. Baptiste, & D. González-Jiménez (Eds.). IPBES secretariat. https://doi.org/https://doi.org/10.5281/zenodo.6522522

Jäggi, St. 2019: Buchungsplattformen und Reservationssysteme im weltweiten Tourismus, PP-Präsentation anlässlich CAS Tourismusökonomie der Uni Bern vom 1.2.2019, Bern 2018

Jiang, Y., Balaji, M. S. 2022: Getting unwired: what drives travellers to take a digital detox holiday? Tourism Recreation Research, 47(5–6), 453–469. https://doi.org/10.1080/02508281.2021.1889801

Jörg-Hess, S., Björnsen Gurung, A., Stähli, M. 2014: Wasserressourcen der Schweiz. Thematische Synthese 1: Dargebot und Nutzung – heute und morgen. Aqua & Gas, 94(11), 18–22, 2014

Jungk, R. 1980: Wie viel Touristen pro Hektar Strand? Plädoyer für ‹Sanftes Reisen›, in: Geo Nr. 10/1980, S. 154–156, Hamburg 1980

Kämpfen, W. 1972: Referat anlässlich der Mitgliederversammlung der Schweizerischen Verkehrszentrale, unveröff. Manuskript, Davos 1972

Kaspar, C. 1991: Die Tourismuslehre im Grundriss, 4. Auflage, Bern/Stuttgart 1991

Keller, P. 1982: Tourismuspolitik – Zukünftige Aufgaben der Bundesbehörden, unveröff. Manuskript, Bern 1982

Keller, P. 1994: Die staatliche Tourismuspolitik, in: Aiest, Tourismusforschung: Erfolge, Fehlschläge und ungelöste Probleme, Vol. 36, St. Gallen 1994

Keller, P. 1999: Zukunftsorientierte Tourismuspolitik – Synthese des 49. AIEST-Kongresses, in: Zeitschrift für Fremdenverkehr Nr. 4/99, St. Gallen 1999

Keller, P., Vuffray, C. 2000: Die strategische Bedeutung von Satellitenkonten der Volkswirtschaftlichen Gesamtrechnung für den Tourismus. In Jahrbuch 2000 der Schweizerischen Tourismuswirtschaft, S. 51–63, herausgegeben von Th. Bieger und C. Laesser, St. Gallen 2000

Kirillova, K., Fu, X., Lehto, X., & Cai, L. (2014). What makes a destination beautiful? Dimensions of tourist aesthetic judgment. Tourism Management, 42, 282-293.

Klein, G., Vitasse, Y., Rixen, C. et al. 2016: Shorter snow cover duration since 1970 in the Swiss Alps due to earlier snowmelt more than to later snow onset, Climatic Change 139: 637. 2016

KOF (Konjunkturforschungsstelle) 2018: ETH Zürich, Prognosen für den Schweizer Tourismus – Ausgabe Mai 2018, Zürich 2018

Kollmuss, A., Agyeman, J. 2002: Mind the Gap: Why do people act environmentally and what are the barriers to pro-environmental behavior? Environmental Education Research, 8(3), 239–260. https://doi.org/10.1080/13504620220145401

Kowalsky, M., 2020: Die Welt nach Corona, in: Bilanz 5/2020, Zürich 2020, S. 32ff

Krapf, K. 1961: Fremdenverkehrspolitik aus schweizerischer Sicht, in: Zeitschrift für Fremdenverkehr Nr. 1/1961, S. 7–13, Bern 1961

Krepper, P. 2022: Handbuch Tourismusrecht, 3. Auflage, Schulthess Verlag, Zürich 2022

Krippendorf, J. 1975: Die Landschaftsfresser, Tourismus und Erholungslandschaft – Verderben oder Segen?, Bern 1975

Krippendorf, J. 1984: Die Ferienmenschen – Für ein neues Verständnis von Freizeit und Reisen, Zürich 1984

Krippendorf, J. 1986: Der neue, sanfte Tourist, in: TUI-Tag '86 – Referate, Hrsg.: Touristik Union International, Hannover 1986

Krippendorf, J., Müller, HR. 1986: Alpsegen Alptraum. Für eine Tourismus-Entwicklung im Einklang mit Mensch und Natur, Bern 1986

Laesser, Ch. 2020: Zukünftiges Gästeverhalten – Konsequenzen aus der Corona-Pandemie, Inputthesen zum Think Tank zum Strukturwandel im Schweizer Tourismus des CRED-T der Universität Bern vom 11.11.2020, St. Gallen 2020

Laesser, Ch., Schegg, R., Bandi Tanner, M., Liebrich, A., Gasser, F., Ogi, R., Fux, M. 2021: Digitalisierung im Schweizer Tourismus: Progress Report, Bericht im Auftrag des Staatssekretariats für Wirtschaft SECO, Bern 2021

Laesser, Ch., Schegg, R., Bandi Tanner, M., Liebrich, A., Lehmann Friedli, T., Fux, M, Stämpfli, A. 2018: Digitalisierung im Schweizer Tourismus: Chancen, Herausforderungen, Implikationen, Bericht im Auftrag des Staatssekretariats für Wirtschaft SECO, Bern 2018

Laesser, C., Küng, B., Beritelli, P., Boetsch, T., Weilenmann, T. 2023: Tourismus-Destinationen: Strukturen und Aufgaben sowie Herausforderungen und Perspektiven. Bericht im Auftrag des Staatssekretariats für Wirtschaft SECO, Bern 2023

Langenbach, B. P., Berger, S., Baumgartner, T., Knoch, D. 2020: Cognitive Resources Mod-erate the Relationship Between Pro-Environmental Attitudes and Green Behavior. Environment and Behavior, 52(9), 979-995. https://doi.org/10.1177/0013916519843127

Lainé, P. 1980: Liberons le tourisme, Paris 1980

Lalive d'Epinay, Chr. 1991: Die Schweizer und ihre Arbeit, Zürich 1991

Lehmann Friedli, T. 2013: Ökonomische Relevanz von Klimaanpassung im Tourismus. Qualitative und quantitative Kosten-Nutzen-Bewertungen von Anpassungsmassnahmen im Schweizer Alpenraum. Berner Studien zu Freizeit und Tourismus Nr. 58, Bern 2013

Lenzen, M., Sun, Y. Y., Faturay, F., Ting, Y. P., Geschke, A., & Malik, A. 2018: The carbon footprint of global tourism. Nature Climate Change, 8(6), 522, 2018

Lohmann, M. 1985: Urlaubsreisen 1984 – Ergebnisse der Reiseanalyse 1984, Kurzfassung, Hrsg.: Studienkreis für Tourismus E.V., Starnberg 1985

Lohmann, M., Aderhold, P. 2009: Urlaubsreistrends 2020. Eine RA-Trendstudie – Entwicklung der touristischen Nachfrage der Deutschen, Hrsg.: FUR, Kiel 2009

Löschburg, W. 1977: Von Reiselust und Reiseleid – Eine Kulturgeschichte, Frankfurt 1977

Mäder, U. 1985: Sanfter Tourismus: Alibi oder Chance? Zürich 1985

Mäder, U. 1990: Frei-Zeit. Fantasie und Realität, Zürich 1990

Marx, K. 1894: Das Kapital – Band III von 1894, 7. Auflage, Berlin 1959

Maslow, A.H. 1977: Motivation und Persönlichkeit, Olten 1977

MBIE 2018: Ministery of Business, Innovation & Employment New Zealand, Changes at the Border, Wellington 2018

Messerli, P. 1989: Mensch und Natur im alpinen Lebensraum – Risiken, Chancen, Perspektiven, Bern 1989

Messmer, B. 2016: To do Liste für das Überleben im digitalen Zeitalter. «Fokus» des ICT Clusters Bern 2016

MeteoSchweiz 2015/2016/2017/2018: Klimareport 2014/2015/20162017. Bundesamt für Meteorologie und Klimatologie MeteoSchweiz, Zürich 2015/2016/2017/2018

Mikolaschek, P. 1984: Freizeit als Gegenstand der Politik, Frankfurt 1984

Monshausen, A., Tremel, C., Plüss, Ch., Koschwitz, G., Lukow, M. 2016: Tourismuswende – Agenda 2030 für nachhaltige Entwicklung: Die Transformation im Tourismus gestalten, Hrsg.: Arbeitskreis Tourismus & Entwicklung, TourCert, Tourism Watch, Brot für die Welt, Berlin 2016

Moesch, Chr. 2008: Infrastrukturbedarf von Sport-Mega-Events, in. Berner Studien zu Freizeit und Tourismus Nr. 51, Bern 2008

Müller, HR. 1986: Tourismus in Berggemeinden: Nutzen und Schaden, Schlussberichte Nr. 19 zum schweiz. MAB-Programm, Bern 1986

Müller, HR. 2004: Qualtitätsorientiertes Tourismus-Management, UTB-Verlag Haupt, Bern 2004

Müller, HR., 2007: Tourismus und Ökologie – Wechselwirkungen und Handlungsfelder, 3. Auflage, Oldenbourg-Verlag, München 2007

Müller, HR., Scheurer, R. 2007: Tourismusdestination als Erlebniswelt – Ein Leitfaden zur Angebots-Inszenierung, 2. Auflage, Bern 2007

Müller HR., Weber F. 2007: Klimaänderung und Tourismus – Szenarien für das Berner Oberland 2030, FIF Universität Bern (Hrsg.), Bern 2007

Neuhofer, B. 2016: Value Co-Creation and Co-Destruction in Connected Tourist Experiences. Bournemouth: Bournemouth University 2016

Neuhofer, B., Buhalis, D., Ladkin, A. 2014: A typology of technology-enhanced tourism experiences, International Journal of Tourism Research, 16(4), 340-350

Nydegger, M., Müller, HR. 2024: Unterwegs – Begegnungen und Reflexionen zum Tourismus, Weber Verlag, Thun 2024

OcCC 2002: Das Klima ändert – auch in der Schweiz. Die wichtigsten Ergebnisse des dritten Wissensstandsberichts des IPCC aus der Sicht der Schweiz, Bern 2002

OECD 2017: Analysing megatrends to better shape the future of tourism – scoping paper, Paris 2017

OECD 2019: Society at a Glance 2019, OECD Publishing, Paris 2019

Ofoeda, J., Boateng, R., Effah, J. 2019: Application Programming Interface (API) Research: A Review of the Past to Inform the Future. In: International Journal of Enterprise Information Systems 15: 76–95.doi.org/10.4018/IJEIS.2019070105.

Ogilvie, F.W. 1933: The Tourist Mouvement (Deutsche Übersetzung), London 1933

Opaschowski, H.W. 2000: Kathedralen des 21. Jahrhunderts – Erlebniswelten im Zeitalter der Eventkultur, Hamburg 2000

Opaschowski, H.W. 2002: Tourismus: Eine systematische Einführung Analysen und Prognosen, VS Verlag für Sozialwissenschaften, Wiesbaden 2002

Parasuraman, A. Zeithaml, V.A., Berry, L.L. 1985: A Conceptual Model of Service Quality and its Implications for Future Research, in: Journal of Marketing, Vol. 49, Nr. 4, New York 1985

Peclard, M. 2024: Fachkräftemangel – mit kreativen Ideen zum Erfolg, in: Nydegger, M., Müller, HR.: Unterwegs – Begegnungen und Reflexionen zum Tourismus, Weber Verlag, Thun 2024

Pfammatter, A., Bandi Tanner, M.& Baldauf, A. 2021: Teilen von Ressourcen im lokalen Tourismusnetzwerk Theoretische Überlegungen und empirische Nutzenanalyse für Hotels. In: Tourismus-Impulse Nr. 25, Hrsg.: CRED-T Universität Bern, Bern www.cred-t.unibe.ch/unibe/portal/fak_wiso/wiso_kzen/cred/cred_t/content/e916751/e916874/e916956/e1160062/dd206375Tourismus-ImpulseNr.25einzeln_ger.pdf

Pikkemaat, B. 2002: Informationsverhalten in komplexen Entscheidungssituationen, in: Europäische Hochschulschriften, Reihe V, Band 2859, Verlag Peter Lang, Bern/Wien 2002

Prahl, H.W. 1977: Freizeitsoziologie – Entwicklungen, Konzepte, Perspektiven, München 1977

Precht, R.D. 2018: Jäger, Hirten, Kritiker – Eine Utopie für die digitale Gesellschaft, Goldmann Verlag, München 2018

Prideaux, B., Laws, E., Faulkner, B. 2003: Events in Indonesia: Exploring the limits to formal tourism trends forecasting methods in complex crisis situations. Tourism Management. 24. 475–487, 2003

Rai, M. 2020: «Ego bedeutet: Edging God out", in: Bilanz 5/2020, Zürich 2020, S. 62

Rebetez, M. & Reinhard, M. 2008: Theor Appl Climatol 91: 27, 2008

Rein, H., Strasdas, W. 2015: Nachhaltiger Tourismus: Einführung, UTB Verlag, Stuttgart 2015

Reinhold, S., Zach, F.J., Laesser C. 2020: E-Business Models in Tourism, in: Handbook of e-Tourism, 1-30, Springer, Berlin 2020

Renschler, R. 1985: Vom Reiseverzicht zum kritischen Reisen, unveröffentliches Manuskript, Basel 1985

Ritchie, B., Crouch, G. 2003: The Competitive Destination: A Sustainable Tourism Perspective, CABI Publishing, Oxon/Cambridge

Rieger, P. 1982: Die historische und psychologische Dimension des Reisens, In: Das Phänomen des Reisens, Berner Studien zu Freizeit und Tourismus Nr. 19, S. 9–21, Bern 1982

Rieser, C., Schwehr, T., Hoff, O., Rütter, H., Nathani, C. 2018: Die wirtschaftliche Bedeutung des Tourismus im Kanton Bern 2013–2016, Rüschlikon 2018

Rinderspacher, S. 1987: Am Ende der Woche. Die soziale und kulturelle Bedeutung des Wochenendes, Bern 1987

Romeiss-Stracke, F. 1985: Andere Rahmenbedingungen – andere Freizeit- und Lebensstile, unveröff. Manuskript, Braunschweig 1985

Romeiss-Stracke, F. 1995: Service-Qualität im Tourismus. Grundsätze und Gebrauchsanweisungen für die touristische Praxis, Hrsg.: ADAC, München 1995

Rütter, H., Rütter-Fischbacher, U., 2016: Wertschöpfungs- und Beschäftigungswirkung im ländlichen und alpinen Tourismus, Rütter Soceco, Rüschlikon 2016

Rütter, H., Rütter-Fischbacher, U., Höchli, C., Bandi, M., Lehmann, T. 2013: Die wirtschaftliche Bedeutung des Tourismus im Kanton Bern, Rüschlikon 2013

Rütter, H., Müller, HR., Guhl, D., Stettler, J. 1995: Wertschöpfung des Tourismus im Kanton Bern, Berner Studien zu Freizeit und Tourismus Nr. 34, Bern 1995

Sawiris, S. 2024: Wachstum – besser mit weniger, in: Nydegger, M., Müller, HR.: Unterwegs – Begegnungen und Reflexionen zum Tourismus, Weber Verlag, Thun 2024

SBS 2020: Seilbahnen Schweiz, Fakten & Zahlen zur Schweizer Seilbahnbranche, Bern 2020

Schallmo, D.R.A. 2016: Digitale Transformation von Geschäftsmodellen, in: Jetzt digital transformieren. essentials. Springer Gabler, Wiesbaden 2016

Schätzel, L. 1996: Wirtschaftsgeografie 1 Theorie, UTB Verlag, Stuttgart 1996

Schegg et al. 2020: Angebot und Nachfrage von Airbnb in der Schweiz, Siders 2020

Schegg, R., Mabillard, J., Scaglione, M., Wyer, M. 2020b: Angebot und Nachfrage von Airbnb in der Schweiz: Analyse einer Datenreihe von Januar 2019 bis Mai 2020, Siders, 23.06.2020

Schegg et al. 2023: Trendwende im Schweizer Hotelmarkt: Wie sich Buchungskanäle im Jahr 2022 entwickelt haben und welche Rolle Online-Portale spielen. Abgerufen über https://www.tourobs.ch/media/en4dmfex/hotel_vertrieb_studie_schegg_2023_de_01.pdf

Scheurer, R. 2003: Erlebnis-Setting – Touristische Angebotsgestaltung in der Erlebnisökonomie, Berner Studien zu Freizeit und Tourismus Nr. 43, Bern 2003

Schneider, O. 2001: Die Ferien-Macher – Eine gründliche und grundsätzliche Betrachtung über das Jahrhundert des Tourismus, TourCon-Verlag, Hamburg 2000

Schober, R. 1995: Kreative Wege zum besseren Angebot. Eine Planungshilfe für Tourismus-Praktiker. Hrsg.: ADAC, München 1995

Schweiz Tourismus, 2018: Tourism Monitor Switzerland 2017, Zürich 2018

Schweiz Tourismus 2023: Strategie und Planung 2024-26, Zürich 2023

Schweiz. Tourismuskonzept 1979: Das schweizerische Tourismuskonzept, Grundlagen für die Tourismuspolitik, Hrsg.: Beratende Kommission für Fremdenverkehr des Bundesrates, Bern 1979

Schweizerische Nationalbank 2017: Zahlungsbilanz und Auslandvermögen der Schweiz 2016, Zürich/Bern 2017

Scott, D., Steiger, R. 2013: Climate Vulnerability: Understanding and Addressing Threats to Essential Resources, Amsterdam 2013

SECO (Staatssekretariat für Wirtschaft) 1996: Bericht über die Tourismuspolitik des Bundes, Hrsg.: Schweizerischer Bundesrat, Bern 1996

SECO (Staatssekretariat für Wirtschaft) 2002: Tourismusförderung des Bundes: Verbesserung von Struktur und Qualität des Angebotes, Bern 2002

SECO (Staatssekretariat für Wirtschaft) 2010: Wachstumsstrategie für den Tourismusstandort Schweiz, Hrsg.: Schweizerischer Bundesrat, Bern 2010

SECO (Staatssekretariat für Wirtschaft) 2017: Tourismusstrategie des Bundes, Hrsg.: Schweizerischer Bundesrat, Bern 2017

SECO (Staatssekretariat für Wirtschaft) 2021: Tourismusstrategie des Bundes, Hrsg. Schweizerischer Bundesrat, Bern 2021

SHV (Schweizer Hotelier-Verein) et al. 1992: Marketing der Gastfreundschaft, Bern 1992

Sommerhalder, S. 2019: Unterschied zwischen Digitalisierung und digitaler Transformation, 26.11.2019, zuletzt abgerufen am 12.03.2021 unter https://digitalcreators.ch/digitale-transformation-vs-digitalisierung/#gref

Spatt, E. 1975: Allgemeine Fremdenverkehrslehre, Innsbruck 1975

Statista (Statista Research Department) 2024: Travel and tourism employment worldwide 2019-2033

Stettler, J., Wallebohr, A., Müller, HR 2019: Nachhaltigkeit, Innovation und Vermächtnis von Grossveranstaltungen (NIV) – Leitfaden, Luzern 2019

Stettler, J. 2023: Nachhaltigkeit am Fallbeispiel der Rigi: Overtourism, Widerstand der Bereisten, Charta Rigi 2030, CAS ‹Tourismus und Digitalisierung› der Universität Bern vom 25.11.2023

Stettler, J., Müller, H.R. 2024: Die hohe Kunst des Destinationsmanagements 4.0 - Wettbewerbsfähigkeit, Destinationsentwicklung, Nachhaltigkeit, Stakeholdermanagement, Hochschule Luzern – Wirtschaft, Luzern 2024

Stürmer, M. 2023: Technische Grundlagen zur Digitalisierung, PP-Präsentation im Rahmen des CAS Tourismus und Digitalisierung der Universität Bern vom 14.10.2023

STV (Schweizer Tourismus-Verband) 2020: Schweizer Tourismus in Zahlen, Ausgaben 2020, Bern 2020

STV (Schweizer Tourismus-Verband), SAB (Schweizerische Arbeitsgemeinschaft für das Berggebiet) 2018: 12 Thesen zur Zukunft des Tourismus in den Berggebieten, Bern 2018

STV (Schweizer Tourismus-Verband) 2023: Schweizer Tourismus in Zahlen, Struktur- und Branchendaten 2022, Bern 2023

Swisstainable 2021: Das Nachhaltigkeits-Programm des Schweizer Tourismus – Leitfaden, Zürich 2021

Swisstainable 2024: Leitfaden Destinationen, Hrsg. Schweizer Tourismus-Verband, Bern 2024

TAE/ACOM 2019: Themed Entertainment Association (TEA), 2018 Theme Index and Museum Index: The Global Attractions Attendance Report, Los Angeles 2019

Thelin, G. 1983: Freizeitverhalten im Erholungsraum, Bern 1983

Thiem, M. 1994: Tourismus und kulturelle Identität. Die Bedeutung des Tourismus für die Kultur touristischer Ziel- und Quellgebiete, Berner Studien zu Freizeit und Tourismus Nr. 30, Bern 1994

Tokarski, W. 1979: Aspekte des Arbeitserlebens als Faktoren des Freizeiterlebens, Frankfurt 1979

Tokarski, W., Schmitz-Scherzer, R., 1985: Freizeit, Vieweg und Teubner Verlag, Wiesbaden 1985

Tourismus NRW e.V. 2019: Leitfaden Smart Destination, Düsseldorf 2019

UN United Nations 2015: Sustainable Development Goals to kick in with start of new year, New York 2015

UN United Nations 2016: Agenda 2030 für Nachhaltige Entwicklung, New York 2016

UNWTO World Tourism Organization 2000: Global Code of Ethics, Madrid 2000

UNWTO World Tourism Organization 2007: Climate Change and Tourism – Responding to Global Challenges, Madrid 2007

UNWTO World Tourism Organization 2010: International Recommendations for Tourism Statistics. Department for Economic and Social – Statistics Division, Madrid 2010

UNWTO World Tourism Organization 2018a: Statistic Dataset 2016, Madrid, 2018

UNWTO World Tourism Organization 2018b: «Overtourism»? – Das Wachstum des städtischen Tourismus über die Wahrnehmung hinaus verstehen und steuern, UN-Welttourismusorganisation, Madrid 2018

UNWTO World Tourism Organization 2019a: Statistic Dataset 2019, Madrid, 2020

UNWTO World Toursim Organization 2019b: Transport-related CO_2 Emissions of the Tourism Sector – Modelling Results, Madrid 2019

UNWTO World Tourism Organization 2020: International Tourism Highlights 2020, Madrid

UNWTO World Tourism Organization 2021: Global and Regional Tourism Performance, Madrid

UNWTO World Tourism Organization 2024: Global and regional tourism performance, Madrid 2024

UNIVOX 1986–2006: UNIVOX-Freizeitumfragen, Hrsg.: Gesellschaft für praktische Sozialforschung (GfS/Zürich) und Forschungsinstitut für Freizeit und Tourismus (FIF/Bern), Zürich/Bern 1986–2006

Vanhove, N. 2005: The Economics of Tourism Destinations, Elsevier-Verlag, Oxford 2005

Vester, F. 1982: Neuland des Denkens – Vom technokratischen zum kybernetischen Zeitalter, Zürich 1982

Vester, F. 1983: Unsere Welt – Ein vernetztes System, München 1983

Vorlaufer, K. 1996: Tourismus in Entwicklungsländern, München 1996

Wagner, F.A. 1978: Der vielgeschmähte Tourismus und seine neuen Kritiker, in: Frankfurter Allgemeine Zeitung vom 19.10.1978, Reisebeilage 3, Frankfurt 1978

Weber, F. 2007: Naturereignisse und Tourismus – Einfluss und Auswirkungen von Naturereignissen auf die Entwicklung des Tourismus im Alpenraum, in: Berner Studien zu Freizeit und Tourismus Nr. 48, Bern 2007

Webster, C., Ivanov, S. 2023: Robots, Artificial Intelligence and Service Automation in Tourism and Quality of Life. In: Uysal, M., Sirgy, M.J. (eds) Handbook of Tourism and Quality-of-Life Research II. International Handbooks of Quality-of-Life. Springer, Cham. https://doi.org/10.1007/978-3-031-31513-8_36

Wegner, P. 1996: Interoperability. In: ACM Computing Surveys 28: 285–287.

Weibel, B. 2019: Warum wir arbeiten – Sinn, Wert und Transformation der Arbeit, NZZ Libro, Zürich 2019

Weiss, H. 1981: Die friedliche Zerstörung der Landschaft und Ansätze zu ihrer Rettung in der Schweiz, Zürich 1981

Wettstein, F. 1989: Überlegungen zur Freizeitpolitik, unveröff. Manuskript, Zürich 1989

Wolf, S. 2018: ServiceQualität Deutschland – das Q macht den Unterschied, PP-Präsentation anlässlich CAS Tourismusökonomie der Uni Bern vom 13.10.2018, Berlin 2018

World Travel & Tourism Council (WTTC) 2018: City Travel & Tourism Impact 2018, London 2018

WTTC-UNEP-UNFCCC (World Travel & Tourism Council, United Nations Environment Programme, United Nations Framework Convention on Climate Change (2021). A net zero roadmap for travel & tourism. https://wttc.org/Portals/0/Documents/Reports/2021/WTTC_Net_Zero_ Roadmap.pdf

Wyss, U. 2005: Arbeitszeitformen und Freizeitverhalten – Eine Zeitbudgetuntersuchung, Berner Studien zu Freizeit und Tourismus Nr. 46, Bern 2005

Zinnburg, K. 1978: Kleine Fremdenverkehrslehre, Carl Heymanns Verlag, Köln 1978

Zucker, W.H. 1985: Beliebte Freizeit – Aktivitäten zu Hause und im Urlaub, in: das Reisebüro Nr. 10/1985, Darmstadt 1985

Literaturverzeichnis

Stichwortverzeichnis

Absatzweg 112
Affinity Groups 134
Agenda 2030 UNO 325
Agenda 321
Airbnb 168, 191
Alpenkonvention 322
Angebot 145
Anpassungsmassnahmen 367
Aparthotel 168
Arbeit 10, 23, 26, 36
– Markt 306
– Zeit 14, 343
Architektur 60, 217
Attraktionen 148, 217
Aufenthaltsdauer 50, 140
Ausflugstourismus 52
Ausgleichsfunktion 86
Aussenpolitik 283

Bedürfnisse 107
Beherbergung 52, 166, 170
Begegnung 67, 109
Bereiste 67, 314
Beschäftigungsfunktion 83
Besucher 55, 217, 218
Bevölkerung 115, 229
– Einheimische 81, 96, 228
Bewertungsplattformen 188, 209
Bildung 52, 116, 121, 156, 276, 283
Binnentourismus 53,
Biodiversität 90, 225 273, 335
Bleisure 27, 52
Bodenverbrauch 90

Boomfaktoren 17, 73
Buchungsplattformen 188, 240
Bustourismus 54

Camping 52, 168
Cartourismus 54
Clubferien 125, 243
CO_2-Emissionen (-Fussabdruck) 91, 308, 358, 368
Corona-Pandemie 121, 304, 338,
Corporate Responsibility 219
Corporate Travel 51
Customer Journey 154, 184, 191, 269, 337

Datenschutz 191
Destinationen 152
– Management 157, 278
Demographie 33
Determinationszeit 28
Devisenfunktion 81
Dienstleistungskette 154
Digital Detox 183
Digitalisierung 181, 194, 209, 261, 305, 335
Dispositionszeit 28
Distribution 112, 210, 236, 241
Diversität 340

EFQM-Modell 202
Einheimische 81, 96, 228
Einkommen 15, 16, 86, 113, 137, 353
Emanzipation 80

Stichwortverzeichnis 397

Entschleunigung **41, 337**
Erlebnis
– Inszenierung **217**
– Hierarchie **182**
– Park **173**
– Setting **212, 372**
Erwerbsarbeit **23, 36**
Ethik **60, 316, 323, 325**
Event **52, 149, 260**

Familientourismus **53**
Ferien
– Aktivitäten **128**
– Aufenthalt **140**
– Erholungsorte **155**
– Reiseintensität **142**
– Wohnung **52, 127, 168**
Flugtourismus **54**
Forschung
– Tourismus **56, 60, 276**
Freiwilligenarbeit **24**
Freizeit
– Aktivitäten **43, 129**
– Ausgaben **42**
– Begriff **35**
– Beschäftigung **29**
– Forschung **35**
– Geschichte **12**
– Infrastruktur **147**
– Markt **42**
– Mobilität **33, 307**
– Nachfrage **42**
– Parks **173**

– Rahmenbedingungen **13, 302**
– Wirtschaft **43**
– Wissenschaft **35**
Fremdenverkehr vgl. Tourismus

GAP-Modell **197**
Gastgewerbe **282**
Gasthaus **167**
Gefangenendilemma **94**
Generalisationsthese **26**
Geschäftstourismus **49**
Gesundheit **52**
Gletscher **363, 365**
Globalisierung **304, 340**
Global Code of Ethics **89, 322**
Governance **162, 165, 219, 274, 276, 340**
Grenzertrag **97, 180**
Grundbedürfnisse **28, 107**
Gruppentourismus **54**

Hotellerie **166**
HotellerieSuisse **269**

Identität **80, 101**
Incoming **53**
Individualtourismus **54**
Informationssysteme **241**
Infrastruktur **147**
Innotour **257**
Integration **79**
Interreg **284**
Investitionsförderung **260, 269**

Jugend
- Herbergen **140, 249, 270**
- Tourismus **53**

Klimawandel **91, 308, 355, 356, 359**
Kompensationshypothese **26**
Kongresstourismus **156, 172**
Kongruenzhypothese **122**
Konjunktur **115**
Kontrasthypothese **26**
Krisenherde **22, 90, 118, 307**
Kultur **76, 80, 104**
- Identität **80, 101**
- Zentren **156**
Kur
- Betriebe **266**
- Ort **155**
- Saal **249**
Künstliche Intelligenz **184, 305**
Kurzzeittourismus **51, 79, 143**

Landschaft **76, 89, 90, 225, 366**
Landwirtschaft **74, 89**
Lebenserwartung **16, 343**
Lebensmodell **19**
Lebensqualität **37, 81**
Lebensraum **164, 229**
Lebensstil **133**
Lebenszyklus **97**
Lobbying **278**
Logiernächte **140, 168**
Luftseilbahnen **174, 266, 281**
Luftverschmutzung **91**

Makroökonomie **56**
Marketing **110, 158**
Marktformen **177**
Marktversagen **247**
Massentourismus **54**
Medien **112**
Mittler **236**
Mobilität **33, 110, 307**
Motel **167**
Motiv **50, 119**
Motorisierung **15**
Musse **45**
Multiplikatoreffekt **88**
Mythen **101, 217**

Nachfrage **42, 69, 98**
Nachhaltigkeit **194, 218, 221, 317, 318, 328, 329**
- Management **218, 220, 328**
Naherholung **155**
Naturgefahren **366**
Nichtreisende **144**
Nutzeneffekte **89**

Obligationszeit **28**
Oekologie **59**
Ortsansässige (vgl. Einheimische)
Outgoing **53, 352**
Overtourism **92, 310, 336**

Parahotellerie **167**
Passantentourismus **51**
Pauschalreise **124, 133, 235, 288**

Stichwortverzeichnis

Pendler **15**
Pension **167**
Permafrost **365**
Personas **134**
Pluralismus **102**
Politik
 – Tourismus **245**
Preis **111, 136, 171**
Privatzimmer **127**
Produktivität **86**
Prognosen **296, 298**

Qualitäts-Management **195**
Qualitatives Wachstum **316**

Rassismus **106**
Raumplanung **286**
Regeneration **79, 121**
Regionalpolitik **284**
Regulierung **77, 259, 355**
Reisende **55**
Reise
 – Ausgaben **127**
 – Begleitung **124**
 – Dauer **124**
 – Entscheidung **123, 135**
 – Erfahrung **131**
 – Erwartung **119, 121**
 – Form **124**
 – Häufigkeit **142**
 – Intensität **142**
 – Mittler **236**
 – Motiv **119**

 – Recht **235**
 – Ströme **139**
 – Trend **311**
 – Veranstalter **237**
 – Verhalten **311**
 – Verkehrsmittel **127**
 – Vermittler **239**
 – Vorbereitung **123**
 – Zeitpunkt **124**
 – Ziel **125**
 – Zufriedenheit **131**
Reka **270**
Reklamationsmanagement **203**
Resilienz **338**
Retailer **239**

Sales Representative **241**
Sanfter Tourismus **316**
Schneesicherheit **364**
Schweiz Tourismus **267**
Schweizer Reisekasse **270**
Schweizer Tourismus-Verband **268**
Schweizerische Gesellschaft für Hotelkredit **268**
Seco **265**
Servicequalität **196**
Seniorentourismus **53**
Smart Destination **186**
Sommertourismus **54**
Sozialarbeit **23**
Sozialstruktur **67**
Sozialtourismus **53**
Spezialverkehrsmittel **173**

Sport **42, 52, 120, 130, 150, 174**
– Politik **60**
Standortpolitik **250**
Strukturmodelle **66**
Subsidiarität **248**
Subsistenzarbeit **23**
Suprastruktur **148**
Sustainable Development Goals
(SDGs) **220, 325, 326**
Swisstainable **221, 224, 226, 227**
Systemtheorie **63**
Szenarien **300, 355**
Szenerie **217, 375**

Terrorismus **118**
Tourismus
– Akzeptanz **231**
– Angebot **145, 238**
– Begriffe **48**
– Betriebe **165**
– Bewusstsein **232**
– Bilanz **81**
– Boomfaktoren **17, 73**
– Definition **48**
– Erscheinungsformen **48, 50, 52**
– Forschung **56**
– Geschichte **12**
– Kritik **314**
– Mittler **236**
– Modelle **73**
– Nachfrage **98**
– Organisationen **241**
– Politik **245**

– Prognosen **296**
– Recht **233**
– Statistik **266, 283**
– Träger **264**
– Verbände **268**
– Verständnis **231**
– Wirtschaft **43**
– Wissenschaft **57**
Tour Operator **237**
Touristen **53, 67**
Transaktionskosten **247**

Umwelt (vgl. Ökologie)
– Sensibilisierung **88, 308**
– Bewusstsein **92**
Unterhaltungsbetriebe **173**
Utopie **103, 344**

Vegetation **366**
Veranstaltungen **149**
Veranstalterreisen **127**
Verkauf **112, 236**
Verkehrs-
– Betriebe **174**
– Mittel **54, 116, 127**
– Politik **246**
Vermittler **239**
Vermögen **113**
Verpflegungsbetriebe **172**
Verstädterung **15, 73**
Verwandtenbesuche **52**
Virtual Reality **184, 210**
Völkerverständigung **80**

Währungslage **114**
Wachstum **32, 73, 77, 115, 258, 316, 358**
Wasser
– Haushalt **364**
– Verbrauch **91**
– Verschmutzung **91**
Welttourismus **116, 322**
Werbung **112, 242, 281**
Wertewandel **307**
Wertschöpfung **84, 346**
Wholesaler **237**
Wintertourismus **54**
Wochenendtourismus **51**
Wohlstand **16, 74**
Wohnlichkeit **31**
Wohnqualität **30**
Wohnwelt **32**
World Tourism Organization (UN Tourism) **50, 138, 290, 323**
World Tourism Organization (UNWTO/UN Tourism) **52, 275, 306**

Zahlungsbilanz **81**
Zeit **14, 36, 40,**
– Autonomie **38**
– Knappheit **41, 343**
– Souveränität **40**
– Visionen **343**
Ziele
– Tourismuspolitik **251**
Zweitwohnung **77, 168**

Berner Studien zum Tourismus

Heft 38 Eveline Lanz Kaufmann: Wellness-Tourismus – Marktanalyse und Qualitätsanforderungen für die Hotellerie – Schnittstellen zur Gesundheitsförderung, 2. Auflage, Bern 2002, CHF 45.–

Heft 39 Jürg Michel: Erlebnis Berg – Qualitätsanforderungen an Luftseilbahnen und ihre Dienstleistungen, 2001, CHF 44.–

Heft 40 Hansruedi Müller: Vor-Sicht Tourismus – Reflexionen und Denkanstösse zum Phänomen Tourismus, 2002, CHF 19.–

Heft 42 Fabian Schmid: Tourismusbarometer – Auswahl, Entwicklung und Evaluation von Instrumenten zur Marktbeobachtung im Tourismus, 2003, CHF 48.–

Heft 43 Roland Scheurer: Erlebnis-Setting – Touristische Angebotsgestaltung in der Erlebnisökonomie, 2003, CHF 42.–

Heft 44 Jost Krippendorf: Der Übergang – Eine andere Welt ist möglich, 2004, CHF 25.–

Heft 45 Brigitte Zaugg: Lobbying im Schweizer Tourismus – Tourismuspolitik überprüft an den Grundsätzen der Neuen Politischen Ökonomie, 2004, CHF 48.–

Heft 46 Ursula Wyss: Arbeitszeitformen und Freizeitverhalten – Eine Zeitbudgetuntersuchung, 2006, CHF 48.–

Heft 47 Monika Bandi: Kunstmuseen und Tourismus. Eine Marktsegmentierung der Museumstouristen, 2007, CHF 35.–

Heft 48 Fabian Weber: Naturereignisse und Tourismus – Einfluss und Auswirkungen von Naturereignissen auf die Entwicklung des Tourismus in Alpenraum, 2007, CHF 48.–

Heft 49 Mathias Gantenbein: Die volkswirtschaftliche Bedeutung von Flughäfen. Direkte, indirekte, induzierte und katalytische Effekte – Evaluiert am Fallbeispiel Bern-Belp, 2008, CHF 48.–

Heft 50 Andreas Heller: Ökonomische Bedeutung der Tourismusbildung. Strukturelle, produktions- und konsumseitige Aspekte der Tourismusbildung in der Schweiz, 2008, CHF 48.–

Heft 51 Christian Moesch: Infrastrukturbedarf von Sport-Mega-Events. Entwicklung und Überprüfung von Modellen zur Abgrenzung eventbedingter Investitionen, 2008, CHF 48.–

Heft 52 Hansruedi Müller, Heinz Rütter, Jürg Stettler: UEFA EURO 2008TM und Nachhaltigkeit. Erkenntnisse zu Auswirkungen und Einschätzungen in der Schweiz, 2010, CHF 78.– (vergriffen)

Heft 53 Hansruedi Müller: Unterwegs zu Freiheit, Glück und Selbstentfaltung. Reflexionen und Denkanstösse zum Phänomen Tourismus, 2011, CHF 28.– (vergriffen)

Heft 54 Manuel Stocker: Hürdenlauf im Gegenwind: Die Schweizer Frauenleichtathletik von ihren Anfängen bis zur Gründung des Schweizerischen Leichtathletik-Verbandes (1915–1971), 2011, CHF 38.–

Heft 55 Monika Bandi: Kultur und Kongresszentren. Angebotscluster und ihre tourismus- und regionalökonomische Bedeutung, 2012, CHF 48.–

Heft 56 Lukas Brunner: Sportzentren. Die regional- und tourismus-ökonomische Bedeutung, 2012, CHF 48.–

Heft 57 Philipp Berger: Benchmarking für Destinationsmanagement-Organisationen. Instrumentarium zur Bewertung von Strukturen, Prozessen und Leistungen, 2012, CHF 48.–

Heft 58 Therese Lehmann Friedli: Ökonomische Relevanz von Klimaanpassung im Tourismus. Qualitative und quantitative Kosten-Nutzen-Bewertungen von Anpassungsmassnahmen im Alpenraum, 2013, CHF 48.–

Heft 60 FIF-Mitarbeiter/innen: Ein Freizeit- und Tourismusforscher in Theorie und Praxis. Festschrift zum 60. Geburtstag von Prof. Dr. Hansruedi Müller, 2007 (vergriffen)

Heft 61: Monika Bandi Tanner / Hansruedi Müller: Grundkenntnisse Tourismus – Eine Einführung in Theorie, Markt und Politik, Bern 2019 und 2021 sowie Thun/Bern 2024 (Weber Verlag)

Heft 62: Adrian Pfammatter: Inter-Organizational Cooperation in Tourism - Unravelling the Phenomenon and Examining Local Opportunities, 2022, CHF 33.–

Impressum

Alle Angaben in diesem Buch wurden von den Autoren nach bestem Wissen und Gewissen erstellt und von ihnen und vom Verlag mit Sorgfalt geprüft. Inhaltliche Fehler sind dennoch nicht auszuschliessen. Daher erfolgen alle Angaben ohne Gewähr. Weder Autor noch Verlag übernehmen Verantwortung für etwaige Unstimmigkeiten.

Alle Rechte vorbehalten, einschliesslich derjenigen des auszugsweisen Abdrucks und der elektronischen Wiedergabe.

© 2024 Weber Verlag AG, 3645 Thun/Gwatt

Herausgeberin:	Forschungsstelle Tourismus (CRED-T)
	Center for Regional Economic Development (CRED)
	Universität Bern
Titelbild:	‹Nachfrage – Gefunden – Angebot›
	© Matthias Winkler, im Kino, Münsingen
Copyright:	Forschungsstelle Tourismus (CRED-T)
	Universität Bern, 2024
Weber Verlag AG	
Druckvorstufe:	Aline Veugel, Shana Hirschi
ISBN:	978-3-03818-616-8
ISSN:	2673-3862
Weitere Informationen:	

Der Weber Verlag wird vom Bundesamt für Kultur mit einem Strukturbeitrag für die Jahre 2021–2025 unterstützt.

www.weberverlag.ch